全国革命老区县发展史丛书——河南鹤壁卷

# 淇县革命老区发展史

淇县革命老区建设促进会　编著

中国文史出版社

**图书在版编目（ＣＩＰ）数据**

淇县革命老区发展史 / 淇县革命老区建设促进会
编著. -- 北京：中国文史出版社，2022.4
　ISBN 978-7-5205-3508-3

　　Ⅰ．①淇… Ⅱ．①淇… Ⅲ．①淇县－地方史 Ⅳ．
①K296.14

中国版本图书馆 CIP 数据核字 (2022) 第 055167 号

责任编辑：　窦忠如
封面设计：　李　宁

---

出版发行：　中国文史出版社
社　　址：　北京市海淀区西八里路庄路 69 号院
邮　　编：　100412
电　　话：　010-81136606　81136602　81136603（发行部）
传　　真：　010-81136655
印　　装：　廊坊市海涛印刷有限公司
经　　销：　全国新华书店
开　　本：　710*1010㎜　　1/16
印　　张：　32.5
字　　数：　400 千字
版　　次：　2022 年 6 月北京第 1 版
印　　次：　2023 年 2 月北京第 2 次印刷
定　　价：　98.00 元

---

# 《淇县革命老区发展史》编委会

主　　　任　杨建强

副　主　任　马海澎　陈晓杰　蒋宗军　王学良　张建华
　　　　　　姚永军　李英锋　王东安　李林海　李平安

成　员　单　位　县委办公室、县人大办公室、县政府办公室、
　　　　　　县政协办公室、县纪委监委、县委组织部、
　　　　　　县委宣传部、县委统战部、县委政法委、县
　　　　　　人武部、县委党校、县委党史研究室、县总
　　　　　　工会、团县委、县妇联、县财政局、县发展
　　　　　　改革委、县自然资源局、县民政局、县农业
　　　　　　农村局、县交通运输局、县教育体育局、县
　　　　　　卫生健康委、县水利局、县工业和信息化局、
　　　　　　县人力资源和社会保障局、县文化广电和旅
　　　　　　游局、县退役军人局、县地方史志研究室、
　　　　　　县档案馆、县老促会、各乡镇（街道）

办 公 室 主 任　王东安（兼）

办公室副主任　郝秀彪　刘国华

# 《淇县革命老区发展史》编辑部

淇县第一个党支部旧址

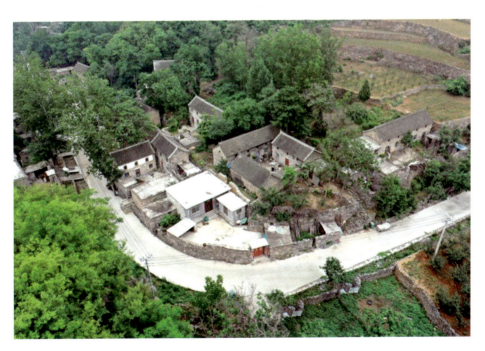

中共淇县工委、县委，淇县抗日民主政府驻地旧址——黄洞乡桃胡泉村

中共淇县县委、淇县抗日民主政府驻地旧址——对寺爻村刘家大院

中共淇汤县委、淇汤联合县抗日民主政府驻地旧址——黄洞乡西掌村

解放淇县县城

红色交通线全寨村俯瞰，1943年5月邓小平曾在此留宿

中共淇县县委、淇县民主政府驻地旧址——黄洞乡黄洞村

中共淇县县委、淇县民主政府驻地旧址——庙口镇庙口村

朝歌老街（中山街）县委、县政府机关旧址

红旗路县委机关旧址

王鸿照烈士纪念碑

大石岩红馆

产业扶贫项目

蔬菜大棚

扶贫基地

淇县电子商务公共服务中心

淇县鹤淇产业集聚区一角

中维化纤

鹤淇电厂

# 总　序

在举国欢庆新中国成立 70 周年前夕，中国老区建设促进会王健会长请我为《全国革命老区县发展史》丛书作序，作为一名在老区战斗过并得到老区人民生死相助的老兵，回首往事，心潮澎湃，感慨万千，深感义不容辞，欣然应允。

中国革命老区，是以毛泽东为代表的中国共产党人在领导人民推翻帝国主义、封建主义和官僚资本主义三座大山，争取民族独立和人民解放伟大斗争中建立的革命根据地，在这片红色的土地上，诞生了无数可歌可泣的革命英雄儿女，为后人树起了一座不朽的丰碑，她是新中国的摇篮，是党和军队的根。

在艰苦卓绝的战争年代，老区人民把自己的命运与中华民族的命运紧紧地联系在一起，与中国共产党和人民军队的命运紧紧地联系在一起，他们生死相依，患难与共。我曾亲历过战争年代，并得到过老区红哥红嫂的救助，切身感受到发生在身边的一幕幕撼天动地的革命故事，在那极其艰难的条件下，老区人民倾其所有、破家支前，不怕艰难困苦，不怕流血牺牲。"最后一碗米送去做军粮，最后一尺布送去做军装，最后一件老棉袄盖在担架上，最后一个亲骨肉送去上战场"，这是当时伟大的老区人民为建立新中国作出巨大牺牲的真实写照，它将永远镌刻在中国共产党、中国人民解放军、中华人民共和国的历史丰碑上。他们的光辉业绩永载史册，他们的革命精神必将影响一代又一代的革命新人，造就一代又一代的民族脊梁。

在社会主义革命和建设时期，革命老区和老区人民响应党的号召，面对落后的面貌、脆弱的经济、恶劣的生态环境，他们本色不变，精神不丢，自力更生，艰苦奋斗，干一行爱一行。始终坚持"革命理想高于天"，自觉做共产主义远大理想的坚定信仰者和忠实实践者，勇于向恶劣的自然环境和贫穷落后宣战，他们在各条战线上为国建功立业，用平凡的双手创造了一个又一个不平凡的奇迹，彰显了老区人的崇高精神和人格力量。

在改革开放的伟大进程中，老区人民解放思想，勇于创新，发奋图强，攻坚克难，老区的经济社会建设取得了辉煌成就。特别是在改变中国的面貌、中华民族的面貌、中国人民的面貌、中国共产党的面貌的伟大实践中发挥了至关重要的作用。老区人民既是改革开放的参与者，也是改革开放的推动者。

艰苦练意志，危难见精神。老区人民在近百年的革命战争、社会主义建设和改革开放的伟大实践中，孕育形成了伟大的老区精神：爱党信党、坚定不移的理想信念；舍生忘死、无私奉献的博大胸怀；不屈不挠、敢于胜利的英雄气概；自强不息、艰苦奋斗的顽强斗志；求真务实、开拓创新的科学态度；鱼水情深、生死相依的光荣传统。这是党和人民宝贵的精神财富、丰厚的政治资源，是凝心聚力、振奋民族精神的重要法宝，也是社会主义核心价值观的重要内容。

中国老区建设促进会怀着强烈的政治责任感和历史使命感，组织全国各地老促会人员克服困难，尽心竭力编纂《全国革命老区县发展史》丛书，记录老区的光辉历史和辉煌成就，传承红色基因，弘扬老区精神，是功在当代、利及千秋的一件大事。手捧这部丛书的部分书稿，读着书中的故事，倍感亲切，深感这部丛书具有资政、育人、存史的社会功能，有着重要的时代和历史价值。它是不忘初心、牢记使命的源头活水，是赞颂共产党、讴歌老区人民的一部精品力作，是弘扬老区精神、传承红色记忆的丰厚载体，是一项继承优秀传统文化、弘扬革命文化、发展社会主义先进文化，坚定"四个自信"的宏大文化工程。它必将成为一种文化品牌，为各界人士了解老区宣传老区支持老区提供一部有价值的研究史料。希望读者朋友们能从中了解并牢记这些为党和民族的利益不断奉献的老区人民，从中得到教益，汲取人生奋斗的精神动力。

新时代赋予新使命，新起点开启新征程。让我们更加紧密地团结在以习近平同志为核心的党中央周围，坚持以马克思列宁主义、毛泽东思想、邓小平理论、"三个代表"重要思想、科学发展观和习近平新时代中国特色社会主义思想为指导，增强"四个意识"、坚定"四个自信"、做到"两个维护"，弘扬老区精神，铭记苦难辉煌。为实现"两个一百年"奋斗目标，实现中华民族伟大复兴的中国梦作出新的更大的贡献！

迟浩田

2019 年 4 月 11 日

# 序

"行程万里，不忘初心；不忘本来，方有未来。"党和人民军队在革命老区孕育，新中国从革命老区走来。习近平总书记在2015年2月主持召开陕甘宁革命老区脱贫致富座谈会时，曾深情地说："革命老区是党和人民军队的根，我们永远不能忘记自己是从哪里走来的，永远都要从革命的历史中汲取智慧和力量。老区和老区人民为我们党领导的中国革命作出了重大牺牲和贡献，我们要永远珍惜、永远铭记。"

在喜迎党的二十大召开之际，淇县老促会按照中国和省、市老促会统一部署，在县委、县政府的领导和大力支持下，精心组织，呕心沥血，历时两年，圆满完成《淇县革命老区发展史》编纂工作，并正式出版。这是淇县人民政治生活中的一件大事，对于我们深刻地了解过去，总结经验，把握现在，开创未来，具有重要的现实意义和深远的历史意义。

淇县，古称朝歌、沫邑，是河南省首批历史文化名城，拥有灿烂的历史文化，曾为殷末四代帝都和春秋时期卫国国都，是殷商文化、古军事文化、女娲文化的重要发祥地，古典名著《封神演义》的故事演绎地。丰厚的历史文化积淀，造就了淇县人民勤劳、聪慧、正义、勇敢的优良品格。

淇县更是一片红色热土，有着光荣的革命传统。早在大革命时期，淇县就建立党的支部，深入农村宣传党的路线，动员工农支援北伐军，有组织地向帝国主义、封建主义及土匪顽固势力展开英勇斗争。抗日战争时期，作为晋冀鲁豫抗日根据地的核心区，组织地方武装积极配合八路军打击日伪军，开辟了冯庄、良相、全寨、骑河黄庄等秘密交通线，先后掩护陈毅、罗荣桓、林彪、邓小平等领导人及干部、军人 16000 人安全过境，传递文件情报数百次。解放战争中，组织群众踊跃支前、英勇杀敌，为夺取革命胜利和人民解放进行了长期艰苦卓绝的斗争，作出了巨大牺牲和贡献，用自己的鲜血和生命铸就了伟大的太行山革命精神，成为激励一代又一代淇县人百折不挠、艰苦奋斗、迎难而上、奋勇前进的强大精神动力。

新中国成立后，在中国共产党的领导下，淇县人民自力更生，奋发图强，科学发展，开拓进取，战胜种种困难，化解诸多矛盾，赢得一个又一个胜利和辉煌。特别是改革开放以来，牢牢抓住发展第一要务，持续深化体制机制改革，全县农业、工业、旅游、文化、教育、卫生、交通等各项事业得到全面发展，城乡面貌发生翻天覆地的变化，人民生活水平实现大幅提升，从温饱不足到实现全面小康。回首追忆，70 年间淇县大地巨变，人民与贫穷诀别，与富裕同行。如今的淇县，政通人和，百业竞荣，物阜民康，山河壮美。人民铸就的青史丰碑，传诸千秋万代。

《淇县革命老区发展史》全面详实地展现了淇县辉煌的革命历程和巨大的发展成就，是一部了解淇县革命老区革命斗争、改革开放、跨越发展的生动教材，必将起到存史鉴今、资政育人、促进发展的作用。真诚希望广大党员干部和社会各界人士，从中汲取精神和知识营养，自觉继承红色革命传统，大力弘扬革命老区精神，砥砺塑造优良作风，不忘初心、牢记使命，在实现中华民族伟大复兴的第二个百年奋斗目标征程中，作出新的更大的贡献！

中共淇县县委书记

2021 年 12 月

# 编 写 说 明

2017年6月，中国老区建设促进会组织全国各地老促会启动编纂《全国革命老区县发展史》丛书，按照"建立中国共产党、成立中华人民共和国、推进改革开放和中国特色社会主义事业"三大里程碑的历史脉络，系统书写革命老区百年历史，深入挖掘革命老区红色文化资源，这对于充实丰富中国革命史籍宝库、在新时代传承红色基因、弘扬革命精神、强固根本，对于激励人们在新的历史条件下夺取中国特色社会主义伟大胜利，实现中华民族伟大复兴的中国梦具有重要意义。

丛书编纂以马克思列宁主义、毛泽东思想、邓小平理论、"三个代表"重要思想、科学发展观和习近平新时代中国特色社会主义思想为指导，以《中国共产党历史》《中国共产党的九十年》等重要文献为基本依据，以党的领导为核心，以老区人民为主体，以老区发展为主线，体现历史进程特征，突出时代发展特色，坚持辩证唯物主义和历史唯物主义相统一、历史真实性与内容可读性相统一的原则，书写革命老区从站起来、富起来到强起来的光辉革命史、不懈奋斗史、辉煌成就史，把老区人民的伟大贡献、伟大创造、伟大成就、伟大精神充分展示出来，形成一部具有厚重历史特征和鲜明时代特色的精品力作。这是一部培根铸魂、守正创新，既为历史立言，又为时代服务，字里行间流淌着红色血脉、催生着革命激情的传世之作。丛书的编纂出版将成为讴歌党讴歌人民讴歌时代、传播红色文化、为革命老区和老区人民树碑立传的重要载体。

丛书按照编年体与纪事本末体相结合、以编年体为主的编写体例确定框架结构；运用时经事纬、点面结合的方式记述史实；坚持人事结合、以事带人的原则处理人与事的关系；采取夹叙夹议、叙论结合以叙为主的方法展开内容。做到了史料与史论、历史与现实、政治与学术统一，文献性、学术性、知识性相兼容。

为编纂好《全国革命老区县发展史》丛书，打造红色文化品牌，中国老区建设促进会认真组织积极协调，提出政治立场鲜明、史料真实准确、思想论述深刻、历史维度厚重、时代特色突出、编写体例规范、篇目布局合理、审读把关严格、出版制作精良的编纂出版总要求，力求达到革命史籍精品的精神高度、思想深度、知识广度、语言力度，增强丛书的权威性和社会影响力。各省（区、市）、市（州、盟）、县（市、区、旗）老促会的同志，以强烈的使命感、责任感和紧迫感，勇于担当，积极作为，认真实施，组织由老促会成员、专家学者等参加的十余万人编纂队伍。编纂工作主体责任在县，省、市组织协调、有力指导、审读把关。各方面人员以高度负责的精神和科学严谨的态度，满腔热情地投入工作，为丛书编纂出版作出了重要贡献。丛书编纂工作还得到了党和国家有关部委、地方各级党委政府及有关部门的大力支持和积极参与，社会各界也给予了热情帮助。中共中央政治局原委员、中央军委原副主席、原国务委员兼国防部部长迟浩田上将，对老区人民怀有深厚感情，对革命老区建设发展十分关注，欣然为《全国革命老区县发展史》丛书作总序。

丛书由总册和 1599 部分册（每个革命老区县编纂 1 部分册）组成，共 1600 册。鉴于丛书所记述的史实内容多、时间跨度长和编纂时间紧，不妥之处，敬请批评指正。

中国老区建设促进会

2019 年 7 月

# 目 录

# 概　述

　　淇县位于河南省北部，隶属鹤壁市，西依太行与林州市连山，东临淇河与浚县共水，北与鹤壁市淇滨区毗邻，南与新乡卫辉市接壤。总面积 567.4 平方公里，总人口 28.8 万人。

　　淇县区位优越，交通便捷，北距首都北京 500 公里，南至省会郑州 120 公里。京广铁路、石武高铁、京港澳高速公路、107 国道纵贯全境南北，国家西气东输工程、南水北调中线工程西傍县城而过。

　　淇县辖 9 个乡镇（街道），174 个行政村，3 个居委会，是全国食品工业强县、科技进步先进县，全省畜牧强县、经济管理扩权县和对外开放重点县，全国首批电子商务进农村综合示范县、河南省"十一五"规划的六大纺织服装生产基地之一。

一

　　淇县处于太行山东麓向华北平原过渡地带，地势西北高，东南低，所有内河均向东南汇集。西部山区海拔高程多在 100—1000 米，主要山峰有金牛岭、朝阳山、朝歌山、云梦山等，最高峰为位于淇县、林州、卫辉三地交界的三县垴，海拔 1019 米。东部平泊地区高在百米以下，最低海拔 63.8 米，高低差距 955.2 米。

　　淇县盛产小麦、玉米、花生、核桃、花椒等优质农副产品。淇河鲫鱼、缠丝鸭蛋、无核枣被誉为"淇河三珍"。淇县旅游资源丰富，境内的云梦山景区和古灵山景区为国家 4A 级景区，摘星台景区为国家 3A 级景区，以及朝阳寺景区、纣王殿、淇园等文化遗址、遗存。

淇县西部皆是太行山脉，由于构造、岩浆等地质作用影响，形成了煤和石灰岩、白云岩、花岗岩、石英岩等多种非金属矿产资源及少量金属矿点。据勘察显示，淇县煤层厚度 0.8—10.89 米，属优质民用无烟煤，储量 750 余万吨。石灰岩总储量约 6 亿吨，白云岩总储量约 2 亿吨以上，花岗岩储量约 1500 万立方米，石英岩储量约 886 万吨。金属矿产主要有铁、镁、铜、铅、锰等。

淇县属海河流域。境内主要河流有淇河、思德河、赵家渠、朱小河等，总长 222.9 公里，其中，界河 4 条、内河 11 条，泊洼地区另有排水沟 773 条。穿境而过的南水北调中线工程于 2014 年建成通水，年均分配淇县水量 4600 万立方米，为全县居民生活用水提供了清洁水源保障。

二

淇县历史悠久，文化厚重，是河南省首批历史文化名城。

淇县古称沬邑、朝歌，商朝晚期四位帝王武丁、武乙、帝乙、帝辛先后在此定都。

西周建立之后，周公旦在殷商故地平定武庚与三监之乱，将原朝歌周围邶、鄘、卫"三监"之地及殷余民七族封给其弟康叔。康叔徙封卫地后，即以卫为国名，并将国都定于"河淇间故商墟"，即朝歌。西周卫国都朝歌近 400 年。

春秋时为朝歌邑，属晋。战国时属魏。

秦时朝歌邑属三川郡。秦末，西楚霸王项羽封司马卬为殷王，都城设于朝歌。西汉初，于殷国旧址设朝歌县，属河内郡。王莽时改朝歌为雅歌。东汉复置朝歌县，建安十七年（212 年）改属魏郡。

三国时曹魏升朝歌为郡，属冀州，辖朝歌、汲、共、林虑、获嘉、修武 6 县。晋时改朝歌郡为汲郡，属冀州，治所在汲，朝歌县属之。南北朝时，刘宋改朝歌县属司州部河内郡。北魏分朝歌西北置临淇县，属林虑郡。东魏天平元年（534 年）复置朝歌县，天平二年分朝歌县北为魏德县。北周武帝改义州（今卫辉市）为汲郡，治所在朝歌。

隋朝初年改汲郡为卫州，大业二年（606年）废清淇县和朝歌县改置卫县，改置汲郡于县治。唐贞观元年（627年）改朝歌殷墟地以西为卫县鹿台乡。五代、宋、金时依旧。

元宪宗五年（1255年）于鹿台乡置淇州，卫县废为集，并置临淇县。至元三年（1266年）废临淇县入淇州。

明洪武元年（1368年）十二月，改淇州为淇县，属河南省卫辉府辖。

清时，淇县仍属河南省卫辉府。

民国二年（1913年），淇县属河南省豫北道，不久改属河南省河北道（道衙在汲）。民国十三年（1924年），淇县属河南省第三行署。民国二十七年（1938年）二月日军入侵淇县，属河南省豫北道。1943年7月，中国共产党在淇县西部山区建立革命根据地，属太行七行署。1944年3月，淇县与汤阴县合并，成立淇汤联合县；1944年12月，淇汤分治，淇县与汲县合并为汲淇联合县，先后属太行七行署和三行署、五行署。1945年6月，中国共产党在淇县东南部建立了卫滨县第五区，属冀鲁豫边区。8月，日本投降，国民党淇县政府占据县城。1947年3月，汲淇县分设，淇县民主政府成立。1949年5月，淇县全境解放，国民党淇县政府告终。

1949年10月，淇县属平原省安阳行署。1952年10月，平原省撤销，淇县改属河南省安阳行署。1954年9月，淇县并入汤阴县，原淇县城关改为朝歌镇，属河南省安阳行署。1959年10月，撤销安阳行署，淇县属新乡行署辖。1961年复置安阳行署。1962年恢复淇县建制，属安阳行署。1983年10月，淇县属安阳市辖。1986年元月18日，淇县改属鹤壁市辖。

三

1925年1月，中共第四次全国代表大会后，中共党组织得到了发展。在此期间，淇县的冯金堂、介明堂、谭贺庭等人在外地加入了中国共产党，成为淇县最早的中共党员。

大革命时期，淇县建立了中共党组织。1926年12月，中共卫辉（汲县）地区执行委员会书记杨介人委派共产党员吴丹坤到淇县建党。吴丹坤、介明堂、谭贺庭三人，于1927年4月在淇县建立了第一个中共淇县支部委员会。他们深入农村宣传党的路线，动员工农支援北伐军。由于蒋介石叛变革命，白色恐怖笼罩淇县，1927年6月，淇县党支部停止活动。

土地革命战争时期，中共直南特委派共产党员魏十篇等三人深入淇浚两县毗邻地区进行建党工作，于1930年7月成立了中共奇（淇）训（浚）区委，广泛进行马列主义宣传，发展党组织，建立起7个农民协会和1个青年先锋队，附近十多个村庄的工农革命运动蓬勃兴起。1932年12月，中共彰德（安阳）中心县委派人到淇县发展党的组织，于1933年7月在纪庄成立了中共淇县区委，10月建立了中共淇县委员会，发展党员23名，建立了6个党支部，并发展了党的外围组织，成员达百余人。

抗日战争时期，淇县党组织积极进行抗日救亡斗争。淇县人民的抗日救亡斗争分为两大区域，以平汉铁路为界，以东地区归冀鲁豫区党委领导，以西地区归太行区党委领导。在冀鲁豫战略区内，1940年10月先建立了中共卫西工委，后建立了中共延浚汲淇四县边工委，1945年6月改为中共卫滨县委。此间，建立了县级人民武装：滑浚淇三县人民抗日自卫军、四县边抗日游击大队（后改称卫滨县游击大队）。在太行战略区，1943年7月建立了中共淇县工委，同年10月建立了中共淇县县委。1944年3月，根据地委决定，淇县和汤阴县组成淇汤联合县。1944年12月，淇汤分设，淇县与汲县合并为汲淇联合县。在抗日战争时期，中共淇县各级党组织，领导淇县人民卓有成效地进行了抗日救国斗争，人民的力量不断增强，革命根据地和游击区不断扩大，抗日政权不断巩固和发展。

解放战争时期，淇县归冀鲁豫和太行两个战略区管辖，由中共卫滨县委和中共汲淇联合县委具体领导东部、西部两地区的革命斗争。1947 年 3 月底，汲淇分设建制，中共淇县县委、淇县民主政府建立。1947 年 4 月 3 日，淇县县城解放；6 月，淇县全境隶属太行区领导。在全国解放战争中，淇县人民在县委的领导下，一方面，组织武装力量，充实县大队和各区干队、武工队，发动和组织各村联防民兵，进行剿匪反霸，开展对敌斗争，到新中国成立之前，淇县基本肃清了扈全禄、杨富等国民党残余势力，使全县各个村庄获得解放；另一方面，广泛发动群众，建立群众组织，开展土地改革、生产支前，彻底摧垮了封建土地制度，保卫了胜利果实，支援了全国解放战争。

在整个新民主主义革命斗争中，淇县人民艰苦奋斗，前仆后继，有 322 名同志为革命献出了宝贵的生命。还有不少外地同志，为淇县的解放作出了杰出贡献。他们的英名必将永载史册。

## 四

新中国成立以后，淇县人民在党的领导下，发扬老区光荣传统，团结一致，艰苦创业，全县面貌日新月异。

1950 年春，淇县完成土地改革运动，实现了耕者有其田。通过大力发展农田水利建设，改善农业生产条件；通过发展农业多种经营，促进农业全面发展。1953 年开始，淇县对私营工商业、手工业、农业进行社会主义改造。到1956年，公私合营的手工业合作社、合作商店和高级农业生产合作社全部建立，完成了各业的社会主义改造。

1958 年，淇县工业开始起步，有钢铁厂、机械厂、炼焦厂、耐火材料厂、铜铅厂、玻璃厂等 11 个工厂，产值 80 多万元。1963 年9 月，淇县成功架设了高压输变电线路，为工业发展奠定基础，也带动了工农业总产值飞速增长，1975 年全县工业产值达到 1388 万元。

改革开放之后，淇县的各项事业进入快速发展阶段。改革推动了生产力发展，经济得到繁荣，人民生活水平不断提高。特别是党的十八大以来，淇县国民经济运行良好，社会事业繁荣发展，城乡面貌焕然一新，生活水平显著提高，实现了全面建成小康社会的历史跨越。主要经济指标总量及增幅连年位居全市前列，先后荣获全国食品工业强县、全国科技进步先进县、全国首批电子商务进农村综合示范县、国家全域旅游示范区创建单位、河南省百城建设提质工程首批试点县、河南省"双拥"模范县等省级以上含金量较高的荣誉40多项。

淇县工业经济基础较好，形成了以先进制造、纺织服装、食品加工、光伏、物流等产业为主导的新型产业格局。食品加工、纺织服装、装备制造三大产业集群集聚发展，产业增加值占规模以上工业的比重达到56%。

淇县拥有规模以上食品加工企业55家，其中省级以上龙头企业12家，国家级龙头企业3家，畜禽产品年加工能力达36万吨，熟食品年加工能力达12万吨，肉鸡、肉鸽养殖加工量位列全省第一。大用、永达公司跻身中国肉类食品企业50强，是麦当劳、肯德基、家乐福、大润发等国际国内知名连锁企业的重要供应商。永达食品多次随载人飞船进入太空，成为中国航天员专用食品。

纺织服装链条完整。全县共有重点纺织服装企业25家，拥有环锭纺30万锭，气流纺1080头、新型织机200多台、服装加工设备5000套，年产牛仔服、休闲服1亿件，从业人员达到2万余人，形成从纺织到服装生产较为完整的产业链条，是河南省"十一五"期间规划的六大纺织服装生产基地之一，被河南省服装行业协会授予"河南省服装推动大奖""河南省纺织服装产业示范县"等荣誉称号。

装备制造异军突起。全新金属等3家企业在"0板"成功挂牌，中维化纤打破了国外品牌对中国气囊丝市场的垄断，链多多食品入选河南省首批智能制造工厂试点。拥有省级以上研发平台6家、知识产权优势企业2家，荣获省级以上科技进步奖2项，被命名为省知识产权优势区域。

　　清洁能源产业从无到有、起步迅速，光伏发电、风力发电总装机容量达到 260 兆瓦，年发电量达 3 亿多度，高新技术产业稳步发展，产业增加值占规模以上工业的比重提高到 14.7%。

　　物流快递快速发展，企业与站点达 40 余家，年吞吐货物约 100 万件，大用运通成为全市唯一一家国家 AAAA 级物流企业；农村电商、企业电商、跨境电商突飞猛进，电商交易额、网络零售额年均增长 40% 以上。

　　淇县革命老区在中国共产党的领导下，经历了战争岁月的洗礼，在一穷二白的基础上艰苦创业，奋发图强，完成了全面建成小康社会的历史重任。扬帆起航正当时，不忘初心再出发。在新的时代里，淇县人民不忘初心、牢记使命，为革命老区发展谱写新的华章，为实现中华民族的伟大复兴贡献力量。

# 第一章 民众觉醒 向往革命

　　辛亥革命的胜利揭开了中国历史发展的新的一页。但是，全国仍旧处于军阀混战四分五裂状态，中华民族生活在水深火热之中。五四运动点燃了中国人民反帝反封建的火炬，唤醒了中华民族的革命意识和斗争精神。特别是中国共产党的诞生，为全国人民树起了奋斗的旗帜，为淇县人民带来了生机。1927年4月，淇县第一个中共支部建立，为淇县革命事业的发展奠定了政治、组织基础。蒋介石叛变革命后，中国共产党的斗争历程更加任重道远。淇县也经历了革命的血雨腥风，付出了巨大的代价。

## 第一节 淇县人民的反帝爱国运动

　　1919年，五四运动爆发，全国人民积极声援北京学生的爱国行动，各地纷纷罢工、罢市、罢课，游行示威。淇县人民反帝反封建的群众运动也逐渐兴起。在校学生王郁亭，思想进步，爱国热情高涨，他作为淇县学生界的代表，参加了河南省的学生运动。学生们高呼"打倒列强"的革命口号，高唱《国际歌》上街游行。他们打神像、办学堂、剪辫子，反帝反封建的浪潮在全国不断迭起。五四运动同时也影响了广大的工人阶级和农民。淇县农民自发组织武装，积极保卫家园，坚决勇敢地同当地的土匪恶霸作斗争。

　　**一、农民武装的兴起**

　　民国初期，豫北一带土匪横行，仅淇县的土匪就多达30多股。他们少则十几人，多则几十人，大多盘踞在山区边缘地带。最早的匪首是王德福（外号"老驴头"）。还有张金魁（外号"老大王"）、张治邦、朱际春、王玉等。这些土匪们各霸一方，经常绑肉票、打家抢劫，心狠手辣，搞得社会不安，人心惶惶。而国民党县长汪明鉴不仅不维护人民群众的人身财产安全，还施以暴政，搜刮民财，淇县人民饱受苦难和蹂躏，生活极其困苦。农民中一些有勇气的热血青年，义愤填膺，不甘受辱，不少村庄自发组织起"联庄会"，建立自己的武装。

1923年，刘拐庄先后3次遭土匪抢劫，一到天黑，家家关门闭户，人人提心吊胆。该村村民孙同德、王海滨、王海潮、王迎春等有识之士，经过商议，决定建立农民武装——"孙真会"。"孙真会"所用的武器主要是红缨枪等，所以也称"红枪会"。他们除动员本村群众外，还动员了周围的沙窝村、皇王庙、王庄等11个村的群众参加。"孙真会"正式会员达1400余人。孙同德任会长，王海滨、牛同芳、王海潮、王迎春等人任副会长。总会设在刘拐庄，其他各村设立分会。

"孙真会"成立后，制定了章程，做了会旗。会员们自备武器，或红缨枪，或大刀。农忙种田，农闲练武，还请了两位武术教练对会员进行武术训练。白天既练武又忙农活，到夜晚，各村组织会友打更巡逻，各村群众生活安定，秩序井然，"孙真会"也因此而名扬四乡。

1925年春，安阳土匪头子马恒谷（该匪部穿黑军装，又称"黑兵"）和汤阴县土匪程光贵，勾结淇县土匪王德福、李玉林等。聚集匪徒1000多人,对淇县庙口村、淇县县城进行抢劫,匪兵们进城后，奸淫妇女，抢劫财物，滥杀群众，闹得城乡群众纷

刘拐庄孙真会祠堂（位于河南省鹤壁市淇县西岗镇刘拐庄村）

纷逃难。不到 10 天，这伙匪兵还抢劫了马庄、北阳、南阳、史庄、黄堆、良相等村。土匪们在南大李庄安营扎寨，妄图沿淇河北上，占领淇县东半部。"孙真会"会长孙同德同副会长们紧急研究斗争策略和措施，首先令号手吹响了集合号，各分会听到号令，立即手持长矛、大刀，跑步涌向刘拐庄，在孙同德会长带领下进行了集体宣誓，决心保卫父老乡亲，同匪兵们血战到底。"孙真会"大队人马浩浩荡荡向南开进，在霍街村西同匪兵们遭遇，会友们一个个怒从心生，奋勇当先，将黑兵团团围住，到处杀声震天。战斗从上午 9 点一直拼杀到下午 6 点，土匪们伤亡惨重，余下的残兵败将夺路而逃。土匪们被赶回了淇县县城。战斗中，刘金魁、张信栋、冯清淇、王保仁等 24 位会友壮烈牺牲，还有 20 多人受伤。战斗结束后的第三天，"孙真会"在刘拐庄举行了追悼大会，与会者 1000 多人。会场两侧的挽联上写着："扫烟尘淇水左右方清静，除盗匪行山前后得太平。"为纪念烈士，刘拐庄及周围各村义捐大洋两千元，于 1928 年在刘拐庄修建了烈士祠，每年农历三月二十五日进行祭祀。烈士祠山门上嵌刻一副楹联："立庙奉祠只为枪刀林中称烈士，勒石表名全凭战争场里立奇功。"祠前的楹联写着："唯大英雄方能舍生取义，非真好汉不至杀身成仁。"一个月后，淇县国民党县长汪明鉴从卫辉请来了军队，又有当地红枪会配合，进攻盘踞在淇县县城的黑兵，一举将黑兵打出了淇县。

二、声援"二七"大罢工和"五卅"运动

1923 年 2 月，中国共产党领导了著名的京汉铁路大罢工，2 月 7 日，军阀吴佩孚在帝国主义的支持下，对工人进行残酷镇压。惨案发生后，全国人民发起声援京汉铁路工人的运动。淇县各校师生愤怒揭露帝国主义、封建军阀吴佩孚屠杀工人的罪行。师生们集会演讲，游行示威，张贴标语，印发传单，高呼"打倒帝国主义！""帝国主义从中国滚出去！""打倒军阀！"等口号。师生们还大力宣传抵制日货，并将从各商店查抄的日货运到韦庄村东头的奶奶庙前，放火烧掉。学生们的爱国行动得到了全县各界人民的大力支持。

1925年，帝国主义在上海制造"五卅"惨案，激起全国人民的愤怒，反帝浪潮遍及全国城乡。淇县师生在党领导的全省学生联合会的号召下，纷纷集会抗议帝国主义，声援上海工人阶级。淇县第一小学的师生首先罢课，并组织了提灯会，进行游行示威，书写标语，散发传单，号召抵制洋货，揭露帝国主义在华的侵略罪行。

三、兴办新学校，传播新思想

1921年，淇县城内的高级小学迁至阁南康叔祠，改名为县立第一小学校。1923年改为县立第一完全小学校。西街北头牛王庙的县立第二小学，于1923年改称淇县第二完全小学校。东街的女子小学创办于1913年，名为女子国民学校，只有初级班，1924年增设高级班。学校由县城发展到乡村，数量也大量增加，由原来的几所增加到80所，其中完全小学4所。全县在校学生2000多人，而且有近200名女学生，3名女教师。全县呈现出一派兴办新学校的新气象。

1927年6月，河南省主席冯玉祥在河南推行新政，节制资本，查店产，兴办学校，宣传新思想。淇县新学校的教室、校门也都进行了修饰，并写上新标语。学校普遍挂"总理遗像"（孙中山像），上书"天下为公"，两旁书"革命尚未成功，同志仍须努力"。学校还挂国旗和万国旗，举行升旗仪式，唱"三民主义歌"，共读"总理遗嘱"。有些学校还自编对联，如二完小校门上写："兴科学重实践理信非迷信，拆偶像设学校信人不信神。"西岗初小学校办公室门上写着："打倒日本帝国主义，提起中华民族精神。"在学校里宣传新思想，提倡男女平等。肃清满清"男留辫子女裹脚"的余毒，号召师生破除迷信打神像。师生们曾将城隍庙里的神像砸得稀巴烂，同时春节的对联中也出现了"自由""平等""博爱""和平""民主""世界大同""婚姻自由"等反帝反封建的内容。

## 第二节　中国共产党在淇县的初创

### 一、第一个中共淇县党支部

"十月革命"和五四运动促进了马克思主义在中国的传播。中国共产党成立之后，淇县的进步青年通过多种途径接受新思想，加入共产党，推动了马克思主义在淇县的传播。

1925年5月，浚县西枋城村人吴丹坤（后名吴丽泉），在开封两河中学教书时加入中国共产党。1926年秋天，他先后介绍淇县学生介明堂、谭贺庭和浚县学生牛尚文3人入党。他们成立了党小组，吴丹坤任组长，同时受党组织的委托，在开封市建立了党的联络站——新知书店。是年10月，新知书店被查封，经理被抓走，吴丹坤也受到株连。党组织调吴丹坤到豫北中共卫辉（汲县）地区执行委员会工作。

第一次国共合作推进了国民革命的发展。1926年，中共党组织要求开辟新的阵地，扩大革命力量，更好地领导群众支持北伐战争。1926年冬，中共卫辉（汲县）地区执行委员会书记杨介人同吴丹坤具体研究分析了卫辉地区各县的情况，认为淇县条件比较好，可以先开辟淇县。其有利条件是：第一，奉军在淇县无恶不作，广大群众深恶痛绝；第二，淇县军政不和，驻军属奉系，县长属直系；第三，淇县人民受封建剥削严重，生活贫穷，盼望革命；第四，淇县地处平汉铁路要冲，可以把铁路工人、搬运工人和小摊贩等受压迫的穷人组织起来，控制铁路，支持北伐军，阻挠奉军；第五，淇县西靠太行山，可开辟发展为根据地，如失利时，可以撤进西山，进可攻，退可守，并能进入林县、汲县、辉县境内，和外县革命力量联合起来，同敌人进行长期周旋；第六，淇县乡间群众已组织起了自卫的武装力量（红枪会、联庄会），可以联合他们，把他们引导到革命道路上来。更重要的是，淇县有介明堂、谭贺庭两名党员，他们熟悉情况，这是最有利的条件。根据上述情况，在北伐军节节胜利的大好形势下，利用国共合作的有利条件，党组织决定先开辟淇县党的工作。

由于吴丹坤在河南教育界有声望，在社会上有信誉，人地也比较熟悉，因此，1926年冬，中共卫辉（汲县）地区执行委员会书记杨介人派吴丹坤到淇县开辟工作，并批准介明堂、谭贺庭二人随同工作。

党指示的工作原则是：一、以建立国民党县党部的名义开展工作，是统一战线性质的，要注意掌握独立自主权，对国民党员采取既团结又斗争的策略，原则上不发展新的国民党员；可以在运动中发现同情共产党的积极分子，而后培养为共产党员。二、淇县县长虽与奉系军阀有矛盾，但他是反动官僚，只可利用，不能依靠，要防止他暗中捣鬼，耍两面手法。三、在宣传三民主义时，要着重宣传孙中山的新三民主义和联俄、联共、扶助农工的三大政策。四、对地主、绅士、开明者要团结，帮助他们认清形势，使之为革命出力；对顽劣者，发动群众揭露、斗争，但要掌握好时机，不成熟时，不要盲动。五、对乡间人民武装力量（如红枪会、联庄会），要注意联络，进行宣传。引导他们为保家、保地、保国而团结起来，协助北伐军，驱赶奉军；对他们的封建迷信思想（如敬神、烧香），暂不要触动，等待其在革命斗争过程中，提高觉悟后，逐渐消除封建迷信思想。当时提出的口号是：打倒帝国主义；打倒军阀；打倒封建势力；欢迎北伐军。

1927年2月15日，吴丹坤赴淇县，在介圪垱村介明堂家中召开由介明堂、谭贺庭参加的党的秘密会议。会上吴丹坤传达了中共卫辉地区执行委员会开辟淇县工作的决定和杨介人的指示，研究了如何以建立国民党县党部的名义开展中国共产党的工作。

要在淇县建立国民党县党部，需要国民党淇县县长汪明鉴的支持。为此，介明堂、谭贺庭先去找汪明鉴所信任的女子小学校长高某和第二小学校长刘某说明来意，请他二人向汪明鉴转达。高、刘二位校长经过交涉，汪明鉴表示欢迎，并愿意协助，还允诺将女子小学作为县党部筹备处（当时因局势紧张，学校放假）。

在高、刘二校长引见下，吴丹坤等同汪明鉴进行面谈，向他宣传革命的大好形势，指出奉军作恶多端，不得人心，且有逃跑的迹象，奉劝他放弃了联奉自保的念头。此后，汪明鉴对奉军委派的事情，采取怠工拖延的态度。

吴丹坤、介明堂、谭贺庭在淇县"站住脚"后，便积极开展工作，用革命串联的方法进行活动，不到一个月的时间，就把淇县特别是淇河两岸的知识青年发动起来。他们背着行李，自带干粮，到淇县女子小学来报到，要求分配给他们力所能及的工作。

为了搞好革命宣传，吴丹坤、介明堂、谭贺庭及第二小学刘校长，分头带领青年们下乡宣传。他们自己编印宣传材料，自己解决经费，很快掀起了一个轰轰烈烈的革命高潮，影响很大，无人敢起来反对和破坏，连县长汪明鉴也始终持协助态度。

他们采取公开宣传与深入农户家中访问相结合的方式。公开宣传的内容是：孙中山的新三民主义和他的三大政策；揭露帝国主义侵略中国人民的罪恶；揭露反动军阀和封建势力勾结帝国主义的卖国罪行；革命发展的大好形势。深入农民家中主要是访贫问苦，揭露军阀的罪行，揭露地主压迫、剥削农民的罪恶事实，从而提高广大农民的阶级觉悟，号召他们参加革命，支持北伐军，驱逐奉军。

1927年4月，吴丹坤、介明堂、谭贺庭在淇县城内东街女子小

淇县第一个中共党支部旧址

学组织召开了国民党县党部成立大会，全县各界代表70多人到会。会上，介明堂介绍了县党部筹备经过，并宣布了县党部的组成：吴丹坤任县党部书记，介明堂任组织委员，谭贺庭任宣传委员。淇县县长汪明鉴和教育界代表、学生代表都在会上发言。

与此同时，经中共卫辉地区执行委员会批准，第一个中共淇县

党支部秘密成立，吴丹坤任党支部书记，介明堂任党支部组织委员，谭贺庭任党支部宣传委员，其活动以国民党县党部名义进行。

淇县国民党县党部成立后，徒有虚名，既未发展一个国民党员，也未同省党部进行过联系。

中共淇县党支部成立后，党组织就开展了对地方农民武装红枪会的争取工作。吴丹坤利用其表哥李文选在红枪会中担任头目的关系，介明堂和谭贺庭利用同乡熟人关系，在红枪会中做了大量的宣传发动工作，由各地学生骨干与地方武装进行联系，把红枪会团结在党的周围。

1927年6月，北伐军打过黄河，奉军闻风丧胆，节节败退。在党的号召下，红枪会协助北伐军截击奉军，发挥夜战、近战的优势，利用红缨枪、大刀及鸟枪、土炮等武器，实行远射近刺的5人小组战术，消灭了不少奉军。红枪会在战斗中缴获了大批武器装备，夺回了被抢劫的群众财物。淇县人民群众积极送情报、当向导，大力支援北伐军作战，北伐军冯玉祥部吉鸿昌师很快占领了淇县。先头营刘营长是共产党员，他代表部队专程到县党部表示感谢。吴丹坤等人组织群众热烈欢迎北伐军。刘营长和吴丹坤秘密交换了情报。吉鸿昌师北上之后，中共淇县党支部继续发动群众，协助北伐军过路北上，消灭盘踞在豫北的奉军。

二、国共分裂，党组织转入地下

1927年4月12日，蒋介石发动反革命政变，屠杀共产党员和革命群众，奉系军阀张作霖杀害了党的北方局领导人李大钊等10多位同志。白色恐怖笼罩全国。

1927年6月底，党支部书记吴丹坤调离淇县，党支部转入地下，继续开展工作，介明堂成为淇县党组织的实际负责人。

# 第二章　工农革命　曲折前行

土地革命战争时期，党组织先后在淇县成立了中共奇（淇）训（浚）区委、中共淇县区委和中共淇县委员会，广泛进行马克思列宁主义宣传，发展党组织，建立农民协会和青年先锋队，淇县工农革命运动蓬勃开展。但由于后来白色恐怖日趋严重，加之路线偏差、叛徒出卖等多种原因，淇县的党组织遭到破坏，革命陷入低谷。

## 第一节　中共奇（淇）训（浚）区委的成立与发展

### 一、国共分裂后的淇县形势

1927 年 8 月，以汪精卫为首的武汉国民党政府和以蒋介石为首的南京国民党政府，实现了反革命的合作，建立了以蒋介石为代表的新军阀独裁专政，对共产党和革命人民实行疯狂的血腥镇压。

淇县和全国一样处于一片白色恐怖中，尽管环境险恶，中共党组织仍在坚持活动。1927 年 9 月，汲县县委在城内西街口石中金家召开党的代表会，豫北几个县的代表参加会议，介明堂代表淇县党组织参会。会议分析了当时的革命形势，揭露了新军阀之间的矛盾，使与会代表认识到革命必胜的光明前景。

由于敌人对共产党人和革命群众的迫害愈来愈凶，介明堂和谭贺庭只好回开封两河中学继续读书。1928 年 5 月，开封两河中学党组织因叛徒出卖遭严重破坏，党员介明堂被国民党反动派投入监狱，受尽了酷刑。由于证据不足，1929 年 8 月被释放。出狱后与党组织失去了联系。谭贺庭在敌人大搜捕时，正好他回家取东西未在学校，躲过一劫，但被反动当局下令通缉，谭贺庭不敢再回开封，与党组织失去联系。淇县党组织停止活动。

在国民党反动统治下，广大人民过着饥寒交迫的生活。淇县国民党当局不顾人民的死活，又提出要给卖菜的、粉房等加税。这些生活在社会底层的菜农和小手工业者，本小利微，生活很苦，他们得到消息后，一个个气炸了肺。西岗沙窝村当时是蔬菜区，供应淇县城镇的大部分蔬菜。他们住在淇河边，村民个个强悍、爱耍枪弄棒，村里有狮子会，大人小孩都学武术。大家在议论中统一了思想，决心进行抗税斗争，为此，还同淇河东浚县的几个村的菜农事先进行了联络，约定了进城日期。

1929年秋后的一天，沙窝村的群众鸣锣集合，几十个腰扎紧身带，会武术的人，手持木棍、红缨枪等作为自卫武器。与此同时，浚县临淇河的任屯、李屯等七八个村的贫苦菜农也集合起200多人，向淇县城进发。上午10点钟，沙窝村农民由东门进到城内，他们事先已摸清了税务局局长王栋方在西街的住所，所以抗税农民进城后直奔西街，包围了王栋方的住宅。十几个彪形大汉冲入室内，连推带拉将王栋方拉到大街十字路口，扒下他的裤子，拳打脚踢。这一正义举动，得到了城内很多小商贩的同情，他们主动参加抗税斗争，用扁担、秤砣痛打这个喝群众血的赃官。打得他满地翻滚、乞求饶命。这时浚县屯子的菜农也由北门进城，声势浩大。国民党淇县保安队见此情景，便装聋作哑，躲到一边。国民党淇县县长怕激起众怒，不敢派兵去镇压，只派了县政府几个文职官员前去劝解。菜农和小商贩们出了恶气，才放了王栋方。王栋方忍不下这口气，他要上告，经县长等人劝说，方才罢休，县长怕引起更大的民愤，未敢追究闹事的菜农，放弃了加税的计划。抗税斗争取得了彻底胜利。这是民国建立以后，淇县发生的第一次反官府、反加税的群众斗争。

二、奇（淇）训（浚）区委的成立

在不断高涨的革命形势下，北方中共地下组织为深入发动群众，争取进步势力，在国民党统治区积极发展党的组织，开展革命斗争。

1929 年底，中共直南特委决定派时任保定市委负责人魏十篇到豫北开辟党的工作。1930 年 2 月，年仅 19 岁的共产党员魏十篇和保定团市委宣传委员马五江在淇县火车站下车，随即赶到与淇县相邻的浚县赵岗学校安身。魏十篇任校长兼六年级的级任老师，马五江任五年级的级任老师。不久，马五江在魏十篇的帮助下，转为中共党员。从此，魏十篇与马五江便以学校为阵地，以教学为掩护，在赵岗村从事党的地下工作。

1930 年 7 月，根据革命形势的发展，经中共直南特委批准，党的地下组织"中共奇训区委员会"（"奇训"即淇浚的谐音）在赵岗学校成立，负责淇县、浚县党的组织建立与发展工作，魏十篇任书记，马五江任农运委员，齐彭育任青年委员。三人同住在学校的大阁楼上。不久，在北京上大学的青年团员王存学，因参加北京的"三一八"示威和"四一二"游行集会，被捕后释放回家，北大学生刘芳勋也因闹学潮回家，两人积极参加了区委工作。

中共奇（淇）训（浚）区委旧址，位于鹤壁市浚县赵岗学校

区委建立后，上级党组织经常密寄信件，指导区委工作。文字都是用药水密写在书缝间，由魏十篇抄出来，供区委学习、研究。当时上级党组织指示，区委的工作任务是："以学校为掩护，建立和发展当地的党、团组织及其他各种革命群众组织，广泛进行反帝、反国民党反动统治的宣传，将广大劳动群众团结到革命方面来。"

此时，保定市委负责人刘泽甫（即刘洪陶），因被国民党通缉，曾到赵岗学校避难，在这里住过一段时间。

在学校开展革命工作，主要对象是学生，通过访问学生家长与农民建立联系，密切了同贫苦农民的关系。他们和学生及农民逐步建立了感情，达到了在学校和群众中立足的目的，为顺利展开党的工作，打下良好基础。

三、奇（淇）训（浚）区委的地下活动

魏十篇等三人在赵岗学校，利用各种方法开展工作。

通过讲课、讲革命故事和教唱革命歌曲，向学生传播革命思想，进行革命教育。在上语文课时，选择一些有教育启发意义的课文进行讲解。学校还编印了一些时事政治讲义发给学生，并要求学生背诵。他们编印的讲义内容有："谁做工来谁吃饭，不做工来全滚蛋。""五月一日冒火花，世界工人争三八（即劳动、学习、休息各8小时），气坏每个资本家。""帝国主义不讲理，大资本家坏心肠，弱小民族受压迫，幸福生活不能享。""可恨万恶资本家，工人血汗全归他，高楼大厦他取乐，可把工人都苦杀。""煤黑子洗了脸，未尝不是漂亮人物，漂亮人物下了煤窑，也就成了煤黑子。"除此外，他们还向学生介绍一些进步书刊，如《太平天国》《洪秀全》等，让学生作为课外读物学习，使学生受到更多更深的思想教育。上音乐课，教学生唱进步歌曲，其中有一首《哭烈士歌》，是马五江根据蒋光慈的《新梦》中的一首诗《哭列宁》，以旧瓶装新酒的办法改编的。歌词是："喂！忽啦啦陨落了一颗伟大的红星，喂！暗漆漆熄灭了一盏光亮的明灯。多么不幸，烈士，无产者的领袖，你真伟大，烈士，你死了好不叫我心灵痛苦，好不叫我泪满衣襟！"还有《春天的快乐》《寒衣》《工农兵大联合》等。不仅教唱歌曲，还结合当时社会的现实，编成顺口溜，让学生说唱，如《一天到晚不能闲》，唱词是："农民难，农民难，瞧着农民真可怜，不锄地，就浇园，一天到晚不能闲，吃糠又咽菜，生活受煎熬，土豪劣绅和兵官，住高楼来吃大餐，哪里来的钱？哎哟哟，穷人的血和汗。"还采取讲故事的办法，向学生进行启蒙教育，如讲《陆阿六的故事》，内容是："一个穷人家的孩子，名叫陆阿六，在家看菜园。一天，财主家的猪吃了他家的菜，陆阿六便用木棍把猪打死了。"另一个是《蚂蚁搬家的故事》，内容是："一群蚂蚁要搬家，需要渡过一道河，领头的蚂蚁先下了河，牺牲了！接着第二个、第三个……蚂蚁，陆续爬进了河里，尸体搭成了桥，后边大量的蚂蚁便安全地过了河。"

举办平民夜校，更多地接触贫苦农民，通过识字教学，向贫苦农民进行革命思想教育，启发他们的阶级觉悟，激发他们的革命热情。

夜校设在学校教室里，由魏十篇、马五江和齐彭育任夜校教员。参加夜校学习的都是些贫苦青年农民和长工。每天晚上学习两小时，学习内容从识字开始，由浅到深。学校把编印的语文讲义免费发给每个学员，使夜校学员

中共奇（淇）训（浚）区委工作人员住地旧址

和在校学生受到同样的革命思想教育。参加夜校的人数逐渐增加，后来达到50多人。

为了进一步深入宣传教育和发动群众，魏十篇、马五江、齐彭育三人，经常利用课余时间和晚上，分头到田间、地头、牛棚、场院和农民家里，同他们亲切交谈，询问家庭情况，通过拉家常，了解他们的思想情况及社会动向。在思想、语言一致的基础上，宣传党的路线、国家的命运等，宣传教育贫苦农民要组织起来，在共产党领导下，打倒国民党，打倒帝国主义，打倒土豪劣绅，把地主老财的土地、房屋、牲口等财产全部没收，分给广大的贫苦农民。到那时，贫苦农民有地种、有房住、有吃穿，再不受压迫和剥削，自己当家做主，青年人能娶上媳妇，再不会穷得打光棍了。

建立群众组织。在教育提高青少年学生和贫苦农民思想觉悟的

基础上，先在学校建立了少先队，吸收进步的青少年学生参加，然后采取骨干引路，单线联系和利用学生家长等关系进行串联，扩大宣传，争取更多的农民群众、进步青年参加革命。

四、奇（淇）训（浚）区委的受挫

1930年下半年，正是党内推行"立三路线"的时期，奇（淇）训（浚）区委由于受"立三路线"的影响，不顾客观条件，急于求成，不注意隐蔽，不讲究斗争策略，引起了地主豪绅的怀疑和不满。地主刘全仁经常到学校探听风声，暗中监视魏十篇、马五江、齐彭育的言行。地主刘凤勋，几乎每天晚上都到学校里转悠一圈，监视三位老师的活动。1930年底，区委计划举行革命暴动，准备先夺取大地主刘成勋、刘全仁家的枪支。在暴动的前几天，魏十篇和一个长工在村西场里谈论革命情况时，被地主刘凤勋发现。当天，刘凤勋即将本村地主老财刘成勋、刘全仁、刘贾勋、刘玉坤、刘景一、刘赞勋、刘明善、刘聚仁、刘开勋、刘贵仁、王存元、刘燕堂等十余人纠集到其家商量对策，经过密谋，决定采取武力威胁的办法，将魏十篇、马五江、齐彭育三位老师驱逐出赵岗学校。还以软禁的办法，隔绝了王存学、刘芳勋二人与魏十篇、马五江、齐彭育的联系。

当天以大地主刘全仁、刘成勋、刘燕堂三人为首，带领狗腿刘玉坤等人全副武装，身挎盒子枪闯入学校，在学校贴出了"打倒魏、马、齐，学堂改规矩"的标语口号。在这种情况下，区委书记魏十篇考虑到敌众我寡，如果硬干是要吃亏的，为了保存革命力量，使党的事业不受损失，决定离开赵岗学校。

奇（淇）训（浚）区委从建立到结束，仅半年时间，但在淇、浚两县传播了马克思列宁主义，宣传了党的主张，播下了革命种子，为淇、浚两县后来开展革命活动，奠定了思想基础。

## 第二节　中共党组织在淇县的发展

### 一、九一八事变后的淇县形势

1931年九一八事变后，蒋介石采取不抵抗政策，提出"攘外必先安内"的方针，对国内抗日力量进行"围剿"。日本帝国主义的侵略和蒋介石反动政府的卖国罪行，激起了全国人民抗日反蒋的怒潮。淇县人民也同全国人民一样，反对日本帝国主义的侵略，反对蒋介石的不抵抗政策。淇县的知识界、青年学生、工人、农民，纷纷走上街头集会、游行，抵制日货，声讨卖国贼，"日本帝国主义滚出东北！"的口号声响彻云霄。当时，淇县第一完小和第二完小的师生们还组织起"淇县学生反日爱国委员会"，15岁的高年级学生刘溶池，由于积极参加抗日救亡运动，被同学们推选为"淇县学生反日爱国委员会"的常务委员。刘溶池考入汲县"豫北初中"后，仍继续参加反日爱国运动，又被选为"汲县学界抗日委员会"常务委员。从北京大学毕业的王郁亭，刚回到家乡淇县思德村，便发生了九一八事变，他看到国民党政府不抗日救国，拱手把东北三省让给日本人，却积极打内战，非常气愤。当时淇县的国民党政府曾几次派人请他出来做官，王郁亭不愿与其同流合污，遭世人唾骂，坚决拒绝了。原籍淇县良相村的爱国知识分子王舒苗，九一八事变后为国难担忧，常利用课堂讲课时，向学生们宣传抗日救国的革命道理，深刻揭露蒋介石卖国罪行，激发同学们的爱国热忱。淇县臧口村青年学生刘耕夫积极参加游行示威，并组织同学们下乡宣传，历数日本侵略者的滔天罪行，揭露国民党反动派的卖国政策，唤起民众，赶走日本侵略者。刘耕夫的爱国热情和正义行动，受到了党组织的重视，经共产党员陈留玉介绍，刘耕夫于1932年8月加入中国共产党。

1931年12月蒋介石被迫"下野"后，国民党当局依旧消极抗日，积极反共，一方面纠集兵力对红军发动第四次"围剿"，另一方面推行保甲制度，强化对全国农村的统治。

淇县的保甲制度始于1932年。全县370个自然村，按每十户为一甲，设甲长一人；十甲为一保，设保长一人，下设书记一人，保丁若干人；十保以上编为联保，联保处设联保主任一人，办事人员若干人，总裁各村行政事务；联保处上一级为区公所，设区长、副区长，下设财粮、壮丁队长、书记等办事人员若干人。当时全县设5个区、24个联保、165个保、2100个甲。实行保甲连坐，即这个甲中一户与共产党有关系，其他九户若不检举也受牵连。

各保保长，绝大多数由村上有权势的地主绅士们担任，他们掌握了村政权，是村里的土皇帝。有的大地主让他的管家、亲信当保长，他在后台操纵，如良相大地主刘老春，让他的管家当保长，但保里的大权全在他手中，他把地亩税和各种苛捐杂税，全加在群众头上，而他则分文不出。刘家就是衙门，老百姓有理不能辩，有冤无处申。

由于淇县地处平汉铁路要冲，连年内战不断，加之国民党统治机构庞大，官员生活奢靡，所以军费支差、苛捐杂税日趋繁多，随粮附加及临时摊派多如牛毛，百姓苦不堪言。

淇县在河南省是三等小县，其他三等县每30亩至40亩合丁银一两，而淇县的土地则十四五亩合丁银一两。以亩折算，每亩合洋2元以上，按当时人口计算，每人合款5元之多。另外附加：教育费6角，建设费2角多，自治费2角5分，公安费2角4分4厘，地方款3角，共加收附加款2元4角1分7厘。此外，还征收每斗漕米费正款4角9分3厘，附加区治费7角3厘，还有其他费加上正银，每两在6元以上。其他兵差、麸草、电话、乡镇公费、车头捐以及各种杂款，每两平均又是4元以上。1932年还有万元借款、军麦贷金、救国捐等总数达4.5万元尚未计入，合起来淇县丁银一两须纳10元以上。据资料记载，除夫役兵丁钱之外，其他附加杂差有近百种。

国民党军队抓丁拉夫，将青壮年驱赶到战场为其卖命，财物也被捐税征发一空，很多农民家破人亡，背井离乡。高村和尚庙村农民因收获不抵捐税，造成十室九空，土地荒芜数年。

当时淇县的国民党政权被地方士绅把持着，这些人争权夺利，根据他们所住地区划分，逐渐形成了南北两大派，两大派之间斗争愈演愈烈。南派首领有良相的刘会元（县劝学所成员），马湾的士绅刘肫其，东街的王升平（县商务会长），迁民的纪连珠（县劝学所所长）等人，北派首领有迁民的王连臣（省议员），吕庄的吕国恩（县公安局局长），思德的王香泉（县农会会长），七里堡的杜景文等人。两派首领均是地方巨头和政府要人，常因利害冲突闹得不可开交。由于南北派斗争日趋激烈，所以谁来淇县当县长，都得不偏不倚，两手端平，否则，将惹来麻烦，难以坐稳县太爷这把交椅。如1932年秋，范秉臣来淇县当县长，此人自恃是省政府派来的，骄横跋扈，独断专行。南派投其所好，所以他遇事偏向南派，为此遭到北派忌恨。是年秋末，范秉臣赴高村视察，北派骨干李万俊、李栋才在思德村召开县北各联保会议，率民团将范秉臣捆绑劫持。南派闻讯后立即电告开封伪省政府，在伪省政府的干预下，迫使北派把范秉臣释放。范秉臣回县后，立即派兵将李万俊、李栋才捉拿归案，下令枪决。为此，又引起了北派的仇恨，处处与之为难，使范秉臣无法开展工作，任淇县县长不到两个月，即被撤换。

## 二、党组织的发展壮大

1932年冬天，中共安阳县委派共产党员王彬[1]到淇县开辟党的工作。王彬以国民党安阳专员公署卫士长的身份，乘火车到淇县探望老朋友。他在县政府见到了他的老朋友、县政府职员白润生，两人谈得很投机。白润生是进步青年，但不愿参加党派斗争。经白润生介绍，王彬又结识了政府职员宋希儒[2]。宋希儒敢说敢干，曾在农民协会带领群众同史庄大地主左老楚进行过斗争。王彬介绍了俄国十月革命后工农当家做主人的情况，也谈了红军在南方的斗争，以及共产党的最终目的是要消灭人剥削人、人压迫人的社会，实现世界大同。宋希儒对王彬的谈话表现出极大兴趣。他们在不长的时间里，便成了知心朋友。1933年1月，王彬介绍宋希儒加入中国共产党。这是王彬在淇县发展的第一个党员。有了宋希儒的协助，党组织的

---

1. 王彬，河南荥阳县人，早年投机革命，曾用名王斌、王炳、王建、老徐等，曾任中共河南省委军委巡视员。1935年春天被捕叛变。
2. 宋希儒，淇县宋庄人，1933年1月家人中国共产党，1934年底被捕叛变，后充当国民党特务，1950年12月21日在新乡被处决。

发展便加快了步伐。

1933 年 2 月，王彬、宋希儒又发展了纪庄药铺青年学徒罗济民为中共党员。罗济民入党后，工作热情非常高，先后发展本村青年农民纪东长、丁顺兴两人为中共党员。接着建立了纪庄党支部，罗济民任支部书记，丁顺兴任支部组织委员，纪东长任支部宣传委员。与此同时，宋希儒也在宋庄介绍本村农民宋好信加入中国共产党。至此，王彬在淇县打开了局面，建党工作初见成效。

1933 年 4 月，王彬召集宋希儒、罗济民、纪东长、丁顺兴、宋好信五名党员开会，传达了上级党组织关于发展党员、建立党组织的指示精神，然后组织党员们进行了认真的讨论，研究了开展工作的方法。由于当时国民党当局防共甚严，决定了党的工作方法必须是胆大心细，严守秘密，绝不能让敌人察觉，最后大家的一致意见是利用亲友关系扩大党的组织。

会后，党员们分头进行工作。宋希儒在城关县政府的要好同事中，先后发展了东街的耿青山（又名耿克秀）、西街的张慎席（又名张如林）、十三里堡的卢香远（又名卢保全）三人为中共党员，并建立了城关党支部。罗济民到城北边的杨吴村，先发展了他的姐夫杨国栋入党，在杨国栋的协助下，又发展了该村的杨国平、郭石头二人为党员，建立起杨吴村党支部。丁顺兴也利用亲朋好友关系，先后在崔庄、黑龙庄等村开展工作，先后发展了赵国贤、张发科等人入党，并建立了黑龙庄党支部。

纪东长在姜庄扛长工、打短工多年，其岳父也是该村人，他利用熟人关系积极开展工作。他找到过去比较要好的穷哥们，向他们宣传共产党是为穷苦人谋利益的，专打地主老财，不准他们压迫、剥削穷人，还描绘了将来要在中国实现人人平等、人人幸福的社会主义远景。纪东长的宣传，说到了每个穷哥们的心坎上，大家都表示愿意同他一起干。纪东长先后介绍李春日、王履景、韩喜妞三位青年农民加入中国共产党，并建立起姜庄党支部，李春日任支部书记。

由于党员们积极开展工作，广泛深入地宣传党的宗旨，虽然处在国民党反动政权的严密控制下，淇县的党组织依然得到了发展，全县建起6个党支部，党员发展到23人，分布在全县10余个村庄和街道。

三、中共淇县区委、县委的建立

在党组织不断发展壮大的基础上，经王彬报请上级党组织批准，1933年7月，在纪庄成立了中共淇县区委，由罗济民任区委书记，丁顺兴任区委组织委员，纪东长任区委宣传委员。区委的建立，使淇县党的组织有了领导中心，对开展革命斗争起到了推动作用。

1933年中共淇县县委所在地（此建筑为村民新建住宅），位于河南省鹤壁市淇县西岗镇宋庄村

1933年10月，王彬在宋庄宋好信家里主持召开了党的会议，参加会议的有宋希儒、罗济民、纪东长、宋好信等党员。会上，王彬传达了上级党组织的指示：为了更好地统一领导全县党的工作，决定建立中共淇县县委，宋希儒任淇县县委书记，罗济民任县委组织委员，纪东长任县委宣传委员。

中共淇县县委建立后，立即召开第一次县委会议，分析了当前的形势，研究确定了今后的工作任务：第一，充分宣传发动群众，继续壮大党的队伍，建立党的组织，进一步扩大党的外围组织；第二，准备建立武装，开展武装斗争；第三，在县城建立党的联络站，其方法是以开烧饼铺为掩护，接待从郑州、安阳等地来的地下工作者，及时传递党的文件和书信。关于建立联络站的工作，责成纪东长具体办理。

会后，县委根据分工开始行动。纪东长经过多方努力，在县城北关租赁了一所房子，建起了烧饼炉，买来了各种物料，于11月初正式开张"营业"。纪东长除接待八方来"客"，还经常背起卖烧饼的草篓走街串巷，走村串户，以卖烧饼为名，向党的负责人传递上级的文件，向党员传达党的指示，收集各方面的情报。

四、党的外围组织的发展

中共淇县县委成立后，县委按照上级指示，在青年中建立青年团组织，在广大农村建立党的外围组织，以便团结教育广大群众，同共产党站在一起，同统治阶级和封建地主进行斗争。

纪东长首先在本村青年中开展思想工作，他利用讲故事的方法，将在青龙镇学堂上学的纪东国、纪东风、纪东征、罗树堂、罗秀堂5人召集起来，多次利用晚上时间，把他们叫到村北的一个大树坑内，为他们讲述苏联人民的幸福生活：人人有地种、有饭吃，都在为创造更美好的未来而奋斗。也讲到中国共产党的宗旨是为穷人谋幸福的，也要争取像苏联那样自由、幸福。这些青年学生深受鼓舞，纷纷要求加入共产党。由于他们年纪小，纪东长便介绍他们参加了民主主义青年团，并组织起青年团支部，成为党的可靠助手和后备军。

根据党的指示，党员们利用亲戚朋友关系，秘密深入到很多村庄，建立"读书会""穷朋友会""抗债团""互助会""拾麦队""拾秋队"等群众性组织。这些党的外围组织在淇县北部发展很快，有数百名穷苦农民参加。

五、党组织遭破坏

随着中央苏区第五次反围剿的失败，白色恐怖日趋严重。1934年冬，中共河南省委遭到破坏，曾任中共河南省委驻豫北巡视员的李新民被捕叛变，出卖了豫南、豫西和豫北的各级党组织。这年年底，驻淇县的国民党三十二军按照国民党特务机关提供的名单，开始对淇县共产党人大肆搜捕。中共淇县县委书记宋希儒及城关党支部的耿青山、张慎席、卢香远相继被捕，他们在国民党特务的恐吓和威逼下，一个个被吓破了胆，成了可耻的叛徒，宋希儒还充当了国民党的军统特务，专门破坏革命，罪大恶极，新中国成立后被镇压。

中共淇县县委组织委员罗济民，组织上原决定让他去上海学习，他到郑州后得知省委被破坏，无法与中央取得联系，返回淇县后得知当局正在抓捕共产党人，遂逃往沁阳县躲避半年，后经其父托人求情，由村上具保，罗济民到国民党县党部写了自首书。

宋希儒被捕当天，中共淇县县委宣传委员纪东长身背烧饼篓从县城回家，路上他发现有可疑的人盯梢，便加快脚步，准备尽快回家躲避。然而刚到村头，就被国民党特务和荷枪实弹的军人抓住，敌人将其五花大绑押回城里，戴上手铐脚镣关进大牢。敌人对纪东长反复审问，毫无收获。不久，敌人将其押送到省城开封第一监狱。这座监狱关押了很多政治犯，周围戒备森严。在狱中，敌人对纪东长软硬兼施，严刑审讯，企图了解中共地下党组织的情况，但纪东长每次审讯总是说不知道。后来敌人见硬的不行，又改变了策略，劝其发表反共声明，并许诺说：只要你发表了反共声明，同共产党划清了界限，立即放你回家。纪东长没有答应，敌人无计可施，就将其长期关押起来。纪东长早已做好了思想准备，宁肯把牢底坐穿，也不干反党的事。

在监狱里，纪东长结识了浚县赵岗村的罗新明，罗新明是1930年在赵岗学校建立奇（淇）训（浚）区委时的农会积极分子，后来被国民党反动派当成共产党抓进了监狱，已关押两年多。由于志同道合，他俩在狱中结为生死之交，他们互相帮助，互相鼓励，并团结监狱中的难友，同反动派斗争。西安事变后，国共两党第二次合作的局面已经形成，蒋介石被迫接受"释放一切政治犯"的条件，直到1937年，纪东长和罗新明才获释。纪东长回到淇县，虽多方寻找党的组织，终未找到，从此与党组织失去联系。

在敌人大搜捕中，淇县的党员有的被捕，有的逃到外地。吴寨村党员王汝巨，敌人包围村庄时，他躲进地窖里，后被敌人搜查出来，先在淇县监狱关押十来天，又押送到开封中央驻豫调查专员办事处。在审讯中，王汝巨只承认参加过"穷朋友会"的群众组织，不承认是共产党员。叛徒宋希儒虽去开封对口供，由于是单线联系，又不是宋希儒发展的，所以什么也未弄清。关押近半年，王汝巨被释放。临回来时，国民党省党部交给王汝巨一封信，叫他交给淇县县党部。王汝巨人老实，又不识字，便照办了。县党部按信上的指示，给王汝巨规定了任务：回家后，发现共产党的组织，要及时报告，否则，以通"匪"罪严惩。王汝巨不愿替反动派效劳，便带上全家五口人，逃荒去了山西。

崔庄党员赵国贤、张发科两人在敌人包围村庄后，巧妙地躲过搜捕，连夜跑到焦作，后来又回到淇县，在山区纣王殿村躲避。后仍感不保险，又远离家乡，跑到河北省天津南的静海县，在那里出卖劳力做工混饭吃，一年多后才偷偷回到家。

# 第三章　抗日救亡　政权始创

全民族抗日战争时期，淇县人民的抗日救亡斗争以平汉铁路为界，分为两大区域，东部地区归冀鲁豫区党委领导，西部地区归太行区党委领导。中共淇县地方党组织贯彻执行党的全面抗战、持久战的路线和战略方针，建立抗日民族统一战线，开辟抗日根据地，建立抗日民主政府，团结带领各阶层民众，壮大抗日武装，进行敌后抗日游击斗争，积极发展生产，巩固人民政权，最终取得全民族抗日战争的全面胜利。

## 第一节　淇县沦陷与淇县军民的抗日救亡斗争

### 一、淇县沦陷前的局势

1937 年春季，日本侵略者威胁华北。淇县人民，包括一部分开明地主、士绅和知识分子阶层抗日呼声极为高涨。为了抗击日军侵略，保卫家园，淇县民众强烈要求国民党县政府建立抗日武装。由于形势所迫，国民党淇县县政府开始筹建淇县抗日义勇军，大队部设在淇县东街女子小学，西岗、太和、南阳、思德、大李庄 5 个乡和常屯、高村、庙口、青龙（河口）、中山（城关）5 个镇也相继建立了义勇军组织，每个乡镇有义勇军战士二三十人，枪支由各村购买，战士不脱产，农忙时轮换回家参加劳动，农闲时集中到乡镇所在地学习和训练。

1937 年"七七"事变后，日本侵略军大举进攻华北，不久，中国大片国土沦陷，在国民党统治下的淇县岌岌可危。八路军进入山西后，与地方党组织配合，促进了山西抗日救亡运动，加强了同阎锡山的抗日民族统一战线。与此同时，八路军按照党中央的指示，着手建立太行山抗日根据地。1937年12月，中共太南特委成立，领导包括淇县在内的山西、河南两省交界地带几个市县党的工作，与国民党军队积极开展抗日民族统一战线工作。

国难当头，驻守淇县的国民党第二师竟然采取不抵抗政策，于1937年底望风而逃。更可恶的是国民党五十三军一个营，不积极抗战，从前线退至淇县七里堡村一带，抢劫财物，强奸妇女，祸国殃民。热心抗日的群众恨之入骨，数千名联庄会会员手持大刀长矛将其全歼于赵沟村东。另一方面，地主武装、土匪头子趁机四起，打着抗日的招牌，收集民间零散枪支，招揽地痞流氓，扩大武装，各霸一方，绑架勒索人民，社会秩序空前混乱。

二、淇县沦陷

1938年2月初，日本侵略军从邯郸、安阳南侵的消息传到淇县以后，国民党淇县县长刘砥泉、国民党淇县党部书记张景源，带领县政府一至四科及秘书、县党部干事及壮丁训练总队和部分义勇军人员共200余人，躲进深山区和尚滩一带。他们将人员分成小股，称"游击队"，在山区各村催粮派款维持生活，凭着地熟人熟躲避日军，有时到鱼泉、汲县塔岗一带与敌人周旋。由于他们不积极抗日，群众称他们"不抗日的坏蛋""一群白吃"，淇河沿岸各村称他们为"国民党淇县西县政府"。义勇军大队部逃到卧羊湾一带山区，各乡镇义勇军停止活动。

2月13日，日本侵略军万成目大佐率部2000余人，乘50余部汽车，携数门大炮和轻重武器，由安阳沿铁路线向南入侵淇县。日军到达淇县县城以后，以王跃南、李凤岐、马瑞平、李玉苍、王伯雨为首的地主、富商、流氓、大烟鬼等，纠集在一起，手持太阳旗，到大街列队迎接日本侵略军，并帮助日军进驻东街北头清代县衙旧址、中山街、西街等处，日军立即在中心阁和四个城门处设下岗哨。日本侵略者从此开始了在淇县长达七年的残暴统治。

日军占领下的淇县县城

（一）组织维持会，建立伪政权

日本侵略军占领淇县县城的第二天，就以汉奸王跃南为首成立了伪维持会，王跃南任会长，马瑞平、李凤岐任副会长。1938年5月，日本侵略军强化治安，将伪维持会改为伪淇县县公署，汉奸王跃南任伪县知事，李凤岐任伪保安团团长，李玉苍任伪警察局局长，王伯雨任县督学。1938年7月，王跃南调走，关钜篪接任伪淇县县公署县知事，日本人后腾确郎任伪县公署顾问，一切政务均需顾问同意方可实施。伪县公署内设秘书科、民政科、财政科、教育科、建设科、宣抚班和伪监狱一套组织。另外，还有仓储保管委员会、剿共委员会、伪警察所、警备大队（皇协军）等军事组织，协助日军统治广大人民群众。日本兵每天在城四门、中心阁、日军司令部等处设岗哨，强迫来往群众向日军岗哨行鞠躬礼，拒绝行礼者被拉进日军司令部毒打或让狗咬死。

（二）收容土匪，"以华治华"

日本侵略军为了长期镇压和统治淇县人民，采取"以华治华"的政策，利用地方土匪武装，弥补其自身兵力不足的弱点。1938年冬，汉奸关钜篪在日军指使下，与土匪刘玉春、朱际春相勾结，将刘、朱的匪兵300余人编成西部团。1939年，又将张平为首的土匪收容，在铁路以东编成东部团。1943年4月，国民党李埏县政府下山投降日军，被编为第四游击支队，并收容匪兵 700 余人，下设 5 个大队和 1 个特务队。这些土匪变成官匪以后，帮助日军统治淇县人民，监视共产党活动。

（三）实行奴化教育，麻醉淇县人民

日军侵占淇县以后，为了进行奴化教育，规定各级各类学校开设日语课，组织学生讲演，召开兴亚雄辩会，举行强化治安运动兴亚大会，组织人员下乡宣传，张贴标语和散发传单，其主要内容是"中、日、满三国共建东亚新秩序""中日亲善""建立大东亚共荣圈"等。还在各学校建立了伪少年团，规定每年 4 月 4 日为儿童节。每逢儿童节，全县举行演说、话剧表演、团体操竞赛等活动，向学生、教师、家长及各机关代表进行"共建东亚新秩序"的宣传。

日军为了麻醉摧残淇县人民，对毒品实行开放政策。1940 年 4 月，日伪县公署作出决议，强迫群众种植罂粟，生产鸦片，倡导吸毒，致使很多人因贩卖、吸食鸦片等毒品，摧残身体，丧失劳动能力。为了推行堕落的生活方式，削弱人民斗争意志，日军在城里开办妓院（皂君胡同设有日军随军妓院，妓女为朝鲜人）、赌场多处，并以此满足他们的淫欲，搜刮人民钱财。

日军为了培养日伪保长的自治能力，从 1940 年 11 月 17 日开始，分三期对全县 152 个保的保长进行训练。训练班开设的课程有国际状况、孔孟学说、保甲制度、精神训话、建设东亚新秩序、世界情报、日语、日华亲善、乡自卫团组织法、合作社组织法、新民歌、新民操等。训练班的教师由日军顾问、秘书及县知事、科长、股长、系长、督学、承审等人担任。

日军还利用反动组织一贯道（又名中华道德慈善会）迷惑人民。淇县一贯道道首投靠日本以后，其点传师都是汉奸充当，宣扬迷信、反动思想，帮助日本侵略者麻痹人民的抗日斗争意志。全县 10000 多名群众被骗加入一贯道。

（四）挖封锁沟

日伪军的血腥统治激起了全县人民的义愤和反抗，特别是西部山区人民在共产党领导下，抗日斗争更加激烈。日军为了维持其反动统治，强迫全县数万名群众，在铁路以西挖封锁沟，严禁粮食和物品进入山区。

从1939年至1941年，日军强迫淇县老百姓在平汉铁路以西挖了三条封锁沟。封锁沟南至沧河，北至淇河，长50里，宽6米，深5米。靠近铁路的封锁沟每隔3里建一座炮楼，沿山的封锁沟每隔6里设一个据点，每个据点建三座炮楼，每座炮楼都有日军和警备队守卫，控制着进山的所有交通要道。

在挖封锁沟时，日军强迫老百姓不管农忙农闲，过年过节，一年四季挖个不停。日军监工非常狠毒，发现稍有怠工，

日军占领淇县南部

近者用刺刀刺死，远者用枪打死，发现小孩顶替大人者，就地处死。据当地群众目睹，日军打死挖沟民工现象时有发生。

封锁沟挖成以后，日伪军设卡把守，凡行人过卡，统统检查，不许丝毫物资流入"共区"，为此，不少群众财物被扣留，人被打死，所以群众说："路口是阎王殿，过口真是难，一旦不注意，性命难保全。"除此之外，日军在铁路沿线搞"爱路村"，每村设报告员一名，有无情况，每天早晨拿一个鸡蛋，写上村名，分别到淇县火车站、高村火车站日军住处报告情况。

另外，日军还禁止在铁路沿线两侧500米以内种高秆作物，并以封锁沟以西的群众为敌，发现沟西的群众就枪杀。有一次，日军在沟西抓了8名无辜的群众，不问青红皂白，拉到城南关，统统砍头杀死。

1940年，日伪政权派经济封锁督察员王余庆、关中潘、邵云甫、安冠军4人，分赴各乡镇督促办理经济封锁任务，对全县粮食物品实行许可证和配给票制度，凡未经许可出境者除没收物品外，还要严加惩办。

日军虽然挖了三条封锁沟严密封锁，但也未能阻止全县人民的反抗，日军的电线杆、铁路和车辆经常遭到破坏。

**三、日本侵略者在淇县的罪恶行径**

日本侵略军占领淇县之后，大肆进行掠夺，残杀无辜，制造了多起骇人听闻的屠杀事件。人民群众处于水深火热之中，饱尝亡国奴生活的辛酸。

（一）奸污妇女，扫荡山区

日本侵略军占领淇县以后，经常到全县各村庄扫荡。每次扫荡，除了放火、抢东西以外，还到处抓捕妇女，发泄兽欲。凡是被发现的妇女，无不惨遭毒手，即使是老太婆和幼女也不能幸免。日军在淇县的七年中，数千名妇女遭到不同程度的侮辱，不少妇女受辱后悬梁或投井自杀。

1938年春天，日本侵略军占领淇县以后，经常到淇县西部山区扫荡，杀人放火抢东西。是年麦收之后，日军到庙口一带扫荡，将石棚、盆窑两村的民房全部烧光，将庙口村民房烧毁数百间。是年秋天，日军到黄洞一带扫荡，将黄洞村的1400间民房烧毁700余间，抢走衣物不计其数。

（二）夷平田庄、二分庄

1939年，日本侵略军设在庙口的据点直接影响了国民党新五军出山活动，新五军时刻想拔掉庙口日伪据点。10月20日凌晨，新五军在田庄、二分庄之间的公路上锯倒了通往日伪据点的线杆，割断了电线，打毁了日军通讯车，击毙了车上的两名日本兵，然后撤回山里。日军闻讯后，立即将原本庙日伪联保处的几十个人抓到据点追究责任。中午时分，一群日伪军从庙口据点出发杀向田庄、二分庄，以两村通"敌"为借口，挨户搜查。他们在二分庄晋陈妞家发现两枚子弹壳，于是不由分说，用刺刀将其刺死。日军找不到更多的群众，就下令烧房、牵牲畜、抢东西，二分庄随即被洗劫一空。

当天晚上，日军从新乡调来大批部队，乘数十辆汽车赶到田庄、二分庄，其中一辆汽车被新五军埋设的地雷炸毁，死伤数人，穷凶极恶的日军分头扫荡田庄、二分庄。日军抓住晋黑小、索不精、牛得明、冯文及其一个亲戚以后，拉到据点——砍头。

10月21日，大批日军包围了田庄、二分庄以及周围的原本庙、大牛庙、康庄等村庄，实行灭绝人性的报复。日军小队长治村首先命令各村群众到原本庙集合，然后逐户搜查，日军在搜查过程中，抢掠财物，奸污妇女，发现反抗者打死，发现逃跑者击毙。日军将1000多名群众集合到原本庙大街，强迫他们跪在街心。日伪联保处主任赵会卿看着大批无辜乡亲即将遭到杀戮，上前劝阻，结果一梭子弹从人头上飞过，小队长治村知道赵会卿与日军司令部头目有关系，不好得罪，才收兵回据点。

10月23日，庙口据点的日伪军第三次来到田庄、二分庄扫荡，实施"三光"政策，因老百姓外逃，日军就逼迫民工将两村200多间房子全部烧毁，并将残垣断壁全部推平，致使两村成为废墟，十年没有人烟。

（三）血洗小溏沱村

1940年1月28日，庙口据点的伪军和国民党李埏县政府的特务队同时到小溏沱村要粮派款抢东西，因双方发生矛盾，两名伪军被特务队枪杀。庙口日军得到消息后，以小溏沱村通"匪"为名，两次到该村寻事，企图报复，因老百姓外逃，阴谋未能得逞。

2月7日（农历腊月三十）中午，老百姓回家过年，庙口据点的30名日军和40名伪军突然包围了该村。日伪军进村后，见人就用刺刀捅死，见房子就烧，见牲口就牵，见东西就抢。在该事件中，日伪军杀死无辜百姓10名，烧毁房子500余间，牵走牲口30多头，抢走财物不计其数，致使该村变成一片砖头瓦砾，五年无人居住。

（四）牛心岗惨案

牛心岗位于淇县城西北的灵山口处，在太行山脉的尖山脚下，是一个只有9户人家44口人的小山村，是进出灵山口的门户。在灵山口里边的大石岩村，驻着国民党淇县县政府及所谓的"淇县抗日自卫团"。他们白天不敢过封锁沟以东，只是在山里和山边催粮派款。由于牛心岗村处在灵山口外，所以成了国民党淇县县政府官兵的"兵站"，也成了日军经常出没和侵扰的地方。

1940年8月13日早上，以"淇县抗日自卫团"中队长辛长山为首的一行9人，夜里去山外催捐派款回来，要在牛心岗村吃饭休息。这时，日伪军大队人马正从大洼村方向直奔牛心岗而来，国民党"淇县抗日自卫团"吓得慌忙向西逃窜，边跑边向山下的日伪军放枪壮胆，一个日本兵中弹毙命。日军指挥官大怒，立刻命令日伪军向灵山口方面疯狂射击。辛长山率队逃进山中。

日伪军不熟悉山中地形，不敢轻易进山，遂将怒火发泄到老百姓身上，把牛心岗团团包围，然后开始法西斯暴行。一个日本兵抓住村民王清泉不满三岁的孩子，用力往墙上摔，生怕孩子不死，又扯住两脚撕成两半。紧接着日伪军挨门挨户搜查，结果未抓到一个抗日自卫军，于是就逼着全村男女老幼到街当中的空场集合。当时除5个孩子去放牲口和几个去走亲戚的不在村里，在家的32人全被赶到场里。日本侵略军和汉奸对无辜的老百姓进行拷打逼问，问谁家通"匪"，谁家有粮食，群众都说不知道。日军指挥官限定群众三分钟之内回话，如果不说，全部枪毙。老百姓

牛心岗事件被烧房屋遗址

对日军的威逼利诱不理不睬。三分钟之后，日军指挥官下达"射击"的命令，两挺机枪同时开火，上至 60 多岁的老人，下至一岁的娃娃，全部在这场灭绝人性的大屠杀中倒下。

射击停止后，日军担心留下活口，又用刺刀在死难者身上乱扎乱捅。日军发现魏章妞四岁的妹妹未被打死，便又捅了一刺刀。申怀玉家一岁的女孩还在母亲怀里哭，一个日本兵跑过去，朝小女孩后背上刺进一刀。凶残的日本侵略军并未就此罢休，他们将死难者的尸体拖到一起，放上麦秸，洒上汽油，放火焚尸。随后日军又转向村里，到各家各户翻箱倒柜，抢走所有粮食、衣物和畜禽。临走时将全村仅有的 39 间房子烧成灰烬。除一人在这场屠杀中死里逃生外，其余 31 人全部丧生。

牛心岗村被日军洗劫后，到处是残垣断壁，土地荒芜，全村十年没有人烟。当年王西祥家被毁的墙壁保留至今，成为日本帝国主义在中国实行"三光"政策的铁证。

**四、淇县人民自发的抗日活动和淇县党组织开展的武装斗争**

淇县人民没有在日本侵略者的暴行面前屈服，他们自发组织起来，与侵略者进行英勇无畏的斗争。中共淇县地方党组织贯彻抗日民族统一战线政策，组建、壮大抗日武装，领导淇县人民狠狠打击了日本侵略者的嚣张气焰。

（一）张近人民怒杀日本兵

1938 年 3 月 3 日，一群日本侵略军窜到城东张近村，以捉鸡为名，挨家挨户寻找"花姑娘"，奸污妇女。当时，村上的妇女老幼纷纷外逃，有一位妇女未能逃脱，被日军轮奸。次日，一群日本侵略军再次到该村施暴，一个出嫁到安阳的妇女回到村中娘家避难，被侵略者轮奸。这些侵略者在张近做了坏事以后，又窜到陈张近村。他们爬到刘老广家的高楼上，四处张望，发现北院李玉堂家有两位姑娘，于是就安下了奸淫之心。

日本侵略军在张近奸污妇女的兽行，激起了群众公愤。村民何鸿晏、何鸿范等青年自发组织起来，决定与侵略者斗争到底。

3月5日，日军士兵宫奇信夫和川上昌男扛着枪直奔陈张近，径直来到李玉堂家里，企图奸污其两位姑娘，李玉堂的儿子李连赶到以后，日军士兵抽刀阻止，驱李连离家。这时一群青年一拥而上，将两名日本兵打翻在地，用缴获的枪把两名日军击毙，投入淇河。

3月6日至7日，城里的日军连续到张近各自然村侦察，前张近汉奸李德会得知陈张近杀死两名日本兵的消息后，报告了日伪政府。3月8日凌晨，数百名日伪军突然包围了张近五个自然村，日本兵和汉奸将群众赶到大街上打骂哄骗，追问两个日本兵的下落，群众都说不知道。

在陈张近，敌人挨门挨户抓人。不少群众被打得皮开肉绽，有的妇女怕受侮辱和折磨跳井自杀。傍晚，日本侵略军把数百名群众集中在一个场里，强迫他们跪成半弧形，让村长的儿子赵希明跪在中间，周围架起机枪。日军在人群正前方挖了五个大坑，让黄阿妞、陈学艳等五人依次到土坑前跪下，继续追问两名失踪日军的下落，群众闭口不语。日军大怒，将黄阿妞打死推入土坑，用脚踩踩，企图杀一儆百。群众一口咬定不知道。日军又将一外村农民抛入火里活活烧死，再次逼问，群众依然如故。日军命令机枪准备射击，屠杀所有在场的群众。这时翻译官董某上前制止，日军担心屠杀引起更大麻烦，权衡之后未开枪射击。最后将陈张近村的200间民房放火烧光，粮食、家具和衣物化为灰烬，刘四奶奶被烧死。日军撤走时，将何鸿晏、赵希明、李花彩、石敬、赵希俊5人作为人质押至日军司令部，经过半个多月的拷打审问毫无结果。后来，陈张近村通过迁民村绅士王老廉和日军翻译从中调停，用500银圆将人赎回。

（二）滑、浚、淇三县人民抗日自卫军

1937年"七七"事变以后，中国共产党领导八路军及全国各族人民积极投入抗日战争。1938年春，淇县臧口村青年、共产党员刘耕夫从华北军政干校学习结业，被分配到滑、浚、淇三县，发动群众，组织抗日游击队。1938年4月，中共太行南区游击司令刘子超，委任刘耕夫为晋东游击大队长，兼淇县抗日政府武装科长，同时委任淇县地方进步士绅李一尘为淇县抗日政府县长，并派庄林携带委任状及游击队公文一起下山。到淇县后，适逢国民党第一战区长官部驻在淇县西部山区，他们已派张景源组织县政府。为了维护抗日民族统一战线的团结，中共一方作出让步。庄林回太行南区汇报后，上级派李惠岳和刘耕夫到淇县等地活动，在滑县与县委的侯相骨、地委的吴兰田（后叛变，解放后被镇压）共同研究了组织游击队问题。最后决定在卫河两岸的滑、浚、淇三县建立抗日武装。刘耕夫按照党的指示，团结一切可以团结的力量，共同抗日，先后联络了他的老师董乐山、浚县士绅孙至诚及许多同学和青年。为了训练抗日骨干，1938 年 6 月，刘耕夫介绍靖润生、王祥符去滑县八里营抗日训练班当教员。这个训练班名义上是国民党濮阳专员丁树本和滑县县长车光运组织的，实际上由中共掌握利用，为革命培养了不少干部。

1938 年 6 月底，刘耕夫和王舒苗一起去见滑县县委的侯相骨，研究建立抗日自卫军问题。经侯相骨同意，刘耕夫、王舒苗、董乐山、孙至诚等分头召集同乡、同学、亲戚、朋友及广大青年学生、农民参加抗日武装。因为孙至诚曾给冯玉祥当过秘书，又当过河南偃师、林县及安徽桐城县县长，影响大，所以由其出面任司令，刘耕夫任副司令，王舒苗任政治部主任，董乐山任参谋长。7 月初，在浚县新镇正式成立了"滑、浚、淇三县人民抗日自卫军"。自卫军建立了机构，刻了公章，在新镇大街刷写了大幅抗日标语。抗日训练班的学员也纷纷前来参加。抗日自卫军一时搞得轰轰烈烈，声势很大。

这时，八路军三四四旅六八八团等主力部队来豫北围歼王自全、司华生、扈全禄等地方土匪武装。抗日自卫军积极配合作战，在滑县赶跑扈全禄 300 多人。扈部队长申混迫于形势，带 300 余人及武器投降抗日自卫军。后来抗日自卫军又收容了浚县"老大王"的部分散兵，迅速发展到 1000 余人。由于各方势力的加入，部队作风出现了问题，为队伍管理增加了困难。刘耕夫、王舒苗为了加强抗日力量，纯洁队伍，做了大量思想政治工作，改造兵员，整顿军队。

随着队伍的逐渐扩大，部队给养和武器弹药供应紧张，刘耕夫、王舒苗就想方设法解决困难。他们一方面在卫河上截击日寇的军用船只，夺取武器、弹药、布匹和粮食；另一方面成立交际处，由交际副官郭玉峰专门负责从富户和群众中收集武器弹药。

抗日自卫军活动广泛，斗争坚决。他们不仅痛击日军，还组织宣传队到枋城、郭村、码头等地唱歌、演说，宣传抗日救国道理，教育群众团结起来，一致对外，打击日本侵略者。群众抗日热情很高，纷纷出人、出钱、出枪，支援抗日队伍。

正当抗日自卫军蓬勃发展之时，刘耕夫发现孙至诚劣根未变，暗中捣鬼，企图将队伍拉走，投靠他的朋友国民党濮阳专员丁树本。于是，刘耕夫和王舒苗商量对策，向滑县县委反映了这一严重情况。经反复考虑，最后决定采取两种措施：一是派中共党员张平甫到自卫军任青年干事，发展新党员，培养骨干力量；二是决定与六八八团取得联系，把队伍拉过去，防止孙至诚勾结丁树本强行吞并自卫军。刘耕夫在浚县找到了六八八团联络参谋李松林，说明来意，要求改名为六八八团豫北抗日游击二支队，李松林欣然接受。

刘耕夫回到部队同王舒苗商量，决定先发制人，一起去找孙至诚。公开提出想投靠八路军三四四旅六八八团。孙至诚极力反对，执意要投丁树本，并暗中与丁树本联系。丁树本派一个团分四路纵队到新镇大街示威，企图强行收编自卫军。土匪头子扈全禄、扈全胜兄弟二人也突然骑马出现在新镇大街上，耀武扬威，招摇过市。刘耕夫、王舒苗等人觉得情况紧急，马上派刘耕夫去找六八八团汇报情况，副团长谭健当机立断，派二营营长冯志湘前来相助。冯志湘带着300余人连夜赶至新镇，掩护自卫军。丁树本虽有一个团的兵力，但他知道抵挡不过八路军正规部队，所以未敢动武。孙至诚无奈，只好同意和平协商，部队分家。愿投丁树本的就随孙至诚走，愿投八路军的留下继续抗日。最后，原土匪扈部申混一部分人投了丁树本，剩下的数百人由刘耕夫带领改编为"豫北抗日游击二支队"。刘耕夫任二支队一大队长，李天军任副大队长，开始了新的征程。冯志湘带二营离开新镇之后，时隔不久，六八八团又派联络参谋李松林到二支队任政委，还派了几个政工干部协助工作。由于日军大举进攻新镇一带，二支队跟随六八八团向北转移。部队经过铜山、裴营、大赉店村，又西进到淇县形盆、马圪挡、大李庄一带。

（三）民军工作团在淇县

卢沟桥事变后，国共合作共同抗日，中共与河北民军总指挥张荫梧有了统战关系。1938年初，河北民军在林县合涧设太行军区司令部，司令由河北民军副指挥长王长江兼任，司令部下设政训处，政训处主任由中共北方局派往民军做统战工作的中共党员闻允志担任。政训处建立后，先后向辉县、林县、淇县派工作团，目的是宣传贯彻抗日民族统一战线政策，扩大抗日武装。

1938年5月，淇县民军工作团成立，团长吴建华，团员刘清训、张亚夫，三人都是中共党员。他们来到淇县以后，在西部山区活动。不久，青年学生王化棠由罗济民介绍加入了工作团。

1938年麦收前夕，民军干部第四队到淇县活动，在吴建华的指示下，活捉了淇县第四区日伪区长、大地主罗老焕的儿子，使其不敢继续当日伪区长，不再为日军效力。

淇县民军工作团在淇县山区与张景源的国民党县政府住在一起，相处关系很好。工作团的同志向县政府宣传抗日民族统一战线政策，积极配合县政府开展工作。当时，汲县纱厂由60余名工人组成的工人游击大队拉到庙口村驻防，由于吃住和县政府在一起，后来成了国民党淇县县政府的武装。民军工作团教工人游击大队唱抗日救亡歌曲，宣传抗日统一战线政策，以锄奸团的名义散发传单，夜间配合县政府、工人游击大队到铁路东抓捕、处决汉奸。

1938年8月，民军政训处主任闻允志来到淇县山区，将工人游击大队收编为民军第九支队第一大队。原来的大队长、中队长、班长任职不变，另委任吴建华为第一大队政治主任，一切给养装备由民军第九支队发给。后来第一大队和民军工作团移驻灵山寺内，夜间遭到汉奸土匪的袭击，大部武器被劫去，大队长王振福、副政治主任孙伯英等四人被枪杀。第二天，除几名战士回家外，其余人员随工作团回到林县第九支队司令部。不久，国民党特务为削弱共产党的势力，迫使张荫梧取消第九支队番号。在这种情况下，闻允志与民军干部第十一队朱程合作，于同年9月成立了民军第十一团，朱程任团长，闻允志任政治主任，吴建华任第二大队政治主任，原第九支队第一大队的干部战士分编到第十一团。10月间，民军第十一团开赴淇县活动，袭击过高村的汉奸大楼，劫获过地主的收租粮车，焚烧了收租账簿。1939年，第十一团成为八路军总部领导下的华北民军，后来，又调到冀鲁豫第五分区主力部队，在抗日战争中立了不少战功。

（四）消灭日伪军扈全禄部

扈全禄系淇县六区扈堂村（现属鹤壁市淇滨区）人，从小不务正业，15岁当上土匪，后以淇县老寨山为据点，拉杆树旗，当上土匪头子。"七七"事变后，日本侵略军侵占华北，国民党军队败退，扈全禄趁机下山，搜罗国民党残兵，夺取枪支，武装自己，扩大队伍，自称司令。1938年初，日军在淇县、浚县等地杀人放火，激起了人民的愤怒，抗日呼声极高。扈全禄这时正好率部同日伪军散兵打了几个小胜仗，名声大振，扈堂村一带及淇、浚两县部分富户，捐献粮款和武器，支援扈全禄的抗日行动。一些知识分子、爱国青年纷纷投入扈全禄的队伍，数月之后，扈部发展到四五千人，扈全禄被国民党六十军委以浚县抗日义勇军第一路军司令。可是，随着国民党队伍的南逃和国民党在豫北地盘愈来愈小，扈全禄的本性暴露无遗，公然于1938年6月投靠日军，被任命为"河南省剿匪总司令"，成为地地道道的汉奸、走狗。扈全禄投日后为虎作伥，助纣为虐，与共产党、八路军为敌，大肆捕捉和杀害抗日军民，在淇县、浚县、汤阴县等地抢、掠、奸、杀，无恶不作。

1938年8月27日，八路军东进纵队、漳南兵团根据中共中央和八路军总部的决定，在冀南、豫北发动了漳南战役，相继打垮了冀南、豫北的土匪和汉奸郭清、王自全、李台、程道合、司华生等，收复了大片失地。9月16日，杨得志、王新亭指挥的漳南兵团与伪军扈全禄部作战。当时，扈全禄脚蹬三只船，一是投靠日军当了皇协军，二是继续与国民党保持联系，三是开始与八路军接触。扈全禄为保存实力，一面假意派人与漳南兵团领导下的青年纵队司令段海洲、政委徐深吉联系，答应起义，一面采取金蝉脱壳计，仓皇逃至滑县道口镇，拖延半月之久，不见行动。八路军漳南兵团随将扈部包围。六八八团团长韦杰向扈全禄写了劝降书，再次劝其投降，扈全禄采取软磨硬抗手段，派姚步霄为代表，与八路军谈判，企图拖延时间。姚步霄对扈全禄卖国求荣、胡作非为的行动早已恨之入骨，乘谈判之机便将扈全禄的作战部署、兵力配备等情况告诉了八路军。据此，八路军组织强大兵力向扈部发起了猛烈进攻。扈部在八路军的打击下，仓皇向老巢庞村逃跑，八路军抓住战机消灭了扈部的殿后部队，缴获了部分枪支弹药。

1938年9月26日，八路军六八八团在团长韦杰带领下，决定奔袭扈全禄匪部。为保证作战胜利，六八八团先派出工兵小分队，炸毁了高村和宜沟以北的铁路，防止日军从汤阴和淇县增援。然后，六八八团从林淇、东姚两地出发，兵分三路，于晚上十点钟，悄悄地完成了对扈部的合围。战斗打响以后，扈部惊慌失措，毫无抵抗能力。六八八团将士勇敢出击，冲入寨内，经过一个多小时的战斗，歼敌近400人，扈全禄带少数人马逃跑。战斗结束后，六八八团开仓分粮，开狱放人。

消灭扈全禄的战斗是六八八团在淇、浚地区进行抗日斗争的良好开端，鼓舞了地方党组织领导广大人民进行抗日斗争的积极性，为以后开辟抗日根据地奠定了基础。同时，开始在农村建立"二面派政权"（一方面为群众安全应付日军，一方面支援抗日斗争），打破了日军对平汉铁路的封锁，为以后延安向各地输送抗日骨干和各地青年奔赴延安开辟了道路。

（五）改编地主武装共同抗日

1938年夏季，随着全国抗日高潮的到来，淇县抗日武装纷纷建立。西岗村地主张玉舟为了保家保地方成立了游击中队，中队部设在西岗村，下设两个队，一队在留店寺村，二队在马湾村，共计200余人。

1938年秋后，八路军三四四旅六八八团到淇、浚两县活动，通过多方面做工作，将张玉舟的地主武装改编为豫北独立游击大队，并派刘哲民到该大队任指导员。豫北独立游击大队跟随六八八团在浚县与日军作战。后来，六八八团奉上级命令转移，张玉舟带一队哗变逃跑。二队30余人跟随六八八团转移，人员编入六八八团，继续进行抗日斗争。

（六）十里铺村民勇打日伪军

1938年春季，日本侵略军占领淇县以后，烧杀淫掠，无恶不作，全县老百姓恨之入骨。十里铺村村民在共产党、八路军领导下，白天应付日军，晚上配合八路军行动，割电线，锯线杆，破坏敌人的交通设施。日军从翻译黄毛口中得知消息后，准备到十里铺村报复。

1939年2月1日，十里铺村群众正忙着过年，十几名日伪军突然闯入该村抢粮抓人。当日伪军到王家殴打王新善伯父时，王新善、王好善、王保善三兄弟分别拿着木刷、尖枪、木叉奋力反抗，双方打成一团。王新善抢起木刷将日伪军赶到街心，解救了其伯父和六弟。在街上，日伪军开枪射击，王保善大腿部受伤动弹不得，王新善抢起木刷将几个日伪军打倒，王好善也持尖枪乱戳，日伪军端着刺刀后退，拼杀时王好善小腿负伤。这时，王新善发现几个日本兵在一个土堆上架起机枪准备扫射，他气红了眼，一个箭步跃上土堆，骑在敌人的机枪上，几个日本兵吓得跳下土堆，扳动机枪的一个日本兵想起来反抗，王新善抢起木刷将其打死。其余的日伪军丢下一挺机枪和三箱子弹，逃回据点。2月2日，十里铺群众全部外逃，日军顾问后藤从安阳、新乡调来300余名日军包围该村，因找不到人，就将该村100多间房子烧成灰烬。

（七）赵沟村民痛打劫路日本兵

1941年4月某天下午，一个日本兵身带刺刀到城北劫路，在三里桥劫路得手后，又窜到赵沟村村南劫住了卖麻归来的村民王汝善。王汝善不肯掏钱，日本兵就用刺刀点着王汝善的鼻尖威吓。王汝善为保住全家人的血汗钱，豁出性命大声呼救。赵沟20多个青年村民听到喊声，立即拿着长枪、铁锨和棍棒向现场跑去。日本兵一看劫路不成，拔腿就跑，因麦田小麦太高跑不快，被村民追上，打得头破血流。为了避免事情闹大殃及村民，几个青年将其送到伪县公署，交日军顾问后藤处理。这一事件有力打击了日军的嚣张气焰。

## 第二节　淇县东部地区的抗日救亡斗争

1940年5月5日，日本侵略军向共产党开辟的冀鲁豫抗日根据地发动"五五"大扫荡，实行所谓的囚笼政策，在解放区修公路、建据点、挖沟筑墙，以铁路为柱，公路为链，据点为锁，把大片解放区分割成棋盘式的小块。在这种情况下，中共冀鲁豫二地委采取"敌进我进"的方针，把党组织发展到属于敌占区的淇县东部地区，在敌人心脏地带开辟新的战场，建立敌后抗日根据地。

### 一、中共卫西工作委员会的统战工作

1940年10月，中共冀鲁豫二地委派李先贤、赵良珍、肖国贤三位同志组成中共卫西工作委员会（简称卫西工委），到卫河以西敌占区开展抗日斗争。1941年秋天，卫西工委重组，孔森任书记，李先贤任组织委员，石侠风任宣传委员。

淇县东部地区属于卫西工委的工作范围之内。这里东与冀鲁豫根据地相连，西与太行根据地相接，战略地位十分重要，敌人对此地区严密控制，除驻有日军外，还有各种杂牌军、伪军、土匪、会道门等多股武装，在这个地区开展工作，

领导淇县东部地区抗日斗争的李先贤

困难很大。

卫西工委按照上级党组织的指示精神，注意从同情者中发展党员，壮大抗日力量，重点是工人、贫雇农和爱国抗日的青年。1940年到1943年期间，卫西工委在淇县南关、南门里、前张近、倪街、桥盟、七里堡、留店寺、石奶奶庙等村先后发展了李翰轩、靖润生、李清泉、王洪宪、李清源等十几名党员。

卫西工委成立后，在各界人士中积极开展抗日民族统一战线工作。李先贤用广交朋友的方式，结识了淇县的许多社会名流和知识分子，如刘云宾、李毅臣、刘孟明、王郁亭、陈甫田、宋聘三等。这些知名人士投身革命工作后，为革命作出了积极贡献。淇县谭贺庭以他的家产和名望，曾掩护李先贤等很多革命同志，他的母亲、爱人为掩护中共地下党的革命活动三次被捕、抄家，但从未暴露过党的秘密和革命同志。

淇县思德村第一富户、大学生王郁亭，在共产党抗日统一战线影响下，坚持民族气节，拒绝与日伪合作。他拿出家中的7支长短枪支援抗日，并冒险掩护共产党干部过境、住宿。淇县女子小学教师郭士纯，拥护中共各项抗日政策，在她的影响下，儿子王荣勋为革命捐躯，女儿王荣英也参加了抗日工作。淇县的谭贺庭、刘云宾、李毅臣、宋聘三、陈甫田还被中共专署聘为参议员。

卫西工委除在上层人士中做统战工作之外，还在普通工人、农民中做了大量工作。淇县地方党组织通过李清泉的活动，发展了很多倾向抗日的人员，如县火车站的副站长李守信、扳道工王宪、电务段工人王露中、行李房工人王玉广等，这些人都持有冀鲁豫区颁发的"同情证"（同情证是用黄纸印刷的，一面印有关羽像，一面印有"人在曹营心在汉"七个字，对外称"关帝会"证件），经常为共产党提供敌人的运兵情况，护送干部上下火车，为解放区购买紧俏物质。卫西工委在淇县农村发展的支持抗日的人，有董桥的陈桂藩，大屯村的韩国玺，西袁庄的张四妞，宋窑的郭增堂，南关的李焕水等，这些人的家里是地下党工作者的联络点、书报杂志存放处，他们还给解放区送信、送情报。后来有的加入共产党，投身革命。

卫西工委在敌伪中也发展了一些愿意为抗日出力的人，如日伪新民会淇县城关分会负责人薄振海经常给中共提供敌人的政治、军事、经济等方面的情报。日伪警备队班长宋好清经常反映敌人动态。淇县伪警备大队长薄彩云、特务股负责人苗文田曾到日本司令部营救共产党干部家属，给党的地下工作者办理"良民证"，使党的地下工作者上下火车、出入县城合法化。

二、中共延浚汲淇四县边工作委员会的组建

1943年夏，冀鲁豫四地委根据斗争需要，决定建立中共延浚汲淇四县边区工作委员会，即在卫西工委的基础上划分两个工委，浚县铜山以北仍为卫西工委，铜山以南为延浚汲淇四县边工委，四县边工委书记由李先贤担任。

1944年4月，伪保安团第三大队弃暗投明，中共四分区司令部将其整编为"延浚汲淇四县边区抗日游击大队"。四县边工委的警卫排和军分区的一个武工队，都编入该大队，并在连队建立了党支部，派了指导员和文化教员。

延浚汲淇四县边区抗日游击大队成立以后，在工委会的领导下，经历多次大小战斗，抗击了数倍甚至数十倍于我方力量的敌人。到1945年日军投降时，游击大队兵力增加了4倍，武器装备大有改善，战斗力大大提高。

三、冀鲁豫边区延浚汲淇四县边工委淇县区分委的活动

1943年7月，淇县东南部建立了冀鲁豫边区延浚汲淇四县边工委淇县区分委。四县边工委书记李先贤兼任淇县区分委书记，李清泉任区分委副书记兼宣传委员，倪新岭任组织委员。淇县区分委成立以后，积极发展党的组织，壮大党的队伍，在贫雇农、店员和学生中发展党员多名；在连年蝗灾、农业减收、苛捐杂税严重的情况下，发动穷苦农民开展"辞地借粮"活动，为防止地主高利贷剥削，实行了借粮折价还款政策，同时使地主将租息由50%降到20%；设立秘密情报站，搜集日伪情报。1944年春，日军大批骑兵、步兵、炮

兵突然从淇县火车站下车，准备对淇河以东地区进行扫荡，情报员李守信、王宪等人立即将此情报用棉纸写成信，装入香烟中，让南关中共党员李清泉的父亲以走亲戚为名，将情报送到四县边工委，工委立即布置反击，发动群众"空室清野"，取得了反扫荡的胜利。

### 四、卫滨县五区的建立与合并

1945 年 6 月，冀鲁豫四地委为了加强民主政权建设，更有力地组织力量，打击敌人，为使日寇尽快投降，决定撤销四县边工委和四县边办事处，在其南部设延津县，北部设卫滨县，将四县边工委改为卫滨县县委，将四县边办事处改为卫滨县抗日民主政府。卫滨县下设 7 个区，淇县铁路以东、卫河以西为五区。区划形成时，日伪军还控制着相当一部分面积。因此，开辟新区成为五区的主要任务。

1945 年 9 月 19 日夜，冀鲁豫军区四分区步兵新十五团、十六团一举歼灭了占据淇县西岗村一带的汉奸牛英德匪部。9 月 20 日当晚，冀鲁豫四分区张国华、李先贤、李清泉、常文轩等同志研究了卫滨县五区的建立问题，决定李清泉任副书记，李翰轩任区长，常文轩任副区长；将西岗战斗中弃暗投明的李玉秀部改编为五区区干队，李翰轩兼队长，李玉秀任副队长。五区共配备干部 12 人，管辖范围是：淇县铁路以东，淇河以西，卫河以北，淇县县城至卫贤公路以南地区。

五区建立以后，区委、区政府以马湾、枣园、阎村等村为根据地，积极组建武装，发展党的组织，做好统战工作，征收十几万斤秋季公粮，支援前线的对敌斗争。

1945 年 12 月，由于冀鲁豫主力部队的撤离和敌人的猖狂进攻，形势发生变化，五区全部成为游击区，上级根据形势的发展，将五区与四区合并，五区党组织领导党员原地坚持地下斗争，直到 1947年 5 月，中共冀鲁豫区党委决定将党组织关系移交太行军区，九地委城工部派李清泉将党的组织关系移交太行山区中共淇县县委。

## 第三节　淇县西部山区的抗日根据地

1938 年 2 月，日军侵占淇县县城，国民党县政府虽然扯着抗日旗帜，实际并没有多少抗日活动。在此情况下，中国共产党在淇县西部山区创建抗日根据地，领导淇县人民抗击日本侵略者。

### 一、林安汤淇中心县委

1938 年 8 月，太南特委林县中心县委成立，负责领导包括淇县在内的豫北抗日工作。同年 10 月，太南特委决定放手开辟豫北抗日根据地，将豫北 11 个县组建成林安汤淇、新辉获汲、修博武三个中心县委。林县中心县委改为林安汤淇中心县委，对外称八路军工作团。

林安汤淇中心县委在太南特委（地委）领导下，在八路军一一五师三四四旅、赵谭支队、四支队配合下，开展抗日工作。通过抗日动员，提高群众觉悟，组织了农民救国会、青年救国会、妇女救国会等抗日救国团体。中心县委曾多次举办新党员训练班，发展新党员 400 多人，并建立农村党支部数十个，在斗争中壮大了党的组织。同时还开展了统战工作和反摩擦、反投降斗争。

1940 年，林安汤淇中心县委撤销。

### 二、中共淇县工委、县委和淇县抗日民主政府

（一）党组织和政权

1943 年 4 月 20 日，日军集结了 2.5 万人"扫荡"太南、豫北地区。为配合国民党军队反"扫荡"，八路军一二九师政治部同太行区党委决定组织游击队和随军地方工作团，在豫北建立了"豫北工作委员会"和"豫北指挥部"。5 月，国民党二十七军退至黄河以南后，淇县国民党李埏县政府随即向日军投降，并伙同国民党新五军搜刮民财，镇压抗日民众。淇县人民饱受兵灾、旱灾、虫灾之苦，生计艰难。为了收复豫北失地，上级派程西海、王耀文到淇县的对寺窑、桃胡泉、土岭等村做开辟新区工作。

1943 年 7 月初，冀鲁豫军区沙区办事处交通科长刘哲民，按照太行军区政委黄镇的指示，随一二九师新一旅一团通过日伪封锁线，

到淇县西部山区开辟抗日根据地。一团两个连队从汲淇交界处进入淇县灵山一带，将团指挥所设在油城村后的山顶上。当时，淇县国民党李埏县政府已投降日军，害怕被八路军消灭，带着保安团进入山区活动，据守在老寨山高地上。

老寨山扼守交通要道，地势险要，易守难攻。八路军如要在淇县西部打开局面，开辟山区抗日根据地，必须首先消灭老寨山上的敌人。一团团长方胜普委托刘哲民制定作战方案，四连主攻，一连警戒。攻击老寨山的战斗在午夜打响，在一团的两门迫击炮的火力掩护下，四连战士从老寨山北坡攻占山顶。伪县长李埏率保安团由东南抄小路逃回淇县县城。

老寨山战斗狠狠打击了国民党反动势力，淇县西部山区以及沿山一带的敌伪军闻风丧胆，全部逃到山下。这次胜利为淇县山区建立抗日民主政权奠定了基础。随后，淇县灵山一带的十几个自然村很快被解放。

淇县山区的抗日民主政权建设迫在眉睫。一团两个连进驻大石岩村，一二九师民运部长陈孝亲临淇县指导政权筹建，一连连长段成秀、指导员张继周进驻阴窝村，共同协助刘哲民进行抗日民主政权筹建。

淇县山区由于国民党伪军长期敲诈勒索，加之连年灾荒，群众生活困苦，政权筹建工作相当困难。刘哲民、段成秀、张继周在陈孝的领导下，首先研究了政权建设方案，然后分头进行社会调查，弄清了大石岩、阴窝周围几个村庄的人口、户数及阶级状况。

刘哲民和一团留下来的通讯员李俊卿、副班长张书林带领一连战士从阴窝村出发，经过大石岩、凉水泉等村，最后转移到桃胡泉村。他们一路上积极深入群众，进行访贫问苦，宣传党的抗日方针和抗日政权建立的意义，与群众谈心交朋友，同吃同住同劳动。通过诉苦诉仇等方式，使群众明白了吃苦受累的源头，有效提高了广大群众的阶级觉悟，激发了抗日热情。条件成熟的山村开始建立农会组织，发展农会会员，然后从农会会员中发现和培养积极分子，物色各村人才，研究干部配备，组织积极分子有计划、有步骤地对恶霸地主等反动势力开展斗争。普泉村青年农民牛生堂在党的教育下，曾两次把传单藏在水桶底部夹层里，利用去西掌挑水的机会张贴、散发，为解放西掌作出了贡献。

1943年7月12日，一二九师民运部长陈孝传达上级指示，中共淇县工作委员会成立，刘哲民任工委书记，王耀文任委员。同日，淇县抗日民主政府成立大会在桃胡泉村东南的打谷场上召开，陈孝宣布太行七专署淇县抗日民主政府正式成立。经群众民主选举，刘哲民当选为县长。不久，和烈到淇县任工委委员。

7月14日夜，老一团一个营击溃驻西掌村的伪军国民党新五军一部。从此，西掌、黄洞、驼泉等村及沿山一带成为解放区。随着

解放区的不断扩大，中共淇县工作委员会、淇县抗日民主政府根据山区地形特点，将淇县山区划为三个行政区：大石岩、赵庄、油城、对寺窑、纣王殿等村为一区，区委书记刘自浩，区长王增庆，区部

1943年中共淇县工委、淇县抗日民主政府驻地旧址（位于黄洞乡桃胡泉村）

设在对寺窑；黄洞、东掌、西掌、鱼泉等村为二区，区委书记王耀文兼任，区长王锡庆，区部设在西掌村；北岭后的温洞、小柏峪、全寨、柳林等村为三区，当时因干部缺乏，没有配备干部，只建立了一个区干队维护秩序兼做行政工作。

随着人民武装的不断壮大，人民政权机构逐渐健全。民主政府首先设立财粮科，动员油城村民主人士徐现任副科长，不久上级又派连一山任科长；随后设立民政科，先由地方进步人士王增庆任科长，

后由程西海任科长；最后建立了司法、总务等科室。

1943年8月，刘萍受太行七地委的派遣，到淇县任县委书记。因敌人封锁，淇县工委中断了与地委的联系，刘萍的职务未能宣布。经陈孝介绍，刘萍暂时协助刘哲民工作。刘萍到淇县后，深入基层，宣传党的政策，消除群众对党的疑虑，动员在外群众返乡，按照党的统一战线政策，聘请各地开明人士到各级政府里工作，巩固新生的人民政权，扩大党的影响。

10月，根据太行七地委书记高扬的指示，中共淇县工作委员会撤销，中共淇县县委正式成立，刘萍任县委书记（当时称县委书记为政委），刘哲民、王耀文、和烈、邢真任县委委员，刘萍兼组织部部长，王耀文任宣传部部长。县委机关设在一区对寺爻村，11月迁至西掌村。

淇县抗日民主政府成立以后，干部奇缺，为尽快进行县、区、村政权建设，民主政府按照党的抗日统一战线政策，动员各界各阶层人士参与各级政权建设，投身抗日斗争。淇县油城村徐现，原在国民党李埏县政府任职，李埏下山投降日军后，徐现不下山投靠日军，具有一定的民族气节，抗日民主政府派人做其思想工作，请他出任县政府财粮副科长；大石岩村知识分子王增庆，是国民党员，原在李埏县政府任职，他坚持抗日，不投降日军，抗日民主政府请他出任民政科长兼一区区长；里峪村地主知识分子刘孟明，思想进步，主张抗日，抗日民主政府请他接任王增庆的一区区长职务；鱼泉村地主知识分子王锡庆，原是日伪区长，淇县山区解放后，他弃暗投明，愿意参加抗日工作，抗日民主政府请他出任二区区长；西掌村地主家庭出身的杨敬堂、杨保堂兄弟二人思想进步，有抗日热情，抗日民主政府请他们参加了抗日工作。

在淇县山区抗日根据地，为了扩大抗日力量，把地主、富农也作为抗日的一员，团结他们进行抗日斗争。如西掌村大地主杨老三，曾任村自卫队大队长；范寨村富农贾文中任村财粮；石老公村富农王西周任村长。党的抗日统一战线政策得到各阶层人士的拥护。

（二）组建抗日武装

1. 公安队和县大队

淇县抗日民主政府建立后，为了肃清残敌，扩大解放区，巩固新生的人民政权，保障人民生命、财产安全，于 1943 年 7 月下旬成立了公安队。公安队由老一团留下的张书林任班长，队员 20 多人，都是从解放区和敌占区挑选的热心抗日的青年。公安队的任务是站岗放哨、看管犯人、保卫人民政府等。公安队经过实践锻炼，队员素质不断提高，人数不断增加，后来成为淇县一支强大的人民武装力量。

1943 年 8 月，太行七地委为了加强淇县人民政府对敌斗争的力量，更好地保卫解放区，派部队干部和烈到淇县新开辟的根据地任中共淇县工委委员，负责组建淇县县大队。和烈在县工委、县政府的领导下，积极宣传发动群众，组建人民武装，不少爱国青年，包括平原敌占区的一些爱国青年，也来到山区参加县大队。8 月底，淇县县大队正式成立，有队员 20 多人。县长刘哲民兼县大队队长，和烈任副大队长。县大队成立后，根据党的抗日统一战线政策，收编了地方上的实力派、大石岩村原国民党李埏县政府中队长徐云 20 多人的武装，并任命徐云为县大队副队长。

为了锻炼这支初建的人民武装，刘哲民同和烈研究，趁老一团尚未离开之际，进行一次实战演习。经过周密策划，县大队、公安队一起出动，成功打败淇县西杨庄汉奸李埏的四支队。此后，县大队经常单独与日伪军作战，多次取得胜利。

1944 年 3 月底，县大队发展到 60 余人，武器弹药也有相当数量。1944 年春，淇县和汤阴县合并为淇汤联合县，县大队改为淇汤县大队，在淇县、汤阴县境内活动。

2. 区干队

1943 年 8 月，淇县县大队建立以后，武装斗争形势十分严峻，特别是黄洞北岭后的鲍庄、柳林、小柏峪、土门、形盆等村，经常遭到盘踞庞村的汉奸扈全禄匪部的骚扰。为了保护人民群众的利益，加强武装斗争力量，配合县大队与敌斗争，经上级批准，在二区建立了区干队。区干队与县大队一样属军队系统，服装、武器等均由部队供应，由地方党委一元化领导，二区区长王锡庆兼区干队队长，二区区委书记（当时称区委书记为区政委）王耀文兼政委，上级派专职武装干部钱占元任副政委，直接指挥区干队。初建的区干队共20多人，少数来源于部队，多数为当地青年。区干队的任务主要是开展县、区边地斗争，打击侵犯解放区的日伪军和土匪，保卫解放区。另外区干队也是工作队，帮助政府宣传政策，征收公粮，进行基层政权建设和民兵建设。

1944年4月，区干队在黄沙岭书房沟整训，副队长冯万里因不愿过艰苦生活，思想动摇，企图勾结国民党县大队黄德剑（黄曾在国民党李埏县政府县大队任过副大队长）叛变革命。一天夜里，冯、黄经过策划，准备让县大队副大队长和烈的警卫员冯秉妞杀死和烈，然后把县大队、区干队拉下山去，投靠日伪汉奸刘玉春的西部团。冯秉妞将此阴谋向组织报告后，县大队立即逮捕了叛徒冯万里，黄德剑闻讯逃跑，叛变未能得逞。区干队副政委钱占元通过向战士进行政治思想教育，清除了追随叛徒冯万里的动摇分子，随后将区干队编入县大队。

1944年4月，淇县与汤阴合为淇汤县以后，二区北岭后近半年未建区干队，杨富、扈全禄匪部伺机猖狂起来，经常到北岭后各村庄烧杀抢掠，欺压百姓，群众生命、财产没有保障，各项工作无法开展，于是县委、县政府于10月间重新建立二区区干队。区干队以县大队通讯班长连瑞芳带来的5名战士为骨干，又在各村民兵和青年中动员了十多人参加，组成了一支20多人的精干队伍。二区区委书记王莹任区干队政委，副区长赵云霄任队长，连瑞芳任副队长。这支队伍主要活动在北岭后一带，对付杨富、扈全禄匪部。

1944年12月，淇县与汲县合并为汲淇联合县以后，二区区干队易名为汲淇县五区区干队。1945年庙口解放以后，五区区干队发展到40余人，按照上级指示，改编为县大队五连（也叫区干连）。

淇县区干队的斗争对象,除日伪军以外,主要是地方土匪与汉奸。当时,横行淇县北部的土匪头子扈全禄、杨富等反革命气焰十分嚣张,区干队面对凶恶的敌人,采取游击战、夜战等方式,出其不意地打击敌人。有时深入到铁路沿线,掀铁轨、挖路基、砍线杆、割电线,破坏敌人交通运输和通讯联系。1944年一天夜里,区干队配合县大队在沧河桥一带破坏铁路割电线,宋庄炮楼上的日伪军闻讯后,龟缩在炮楼里不敢动弹,等区干队到炮楼周围割电线时,他们央求区干队将炮楼前电线留下,好向上级交代。

每到夏秋收获季节,区干队和民兵总是战斗在最前线,日夜保护群众收获,打击抢粮之敌。1945年麦季,日伪军制订抢粮计划,并派小股武装和便衣到边沿区和游击区活动,限令各村每亩捐粮34斤。区干队与民兵一面主动到山外出击,一面组织群众快收、快打、快藏。在当年护麦中,区干队协同民兵300余人,4次出击敌人,毙伤敌32人,打击了抢粮之敌,保护了群众利益。

区干队还肩负着到敌占区征收公粮的任务。队员们夜间到铁路以东各村庄,向各保下达淇县抗日政府征收公粮通知,敌占区很多村庄按时将公粮偷偷送上山去。

区干队打击了日伪军,震慑了土匪和汉奸,使扈全禄、杨富匪部不敢轻易进山扰乱,有力地保卫了解放区。

3. 民兵、自卫队

1943年7月,淇县山区解放以后,国民党新五军和淇县李埏县政府的杂牌军下山投靠了日军,他们配合日军不断骚扰、袭击、扫荡刚刚开辟的解放区。为了巩固抗日根据地,保障人民群众的生命财产安全,淇县成立县大队和区干队以后,县工委、县政府研究决定,在山区各村建立民兵组织,组建自己的武装。

1943年秋季,在党的领导下,对寺窑、西掌、东掌、黄洞等村率先把18岁至30岁的贫农积极分子组织起来,建立了民兵队伍,同时,根据各村情况,把18岁至50岁的主张抗日的各阶层人士组织起来,建立救国保家自卫队。在淇县山区,南起汲县的正面和淇县的油城，北至北岭后，东至前嘴，西至林县，70 多个自然村相继建立了民兵、自卫队、妇救会和儿童团，做到了全民皆兵。

民兵组织的武器有六个来源：一是由上级发放；二是动员群众使用护家枪支；三是通过抗日统一战线宣传，由开明绅士主动献出；四是开展说理斗争，从地主家争取武器；五是战斗中缴获敌人枪支；六是发动群众捐款购买枪支。如对寺窑村，开始组建民兵时只有 10 把大刀，5 支长矛，7 支土步枪，由于采取以上措施，后来发展成一支拥有 30 多支步枪的民兵队伍。

民兵组织建立以后，确定了具体任务：一是抗日救国，消灭日伪军和汉奸；二是维护社会治安，保卫人民政权；三是反奸反霸，保护群众利益；四是侦察敌情，保证通信联络；五是协同大部队作战。另外，自卫队、儿童团担负站岗放哨、查路条等任务。

随着抗日战争形势的发展和各级政权的建立，民兵队伍在县委、县政府的领导下，不断发展壮大。1943 年底，解放区的对寺窑、东掌、西掌、黄洞、温洞、纣王殿、鲍庄、柳林、全寨、石老公、鱼泉、温坡、油城、凉水泉、小柏峪等 15 个村庄，共有民兵 213 人，枪 151 支，参加大小战斗 217 次。

为了组织民兵联合起来与敌人斗争，村与村订有战斗支援公约，实行联防，联防与联防之间规定联络信号，一方有事八方支援。为了统一指挥，共同对敌，县区均设立了武委会。

随着民兵队伍的发展，解放区扩大了，敌占区缩小了，群众对敌斗争的积极性提高了。很多解放区甚至游击区的青年纷纷要求参加民兵组织，誓为保家卫国立功劳。

1944 年，民兵组织发展到大石岩、卧羊湾等村，人数达 294 人，枪支增到 219 支，参加大小战斗 302 次。1945 年，沿山一带的小沿沟、仙谈岗、小溻沱、大洼、南四井、北四井等村也建立起民兵组织，人数增加到 448 人，枪支 279 支，参加战斗 351 次。

由于民兵组织的发展壮大，战斗力不断加强，在抗日战争中，民兵配合县大队、区干队不断取得胜利。1943 年某天，黄洞 19 名民兵，在民兵队长李锡全、指导员刘玉华带领下，袭击了高村车站的80余名日伪军，缴获汽油2桶、电话机12部。

（三）团结争取地方武装

县政府对待地方上的土顽武装，采取争取、团结和利用的方针，最大限度地分化瓦解孤立他们。早年参加抗日工作的淇县良相村干部王舒苗，在任太行七分区敌工科长兼驻卫辉办事处主任期间，为开辟太行区和冀鲁豫区交通线曾多次深入敌占区，做敌伪工作。王舒苗利用家乡本族与亲友关系，经常与日伪汉奸、土匪头目刘玉春、朱老东、高水派、高永清等人接触，向他们宣传共产党的抗日统一战线政策，希望他们不要忘记自己是中国人，不要死心塌地地当汉奸，要给自己留条后路。这些人对八路军很畏惧，都表示愿意相助。为此，驻扎在铁路沿线的日伪土顽，对八路军地下交通线大开绿灯，来往过境的八路军干部，只要说是王舒苗派来的，不查问，不扣留，顺利过境，使太行区和冀鲁豫区的地下交通线畅通无阻。

1943年7月，淇县抗日民主政府发现形盆口外的朱家村一带驻有一支杨富的会队武装。为了团结各种力量共同抗日，县政府主动与会队头目杨富谈判，订立互不侵犯、共同防御日军扫荡的协议。在一段时间里，杨富会队不侵犯解放区，和八路军和睦相处，有时会队还袭击零散日军。在日军进山扫荡时，会队事先向解放区传递情报，减少了解放区的损失。又如淇县赵庄的赵老福在日伪军中当队长，驻扎在灵山口外，县政府派人做其统战工作，同他订立互不侵犯协定，并通过赵老福从敌占区买食盐，解决解放区吃盐的困难。

1943年10月，县政府收集国民党零散武装充实抗日队伍，进行抗日斗争。大石岩村徐云（又名徐老开），原任国民党淇县李埏县政府的武装中队长，李埏率部投日后，徐云带领的武装拒不下山投日，将武器埋藏，队伍解散。县政府了解到徐云的举动后，县长刘哲民、县大队副大队长和烈亲自登门，做徐云的思想工作。通过讲解共产党抗日统一战线政策，徐云同意参加抗日斗争。他召集旧部20多人，挖出埋藏的武器，参加了淇县县大队，任县大队副大队长。县大队充实以后，发展很快，在抗日战争中，为保卫解放区、消灭日伪军作出很大贡献。

（四）粉碎日伪军扫荡

1943年7月，淇县抗日民主政府建立以后，解放区和游击区不断扩大。日伪军除了对其占领区人民进行法西斯统治以外，还不断到解放区进行扫荡，实行"三光"政策。淇县抗日民主政府在中国共产党的领导下，积极发动组织群众，建立人民武装，开展游击战争，粉碎日伪军扫荡。

1943年至1945年，淇县先后建立了县大队、区干队、民兵、自卫队等人民武装，县、区、村也相继建立了武委会组织机构。他们按照毛泽东"敌进我退，敌驻我扰，敌疲我打，敌退我追"的战略方针，全面展开游击战，县大队、区干队、民兵经常互相配合，深入敌后，痛击敌人。在解放区各个村庄制高点设有岗哨，严密封锁村口和通向山里的要道。白天儿童团站在村头站岗查看行人路条，夜晚民兵或自卫队来往巡逻，发现可疑的人，详查细问，根据不同情况，或跟踪，或监视，或扣押，有力地防止了敌特奸细的破坏活动。区干队不断巧妙化装，打入敌据点，贴标语，撒传单，开展政治攻势，了解日伪情报，瓦解日伪人员。每当日伪军进山扫荡时，县大队、区干队、民兵互通情报，组织和掩护广大群众安全转移，实行"空室清野"，并在村口、要道埋设地雷。在敌人进入雷区以后，县大队、区干队、民兵利用山区有利地形，三五人一组，出其不意袭击敌人，常常使敌人死伤惨重，寸步难行。

1944年7月25日，伪三十二师特务队进驻边地袁庄村，企图袭击抗日根据地。县大队闻讯后，立即派黄洞村民兵指导员刘玉华下山侦察了解敌情。当天晚上，县大队、区干队和民兵迅速出击，干掉敌哨兵，将袁庄村包围起来，活捉敌人31名，缴获轻机枪一挺，步枪21支。

1945年6月14日，匪首扈全禄带匪徒50余人，趁夏收之际到黄洞一带村庄抢粮。八路军老一团的一个排、区干队和黄洞、鱼泉等村民兵互相配合，狠狠打击抢粮之敌，匪匪狼狈逃窜。

### 三、淇汤联合县

1943 年 7 月，汤阴县和淇县分别建立政权后，抗日力量都很薄弱，活动范围很小。淇县虽有百人的县大队，但只能活动在大石岩、黄洞、土门三条山沟内，山外的城镇和交通要道全被日军和伪军所占据，在敌我力量悬殊的情况下，斗争相当残酷。当时干部配备很少，两县总共不足 20 人。为了团结各阶层共同抗日，新生的人民政权按照上级指示，实行"三三制"，即在县政府、区政府内，除了中共干部以外，还有积极抗日的地主、绅士和国民党员参加。

1944 年春季，山区发生了旱灾和蝗虫灾害，人民生活十分困苦，给开辟抗日根据地带来很大困难。在环境十分险恶的情况下，淇县和汤阴县委、县政府，在党的领导下，发动山区群众减租减息，救灾度荒，积极进行抗日斗争。

1944 年 3 月，太行七地委召开县委书记会议，会上淇县和汤阴县的县委书记一致反映了山区活动范围小、工作有困难等情况。地委认为淇县和汤阴县两块抗日根据地只有一山之隔，如果连接起来，回旋余地大，有利于开展抗日斗争，有利于扩大党的活动范围，有利于巩固山区的政权建设，因此决定淇汤两县合并，成立淇汤联合县。

中共淇汤联合县委由 7 人组成，赵滔任县委书记，刘萍任组织部部长，王耀文任宣传部部长，县委委员有张超海、程西海、和烈、邢真。新组建的中共淇汤县委驻淇县西掌村，隶属太行七地委领导，下辖三个区分委，一区、二区区分委在淇县境内，三区区分委在汤阴县盘石头一带。一区区分委驻对寺窑村，书记刘自浩；二区区分委驻西掌村，书记王耀文；三区区分委驻盘石头，书记王莹。

在中共淇汤县委成立的同时，还成立了淇汤联合县抗日民主政府，张超海任淇汤联合县县长，程西海任副县长。县政府内设两个科，一个局，一个处。民政科科长由程西海兼任，财粮科科长韩毅，公安局局长刘萍兼任，承审处承审员王镇山。下辖三个抗日区公所，驻地与区分委相同，一区区长史荣保，二区区长王锡庆，三区区长王彪。中共淇汤联合县委、淇汤联合县抗日民主政府从地委会议以后开始工作。

淇汤联合县还成立了县武装委员会和县大队，各区相应成立了区武委会和二、三区区干队，积极进行抗日斗争。在解放区废除保甲制度，各村选举村长建立抗日基层政权，成立农会、青年救国会、民兵儿童团、妇女救国会，按照上级指示，大力发动群众，开展对敌斗争。在解放区内肃清土匪特务，消灭零散敌人；在敌占区，县大队和民兵多次袭击敌人据点，夜间和内线联系，里应外合，摸到敌人据点，活捉日伪军，缴获武器弹药。1944年秋季，县委、县政府组织县大队、民兵和青年群众，开展破路斗争，主要破坏淇县县城以北的铁路交通和通讯联络。破路大军上百人，夜间行动，锯倒电线杆，割断电话线，卸下铁轨，把枕木运到抗日根据地。为了使敌人长期无法通车，解放区军民将路基一段一段挖坏，使之不能及时修复。

1944年12月汲淇县成立后，淇汤联合县委和淇汤联合县抗日民主政府结束工作。

**四、汲淇联合县**

1944年12月27日，随着形势的发展，太行七地委决定淇汤县分设，淇县与汲县联合，成立中共汲淇联合县委员会和汲淇联合县抗日民主政府。

李泽任中共汲淇联合县委员会书记，赵滔任副书记，刘萍任组织部部长，赵滔兼任宣传部部长。1945年4月，书记李泽和副书记赵滔同时调离，赵抱一接任书记，先后任汲淇联合县委委员的共13人，即李泽、赵滔、阎镇、周泉、马芳、李自如、刘萍、刘哲民、巩培基、霍云桥、赵抱一、杨文焕、张敬民，县委会内设秘书科、组织部、宣传部，后增设城工部，汲淇县县委先后驻汲县正面、狮豹头等村。

汲淇联合县抗日民主政府成立之初，巩培基任县长。1945年6月，巩培基调离；7月，李子清任代理县长；9月，苏贯芝任县长。县政府内设三个科，一个处，一个局。民政科科长韩名世，财粮科科长李子清，建设科科长王应录，承审处承审员孙冀民（后改为承审科，孙为科长），公安局局长马芳。汲淇县政府隶属太行七专署，县政府先后驻正面、狮豹头、小店河等村。

汲淇联合县下辖五个区，每个区设有区分委和区公所。第一、二、三区在汲县境内，第四、五区在淇县境内，1945 年 6 月庙口解放后，淇县又增设一个区，为汲淇县第六区。汲淇县四区分委、区公所驻温坡村，书记刘自浩，区长陈作刚；五区分委、区公所驻和尚滩村，书记王莹，区长王增庆，副区长赵云霄；六区分委、区公所驻庙口村，开始只有工作人员，未派书记，1945 年 6 月配备了区长、副区长。

中共汲淇县委、县政府组建了汲淇县武装委员会、汲淇县县大队两个县级军事组织，隶属太行军区七分区领导。县武委会主任先后由阎镇、张敬民担任，县大队大队长由县长巩培基兼任，副大队长由段成秀、和烈担任，县委书记李泽、赵抱一先后兼任政委，副政委由周泉担任。县以下还建立了民兵组织，淇县境内的五区还建立了区干队。

抗日战争末期，对敌斗争情况复杂，汲淇县委、县政府的主要任务是结合政治攻势领导县大队进行武装斗争。县大队由小到大，由弱到强，最后发展到 5 个连队，活动范围越来越大，北到土门村东北角的庞村，南到山交一带，东至京汉路，西至辉县的常村和张村，有时县大队还出其不意到敌占区活动。

1945 年 2 月 15 日（农历正月初二），投靠日军的土匪扈全禄、杨富和步前纠集 1000 余名匪兵悄悄进山扫荡，午夜时分经过土门村时被岗哨民兵发现。民兵队长孙春喜、农会主席王文、农会副主席王银河，民兵王里群、索有成、孙小山、付三妞、牛秋成、陈小亮、孙小孬、索善等 11 人在村北小楼上集体住宿，得知敌情后，决定固守小楼阻击敌人，同时鸣枪告知区干队，保卫解放区群众安全。黄洞区干队政委刘会听到枪声，立即组织队员撤到山上。扈全禄匪部找不到区干队，就在鲍庄抓了 3 名民兵和 3 名群众。匪兵连长方某又带人到范寨抓人，被民兵队长贾根群击中头部，后重伤而死。贾根群趁乱突围，被匪兵围追堵截，右腿负伤，在向山上突围时壮烈牺牲。次日凌晨，所有匪兵返回土门村，围攻小楼上的民兵。民兵付三妞被匪兵打死。其余十名民兵殊死抵抗，打完子弹后与爬进小楼的匪兵肉搏，但寡不敌众，除索善一人趁乱逃出外，其余九位民兵全部被捕，他们誓死不降，被敌人拉到村南大坑边杀害。后来匪兵将在鲍庄抓到的3名民兵杀害，3名群众送给了日军。

土门、鲍庄事件发生后，黄洞区委书记王莹写下一首赞歌，表达了革命群众对敌人的刻骨仇恨和对烈士的深切怀念："民国卅四年，初三那一天，范寨村东土门，出了大事情；范寨村贾根群，杀敌头一名，在敌包围中，冲杀真英勇；扈全禄大排长，一枪命归阴。（敌）五连方连长，挂彩亡狗命；敌人攻土门，足有半天整，英勇的民兵们，坚决不投顺；子弹都打光，手榴弹也投尽，石头蛋砖头块，也给敌人拼；民兵同志们，学习贾根群，英勇地杀敌人，牺牲也光荣；咱也要学习，土门民兵们，为人民去牺牲，坚决不投顺；男女老少们，与他们报仇恨，不动摇，不投顺，专心打敌人。"

1945年夏，中共汲淇县委根据太行军区七分区指示，决定由县大队副政委周泉担任总指挥，带领汲淇县大队、区干队和民兵，歼灭庙口据点的敌人，攻占东部敌占区通向黄洞一带解放区的重要关隘。6月28日，县长巩培基和周泉召集各连连长开会，根据庙口据点的地理位置、特点，做了合理的兵力部署，把最先进的武器集中起来成立一个机炮排，担任火力进攻；一连、三连担任攻打敌据点的主攻任务，从敌炮楼正面进攻；二连埋伏在庙口村东南方，阻止高村车站可能增援的敌人；四连、区干队和民兵分别从据点左翼和右翼袭击敌人。

夜里10点30分，汲淇县大队、五区区干队和民兵400余人，在巩培基和周泉的率领下开始向庙口进发。他们分别从据点的东、西、南、北四面进入各自的阵地。战斗在零点打响，机炮排首先开火，机枪、迫击炮同时发射，手榴弹、步枪也从不同方向进攻敌据点。敌人没有一点防备，惊慌地只好龟缩在炮楼内胡乱射击。在机炮排强大火力掩护下，三连的几个战士，迅速靠近敌炮楼，他们把手榴弹捆在一起，连续投向敌炮楼，但因炮楼坚固只炸开几个缺口，敌人凭借坚固的工事，负隅顽抗。县大队与敌人战斗了4个小时之久，拖延到天亮敌人的援兵就会赶到，庙口炮楼将难以攻克。县长巩培基和副政委周泉决定用缓兵之计，麻痹敌人，命令部队暂时撤退。摸不清虚实的敌人，果然仓皇窜出据点，向高村车站溃逃。巩培基和周泉立即率部追击，直到高村车站遇到敌人援兵，才停止追击，回师庙口。

庙口战斗拔除了日伪军固守7年之久的庙口据点，扫清了解放区通向敌占区的障碍，使位于庙口东侧的大牛庄伪据点迅速被摧毁，一举解放了附近30多个村庄，2万多口人。从此，淇县铁路以西的大部分村庄得到解放。

1945年7月，中共汲淇县委、县政府为扩大解放区，决定派县大队和民兵拔掉位于淇县南部、京汉铁路西侧的南阳日伪据点。该据点驻守着100多名日伪军，经常向北活动，控制铁路沿线。一天晚上，县大队用一个连阻击淇县县城可能来援的敌人，三个连攻打南阳据点。县大队在该村内线带领下，直接来到敌人的据点跟前，出其不意地发动猛攻。据点内的敌人猝不及防，只有举手投降。战斗很快结束，县大队俘虏了全部敌人，缴获步枪100多支。

1945年8月日军投降后，皇协军摇身一变又成了国民党军队。有一次，汲淇县大队得到情报，说伪军二十三师的一个营，护送师部家属路过淇县。县大队副政委周泉立即决定截获这批伪军人员。县大队连夜在淇县宋庄、北阳、南阳、玉女观等地设下埋伏。次日早晨，伪军二十三师用三个连的兵力护送着十几辆马车进入埋伏圈，县大队开火射击，三个连的伪军如惊弓之鸟，争相逃命。县大队俘获部分伪军和全部伪军家属，缴获了两挺机枪、30支步枪及马车上的金银财宝。傍晚，县大队又抓获了因早晨没完成护送家属任务而被伪二十三师撤职、毒打的两名伪连长。伪连长交代，只要被俘的太太和小姐们没有受到侮辱，二十三师什么条件都能答应。后来二十三师通过伪连长和地方绅士调停，邀请县大队进行谈判，答应每天给县大队送情报，保证将日军动向、国民党军队过黄河情况和抢占解放区的情况如实反映，还情愿将一批枪支弹药交县大队使用。事后，县大队将其家属和金银财宝等私产全部送还。

## 第四节　淇县解放区的建设

### 一、村政权、农会和群团组织的建立

1943 年 7 月，淇县工委、淇县抗日民主政府成立以后，解放区的村政权开始筹建。是年秋后，县政府通过发动群众，首先废除了国民党统治时期的"保甲制"（即一个村设一个保长，下设几个甲长），然后建立"村闾制"（即一个村设一个村长，下设几个闾长）。

当时，由于连年灾荒，国民党搜刮，日军扫荡，半数贫苦农民逃荒在外，山区大部分群众过着困苦不堪的生活，因此给村政权的建立带来很大困难。县委、县政府及区干部深入乡村，做群众工作，根据实际情况，放宽当村闾长的标准，只要不是大地主，愿意跟着共产党工作的人都可以当村闾长，所以推选出的第一任村长，有国民党员，有老保长，也有有问题的不坚定分子。

1943 年底，县委、县政府为了纯洁村闾长队伍，对村闾长进行改选，换成了坚决拥护共产党的贫苦农民，如黄洞村赵学仁、西掌村王金堂、油城村冯中林，都在改选后当了村长。1944 年春天，为了进一步完善村政权，各村又增设了财粮、抗勤、书记各一名。村政权干部分工是：村长主持全面工作，财粮主管征收公粮，抗勤主管给军烈属代耕和给工作干部派饭，书记做会计和秘书工作。村政权建立初期，村长、财粮等干部实行供给制，县政府每月每人发小米 40 斤，后来供给制全部取消。

在村政权建立以后，县政府要求各村刻有长方形公章一枚，以便对外开展工作。淇县解放区村政权的建立和完善，打破了国民党的反动统治，为开展解放区各项工作奠定了基础。

1943 年冬季，县委、县政府为了领导解放区贫苦农民彻底解放，号召县区级干部深入贫苦农民家中，同吃同住同劳动，宣传党的方针政策，发展农会会员，组织村级农会。通过逐户宣传发动，首先把最贫苦的农民（当时人称"穷人头"）发展成农会会员，然后从农会会员中发现积极分子，选出农会主席，成立村级农会组织，村农会成立后，以闾为单位成立农会小组。农会组织建立以后，掌握了村级政权，领导了穷苦农民向地主借粮、实行减租减息等运动。

1944 年春季到秋季，淇县解放区各村庄相继成立了妇女救国联合会（简称妇救会）。各村妇救会设主席一名，负责把 18 岁至 50 岁的妇女组织起来，进行抗日救国斗争。抗日战争时期，妇救会农村广大妇女，给八路军做军鞋，照顾伤病员，碾米磨面，做饭招待过路的抗日军队。

1944 年夏季，为了发动少年儿童参加抗日斗争，解放区各村庄成立了儿童团。上级规定 11 岁至 15 岁的少年儿童都可以参加儿童团组织，并要求各村儿童团设团长一名，负责儿童团的活动。儿童团成立以后，其主要任务是站岗放哨检查过路行人，以防止坏人破坏和敌人进攻。当时，儿童团负责白天站岗放哨，自卫队负责晚上站岗放哨。儿童团团员三五成群，站在村头路口，检查来往的所有行人，没有村级以上的路条不准通行，正如儿童团歌词里唱的："……掏出看看，掏出看看，才让你过去！"

二、抗日根据地的经济事业

1943 年 7 月，淇县山区解放以后，共产党非常重视解放区的经济工作。抗日民主政府针对山区连年灾荒，群众极端贫困的实际情况，采取借粮、开荒补助、减租减息、统一累进税等经济措施，同时还注重抓金融、贸易和副业生产等工作。

（一）减租减息运动

1942 年 1 月 28 日，中共中央发布了《关于抗日根据地政策的决定》，强调地主必须减租减息（简称"双减"），农民在减租减息后要依法交租交息；一方面要保证地主的地权，另一方面要保障农民的佃权。4月，中共晋冀豫区党委召开各地委负责人参加的扩大会议，发出《关于如何执行土地政策的指示》。6月前后，大规模的"双减"运动在太行各地开展起来，冀鲁豫边区也制定出《1942年减租减息办法》。9月，刘少奇路过冀鲁豫边区时进一步强调放手发动群众，实行减租减息政策的极端重要性。之后，冀鲁豫区党委抽调500多名干部，组成减租减息工作团，到各县开展工作。

为减轻贫苦农民的负担，贯彻党的统一战线政策，从1943年冬到1946年春，淇县解放区群众在共产党领导下，开展了轰轰烈烈的减租减息运动。据黄洞村调查，21户地主、富农占有687亩土地，平均每人占有土地8亩，而168户贫农只有347亩土地，平均每人占有土地0.38亩，地主、富农人口占全村人口总数的10.6%，而占有土地却是全村土地总数的34.7%，贫农人口占全村总数的58.7%，占有土地只是全村土地的17.5%。在淇县解放区，由于土地高度集中，很多贫苦农民逐渐沦为雇农或佃户。佃户租种地主的土地，每年将收获的70%至80%交给地主，自己所剩无几。遇到灾年或青黄不接时，地主将囤积的粮食、货币放给贫苦农民，利息五花八门，驴打滚，翻加翻，即麦前借一斗谷，麦后还二斗麦，到期不还者加翻还四斗。在地主的地租、高利贷的盘剥下，广大贫苦农民好年景时，勉强维持凄惨生活，一到荒年，便债台高筑，妻离子散，家破人亡。黄洞村贫苦农民牛恒山，1941年借地主杨玉堂2石5斗粮食，1943年连本带利滚成22石，结果不得不把仅有的8亩地给地主抵债。贫苦农民王金芳家只有3亩荒地，因家里无偿还能力，灾荒年地主不借给其粮食，无奈他找到有偿还能力的邻人作担保，才借了几斗粮食，结果麦收打场时，地主到场里要账，收获的麦子一粒不留，全部拉走。当时淇县山区每到灾荒年，贫苦农民逃荒者、饿死者不计其数。

1943年冬季，淇县减租减息运动首先在西掌、对寺窑、大石岩等村展开。有的地主采取合作态度，有的地主想方设法抵制，有的请客送礼收买群众，有的地主用美人计、离间计，拉拢腐蚀干部，有的散布谣言恫吓群众，说什么中央军过来要找减租减息积极者算账。针对这种情况，抗日民主政府派得力干部王耀文、刘自浩、贾宏周等人到各村发动群众，根据地主的不同态度进行不同方式的斗争。对开明地主进行表扬，树立典型；对中间派地主说服教育，劝他们执行减租减息政策；对顽固不化抵抗减租减息运动的地主，召开群众大会，进行说理斗争；对与抗日民主政府为敌的地主，予以镇压。

1944 年春季，淇汤县抗日民主政府在淇县西掌村搞"双减"试点，取得经验推动全面。其具体做法是：首先，深入调查地主剥削状况和农民的切身痛苦，宣传减租减息和抗日主张，将受苦最深的贫雇农组成农会，为"双减"运动做好准备。其次，发动群众，训练队伍，通过开群众会挖穷根、倒苦水，用事实教育广大群众，树立与地主斗争的决心和勇气。再次，向不法地主展开说理斗争。西掌村大恶霸杨某有地 400 亩，有枪 30 支，一向仗势欺人，讹诈群众。他在大会上宣称：地是祖宗留下的，是用钱粮买来的，粮食是地里产的，收租不算剥削。抗日民主政府组织贫雇农积极分子 18 人，在大会上进行诉苦发言，揭发出杨某罪状 720 条，狠狠打击了地主阶级的嚣张气焰，打开了"双减"工作的局面。最后，清账目，退租退息。农会按照减租减息有关政策，对地主进行清算，清算中实行"二五"减息，"三七"分果，即过去地主收佃户一石粮食，现退给佃户 2.5 斗；"双减"后，佃户种地主的土地，每打一石粮食，佃户分 7 斗，地主分 3 斗（后来发展到"二八"分果，即打一石粮食，佃户分 8 斗，地主分 2 斗），并取消一切额外剥削，佃户不给地主送礼，支杂差；地主放账利率不得超过 3 分，高者退还或扣除本金；地主必须给雇工增加工资，雇工给地主干活，每人每年工钱不得少于 3—5 石粮食（均从三年前算起），雇工和雇主吃饭必须一样，不得另眼看待；对地主讹诈、霸占的土地、房屋一律退还原主；地主不准因减租减息和增加工资而退佃、逼账和解雇长工；按照新的法令，废除旧约换新约，贫雇农和地主重新订立租佃合同。

（二）实行合理负担和统一累进税政策

"合理负担"政策是中国共产党针对以往农村普遍存在负担不合理状况提出的。原来实行的不分好地坏地一律按地亩摊派的办法，加上有的地主恶霸利用权势隐瞒土地或强占好地，致使不少地区的田赋捐税负担主要落在中贫农身上。为了改变这种状况，早在1940年9月，冀鲁豫行署曾发布了《整理田赋地亩草案》，1942年在总结经验的基础上，颁布了《合理负担暂行办法草案》和《实施细则草案》，使合理负担政策逐步完善。1943年3月18日，冀鲁豫行署又颁布了《简易合理负担暂行办法》，采用了外区制定的关于土地使用暂行办法、统一累进税条例，使本区合理负担政策更加完善和统一。

1943年秋天，中共淇县县委、县政府根据上级指示，在西部山区的抗日根据地，即解放区各村庄，废除了旧政权强加在人民头上的各种苛捐杂税，实行新的农业税收政策——合理负担和统一累进税。

1944年3月，淇汤县合并，中共淇汤县委、县政府按照统一战线政策，本着团结各阶层共同抗日的原则，制定了一系列农业税收措施，提出"有钱出钱，有力出力，钱多多出，钱少少出，无钱不出"的合理负担口号，并组织贫农、中农和士绅参加的评议小组，丈量土地，评议产量，推行农业统一累进税，累进税是根据各户的人口、土地、产量等情况而定数量多少的，地主富农土地占有多，公粮相应就多，中农占有土地少，公粮相应减少，贫雇农占有土地极少，公粮就更少，有的贫雇农极其贫穷，就免交公粮。

农业统一累进税的实施，减轻了占农村人口90%以上的贫下中农的负担，他们衷心拥护共产党，积极交公粮，及时完成了分配给自己的公粮任务，地主和富农虽然不满意新的农业税收政策，但在"有钱出钱，有粮出粮，支援抗战"的政策下，也不敢违抗，只得如数交公粮。

1944年麦季征收公粮时，淇县黄洞村通过群众评议，21户地主、富农负担了全村公粮的60%至70%，76户中农负担了全村公粮的20%至30%，占全村人口60%的贫雇农只负担了10%的公粮任务，西掌村

（当时包括东掌村）也是这样。1944 年夏季，全村公粮任务 6 万斤，18 户地主、富农负担了 4.68 万斤，占全村公粮总数的 78%；120 户中农负担公粮 1.08 万斤，占全村公粮的 18%；169 户贫雇农，负担公粮 0.24 万斤，占全村公粮的 4%，其中 50 户免交了公粮。

新的农业税收政策在游击区得以实施，县委、县政府主要采取召开各村保长会的办法，向他们进行形势教育，宣传党的抗日方针和政策，明确日本侵略者必败的革命道理，要求他们为抗日出点力，同时也为自己留条后路，对敌占区个别送粮不便的村庄，采取灵活机动的办法，即送钱送物（布、盐等）也可以。通过做工作，大多数村庄执行了新的农业税收政策，完成了公粮任务，对个别村庄不执行新的农业税收政策抗拒交公粮的，采取强制手段，迫使他们必须完成公粮任务，使之以后再不敢抗拒交公粮。这样既增强了游击区和敌占区的抗日观念，同时也减轻了山区人民的经济负担。

（三）剿蝗运动

1943 年秋季和 1944 年夏季，在太行抗日根据地的淇县和汤阴县境内，连续两年发生了严重的蝗灾，蝗灾蔓延豫北，波及太行，危及整个抗日根据地的千顷禾苗。山外敌占区无人组织灭蝗，庄稼、树叶全被吃光，颗粒不收，饿殍遍野。据资料记载，淇县、汤阴县饿死近 7000 人，出外逃荒要饭者近 5 万人。为确保根据地农业生产不受损失，中共淇汤县委及时发出剿灭蝗虫的紧急号召，开展了大规模的剿蝗保苗运动，经过艰苦努力，终于战胜了蝗灾。

1943 年秋季，淇县抗日根据地 70 多个自然村发生蝗虫危害，粮食严重歉收，群众生活受到影响。蝗虫的生长规律是秋下卵，冬过眠，春出蝻，夏成虫。1944 年 3 月，淇县和汤阴县合并为淇汤县，4 月初，淇汤县抗日根据地的三个区普遍发生了蝗蝻，这一地区除原来潜伏的蝗祸外，于 4 月 28 日、6 月 12 日、7 月初、7 月 12 日、8 月 3 日和 8 月 13 日，又先后从平汉铁路东南的日伪区和国民党统治区飞来 6 批蝗虫，给淇汤县人民造成了严重威胁，全县庄稼普遍遭到蝗虫的危害，特别是黄洞、油城、鱼泉、土门等村庄，蝗虫最盛时，空中飞蝗遮天蔽日,地上厚厚一层,人无立足之地,甚至大街小巷,庭院锅台上爬的都是蝗虫。7月初,一批蝗虫由东南飞经宽河上空,形成一条铺天盖地的蝗虫带,其响声震耳欲聋,一步之内,就有蝗虫80多只,最多处蝗虫成堆,一巴掌可打死蝗虫30余只。面对蝗虫的袭扰,许多人惊慌失措一筹莫展,日伪汉奸和不法地主乘机造谣说:蝗虫是天兵天将,是神虫,不能打,打得没有生得快,愈打愈多。由于山区群众不懂科学,封建迷信思想严重,不少人听信谣言,日夜到街头、十字路口、庙前、地头烧香磕头,求神拜佛,乞求神灵保佑,驱灾免祸。

1944年5月3日,中共太行区党委和太行军区政治部为迅速扑灭蝗虫,发出《关于扑灭蝗蝻的紧急号召》,提出广泛动员,周密组织,充分发动群众开展大规模灭蝗运动的口号。随之,太行七专区建立了剿蝗指挥部。

中共淇汤县委和淇汤县抗日民主政府积极响应太行区党委的号召,在太行七专区剿蝗指挥部的领导下,县委作出《坚决保护禾苗,彻底消灭蝗虫,立即采取措施,领导全县人民,掀起紧张的剿蝗运动》的决定。为此,县委成立了剿蝗指挥部,县长张超海任指挥长,县委书记赵滔任政委,同时,各区各村也相应建立了剿蝗指挥部,负责领导区、村的灭蝗工作。

淇汤县剿蝗指挥部建立后,指挥部人员立即深入到群众中去,针对群众的恐惧心理和根深蒂固的迷信思想,认真细致地开展思想教育工作,传播科学知识,部分群众认识有所提高,逐步转变了观念。

但是,还有一部分人态度消极,甚至反对剿蝗运动。一些有地的中农,想打蝗虫,但怕打不了蝗虫反而踏坏庄稼;一些无地的雇农不愿打蝗虫,怕打蝗虫误工,挣不来口粮,无法维持生活;一些不法地主、富农明里暗里和共产党的剿蝗运动唱对台戏。这些地主、富农家里囤积着粮食,企盼着蝗虫吃完庄稼,颗粒不收,趁机放高利贷,收买土地,大发蝗灾之财。他们利用巫婆神汉,装神弄鬼,胡说"蝗虫是神虫,打它天不容"。还说"打蝗虫是三光(庄稼光、粮食光、柴草光），谁打谁遭殃"。这些流言蜚语在群众中造成了一定影响，给剿蝗运动带来了阻力。

县委和剿蝗指挥部及时抓住典型教育群众。如对寺窑村，开始灭蝗时，村干部喊破嗓子，也动员不了几个人出来灭蝗，大多数人偷偷跑到自己庄稼地里磕头祷告，求神保佑，驱走"天兵天将"。结果，"轰"的一声蝗虫飞来，几十亩庄稼全成光杆。县委抓住这个典型教育大家，只有团结起来，齐心协力，才能彻底消灭蝗虫，保住所有庄稼。这个村有一个地主子弟搞迷信活动，对抗剿蝗运动，他跪在地上，祈祷说："不怨我，不怨你，都是八路军叫我来打的。"县委抓住这个坏典型，召开群众大会，对这个地主子弟进行了批斗，广大群众受到深刻教育。

为充分发动群众，调动大家剿蝗积极性，县剿蝗指挥部针锋相对地提出剿蝗虫口号："蝗虫土里生，靠天一场空，只有消灭净，才有好年景。""地分你我，财分你我，蝗虫吃苗，不分你我。""别看蝗虫那么多，齐心协力不怕它，男女老少齐动员，蝗虫定能消灭完。"这些顺口溜儿，在全县广大群众中广为传诵，起到了破除迷信、解放思想的巨大作用。县委、县政府从公粮中拿出几万斤粮食，实行以工代赈，采取用蝗虫换粮的办法，规定每10斤蝗虫换一斤绿豆，有效解决了群众缺粮问题，极大调动了群众灭蝗的积极性。在此基础上，县、区、村又先后召开了紧急剿蝗动员大会。5月上旬，县剿蝗指挥部在淇县黄洞村召开了有6个村1500多人参加的群众大会。会上，县剿蝗指挥部领导有针对性地揭露和批判了一些破坏剿蝗运动的言行，狠狠打击了不法地主的嚣张气焰，对广大群众进行思想教育和组织发动，有力地推动了剿蝗运动的开展。

淇汤县抗日根据地村村出动，家家落锁，人人上阵，投入灭蝗的人数达5万之多。群众发挥了无穷的创造力，开始用鞋底钉在木棍上打，后来又创造截击战、围歼战、流动哨、封锁沟、布袋阵、挖坑埋、用火烧等多种打法。全县连续大战7天，保住了10多万亩秋苗未被蝗虫吃掉。

1944 年 8 月中旬，正当谷子吐穗扬花的时节，两大批蝗虫呈纵队状从县东南向淇汤县境内飞来，飞速快，数量多，密度大，来势凶猛。蝗虫一进淇汤县，就在黄洞至将军墓一线的庄稼地落脚，这一带 15000 多亩秋苗再次受到蝗虫威胁。面对这种严重局面，县委决定再次掀起剿蝗高潮，全县人民立即响应，自带干粮和工具，迅速投入灭蝗战斗。太行七专区剿蝗指挥部还从林县调来 300 多名战士帮助灭蝗。经过一昼夜连续作战，全县共消灭蝗虫 30 余万斤，除 4000 亩庄稼受损失外，11000 亩庄稼保住了七八成收获。黄洞村发生蝗灾面积约 400 亩，其中 80 亩被吃光，70 亩受重灾，250 亩受轻灾，该村群众从蝗虫嘴里夺回粮食 6.3 万斤。

（四）开展大生产运动

1943 年 7 月，淇县山区解放以后，连续三年大灾荒，山区人民饥寒交迫，很多群众逃荒要饭，流离失所，再加上敌人对解放区进行经济封锁，山外的粮食、布匹、医药、生活必需品都无法运到山里的解放区。淇县县委、县政府积极领导人民救灾度荒。1944 年 12 月，汲淇县合并以后，县委、县政府号召所有机关和部队，每年节约三个月的给养，同山区群众共甘苦，规定前方将士行军打仗每天供给小米 1 斤，后方工作人员每天供给小米 0.75 斤，不足部分均由自己开荒弥补，于是机关干部和部队官兵在山区掀起了轰轰烈烈的大生产运动。

汲淇县大队全体将士一手拿枪，一手种田，县大队二连赴纣王殿村南山开荒，三连赴鱼泉村开荒。大生产运动在副政委周泉的直接领导下，成绩显著，到 1945 年秋季，县大队收获粮食数十石，收获蔬菜数千斤，有效解决了部队的吃饭问题。

中共汲淇县委、县政府还积极发动群众开荒造良田运动，规定凡是几个人互助开荒的，政府给开荒者每人每天补小米 0.75 斤，大大鼓舞了群众开荒造良田的积极性。鱼泉村农会干部张学池组织了 7 人参加的开荒组，他们靠政府补助的粮食，掺些野菜或树叶，养活全家。开荒的群众越来越多，外出逃荒的群众越来越少，饿死人的现象也不再发生。

（五）组织生产自救

1943年秋后，政府组织根据地群众互助抢种晚菜，播种小麦，对踊跃参加互助生产的特困农民，规定每人每天补粮食8～12两（16两制），使绝大部分土地种上了小麦。政府发放贷款扶持群众搞副业生产，如买卖食盐、麻饼、纸张、煤炭等，赚钱糊口。1944年生产自救搞得好的鱼泉、油城等村，有的开粉坊，有的造石磨，把产品运往外地，换回粮食，加上野菜、树叶度荒。有的用柿子、核桃、白草等山货，运到外地换来粮食、花生饼，解决生活困难。

1945年春天，汲淇县政府发动群众靠山吃山，组织群众开山造石磨。这些石磨，不仅销往汲县、淇县，而且远销滑县、浚县、汤阴等地。有些群众用石磨换粮食解决生活问题。另外，在灾荒年，别的粮食都不收，只有绿豆收得不少，县政府根据这种情况，号召群众开粉房，做粉皮，销往敌占区，换些粮食、花生饼、豆饼充饥。为了解决群众穿衣问题，县政府曾从外地购来棉花，让各村妇救会组织妇女纺线、织布，棉花织成布以后，政府不出工钱，留三分之一布给群众做衣服，有的群众穿不完，还可以用布换粮食或日用品。这样一来，男的开荒种地，政府补助粮食，妇女纺花织布，也可以增加收入，解决穿衣问题。由于党领导根据地群众积极搞生产自救，解放区顺利度过了灾荒年。

（六）借粮运动

1943年冬季，在群众中开展粮食互助互借，"亲帮亲，邻帮邻，贫济无，富济贫"，掀起"一把米，一斤粮，一斤菜，一个窝窝头"的互借运动。

借粮运动从淇县西部深山区地主较多的西掌村开始。县委委员、二区区委书记王耀文通过对西掌村调查，根据情况在村里召开群众大会，西掌村的大中小地主和佃户参加会议，周围各村也派代表参加会议。会上，县长刘哲民讲解了党的各项政策，与会群众热烈拥护。一些开明地主听了党的统一战线政策后，纷纷表态同意借粮，大中小地主报借粮数你一石我五斗不等。在西掌村从 14 户地富和 6 户中农家共借粮 31 万斤、糠 40 万斤。

为了推动借粮运动的全面展开，王耀文找黄洞区首富、二区区长王锡庆谈心，让其在借粮运动中起带头作用，王锡庆欣然同意。典型培养好以后，在黄洞区公所召开各村村干部、各村大中型地主共 100 多人参加的借粮大会。王耀文介绍了西掌村借粮运动的情况，王锡庆表态："二五减息，按上级规定，该减多少就减多少，我完全照办，你们回村去可以告诉我的佃户们，借粮运动我完全支持，我愿对群众借粮，我说的是真话，不是假话！"王锡庆的发言对各村大小地主震动很大，多数地主当场表示要借出粮食，少数地主不敢顽抗，只是说回去看看再报数。

在借粮运动中，对个别反对借粮的顽固地主，县政府就组织受剥削重、斗争性强的佃农与其展开说理斗争。驼泉村有个地主婆顽固不化，不愿把粮食借给快要饿死的群众，王耀文发动群众到其家进行三次说理斗争，地主婆理屈词穷，在群众的巨大压力下，只好将粮食借给群众。

（七）金融贸易工作

抗日战争时期，解放区是武装割据状态，货币不能统一，在太行、冀鲁豫解放区主要使用的是共产党在冀南银行发行的"冀南票"，另外国民党的"中央票"开始在解放区使用，后来被禁止使用，日伪的"联合票"在解放区禁止流通。群众手中的"中央票"和"联合票"可以到县政府兑换，政府通过地下关系，到敌占区购买药品、盐、煤油，甚至枪支弹药等武器，支援抗日前线。1943 年，淇县山区刚解放时，"冀南票"与"联合票"的比价是五比一；1945 年，随着敌占区人心惶惶，通货膨胀，"联合票"贬值，"冀南票"与"联合票"的比价为一比一。

为了发展经济，保障供给，解决群众生产和生活中的困难，民主抗日政府设立了财粮科，并在财粮科内配备有专职银行干部，管理银行信贷工作，各区政府的财粮助理员，也负责银行信贷工作。

通过银行信贷，解放区群众再不受地主、富农的高利贷剥削了。

为了繁荣解放区经济，促进生产发展，支援抗战，县委、县政府十分重视贸易工作。县委书记刘萍等领导曾号召群众组织供销合作社，东掌村以农会为主办起一个小商店，经营烟、酒、纸张、火柴、铅笔等日用品。另外，政府允许山里群众经商，可以把山里的柿子、花椒、核桃等山货挑到山下换粮食、食盐、煤油、布匹等。当时，由于日军侵略，交通阻塞，解放区机关干部、军队和群众吃盐相当困难，很多群众经常吃淡饭，军队杀羊改善生活，也只能吃淡羊肉。为了解决吃盐问题，政府工作人员靠李自如通过地下关系，到敌占区购买食盐，而群众只能托亲求友，用 1 斤小米到山外换 2 两盐维持生活。

### 三、抗日根据地的文化教育事业

1943 年 3 月 25 日，中共中央北方局向中共太行分局发出关于国民教育的一封信，提出 7 条具体要求：各级党组织应把国民教育当成经常的中心工作之一，每个行政村要设立小学；中心地点要有完全小学，每个专署要有一所中学；筹集必要的教育经费；从党政、群团中抽调一定数量的干部到教育部门去工作，当教员；要有专门的干部主管教育工作；学制小学五年，中学三年；采取多种方式搞好社会教育。这一指示，给搞好解放区的文化教育工作指明了方向，中共淇县县委、县政府遵照上级指示，积极发展文化教育事业，为革命培养了大量人才。

1944 年春，中共淇县县委、县政府开始在解放区兴办学校，为达到每个行政村建立一所小学的要求，动员了一批知识青年参加教育工作。当时，由于淇县山区文化落后，师资不足，于是党和政府放宽教师条件，只要认识一些字，而且愿意出来工作的就可以当教师。教师待遇不实行干部的供给制，而实行包干制，即甲级教师每月 120 斤小米，乙级教师每月 110 斤小米，丙级教师每月 100 斤小米，个别教师如有生活困难，政府另有照顾。

教师问题解决以后，兴办教育工作进展顺利，各村腾出民房当教室，7岁以上的青少年都可以自带桌凳上学。对人口分散的小自然村，采取巡回教学，对家务太忙的青少年，分别编成小组，在放牛、放羊、砍柴前讲课识字，干活识字两不误。

各村学校教材，有的用旧课本，有的自编教材，有的从后方借抄课本，有的还学《三字经》《百家姓》。后来课本逐步统一，但内容还很简单，如"人有两只手，左手和右手"等等。

1944年秋后，为了改变广大群众文化落后的面貌，党和政府要求解放区的各自然村都要建立夜校（也称民校），17岁至45岁的男女群众，都要参加夜校学习。夜校教师是从群众中选拔的，选拔出来的教师先集中学习，然后去教别人，边学边教。夜校教师认识一个字，就教一个字，认识十个字，就教十个字，所以产生了"十字先生""百字先生"。尽管夜校教师无任何报酬，但大家热情都很高。

为了解决教室小，山区妇女晚上学习不方便问题，有些村在冬春季改为妇女每天下午学习，由妇救会负责召集，晚上由自卫队队长召集男同志学习。夜校除识字外，经常由驻村工作干部向群众进行时事、政策教育，如宣读胜利消息，宣讲减租减息、合理负担政策等。

夜校还配合中心工作，教唱革命歌曲，如春耕生产时，教唱反对懒汉歌："春二三月里，杏花满树开，人人去生产，为啥你当懒汉，好像个老母猪，你懒肉懒骨头，懒得不动弹。"号召妇女放脚时，除课堂上讲，还教唱："上一次鬼子来扫荡，山上跑下个大姑娘，小脚上了当，劝一声姑娘呀，赶快把脚放！"开展地雷战时，教唱："石头蛋，钻个眼，装上炸药爆发管，轰隆一声震天响，炸死敌人一大片！""看家狗，真可靠，偷也偷不走，跑也跑不掉！"日本投降前，教唱瓦解伪军歌："皇协军弟兄们，你们听我言，抗日战争进入新阶段，调转枪口打鬼子，莫再当汉奸。"另外，夜校还自编自唱革命歌曲，如灭蝗虫时，唱《灭蝗歌》；扩兵时，唱《拥军歌》；号召开荒时，唱《兄妹开荒歌》。每逢村中开会，会场歌声嘹亮，气氛十分活跃。

夜校经常开展破除迷信大讨论，如到底有没有鬼神，地主老财为什么富，穷人为什么穷等等。通过讨论，群众的思想认识、阶级觉悟都有所提高。

## 第五节 淇县的红色地下交通线

抗日战争中期，日本侵略军对中国共产党领导的抗日根据地采取分割、包围、封锁政策。淇县地处冀鲁豫和太行两大根据地要冲，是日军重点封锁的县份之一。1939年至1942年，日军在淇县京汉铁路沿线挖三条封锁沟，沿沟的淇河、思德河、桥盟河等重要路口修筑炮楼19座，派日伪军日夜站岗放哨巡逻，妄图切断冀鲁豫根据地和太行根据地两大战略区的交通联系，封锁进山的粮食、布匹、药品等军用民用物资。

为了粉碎日军的封锁和分割，确保党、政、军干部安全过境和文件、报刊、情报畅通无阻，冀鲁豫区党委根据北方局加强秘密交通工作的指示，建立地下交通线，其中横穿淇县境内的有冯庄、良相、全寨、骑河黄庄四条线路，人们称之为"红色地下交通线"。

### 一、冯庄交通线

这条线是冀鲁豫军分区敌工部副股长刘哲民于1940年建立的。东起内黄，西至汲县塔岗村，全长80多公里，经过淇县的交通点有冯庄、南关、稻庄、北阳、枣生等村庄，负责联系的交通员有韩国玺、李天民、刘哲民之母等数人。这条交通线曾掩护不少干部过境，传递了不少文件、情报和报纸。1940年6月，党组织派黄友若去塔岗与国民党新五军团长王天祥（中共党员）联系工作，就是沿这条交通线由交通员李天民从浚县大碾村接黄到淇县稻庄村，但因黄友若的口音问题，行动不便，未能成功，于是黄友若就在淇县住下，向李清泉、关纯善、谭贺庭等同志宣传党的抗日方针和政策，介绍抗战的革命形势。次年春末，黄友若以冀鲁豫军区卫西工委书记的身份，第二次沿这条交通线来到淇县，住在淇县中山街日军司令部隔壁的关纯善家中，完成对日军的侦察任务后返回。1941 年 3 月，冀鲁豫军分区又派刘哲民与王天祥联系，刘哲民沿这条交通线，化装回到淇县稻庄村，广交上层人士，耐心做敌伪工作，通过日伪特务苗文田办了"良民证"，然后顺利跨过日伪军把守的封锁沟，从淇县的北阳、枣生村到达汲县的小店河村，完成了与王天祥联系的任务。

二、良相交通线

这条交通线是冀鲁豫军区二分区敌工科长王舒苗于 1941 年建立的，东起内黄井店，西至汲县狮豹头村，全长 100 多公里。途经淇县小河口、臧口、良相、西马庄、卧羊湾、油城（或北阳、玉女观、枣生）等村，到达狮豹头村。王舒苗为建好这条交通线，在淇县、浚县、汲县以及平汉铁路一带，积极做群众工作和敌伪工作，他动员家乡良相村的王鸿照、王礼玉、郭海温、王鸿占、王鸿杏、张国新等参加地下交通工作。1944 年 11 月，王礼玉被敌人杀害后，王舒苗又派共产党员王鸿照回村接替王礼玉的地下交通工作，同时，又动员李明训、王鸿猷、王鸿业、王鸿泉等人参加革命工作，并发展李明训、王鸿猷为中共党员，建立了地下党支部。另外，王舒苗经常深入虎穴，做敌伪工作，沿交通线的土匪汉奸头子刘玉春、朱老东、高永派、高老轩和把守封锁沟、平汉铁路的伪军，在党的政策感召和威慑下，都不敢拦截八路军过境人员，有的甚至把王舒苗当"朋友"看待，只要说王舒苗派人过境，概不过问，畅通无阻。因此，党中央从延安发出的文件、信件、情报、《新华日报》等都能及时送到冀鲁豫抗日根据地。这条交通线从 1941 年到 1945 年，护送过境的革命干部 600 余人次，传递各种文件材料数十次。1942 年 4 月，太行军区曾派 3 个交通员以逃荒者的打扮，赶着一头毛驴，驮着装满大量边区钞票的两个麦秸篓，沿沧河北岸悄悄来到良相村，住在交通员王礼玉家，第二天，王礼玉帮他们改用扁担挑着装钞票的麦秸篓，护送其从小河口渡过淇河，安全转送到内黄井店。

这条交通线在王舒苗的领导下，不仅搞好了地下交通工作，同时，还利用交通员亲朋关系，收集敌人情报，歼灭顽敌。1944 年元月 27 日，王舒苗派交通员张国新将南阳村、潘庄村的伪军情报送到军分区老一团，次日晚上，老一团派两个连在交通员张国新、孟二孬的带领下，拔掉了南阳的日伪据点，全歼了潘庄日伪军一个连，活捉了该连副连长。不久，王舒苗又派交通员到汲县、淇县城内散发传单。有一次，交通员郭海温巧妙混入淇县城，半夜张贴传单，结果吓得日伪军倾巢出动，全城戒严，挨户搜查八路军。

三、全寨交通线

1942 年 5 月，冀鲁豫军区在内黄井店设立沙区工作团，不久改称沙区办事处。办事处的主要任务是建立地下交通线，保障太行与冀鲁豫、冀南以及山东、华中抗日根据地的联系，其次是收集情报、采购军需民用物资。1942 年夏季，沙区办事处建立了经内黄、安阳，过卫河、安阳河、平汉路封锁线到林县任村的交通线。由于过往人员日益频繁，压力越来越大，为防止暴露而遭敌破坏，是年 12 月，又建立了全寨交通线。这条线东起内黄井店，西至淇县全寨村，全长 80 公里。在淇县境内，从庞村西南渡淇河，经贺家村、土门、小柏峪等村庄，到达全寨交通站。这条交通线从建立到抗战胜利，秘密护送党、政、军干部、青年学生和军队 8000 余人次。

1943 年 5 月的一天下午，一二九师政委邓小平与妻子卓琳及 20 余名武装人员，在沙区办事处交通科马赛等人的护送下，沿这条交通线过境。当时，邓小平从冀鲁豫解放区去延安开会，从内黄过来，过京广线打一仗，他们绕过敌炮楼，跨过

全寨红色交通站旧址街门（位于淇县黄洞乡全寨村）

敌封锁沟，沿淇河到贺家村，抵达淇县全寨交通站。全寨农会将接邓小平的任务交给一身武功的冯学堂，冯学堂将邓小平一行领到傅同玉家住下。傅同玉是全寨的大地主，开明绅士，对共产党干部十分敬重。当夜，邓小平与傅同玉促膝长谈，开诚布公，宣传党的政策和抗日形势，勉励他多为人民办好事。第二天邓小平一行启程赴延安。傅同玉深深折服邓小平同志的水平之高，将他的话牢记在心，后来经常为活动在山里的八路军提供帮助，为过往全寨交通线的共产党干部提供一切便利条件。

四、骑河黄庄交通线

这条交通线是冀鲁豫四分区办事处（主管业务）和延浚汲淇四县边办事处（主管人事）共同建立的。它筹建于1942年冬季，1943年春季正式启用。在延津县马庄村建立交通站，站长王东亮，副站长冯占林。交通站下设三个班，孔庆堂、王鸿宪、刘振华分别任班长，有交通员四五十人。交通线沿途村庄设交通点，各点的任务是收集情报、过路人员隐蔽和遇特殊情况相互报信。各点的主要交通员有张智松、万明靖、张华、纪庆福、赵勤、张吉祥、赵玉山、李轩等。此线东起濮阳，西至狮豹头，全长100多公里，其中延津到狮豹头的线路是：延津向西经班枣或柳卫，过汲县君庙和淇县大李庄南地到达骑河黄庄，再向西经常屯、大双、塔岗直达太行办事处狮豹头村。这条交通线担负传递文件、情报，护送青年学生去延安，党政军干部过境等任务。传递文件、情报的方法，一般是交通员化装成卖烟卷的、扎篮走亲戚的和上供吊孝的等。护送人员过境的方法，一般是采取武装接送，昼息夜行。此线路平均每周相对接送两次，每次接送都是绝对按照预定时间、地点、暗号接头，如果疏忽大意，就会发生误会，相互开枪射击，甚至遭敌人包围。为此，不少交通员出生入死，几经风险。1944年3月，王鸿宪、刘玉甫、刘建之在浚县新镇执行任务时被孙殿英部下逮捕，后来通过孙部下王参谋（刘建之岳父）说情，将三人保出；交通班长孔庆堂由于麻痹大意，曾三次被敌人逮捕，其中两次是军分区办事处通过托熟人、拉关系、送礼物，买通敌营长获得释放（敌营长后来被孙殿英发现而枪杀），最后一次是敌人要枪毙他时，他借机逃脱，死里逃生。但被护送人员从未发生过大的问题。

这条交通线从建立到抗战胜利的三年中，除传递不少文件、书信和情报外，还护送2000多人安全过境，其中包括许多八路军高级将领。1944年2月下旬，冀鲁豫军区司令员杨得志带6个团的兵力从汲县塔岗村、淇县西掌村开赴延安。1944年9月，太行区派杨静琦等19名干部去冀鲁豫滑县地区时，由在伪军中工作的交通员带路，从此线安全通过。另外，冀鲁豫区党委书记黄敬、军区司令员杨得志、政委苏振华带整风队去太行时，也是从此线通过。1945年8月，日本侵略军无条件投降，参加党中央"七大"会议的陈毅、罗荣桓、林彪、杨得志、萧劲光等11位领导同志，在太行七分区四十九团团长周泉带部队护送下，安全通过。有一位多次沿交通线路过淇境的共产党干部，填了一首《如梦令》曰："事实嘲讽笑话，日寇此封锁，怎当我过如梭，寇贼今降，风展红旗如画。"

淇县红色地下交通线自1940年建立，至1945年抗战胜利的5年中，掩护干部、军队、青年学生过境约16000人次，传递文件、

骑河黄庄交通站遗址（位于河南省鹤壁市淇县北阳镇骑河黄庄村）

情报数百次，同时培养和造就了一大批红色地下交通员，他们为抗日战争的胜利作出了重大贡献。

# 第四章　风雨苍黄　淇县解放

1946 年 6 月 26 日，蒋介石在美帝国主义支持下，不顾中国人民要求和平的愿望，悍然撕毁停战协定和政协决议，调动精锐部队大举进攻中原解放区，全面内战爆发。淇县人民在太行军分区和汲淇县委、县政府领导下，开展对敌斗争，保卫解放区，建立淇县县委、县政府，开展破路斗争，解放淇县县城，使淇县率先步入人民民主政权建设时期。

## 第一节 反对内战，保卫和平，保卫解放区

1945 年 8 月下旬，国民党纠集 10 万大军，联合地方反动武装，向豫东、豫北、豫西抗日根据地大举进犯。9 月，国民党一战区胡宗南和十一战区孙连仲，在淇县、汲县、新乡、郑州、洛阳一带，集中精锐部队八个军，结合日伪军 20 万人，沿平汉、道清两线，进攻解放区。12 天内，豫北八座城镇先后被国民党侵占。

林彪、陈毅、罗荣桓、杨得志、林枫、萧劲光等十一位中央委员，奉中共中央指示，奔赴东北、华东各个战场。他们艰苦跋涉，千里迢迢，路经冀鲁豫来到太行革命根据地，由晋冀鲁豫区党委领导人滕代远陪同，于 9 月 19 日到达汲淇县境内狮豹头村，准备从汲淇县越过平汉线，进入冀鲁豫解放区。

汲淇县委书记赵抱一接待了中央领导，并派四十九团团长周泉侦察敌情、地形，决定从塔岗车站南地穿过平汉线。9 月 21 日，在四十九团护送下，中央领导顺利跨过平汉铁路线，到达淇门附近。

22日，在淇门召开营以上干部会议，冀鲁豫军区司令员杨得志作了《目前的形势和任务》的报告。报告论述了共产党和国民党两条对立的军事路线，阐明了当前共产党在军事方面的方针和任务，指出日本已宣布投降，国民党伺机向解放区大举进攻，夺取抗战胜利果实的革命形势，号召广大军民集中力量，制止内战，争取和平、民主，贯彻党"针锋相对、寸土必争"的方针，迅速巩固和扩大解放区，保卫抗战的胜利果实，迫使国民党停止内战。之后，中央领导在冀鲁豫部队接应下，奔赴各个战场。

汲淇县军民明确了革命形势和任务，认清了国民党蒋介石"假和谈，真内战"的阴谋，展开了反对内战、争取和平、粉碎国民党军事进攻的斗争。

## 一、向平汉铁路沿线出击

为配合太行四十九团和太岳部队正面作战，中共汲淇县委遵照太行区党委指示，集中270名民兵、850名自卫队队员和各区武装，向汲淇县境内120里的平汉铁路沿线出击。战斗历时半月，取得丰硕成果，打击了国民党的嚣张气焰，鼓舞了汲淇县军民的斗争意志。同时，利用战斗间隙，在解放区开展政治宣传工作，争取投诚敌官兵90多人。并在29个村建立自卫队，在9个村新发展了民兵组织。

截至10月中旬，南起汲淇县，北至河北省高邑，全长约500里的铁路沿线，在解放军的猛烈攻势下，大部获得解放。

## 二、支援邯郸战役

1945年10月6日，晋冀鲁豫军区遵照中共中央军委指示，下达邯郸战役的作战命令。晋冀鲁豫第一、二、三纵队和地方武装6万余人，以一部兵力诱敌深入，其主力隐蔽在邯郸以南平汉铁路沿线两侧待机歼敌。10月23日，战斗打响，经过阻击、合围、总攻和追歼四个阶段，11月2日，战役取得全部胜利。邯郸战役共俘国民党第十一战区副司令兼四十军军长马法五等23000余人。在解放军争取下，国民党第十一战区副司令兼新八军军长高树勋，率领该军及一个纵队万余人举行起义，弃暗投明，站到人民一边。这一义举，在国民党军队内部引起很大震动。邯郸战役，挫败了蒋介石的内战阴谋，巩固和扩大了解放区。

在县委领导下，汲淇县干部、民兵和群众勇敢地战斗在汲淇县境内平汉线两侧，与国民党反动派展开针锋相对的斗争。

为破坏敌人的铁路运输，汲淇县军民奔赴平汉铁路沿线，锯线杆，割电线，起道钉，掀铁轨，设路障，炸桥梁等，一度使汲淇县境内平汉铁路运输陷于瘫痪。同时，组织地方武装打击企图修复铁路的国民党军队，打破了国民党"三个月打通平汉线，恢复交通"的妄想，有力地支援了邯郸战役。民兵牛小五、刘随群在战斗中英勇牺牲。

三、赵庄事件

1946 年初，赵庄民兵队长杨付生和副队长申光生，听信国民党欲征 80 万大军进攻解放区的谣言，秘密与国民党淇县保安团队长赵录勾结，定于 1 月 7 日夜，里应外合，攻打赵庄六区区部。

1 月 7 日夜，国民党淇县保安团队长申启太、苗秀礼率部进山，与杨付生、申光生取得联络。在叛徒配合下，窄狭村岗哨民兵的枪支被缴械，敌人顺利进入赵庄。申启太等人在杨付生带领下进占民兵驻地，收缴全部枪支。民兵郭文治、王宗付趁乱逃出，冯华山跳进粪缸躲过搜捕。其余民兵均被押至淇县，强迫加入国民党淇县保安团。之后，杨付生率敌包围区部，并用柴草烧门。区委书记孙双会和区长赵寿延率领区部人员从大门突围，孙双会不幸壮烈牺牲。区长赵寿延头部受伤，晕倒在街边碾道，后躲进山后草丛隐蔽，次日被乡亲发现，送往后方医院抢救。助理员贾志安、牛兰堂和通讯员张保印，均在突围中牺牲，秘书孔德贵、教员王荣德和电话员牺牲在区部，另一名电话员身负重伤。

赵庄民兵叛变致使区干部牺牲 7 人，伤 2 人，损失长短枪 20 多支，俘去民兵和群众 37 人。解放后，人民政府处决了叛徒杨付生，判处申光生死刑缓期执行，其他帮凶分别被判刑入狱和管制。

赵庄事件暴露了汲淇县革命斗争形势的复杂与险恶。

## 四、汲淇县参议会的召开及人民积极参军参战

1946 年 1 月 10 日，国民党、共产党、民主同盟、青年党和社会贤达在重庆召开政治协商会议。会议通过了和平建国纲领、军事问题案、宪法草案、国民大会案、政府组织案五项协议。不久，国民党否定、修改协议，与共产党制造摩擦，挑起事端。为宣传共产党的正确主张，争取各方面力量，全国各解放区纷纷召开参议会。

1946 年 3 月，汲淇县参议会在狮豹头村召开。副县长张新德主持会议，会议分析了斗争形势，贯彻了党中央指示及土改政策。各方代表发言，揭露国民党毫无和平诚意，妄图用武力消灭共产党及其领导下人民力量的野心。会议号召全县人民认清蒋介石的真面目，提高革命警惕，巩固和壮大人民武装，保存每一支枪每一粒子弹，时刻准备着消灭来犯之敌。会议选举赵抱一为参议长，潘士杰为副参议长，李自如当选为汲淇县县长。会后，全县人民行动起来，区干队和民兵开展了练兵活动，各村大力开展减租减息和生产运动。人民积极参军参战，保卫解放区。

1946 年 8 月 7 日，汲淇县县委根据太行区党委指示，在全县农村开展扩军工作，并布置扩军的具体时间、方法、步骤和人数等。各区首先向广大群众进行政治形势教育、阶级教育，发动群众开展诉苦运动，提高群众觉悟，号召青壮年参加子弟兵。然后选择扩军对象，进一步讲革命形势，讲参军的重要意义。汲淇县各村出现不少父母送儿子、妻子送丈夫、哥哥送弟弟参军的先进典型。至 8 月 20 日，全县扩军达 456 名。其中，228 名加入太行四十九团，145 名成立了汲淇县区干队，另有 83 名充实到基干连队，增强了地方武装的战斗力。战士们在保卫汲淇县解放区的战争中，转战于豫北大地、太行山下，为汲淇县和全国的解放作出巨大贡献。

## 五、粉碎国民党第八十五军的军事进攻

1946 年 10 月 22 日，盘踞在汲县县城的国民党第八十五军（军长吴绍周，抗日名将，中将，淮海战役中被俘于宿县双堆集）一一〇师三二八团，在蒋介石全面内战的阴谋指使下，纠合国民党

汲县保安四纵队和国民党淇县保安团、还乡团，分四路向汲淇县境内解放区大举进犯，当天抢占了汲淇县塔岗口、形盆口、灵山口、庙口四个通往解放区的重要关口。几天之内，汲县境内的塔岗、狮豹头、正面，淇县境内的赵庄、大石岩、油城、黄洞、形盆、土门等村均被敌人占领。国民党八十五军所到之处，烧杀掳掠，抢劫财物，祸害人民，无恶不作。

（一）汲淇县委领导人民空室清野

汲淇县民兵武工队、区干队，在广大群众配合下，把柴、米、油、盐等生活用品，迅速转移和埋藏起来。大多数村普遍实行"空室清野"，使敌人每到一处，无粮可食，无水可饮。同时，民兵和区干队充分利用地理优势，与国民党军队展开地雷战、游击战、麻雀战。

当国民党八十五军纠合国民党汲淇县保安团、还乡团进攻汲淇县塔岗口时，周泉团长率领太行部队四十九团，与敌人展开激烈战斗，阻击敌人西进，掩护县委转移。县委书记赵抱一迅速组织机关干部隐藏军用物资，组织群众向西山区转移，并把县委撤到罗圈北山指挥战斗。经过一周的浴血奋战，国民党八十五军撤退，太行部队四十九团打下山去，歼灭了国民党保安团，收复了失地，群众纷纷返回家园，县委又回到小店河村。

（二）形盆口战斗

在汲淇县形盆口，淇县武工队、区干连英勇阻击国民党的进攻。由于敌众我寡，刘会带领区干连，李芳带领武工队与敌人展开地雷战、游击战，神出鬼没地袭击敌人，阻止敌人向纵深发展。区长和云普、武委会主任刘振才迅速组织群众向西转移。敌人

形盆口战役旧址

强占了形盆口、马庄、鲍庄后，抢走粮食 200 多石，牲畜 50 余头，棉花 300 余斤，被褥衣物 200 余件，草料 5000 余斤。

（三）柳林粮库保卫战

在柳林村，敌人发现一座粮库，与武工队展开激烈争夺。双方对峙一天，敌人未能得逞。晚上，武工队兵分两组，一组加固防御工事，一组埋设地雷，设下伏击圈。次日，当敌人再次疯狂扑向粮仓，战士们投出一排手榴弹，炸得敌人抱头鼠窜，仓皇逃命。有几个冲到粮仓跟前，踩中地雷，顷刻间血肉横飞。武工队员冲下山去，打退残敌，保住了粮仓。

（四）庙口地雷战

战斗在庙口打响时，民兵和群众在区委领导下，开展了地雷战。在各条道路路口，在门上、门下、山上、山下等处巧妙布设地雷，使敌人不敢贸然前进。同时，民兵主动出击，烧掉敌炮楼七座。

（五）灵山口活捉冯万里

敌人进攻解放区灵山口时，民兵迅速组织群众转移。淇县还乡团头目冯万里、杨老文倚仗敌八十五军势力，在油城、赵庄一带杀人放火，抢走粮食 250 石，耕牛 45 头，家畜 100 多只，衣物 300 余件，烧毁房子 23 间。匪徒们的罪恶行径激起群众的愤怒，民兵和群众相互配合，活捉匪首冯万里，推下悬崖，结束了他罪恶的一生。区干队和民兵经常神出鬼没地袭击敌人，赶走了匪首杨老文，使之再也不敢进山骚扰。

国民党八十五军和保安团、还乡团进攻汲淇县解放区以来，遭到太行部队四十九团和县区人民武装的节节阻击。塔岗战斗，敌人受挫；马胡战斗，敌伤亡 200 余人；土门争夺战，敌人被打得狼狈不堪；在秦窑，敌人陷入地雷阵，两名敌连长被炸死，3 人受伤。战斗历时 10 余日，歼敌 300 多人。除芳兰、庙口村外，被国民党侵占的解放区全部收复。

六、拔除庙口据点与葛箭反包围战

（一）庙口战斗

国民党在汲淇县山区扫荡后，把据点设在庙口，重新控制了淇县境内铁路以西的大片村庄。敌人以庙口为屏障，封锁了情报传递和弹药物资的运送，严重阻碍了解放区与敌占区的联系。

庙口战斗遗址（位于淇县庙口镇庙口村）

1947年2月，太行五分区司令员陶国清率五十团、五十三团奇袭高村桥火车站和庙口村，联合地方武装，扫除了平汉铁路沿线的敌军据点。

收复庙口的任务交给了五十三团一营。2月3日，部队开至四区鱼泉村，独臂营长张晋和五区区长杨贵取得联系，杨贵详细介绍了庙口村的敌人部署情况。2月4日，营长张晋带领各连连长、指导员及部分参战人员，在杨贵引领下到仙谈岗村西山观察地形，分析敌情，部署作战方案，确定了部队运动路线：一连为主攻，负责攻占庙口至盆窑间主炮楼，火力分队主要掩护一连进攻；二连迂回到村东，从东、西两面配合三连进攻；三连直插村内，捣毁敌人连部，消灭村内守敌。汲淇县五区武工队和四区黄洞、鱼泉民兵等地方武装，负责阻击敌援兵和救护伤员。进攻时间定于2月5日夜11时。

2月5日正值元宵节，敌人吃五喝六大吃大喝一番，昏昏欲睡。主攻一连悄悄运动到距主炮楼几十米地段，进至十几米时，被敌哨发现，鸣枪报警。这时，营指挥所发出三颗红色信号弹，二连、三连同时投入战斗。顿时，枪弹声、惨叫声响成一片，守炮楼一个排的敌兵，全部被俘。驻守在村内民房的敌人，睡梦中被三连战士用枪刺顶住后脑。经过半小时战斗，解放军取得全线胜利，缴获轻机枪4挺，步枪数10支，俘敌100余人，解放庙口，打开了通往解放区的重要门户。

（二）葛箭战斗

1947年3月10日凌晨，不甘失败的杨富、姚老湘、陈老华、姜永礼等反动武装，勾结国民党淇县保安团联合行动，包围淇县庙口村，叫嚣半夜一无所获，随即向庙口村北葛箭村奔袭。

五区区长杨贵带领五区武工队和十多名民兵，因3月9日到铁路沿线鱼坡村袭击国民党新五军部分守敌，午夜返回时在葛箭村一座茅屋宿营，与这帮包围庙口计划落空的反动武装正面遭遇。淇县五区武工队，经常活跃在县城西北淇河两岸，与林县民兵配合，打击淇县的土匪顽杂。为此，国民党淇县保安团和土匪顽杂势力，多次企图消灭五区武工队，遂在葛箭村拉起包围圈。

杨贵立即组织武工队、民兵向北山田沟方向突围。枪声四起，敌人一面进攻，一面狂叫"活捉杨贵""捉住杨贵，赏银洋两千，小麦200石"。杨贵带领武工队边撤边阻击敌人，抢占了田沟村西南山制高点，利用有利地形组织反击。敌人被打下山去，向葛箭村东逃窜。

战斗中，五区干部袁明伦在抢占制高点时，壮烈牺牲。冯清海在阻击庙口之敌时，英勇牺牲。汲淇县武委会干部杜良清，于3月10日到五区联系工作，误入敌人的包围圈。他带了一支步枪、一支手枪，边打边向仙谈岗西山撤退，行至盆窑村南山时，不幸中弹。杜良清带伤继续战斗，子弹打尽，为了不让武器落入敌手，他用力将枪砸烂，最终被俘。敌人凶残地捆其手脚，抬到葛箭村东，用刺刀扎遍全身，割下头颅，悬挂于淇县县城北门头数日，借以恫吓革命者及广大群众。

事件发生后，五区在黄洞村召开群众大会，悼念冯清海、袁明伦、杜良清烈士，广大解放区军民同仇敌忾，化悲痛为力量，誓为死难烈士报仇。

## 第二节　淇县民主政府的建立及配合解放军正面作战

全面内战爆发后，中国人民解放军经过内线作战，歼灭敌人大批有生力量，革命形势发生了深刻变化。全国各解放区普遍开展了土地改革运动，发展壮大了民兵，后方日益巩固，士气更加旺盛。人民解放军在数量上、武器装备上虽然暂时处于劣势，但在战场上的机动兵力却多于敌人，处于相对优势，逐渐掌握了战争主动权。虽然国民党军队对解放区的重点进攻还在进行，但中国人民解放军由战略防御转入战略进攻的时机已经到来。

1947年2月1日，中共中央发出《迎接中国革命新高潮》的指示，刘邓大军遵照中央指示挺进豫北，揭开了豫北反攻的序幕。

### 一、中共淇县县委、淇县民主政府的建立

为适应全国解放战争的形势，1947年3月中旬，太行区委调整了区划，将四个专署划为五个专署，汲淇县隶属太行第五专署。

3月底，地委根据革命形势的变化，决定汲淇县政权分设，建立淇县县委和汲县县委。淇县县委建立后，原汲淇县县委书记赵抱一转任淇县县委书记，霍云桥任组织部部长，张冀凯任宣传部部长，李秀文任武委会主任，范仁杰任救联会主席，石森任妇救会主席。

同时设立了淇县民主政府，柳林任县长，凌云任民政科科长，和云普任财粮科科长，牛生堂任建设科科长，霍维祚任教育科科长，赵辅宗任司法科科长，马芳任公安局局长，陈久静任交通邮电局局长，董墨林任工商局局长。县委、县政府机关均设在黄洞村。

淇县下辖六个区分委：城关一带为一区，区部设在北门里；北阳一带为二区，区部设在北阳；西岗一带为三区，区部设在郭庄；黄洞一带为四区，区部设在黄洞；庙口至高村一带为五区，区部设在原本庙；形盆和庞村一带为六区，区部设在朱家村。淇县县委、县政府的建立，为全县的解放事业奠定了组织基础。

### 二、破路斗争

在豫北破路司令部领导下，铁路沿线各县人民群众，开展了破

路斗争。淇县人民积极响应县委、县政府号召，破铁路，毁工事，割电线，支援野战军正面作战。

1947年3月，淇县五区区长杨贵奉命带武工队和一个民兵连配合太行部队四十九团一营，执行消灭淇河桥两岸的护桥敌军、摧毁淇河大桥、切断国民党军事物资运输交通线的任务。四十九团参谋长米志高及时召开连、排以上干部会议，制定作战方案。

3月4日，四十九团一营和民兵连集中在鱼泉村，米志高作了战前部署：四十九团一连埋伏在淇河桥北和桥南地域，以阻击铁路上来犯之敌和驻守庞村的扈全禄部增援之敌，并伺机炸掉淇河大桥；二连、三连负责歼灭炮楼之守敌；武工队、民兵连负责运送弹药和伤员。

傍晚，四十九团抽调一个班作先遣队，在民兵带领下出发。午夜，部队按计划进入各集结地域严阵以待，指挥部设在敌炮楼西南边路沟。凌晨一时，战斗打响，部队全线进攻，淇河守敌凭借炮楼负隅顽抗。火势凶猛，四十九团战士和民兵充分利用地形向炮楼迂回进击。经过一小时激战，守敌溃退，四十九团二连战士乘势迅速接近敌炮楼。半小时后，敌炮楼被炸开半壁，指挥部发出总攻命令。顿时，淇河两岸杀声震天，道道火舌喷向敌人，彻底摧毁敌炮楼。四十九团一连战士迅速潜水接近大桥，安放炸药。片刻之后，一声巨响，淇河大桥被拦腰炸断，战斗胜利结束。

这次战斗，彻底摧毁了敌人的铁路运输线，有力地牵制了敌人。

4月23日，县委组织部部长霍云桥在区干部会上指出："破坏铁路，切断敌人的运输线是关系战争胜败的问题。"要求各区彻底破坏铁路，拆除道木，搬走道轨，损毁道基。要宣传胜利消息，坚定胜利信心，强调蒋军必败、我军必胜的光明前途。

县委、县政府以铁路西民兵、自卫队为主力，组织起一支浩浩荡荡的破路大军。在淇县境内50余里的铁路沿线，到处是破路民工。有的搬动铁轨使之翻转，有的火烧铁轨使之折弯报废，有的把枕木、道钉等卸下运走，有的把路基挖成壕沟，有的在桥墩上打眼炸毁大桥，有的砍线杆、割电线，破坏敌人的通信联络。淇县三区虽是新区，但在区干部和老民兵带领下，出动几十辆大车，将20里长的铁轨全部运至12里以外埋藏。六区是老区，群众明确提出"破路就是打蒋匪，就是支援前线"的战斗口号，出动大车26辆，民兵自卫队485人，三天运完600根铁轨。五区仙谈岗村，出动民兵50多人参加破路战斗，收集电线隐藏起来，准备支援前线。

淇县的破路斗争，有力地配合了野战部队作战，支援了全国解放战争。

## 第三节　解放淇县县城

刘邓大军挺进豫北后，于1947年3月发起豫北战役，中共太行第五军分区奉晋冀鲁豫军区刘、邓首长指示，决定攻克淇县县城，全歼城内守敌，孤立和消灭新乡、安阳之敌。

3月底，太行五分区四十九团侦察排排长崔玉和等3人，巧扮粮商进城侦察。他们用烟土收买了国民党淇县保安团大队长，购买了一批粮食，了解了敌人的兵力部署和武器装备情况。

4月2日，为防止情况有变，太行五分区司令员陶国清再次派崔玉和连夜进城，进一步侦察敌情。崔玉和带领10名有经验的侦察员，巧妙地应付了敌哨兵，顺利进城，在一个娼妓馆抓获敌保安团张队长，押回指挥部。经审讯，摸清了城内布防情况。

4月3日，太行五分区司令员陶国清，副司令员黄以仁，参谋长李承尧，政治部主任王银山，副主任佘积德及各团首长共同研究了解放淇县县城的战斗方案，当即下达作战命令："以四十九、五十、五十二、五十三四个团的兵力攻克淇县城。"战斗部署为："四十九团攻北门，重点攻城西北角；五十团攻东门，防止敌人向东突围；五十二团攻西门；五十三团攻南门，重点攻城东南角。总攻时间是下午4点。"

下午3点，太行部队四个团分四路包抄淇县县城，迅速潜伏在县城周围的坑壕和麦田里。

团长杨时芳率领四十九团兵临城下，恰遇孙殿英派其二团的五个连支援国民党淇县保安队守城。于是，四十九团一个班猛扑上去，用多枚手榴弹将敌人一个连堵在城外。敌人毫无戒备，顿时乱作一团，纷纷向火车站炮楼逃窜。四十九团一排副排长葛风岐带三个班战士横插过去消灭敌人。有十几个敌人窜进院内躲藏，三班战士立即封锁大门，爬上房顶喊话，敌人见势不好，缴枪投降。郭玉华等几个战士跳进院内，俘敌18人。

4时，解放淇县县城的战斗打响，攻城部队轻重机枪一齐向城头开火。战士们提着满篮子手榴弹争先爬上城西南制高点，一股顽敌用机枪疯狂扫射。五十二团一排袁天清带领3名新战士，跨沟涉水，竖梯爬城，霎时出现在城头，用手榴弹炸掉敌人火力点。另有几名战士从另一处攀上城墙，8个守敌未来得及还手便被活捉。副排长杨守忠带领2名战士，攻上城去，拿下摘星台，冲向西大街。这时，敌人的一个机枪排挡住了去路，机枪班李安、乔昌端起机枪扫射，敌人惊慌失措钻进一处院子躲藏。战士们尾追其后，在强大火力下，敌人机枪排缴械投降。五十三团挖地道突破南门，消灭了城楼顽敌，向南大街冲去，将敌人压制在鲁班庙内，一举歼灭。五十团打进东门，直捣敌军指挥机关，将红旗插上中心阁。

在攻城先头部队与敌人搏斗的关键时刻，冲锋号吹响了。四面八方的战士攀木梯、踩人梯纷纷攻上城头，敌人的防线在股股铁流冲击下彻底崩溃。解放军四个团分别从四面攻进城内，与敌人展开巷战。敌人溃不成军，四处逃窜，战士们枪上刺刀追逐散兵。五十团堵住正欲逃跑的敌指挥机关，这批逃敌虽有50匹战马，但不堪一击，很快缴械投降。敌团长郑剑秋在马肚下束手就擒。战斗历时一小时余，淇县县城获得解放。

这次战斗，战果辉煌，全歼暂编第三纵队五总队二团、淇县民众自卫总队，及三十二师四二三团一部，毙伤敌人无计，俘敌1118人，缴获火炮4门，机枪41挺，步枪800余支，子弹15万发，战马60多匹，另缴获许多军用物资和敌伪档案材料。战斗中，国民党三十二师某团副团长王勇之，新五军上校副官刘九令，团长郑剑秋，营长张云峰以及国民党县长王炳钧，三青团主任刘金岳，淇县自卫总队队副李纪明，均被活捉。

当晚10点钟，晋冀鲁豫野战军司令员刘伯承、政委邓小平和参谋长李达一起进入淇县县城，在东街路东开明人士燕同书所开的同

兴和百货店后院住下。太行军区司令员鲁瑞林向刘、邓首长作了汇报。刘司令员指出：要维持好城内秩序，尽快恢复商店营业，保证市民正常生

同兴和百货店旧址

活等。刘、邓首长临时休息了三个多小时，次日凌晨离开淇县，向水冶镇方向出发了。

4月4日，淇县县委、淇县民主政府在县城召开群众大会，宣传党的政策，开仓放粮。同时，根据刘、邓首长指示，组织群众迅速扒掉城墙，填平城河，以防敌人反扑后夺城固守，为我军再度攻城创造了有利条件。4月7日，根据斗争形势的需要，县委、县政府主动撤出县城，国民党军队王仲廉部遂占领淇县县城。4月18日，晋冀鲁豫野战军在淇县、浚县地区消灭了王仲廉的第二快速纵队，歼敌13000多人，生俘敌旅长李守正，副旅长蒋铁雄，再次收复淇县县城。4月20日，晋冀鲁豫野战军副政委兼政治部主任张际春，派保卫科科长张之轩到淇县县城印制《告新收复区人民书》，经过一番周折，在两天内印刷出来。

布告由晋冀鲁豫野战军司令员刘伯承、政委邓小平签署，模仿红四军在江西时，由军长朱德、党代表毛泽东发布的"形势四字经"

创作。全文共 96 句，384 个字，开宗明义阐述了革命大好形势与解放军宗旨，着重宣布：

> 军行所至，纪律严明；公买公卖，保护人民。
>
> 经济恢复，安定民生；发展工商，市场繁荣。
>
> 土地改革，解放农民；思想自由，文化益兴。
>
> 取消特务，政治清明；蒋军官兵，趁早觉醒。
>
> 罢战归来，一律欢迎！
>
> 爱国志士，是非分清；挽救祖国，切莫后入！
>
> 误入歧途，悔过自新；执迷不悟，自绝国人。
>
> 民主运动，如日高升；爱国潮流，汹涌奔腾。
>
> 人民军队，胜利已定；独裁统治，崩溃来临。
>
> 凡我同胞，速起响应；大家团结，众志成城。
>
> 消除独裁，天下太平。

布告在淇县城乡及豫北各地贴出，有力地鼓舞了广大群众为争取自由解放而斗争。

## 第四节　支援全国解放战争及各项事业的发展

### 一、支援全国的解放战争

（一）组织干部南下

1947 年 6 月，刘邓大军从鲁西南强渡黄河，千里跃进大别山，揭开了战略进攻的序幕，将战争引向国民党统治区，中国革命由战略防御转入战略进攻阶段。随着解放战争的胜利发展，全国新的解放区迅速扩大，向新区输送干部，已成为老解放区义不容辞的任务。中共中央指示，迅速有计划地训练大批能够管理军事、政治、经济、党务、文化教育等各方面工作的干部，承担接管新解放区的工作。接着，太行区党委作出相应指示，并要求各地、县做好调出干部的准备工作。

淇县县委根据上级指示，号召全县干部积极报名，支援新区建设。

组织干部南下（欢送南下干部治国、士明老照片）

为使南下干部自觉服从组织分配，县委从思想上宣传动员，增强干部四海为家，将革命进行到底的意识，并从生活上给予关心和照顾。6月底，县委宣传部部长张冀凯首先随军南下过黄河，到安徽省开展革命工作。8月，县委书记赵抱一等人，积极响应党的号召南下湖北支援新区建设，他们在开辟新区的工作中取得显著成绩。

1948年底，党中央、毛泽东发出"打到南京去，活捉蒋介石"的伟大号召，中共淇县县委积极响应，根据太行五地委的指示精神，迅速开展工作，抽调14名干部组织南下，与汲县、汤阴县、漳南共同组成"南下委员会"。经过集中训练、学习，这批干部于1949年2月出发，南渡黄河，跨长江，转战数千里，9月到达福建龙溪地区，为造福龙溪人民，作出重大贡献。

（二）支援东北大军挺进江南

1949年4月1日，毛泽东、朱德发出向全国进军的命令。中国人民解放军第一、二、三、四野战军，分别向西北、西南、东南、中南进军。在全国革命胜利形势鼓舞下，中共淇县县委、县政府遵照上级指示，调动全县一切人力、物力、财力，支援解放战争，积极开展了以迎接东北大军南下为中心的支前工作。

为保证东北大军顺利通过淇县，县委、县政府组织建立了各级支援大军南下机构，成立了迎接大军南下指挥部，县长汪洋任总指挥。在高村车站设立总兵站，张明胜任站长。并在沿平汉铁路的北阳、赵沟、鲍屯、思德、高村、鱼坡等村设分兵站。县武委会主任路枫负责迎接南下大军的各项具体工作，全县干部分赴各区、村开展支前工作。大军到来之前，县委、县政府对全县干部进行了广泛的政治动员和宣传教育工作，要求全体党员干部以对党无限忠诚，对人民军队无限热爱，对人民高度负责的精神，支援全国解放战争，充分调动广大群众的积极性，以实际行动支援解放军，打倒国民党反动派。

全县人民群众为迎接大军的到来，政治热情空前高涨。为使南下大军的战车和坦克顺利通过县境，县委、县政府率领全县干部群众，修路架桥，加宽公路狭窄地段，修整崎岖不平路段，并架起几座浮桥。经过日夜奋战，公路修复一新，确保了道路畅通。由于当时淇县粮食多处在沿山一带，而兵站均设在平汉铁路沿线各村，为保障南下大军的供给，全县干部群众，有的用车拉，有的用担子挑，昼夜不停地向兵站运送粮食、油盐、柴草。短短几天，各兵站粮草堆积如山，确保了南下大军的供给。

5月上旬，中国人民解放军第四野战军通过淇县境内，淇县人民夹道欢迎，还排演了戏剧节目，进行军民联欢。大军所到之处，张贴标语，散发传单，载歌载舞，与民同庆。群众高兴地拿出鸡、鸭、蛋、水果等慰问解放军，充分反映了淇县人民群众对人民军队的无限爱戴，也寄托了彻底消灭国民党反动派的殷切期望。

（三）淇县人民踊跃支前

1945年9月底，县委、县政府根据革命形势的需要，安排部署了支前工作。成立了支援子弟兵总站，各区相应成立了分兵战。在山区各村设立一座粮仓草场，在主要交通要塞设立粮站，以及时供应部队，同时积极组织人力、物力支援解放战争。1947年，为支援前线，切断敌人运输线路，淇县三区和六区全部青壮年积极参加了破坏铁路的斗争。

1947年，淇县县城解放以后，县委、县政府充分调动各阶层群众支援前线，全县支前工作迅速展开。在新开辟区，任命旧政权人员为共产党工作，通过一系列思想教育、形势教育，鼓励他们有钱出钱、有粮出粮、有力出力，为解放军筹集粮草支援前线。同时组织武装力量，保证支前工作开展。1947年5月21日，三区武装民兵，主动出击敌人，获护粮大捷，一昼夜支援前线"反攻粮"30余万斤。

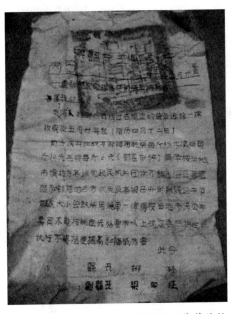

1947年淇县民主政府关于调整军用柴草价格的命令

为解决部队牲畜草料问题，号召各区、村群众不私自买卖谷草，保证支援前线。并组织干部群众上山割草、囤聚，随时听从兵站调运。各区、村积极组织担架队，每副担架定员8人，随时准备支援战斗。党的政策深入千家万户，广大群众争先为子弟兵捐献粮草。1948年，县城南关村群众为支援前线，70石公粮两天全部交齐。很多贫苦农民主动把自己分的米、麦、豆子与交粮户的高粱兑换，把小米、小麦送给子弟兵。他们说："今天交的是反攻粮，供给部队打老蒋。"

为支援解放军，县委号召18至50岁妇女积极行动起来，为部队做军鞋、军袜、鞋垫、袜底。县妇救会要求各级妇女组织迅速行动起来，开展支前运动。全县妇女个个争先，夜以继日地为人民军队赶做军鞋、军袜等，少者做一双，多者做十几双。据不完全统计，全县做军鞋达4万双，并起名"反攻鞋"，有力地支援了解放战争。

在整个解放战争时期，县广大群众积极支援了解放军攻打汤阴、大贲店、淇门、皇甫等战斗。据不完全统计，1945年至1949年，民兵参战139480人次，参军459人，民工支前790000人次，抬担架20238副次，支援车辆12100车次，船25只，修建桥梁30座，修公路1125公里，支援牲口56900头次，柴草522万斤，粮食570万斤，盐8万斤，食油13185斤，肉95200斤，做军鞋46700双，送蔬菜

373000 斤，并支援现金 10400 元。

**二、淇县老区社会事业发展状况**

（一）经济发展状况

在抗日战争时期和解放战争初期，淇县工商业发展已初具规模，是豫北比较繁荣的商业中心。从淇县县城上街口直至北关，市场繁荣，商铺林立，药店、布庄、百货店、照相馆、洗澡堂、点心铺、肉铺、饭馆、理发馆、镶牙馆、粮行、煤场等无所不有，而且还开设了染坊、磨坊、糕点坊、银匠炉、铁匠铺、木工铺、皮条架等手工业作坊。著名的"双和兴"商号酿造的酱油、双醋，驰名豫北。

1947 年 4 月，淇县县城解放后，由于当时极"左"思想影响和敌来我往的拉锯形势，淇县工商业遭到破坏。在一段时间内，商店关闭，手工业停产，市场萧条。为迅速扭转这种局面，及时恢复和发展淇县工商业，县委认真贯彻执行"发展经济，保障供给"的工商业政策。1948 年 12 月，及时作出《今冬明春工作安排》指示，指出："大力恢复与发展农业、商业，扶持副业、手工业生产，对群众自发组织起来的互助组、合作社，要加强领导，繁荣淇县经济。"接着，全县普遍开始恢复工商业工作，重点落实城市工商业政策，并大力扶植有声望的工商业户，帮助恢复和发展生产。仅"双和兴"一家，政府就拨给小麦 50 石。由于县委、县政府及时对一度停顿的工商业采取了切实可行的有效措施，1948 年底至 1949 年 9 月，淇县工商业生产迅速得到恢复和发展。截至 1949 年 9 月，淇县私营工商业户达 425 户。同时，搞活了城乡内外物资交流，发展了商品经济，稳定了市场，满足了群众生产和生活的需求，促进了淇县工商业的健康发展。

（二）文化教育事业的发展

抗日战争时期，淇县抗日民主政府在中共中央北方局"向中共太行分局发出关于国民教育的一封信"的指示下，在全县开展了办学、扫盲运动，使落后的山区教育事业有了很大进步。但大部分地区仍处于落后状况。在山区解放区，只有少数地富子弟得以入学，广大农民子弟没有条件接受教育。在边沿地区和新区，封建教育占据优势，严重阻碍了淇县教育事业的发展。

1946年底，中共淇县县委、县政府深入贯彻晋冀鲁豫边区关于"中学职业化教育"的方针，在全县创办了33所学校（其中设高小一处）。但教员仅40名，学生也很少，因师资不足，仅有的几所学校不能正常教学。教育事业处于停滞状态，满足不了广大群众渴求文化的需要。

1947年4月，淇县县城解放后，中共淇县县委、县政府及时抽调干部，完善了县、区、村三级教育职能部门，充实了县教育科的领导力量。在各区设立文教助理员，各村设一名干部专管教育工作。在全县设立学区，每学区设中心校长1人，中心校长除负责管理本村学校，还负责本学区各学校的业务指导，帮助解决困难。

1947年6月，县委发出"迅速恢复和发展淇县文化教育事业"的通知，并制定了发展淇县教育事业的方针、计划和措施。要求淇县教育事业本着改革、提高、发展的方针，在山区根据地取消黑学，发展新民主主义教育，动员广大农民子弟上学，为革命培养人才。在半老区和新区继续改造封建私塾，发展新小学，逐步使半老区和新区的教育事业纳入正确轨道。在边沿地区，掌握旧有小学，取消反动教育，清算半殖民地半封建旧教育思想，树立无产阶级领导的反帝反封建的人民大众的新民主主义教育思想。大量吸收知识分子参加教育工作，培养师资力量。

学校教育的发展。为尽快恢复和发展淇县教育事业，县委、县政府认真分析研究教育工作中存在的问题，采取了必要措施：1. 关于师资缺乏的问题。除建立师范培训班外，大量吸收在乡知识分子。对于愿意加入教师队伍的，经审查后，受短期训练即可入职。对在职教员，逐步进行改造，加强学习引导，帮助提高专业水平。2. 关于封建黑学问题。集中主要精力改造封建黑学，先更换课本，改变教学内容，逐步转入新民主主义思想教育上来。3. 关于村级组织和教师的协调问题。各区、村党组织要自上而下转变观念，明确责任，分工到人。各区抽调一名知识分子担任文教助理员，各村级组织设教育委员，加强教育工作的领导，促使区、村各项工作协调发展。

同时，结合全县学校教育状况，制定了在现有学校基础上，采取"民办公助、发展小学"的办学方针，发展小学以五区为重点，带动全县。制订了学校教育发展工作计划：1. 小学教育要大力发展。在目前 33 所学校基础上，发展为 173 所。四区每行政村发展一所，五、六区大量发展。在四、五、六区，要创办一所村级小学的模范典型，推动一般小学发展，争取 50% 的学龄儿童入学。2. 普遍建立考试制度和测验制度，设立高级班。

1947 年冬，县委在五区原本庙村召开小学教师会议。传授如何讲学、怎样办学的方法，介绍了老解放区林县大树下村办学的经验。要求教师在村上固定一处校舍，逐步建设。号召各学区村级组织负担一点，县里统收统支一点，地方公粮中支出一点，共同兴办学校，及时解决所需经费。不准破坏旧有学校教具、校舍、图画等，加快恢复教育。动员一切力量，逐渐改造和取缔黑学，促进学校教育的发展。

为壮大和发展教师队伍，争取和团结知识分子到教育战线上来，县委根据三区西岗一带群众普遍文化程度高的特点，责成三区区委召开边地知识分子座谈会，吸引一批知识分子从事教育工作。1948 年 8 月 22 日，三区知识分子座谈会在罗园村召开。与会多数来自西岗乡以南长期被敌人控制的曲律、小河口、臧口、大李庄、石奶奶庙、枣园等村，有长期在家隐居的读书人，也有刚从国统区返乡的学者，共计 48 人。会上，三区区委书记程骏千、财政科长关吉成、公安局秘书梁平分析了当前革命形势和党对知识分子的政策，讲述了蒋家王朝必然崩溃、人民一定胜利的革命道理。还特别说明地主出身的知识分子和地主不同，党对知识分子是团结利用的。与会 48 名知识分子纷纷回村办起学校，加入革命的教师队伍。

为进一步提高教师政治水平和业务水平，1948 年 12 月初，县委、县政府在西街北头牛王庙召开全县教育工作会议，70 余人参会。教育科长秦玉美分析了革命形势，强调要进一步贯彻新民主主义教育方针，整顿教师队伍。经过现场考试，选拔出一批合格教师，分配到全县各校任教。

1948 年，随着斗争形势好转，县委在西掌村又招收一个高级班，在前嘴村创办淇县简易师范班。西岗一带青年学生纷纷到山区求学，毕业后投身于淇县的文化教育事业。

1948 年 12 月底，县委、县政府又在西街鲁班庙举办了一期知识分子学习班，历时 20 天。通过革命形势教育、政策教育、前途教育，又有 40 多名知识分子加入教师队伍。

为加快发展淇县教育事业，学校教育采取教育与生产劳动相结合的教学方式。根据淇县山区、丘陵、平原的不同特点，分别开办了全日制和半日制等多种形式的学校，有午校、夜校和巡回学校。根据师资力量不足和山区丘陵居住分散的情况，采取复式教学和巡回教学的方式。此外，从农村生活实际出发，设立了早班、晚班、纺花组、放牛组等多种形式的教学班，尽量满足青少年渴求文化的需要，大量吸收工农子女入学。坚持教育为战争、为生产和土改服务的方针，引导学生一面学习文化知识，一面走向社会，参加斗地主、反封建的实践活动，进一步清除了半殖民地半封建的买办教育和奴化教育，实行了结合生产、联系实际的新型教育。

1948 年秋，县委、县政府根据淇县教育事业的发展状况，遵照党 "中、小学教育以文化学习为主" 的教育方针，在城关、西岗、迁民等平汉路以东地区建立高级班，在城关东街设立淇县师范，贯彻实行 "学校教育以文化学习为主" 的教育方针。

1948 年年底，太行行署制定了 "小学教育暂行方案"，淇县各学校统一教材，统一安排课程进度，学制为小学六年制，各项制度也逐渐明确，淇县教育事业逐步走上正规化。

社会教育的发展。淇县社会教育以大办冬学为主。1946 年冬，县委利用农村冬闲季节，根据群众的文化状况，结合土改、支援前线、生产度荒等中心工作，在全县开展了以冬学为主的社会教育运动。

为使冬学卓有成效，县长挂帅设立 "淇县冬学委员会"，各区区长挂帅成立 "区冬学辅导组"，各村村长负责成立 "村级冬学委员会"。在冬学委员会领导下，全县上下村村办冬学，学文化，冬学运动开展得轰轰烈烈。

冬学以自然村为单位开展学习，学员以男女青壮年为主。由于教员缺少，各区、村先抽一名教师，教授部分接受能力强的青年，他们学会了，再去教别人。用这样边学边教的方法，逐步解决了教员缺乏的困难。1947年冬，各村相继组织起青年补习班、识字班、夜校等。

冬学的主要教学内容是结合形势进行时事教育，针对农民中的陈旧思想，开展反封建迷信的思想教育，宣传共产党领导的民主政策，同时进行适当的科学文化学习。冬学教育实行了"人民大众的、联系实际的、从人民利益出发的教育方针"。在教育方法上，灵活多样，通俗易懂，由近及远，由浅入深，循序渐进。本着学以致用的原则，开展文化学习，如学习地名、姓名、家具名、开路条等劳动人民迫切需要的知识。1948年冬，淇县冬学已取得显著成效，冬学成了人民群众生活中不可缺少的思想文化阵地。

（三）卫生事业的发展

在落后的旧中国，统治者利用神权从思想上软化人民的意志，宣传"富贵在天，生死由命"的宿命论。群众生病就去求拜神药，或请会道门驱邪避祟，结果不但治不好病，反而误病甚至要命。民国初年，中医事业有了发展，武安县李德华从汲县教会医院学满毕业，在淇县县城开设医院，随之全县私人药铺先后开业，淇县县城较大的"德和成"药铺应运而生。抗战时期，敌人曾在阁南康叔祠开设医院，但真正享受实惠的是剥削阶级，广大劳动人民只能望而却步。这一时期，私人诊所、药铺也迅速发展起来，中山街有"沛林医院""秦滨之药房"，东街有"三德药房"。同时，也出现了葛恒德、田沛然等私人诊所，淇县卫生医疗事业开始起步。

1943年，八路军开辟了淇县西部山区根据地，并及时建立了抗日民主联合政府和中共淇县县委。当时，对寺窑正街路西县委南侧，有一家私人医疗诊所兼药铺，为八路军和当地群众医治疾病，率先成为人民的诊所。1946年,共产党仅在山区狮豹头村设立一处卫生所,主要治疗枪伤,并为解放区干部、民兵和群众防病治病。

1947年,淇县县城解放后,党和政府非常关心人民健康,在毛泽东"健康第一"的号召下,积极组织力量扶助诊所、药房。4月底,太行专署豫北医院抽调吕西峰等6名医务人员,其中医生2名、护士1名、司药1名,其他人员2名,在淇县前嘴村建立卫生所,成立了淇县人民医院。主要任务仍是服务于战争,并为人民群众服务。

由于卫生基础薄弱,卫生防疫机构尚未建立,加上连年战争,百姓饥寒交迫,致使瘟疫、流脑、乙肝、痢疾、麻疹等十几种传染病流行,严重威胁人民群众的身体健康。为尽快消灭各种流行疾病,解除群众的病患之苦,1947年6月,县委、县政府号召全县人民行动起来,开展医疗卫生运动,要求以区为单位建立各级医疗卫生组织,开展各项卫生防疫工作。不少村诊所、药铺相继建立,私人医院也纷纷筹建,其中比较大的诊所、医院有复华、博爱、益明、敬城等。他们同时担负着防疫工作,如打防疫针、接种牛痘、调查疫情、清洁卫生等。

各诊所、医院建立后,政府非常关心和重视医务人员的思想和生活。并教育医务人员秉承救死扶伤的革命人道主义,树立为人民服务的思想。动员全体医务人员努力继承祖国医学宝贵遗产,挖掘和收集失散于民间的土单验方,钻研病例,攻克疑难杂症。遇疾病流行,即可赶赴各地抢治,并能组织人力、物力支援前线。

1949年9月1日,县政府设立了卫生机构,并建医院一所。这时卫生事业发展迅速,仅仅两三个月时间,全县几个区分别建立诊所4处,城乡设有药铺50处,中西医务人员达214名。淇县卫生事业的发展,改善了县区卫生条件,控制了传染病的蔓延,保障了人民的身体健康,调动了群众的生产积极性。

(四)群团组织的发展

解放战争时期,中共淇县县委重视对群众团体的领导,各团体紧密团结在党的周围,成为联系群众的桥梁。在打击反动武装、开展土地改革和支援全国解放战争等方面发挥了巨大作用。农会组织、青年组织、妇女组织都得到迅速发展。

农会组织的发展。农会是在抗日战争时期不断发展壮大起来的，在减租减息运动中发挥了重大作用。解放战争时期，全县开展了土地改革运动。据统计，共组织村农会186个，吸收农会会员9635人，建立贫农团286个，成员4804人。在党的领导下，淇县各级农会组织率领群众斗地主、分田地，和恶霸地主展开了面对面的说理斗争，是土改运动中一支主力军。

青年组织的发展。1949年1月1日，中共中央发布决议，在全国普遍建立新民主主义青年团组织。18日，太行区党委召开全区青年团代表会，部署各地、县建团工作。3月，中国新民主主义青年团淇县委员会在中山街成立，睢仁寿任书记。4月，各区、村开展了建团工作。县委号召各区党员干部，加强对建团工作的领导，高度认识"青年团是党委工作的一部分""青年团是中国共产党领导下，为劳苦人民忠诚服务的先进青年群众组织，建团是以教育青年一代革命化，保证新民主主义革命的成功，并转向社会主义建设为宗旨的"。

1949年秋，全县各区、村普遍建立了青年团组织。青年团紧紧围绕党的中心工作，组织广大青年投入到工农业生产中去。团组织经常组织青年开展政治学习、文体活动，活跃了淇县城乡的政治生活和文化生活。在工作中，团组织自身建设也得到进一步巩固和发展，成为党的有力助手和各项工作的有生力量。

妇女组织的发展。1943年，淇县妇救会在桃胡泉村成立。抗战时期，妇救会在支援前线和生产建设中发挥了重大作用。解放战争时期，全县共建妇救会133个，入会妇女达3607人。她们摆脱封建思想的桎梏，以活生生的事实，转变社会上轻视妇女的观念，提高了妇女在社会和家庭中的地位。

妇女是生产建设中一支不可忽视的力量，在土地改革运动中，妇女积极参加斗地主、分田地运动，消灭封建剥削制度。在支援解放战争中，妇女积极行动起来，纺花、织布、磨面、做军鞋、搞生产。仅鱼坡村就给前方将士做军鞋 300 余双。

1949 年元月 10 日，县妇联向全县发出《在土改中妇女应注意的几个问题》的指示。指出妇女历来遭受封建社会残酷压迫，应及时消除封建思想。提出妇女和男人一样，在政治、经济上享有同等地位，要积极参加土地改革运动。并倡议广大妇女为争取婚姻自主、争取解放不懈努力。接着又发出《对当前妇女工作的几点意见》的指示，强调妇女要积极参加劳动生产，参加社会实践，获得彻底解放。之后，各区、村先后组建妇女代表会，妇女有了自己的组织和行使民主权利的机构。在妇女中普遍开展了阶级教育，妇女思想觉悟逐渐提高，思想观念逐渐更新，精神面貌焕然一新。

# 第五章 巩固政权 建设探索

1947年4月3日，淇县县城首次解放，到1949年5月6日，以安阳解放为标志，淇县全境彻底解放。此间的两年多，中共淇县县委领导的人民武装与国民党的残余反动势力进行了拉锯式斗争，经过六度反复争夺，终取得全面胜利。

1947年到1956年，中共淇县县委和淇县民主政府一手抓武装斗争，一手抓解放区的减租减息、反奸反霸和土改运动以及社会主义的全面改造。

1950年春，全县土地改革运动全面结束，给所有的农户颁发了土地证，农民的生产积极性异常高涨，农业生产快速稳定增长。

1953年，开始对私营工商业、手工业、农业进行了社会主义改造。到1956年，公私合营的手工业合作社、合作商店和高级农业生产合作社全部建立，全面完成了各业的社会主义改造。人民政权得到了巩固，淇县的社会主义建设事业在探索中前进。

## 第一节 剿匪平乱巩固政权

淇县县城解放后，太行五分区主力部队根据任务需要，撤离了淇县县城。盘踞在淇县境内及周边的国民党残余势力、土匪武装不甘失败，看主力部队撤走，他们相互勾结，气焰嚣张，与新生的民主政权及解放军留守部队成"拉锯"之势。历经两年之多，解放军先后经过6次反复争夺，最终彻底解放淇县全境。

**一、淇县首次解放之后的敌我双方态势**

淇县首次解放之际的中共淇县委员会，于1947年3月底从汲淇联合县委员会刚刚分设出来，县委书记为原汲淇联合县委书记赵抱一（1947.3～1947.8在任）。这之后到1952年底的县委书记先后为郭庭俊（1947.10～1948.3）、刘峰（1948.3～1948.7）、常继忠（1948.7～1949.12）、张青山（1949.12～1950.11）、霍云桥（1950.11～1952.12）。

淇县民主政府在1947年3月底与中共淇县委员会同时成立，驻黄洞村。1947年10月，政府驻地迁至庙口村。1949年3月肃清匪患后，迁入东街北头旧县衙内（今中医院）。1949年5月起，隶属太行区安阳专署。

1949年8月20日，淇县随安阳专署划归平原省，省会在新乡。1952年11月平原省撤销，淇县仍随安阳专署归河南省管辖。

淇县民主政府县长为柳林（1947.3～1948.12），其后县长先后为汪洋（1948.12～1950.6）、王震（1950.7～1952.8）、张向明（1952.10～1953.10）、李桂华（1953.10～1954.9）。至1954年9月淇县建制撤销，并入汤阴县。

1947年4月4日，淇县县城解放第二天，中共淇县县委、淇县民主政府在淇县县城召开群众大会，将敌人设在东街的粮仓打开，把所存粮食全部分给群众。全县划分为六个区：城关为一区，北阳为二区，西岗为三区，黄洞为四区，庙口为五区，庞村为六区。

中共淇县县委、淇县民主政府面临的重要任务之一就是剿匪平乱。

当时的反动势力主要有四股：

第一股反动势力是驻在滑县牛屯集的国民党杂牌军王三祝。王三祝，滑县人，国民党少将，立法委员，豫北"剿匪"总指挥，国民政府第四十军暂编第九纵队司令，拥有匪兵约3000人。

1948年3月20日，王三祝率部从延津县小店出发，扫荡了淇县80多个村庄，抓走民兵群众100余人，杀害我党干部、民兵79人。

第二股反动势力是国民党淇县民众自卫总队（还乡团）副总队长杨富。杨富，淇县庙口乡郭湾村人。

1948 年 3 月 20 日，杨富配合了王三祝的扫荡行动，五天之内，杨富匪部杀害共产党干部、群众 27 人。之后，杨富被国民党河南省政府任命为淇县县长，并任淇县保安团团长。

杨富为祸淇县最为凶残，其属下横行于县境，手中无不沾满革命群众的鲜血。1947 年 7 月 9 日，杨富的特务队长申启太带队袭击上曹村，打死打伤干部、群众 8 人，胁迫 82 名民兵投敌。

第三股反动势力是扈全禄。扈全禄，原河南淇县扈堂村（今属鹤壁市庞村镇人），国民党少将。所部为河南第三专区民众自卫集训总队第四团，驻淇县庞村，抗日战争初期，扈全禄就已经纠集数千人，横行于浚、淇、汤、滑等地，无恶不作。1938 年 9 月、1947 年 4 月，刘邓大军曾两次围歼，扈全禄均只身逃脱。

第四股反动势力是高永清。他属于地主武装，会队大队长，手下有至少 200 人。与杨富狼狈为奸，他们各自带领反动武装，以皇甫村（现属卫辉市）为据点，活动于淇、浚、汲三县的交界地带。1948 年 3 月 20 日，王三祝窜犯淇县，他与杨富共同参与，十分猖狂。

另有驻在汤阴的孙殿英部，1947 年 5 月 1 日，解放军攻占汤阴县，活捉孙殿英，但该部有部分残余势力窜犯豫北一带，与地主、土匪、特务、反动会道门勾结，为祸人民政权。

新生政权的人民武装力量主要有：

留守淇县的太行五区部队四十九团，团长杨时芳，是地方丙种团，约 1000 人。丙种团没有营级建制，团直辖连，规模较小，便于灵活机动和适应游击战争，担负着守护淇、汲两县的任务，兼顾浚县。

在淇县境内的人民武装还有林县四个民兵连，武安一个民兵连，两个月一换，轮流值班，共四五百人。

淇县县大队，开始只有一个连 80 人，后来发展到两个连 200 余人，改称淇县独立营。稍晚又成立了一个民兵独立营，有二三百人。

淇县民主政府下辖的六个区，分别成立了区干队。队员人数不等，大多在几十人到上百人，全部来自农民，全副武装，基本不脱产，具有一定的战斗力。

在淇县外围活动的部队：五十团在汤阴，五十一团在辉县（上述两团不久升入主力），五十二团在安阳，独立一团在邺县，除五十二团战斗力强，时有机动作战外，其余部队很难顾及淇县。

1947 年 6 月 1 日，解放军第三次收复淇县县城。6 月 10 日，国民党军队又一次侵占淇县县城。6 月中旬，解放军第四次收复淇县县城。

1947 年 6 月 30 日，刘邓大军奉中央指示南下，从鲁西南强渡黄河，千里跃进大别山。

刘邓大军挺进大别山之后，我解放区只留较少的地方武装，与反动武装反反复复的拉锯局面再次形成。

拉锯战的主要战场在淇河、卫水两岸，就是淇县东南部、汲县东北部、浚县西南部的三角地带。其中包括淇县国民政府设立的西岗、大李庄、常屯三个镇；汲县的上乐村、李源屯、庞寨三乡；浚县的淇门、卫贤、巨桥、大赉店四乡镇。

从 1946 年起，敌人就占据了这个三角地带，为淇、汲、浚三县地方顽杂、还乡团的活动留下了地盘。也为新乡守敌向解放区进攻提供了条件，并且成为敌人的经济贸易、粮食补给的重要来源。

二、上曹、大滹沱事件

上曹和大滹沱是淇县靠近西山边的两个村，属于半老区。上曹村张明仁曾当伪保长 7 年，伪队长 3 年，杀害过本家张明均及其母亲。他与本家叔父恶霸地主张老励及其儿子张秀林关系密切。淇县县城解放以后，张老励一家逃往敌占区，张秀林在杨富匪部任队长，张明仁便成为敌人在上曹村的耳目。

大滹沱村的苏玉安，在淇县解放前曾当过三年伪保长，贩卖毒品，欺压百姓。1945 年本村解放以后，伪装积极，窃取农会主席职务。他独揽大权，村上划成分、分果实，甚至民兵自卫队也要听他的指挥。为了杀人灭口，他曾勾结敌人，杀害村长李明。苏玉安的本家叔父苏檀当过土匪、伪队长、伪区长。大溽沱村解放后，继续与人民为敌，跑到杨富匪部当队长，苏玉安与苏檀暗地保持着联系。1947年5月，苏玉安到邻村上曹，钻到张明仁家里商量投敌之事，两人决定先同苏檀、张秀林取得联系，然后分头活动。

1947年6月19日，苏玉安到西岗乡大李庄找到叔父伪队长苏檀，共同研究了带民兵投敌之事。苏玉安返回大溽沱村后，伪装积极，让丧失警惕的区救联主席刘德祥向民兵增发了6支枪。

7月5日，苏玉安为了同敌人接头，拉王学功进城赶会，路遇李友荣、王三群、宋小七三人结伴而行。在小张庄附近，被埋伏在高粱地的杨富便衣队长申启太、张秀林截住，用枪押向小张庄。苏玉安与张秀林密谈了投敌方案，决定9日或12日发动叛变，张秀林带人接应。就在这时，县政府通讯员骑马从小张庄经过，被申启太一枪打死，将马拉走。苏玉安带王学功等四人回家，路上苏吓唬王学功等人，回家不准声张。苏玉安回上曹后，假惺惺地将敌人打死通讯员一事报告刘德祥，刘德祥组织民兵追击，空手而回。

7月8日，张秀林派冯金生回大溽沱村给苏玉安送信，决定9日夜行动，张秀林、申启太接应，接头地点是村南大柳树下。苏玉安立即到上曹村通知了张明仁和秦明志。

7月9日夜，苏玉安紧锣密鼓部署投敌行动。午夜，张秀林、申启太带几个匪徒到了接头地点，在张明仁、秦明志等带领下，先绑架了上曹村农会主席邢连玉和自卫队长邢德春，又把熟睡中的救联主席刘德祥抓住刺死，并将跟随刘德祥的一位对寺窑村民兵绑走。

接着，张明仁、秦明志带领部下直奔大溽沱村。在大溽沱村，苏玉安先派郭清义将站岗的李成妞引开，夺枪捆绑。随后苏玉安领着敌人爬上房顶，偷缴了民兵枪支。又指示敌人将区干部王礼、民兵李小三、郑三红及两个黄洞民兵逮捕。

与此同时，苏玉付、苏玉贞在苏玉安指派下，设下圈套，煽动欺骗大溽沱村群众和民兵、自卫队向村南逃跑，结果被埋伏在村南的土匪张秀林、申启太拦住。为了杀一儆百，当场用刺刀捅死两位黄洞民兵，胁迫大滹沱群众、民兵自卫队到了上曹村。

上曹村的叛乱头目张明仁、秦明志也胁迫几十名群众、民兵加入了投敌行列，由张秀林、申启太等匪徒护送返回敌占区。路上，敌人杀害了上曹村农会主席邢连玉和对寺窑民兵，还杀害了区干部王礼、民兵李成妞、李小三弟兄俩。最后，胁迫82名群众（上曹村47人，大滹沱村35人）到了皇甫，编入姚老湘部。

苏玉安、张明仁因投敌有功，当上了杨富会队的队长。苏、张二人走上残害百姓、与人民为敌的道路。

全国解放以后，这些反革命分子纷纷落网，申启太、张秀林、苏玉安被人民法院判处死刑，执行枪决。张明仁被判处15年有期徒刑而监毙，秦明志被活捉后自杀，其他一些叛变分子分别判处有期徒刑。

**三、建立人民武装**

为打击境内敌人，支援全国解放战争，中共淇县县委、县民主政府在开辟新区和发动群众的同时，把打击和消灭地方反动势力作为首要任务，加强人民武装的力量，广泛开展群众性的游击战争。

（一）区干队、武工队的建立

早在抗日战争时期，淇汤县、汲淇县就在西掌、和尚滩等村建立了二区区干队和五区区干队。解放战争初期，中共汲淇县县委在五区、六区组建了区干队。区干队在党的领导下与顽匪殊死战斗，作出巨大贡献。

1947年3月底，汲淇县分设后，原汲淇县的六区区干队改变为淇县二区区干队，队长为宋锦林，副政委为刘杨生。

1947年6月，县委在三区组建了三区区干队，侯东明任队长，李光任政委，甄秀生任副队长。淇县二区、三区区干队成立后，与杨富、高永清等匪徒进行了艰苦斗争。

1947年12月，中共淇县县委决定：以二区武工队为骨干，从各村民兵中选拔一些优秀精干的民兵，建立淇县武工队。

经过认真筹备，武工队在淇县县城北门里"双和兴"店内正式成立。淇县武工队共计 56 人，队长由区武委会主任申鸿儒兼任，王鸿照任副队长。下设二个排四个班，一、二班为一排，排长王鸿照兼任，三、四班为二排，排长是孔凡恭。各班班长分别为王鸿水、高代安、王鸿全、王鸿猷，事务长是苏士凯。

武工队成立后，集体食宿，统一行动，在王鸿照直接领导下，与杨富、王三祝、高永清、国民党"三县指挥部"等强大的敌人展开了艰苦卓绝的斗争。武工队于 1948 年 5 月停止活动，从 1947 年 12 月成立以来的短短半年中，在西岗、阎村、北阳、骑河黄庄等地参加战斗数十次，取得了若干以少胜多的胜利。这一时期，武工队威名大震，杨富、高永清之流的小股敌人抢粮，只要碰上淇县武工队，往往吓得不战而逃，敌人不敢轻易窜扰解放区。

（二）民兵联防的形成

1947 年 5 月 21 日，中共淇县县委召开干部会议。书记赵抱一针对淇县的斗争形势，安排布置武装斗争工作，建立了对敌斗争机构，成立了县、区、村三级联防指挥部，号召开展游击战、地雷战，保卫解放区，保卫麦收，并要求干部积极组织起来，狠狠地打击敌人。会后，在全县实行了劳武结合，开展了民兵联防。

1947 年秋，为了保护群众利益，县委号召："全县民兵开展村与村联防，采取一手持枪，一手种田，实行劳武结合。"各村民兵不离村，联防民兵不离联防区，和群众吃住在一起，保卫家乡，保卫秋收。各村民兵自愿结合成生产小组，除一两个民兵站岗放哨、观察敌情外，其余民兵带上武器，同群众一起劳动。一旦发现敌情，可立即投入战斗，保证生产、战斗两不误。

为了巩固民兵联防，县委给联防民兵组织配备了干部。各联防队选队长、指导员各 1 人。联防区建立了联防指挥部，城关附近的十四个街村为一个联防区，建立联防指挥部，下分中片、南片、北片三个联防队。制定了联防公约：一是各联防村要服从联防队和联防指挥部的统一指挥，完成交给的各项任务；二是必须互相支援，真正做到一处打枪，四方支援；三是必须按规定建立情报线，随时通报各种情况；四是各联防队必须在自己的责任区内经常活动。这样做，既保证联防能集体对付敌人，又能保护本村群众生产。

（三）淇县民兵营的建立

1948 年 3 月，王三祝匪部和淇县会队 3000 多人，向淇县解放区进行了为期五天的扫荡，淇县各区武装和民兵虽然进行了顽强的战斗，但因无主力部队，武装力量薄弱，遭受严重损失。

为了对付这帮匪徒，中共淇县县委于 4 月成立了淇县民兵营，下设三个连，由老区和半老区的四、五、六区的民兵，分别编为民兵营的一、二、三连，营长是张明胜，教导员是霍维祚。民兵营主要在新区和游击区活动，打击骚扰之敌。

（四）淇县独立营的建立与发展

随着民兵队伍的不断发展壮大，淇县的人民政权建设和武装力量也得到巩固和发展。

1948 年 5 月，淇县西岗一带顽匪活动频繁，骚扰百姓，十分猖獗。为打击顽匪，保卫群众生产，中共淇县县委决定："以二区区干队 30 多人和四区区干队 30 余人为基础，动员一部分青壮年参军，吸收淇县武工队和民兵营的部分人员，成立淇县独立营。"

5 月底，淇县独立营在桥盟正式成立。暂编一个连，下设四个排，约 130 余人，李清美任连长，李文潮任指导员，毛成周任副连长。

1948 年冬季，独立营扩编为两个连，250 余人，营长是雷海，政委是吕国保。一连连长是郝金清，指导员是郭天保，副连长是杨开印；二连连长是申金德，指导员是宋恩荣，副连长是孔凡恭，副指导员是申金铭。主要任务是保卫解放区，保卫根据地，打击杨富等土顽势力。

淇县独立营建立后，与杨富、高永清等反革命势力进行了艰苦斗争。1948 年秋，淇县独立营和林县民兵 200 余人，在黄堆执行任务，遭匪首杨富、高永清匪部包围。发现敌情后，连长李清美带领一、二、三排在黄堆与敌人展开巷战，四排向村东突围后，追击高永清匪部五六十人，一直将敌人赶至小董庄，返回后又同敌人遭遇，与敌人展开激烈战斗。敌匪首杨富光着膀子，仗其兵力多我一倍的优势，声嘶力竭地督战。独立营和林县民兵相互配合，并肩战斗，分别从黄堆南北两面冲出敌人包围，四排从西南冲出。经过三小时激战，敌伤亡惨重，仓皇败退。

1948年10月，独立营驻新乡屯，情报得知高村桥有敌人出没，便决定一举歼灭。当部队行至铁路边时，与敌人遭遇，敌人凭借铁路道基的优势向独立营开火，独立营迂回到新乡屯村东防护沟，迅速占领有利地形，与敌人展开激战，敌人狼狈逃窜。

1949年春，淇县独立营进驻高村桥。为支援东北人民解放军挺进江南，承担起高村东、北两座公路桥的守卫任务。为防止敌人破坏大桥，在东高村布置一个连的兵力，在西高村驻防一个连，日夜守护，确保东北大军顺利通过。

1949年7月，淇县独立营奉命北上，开赴石家庄，编入中国人民解放军野战部队。

### 四、敌占区的红色堡垒

抗日战争时期，八路军新一旅敌工科副科长王舒苗，为发动群众，回到淇县老家良相村，宣传抗日救国和共产党的统一战线政策，发动亲友参加革命。在王舒苗的引导下，良相村的王鸿波、王鸿照、王明礼、王鸿杏、王鸿占纷纷参加革命投入抗日斗争。1944年4月，王鸿照在良相村做敌工工作之后，发展了王鸿猷、李明训等为共产党员，建立良相村党支部，率领群众同国民党反动派进行了艰苦卓绝的斗争。

良相村位于县城南约10里处，是一个比较大的村落。抗日战争胜利后，杨富反革命武装经常在这一地区骚扰破坏，祸害百姓，残杀民兵和干部。这一时期，良相一带仍属敌占区。1945年10月，为开展敌后斗争，王鸿杏、王鸿猷、王鸿水以做小买卖为名，来往传递信息，掩护地下工作者通行。王鸿照打入国民党保安团当了便衣队长，王鸿业潜入国民党警察局北关派出所，李明训打入国民党保安团，主要任务是掌握敌人的活动情况，宣传共产党的和平主张，争取力量分化瓦解敌人，形成对敌斗争的特殊战场。

1946年秋，国民党八十五军准备扫荡淇县西部山区解放区，一部分敌人进驻淇县县城，王鸿业利用在北关派出所值勤的机会，查清了敌人进驻城内的坦克车数量、军用仓库地址等军事情报，及时和王鸿照到塔岗向县委作了汇报。

敌还乡团到灵山一带抢粮，淇县武装民兵进行阻击与敌交战。敌还乡团副团长杨老文来城里拉弹药运往前线，在北门值勤的王鸿业，以无出城证明为由将敌弹药扣留两个多小时，使敌人不能将弹药及时运往前线，敌军因此溃败。

1946年冬，王鸿照离开国民党保安团便衣队，打入驻常屯镇的国民党队部当了班长，把镇丁石培然等人发展为党的外线联系人，同时又在良相村发展了王鸿全、王鸿水等人，开展对敌斗争，控制了常屯镇的大部武装。1947年春，在王鸿照配合下，汲淇县二区武装一举摧垮了国民党常屯镇武装，活捉镇长刘玉振，缴获长短枪4支。

1947年2月，国民党淇县保安团队长赵录进驻淇县县城，王鸿照及时派王鸿业进城侦察敌情。王鸿业以进城走亲戚为名，在城里弄清了高永派、李老大、张治邦、赵录等匪徒的情况，向王鸿照作了汇报。解放淇县县城时，王鸿照随军进城，一举活捉了赵录等匪徒。

良相村这些战斗在敌占区的地下工作者还经常以卖柿子、西瓜、小盐、面箩等生意人的身份，了解敌情，递送情报，勇敢地与敌人周旋，给敌人以沉重打击。

1947年4月，淇县县城解放后，杨富等反革命武装逃往卫河南，在卫河边的皇甫、曲律、西沿、下马营等村建立县政府、乡镇、还乡团等反动政权和武装组织。经常在县城以南、铁路以东的良相一带要粮要物，骚扰百姓。良相村距皇甫、西沿、下马营只有几里之隔，敌我对峙形势十分严峻，拉锯状态仍旧维持。王鸿照等革命者在严峻的形势下仍然坚持对敌斗争。

1947年7月，随着革命形势的发展，王鸿照等同志公开身份与敌人斗争。匪首杨富得知，良相出了"一窝红（鸿）"通共党，就

率部到良相抓人。王鸿照得到情报，首先带领王鸿泉、王鸿业上了

良相大地主刘老春大楼旧址

山。二区区委及时将三人家属搬到塔岗住下。第二天，王鸿业、王鸿照、王鸿泉三家被抢劫一空。之后，王鸿照等三人被安排在二区工作，配合区干队在前沿活动。

不久，王鸿水、王鸿猷也搬出良相，到二区工作。为进一步开展对敌斗争，王鸿照、王鸿业、王鸿泉、王鸿水、王鸿猷五人和区里的石小锁、高代安等，组建了二区武工队，王鸿照担任队长。武工队建立后，以良相村为大本营，活跃在敌占区的黄堆、史庄、王庄、常屯、十三里堡、新庄及枣园以南的大李庄、石奶奶庙、小河口等前沿村庄，配合区干队和民兵，沉重地打击杨富会队。在他们的带动下，这一地区各村纷纷建立民兵、儿童团、农会、妇救会等群众组织，保卫了群众的安全和生产。

1947年8月中旬的一天，高永清匪部200多人到黄堆村抢粮，王鸿照带领武工队，配合区干队和林县民兵，立即向黄堆进发，在黄堆村西头同敌人接上火，战斗十分激烈。武工队先后四次发起冲锋，敌人锐气受挫，天黑时分，两手空空，溃败而逃。武工队乘胜追击，一直追到良相东南地，营救回被敌人抓走的黄堆村农会主席的弟弟张汉三。

随着对敌斗争形势的日趋严峻，二区武工队虽然有地利、人和优势，但是，由于武器装备太差，仅凭着几支土枪，要消灭顽敌，没有制胜把握。所以，必须加强武器装备。良相村大地主刘老春，拥有土地1600余亩，雇有守家看门人，配备有几十支长短枪。该村

解放前夕，刘老春携带部分东西仓皇逃跑。王鸿照找到在刘家做工的本家王鸿天，弄清了刘老春家所藏武器之处，便带领武工队到他家，在过厅屋东山墙的夹墙里找到了长短枪11支，子弹6箱，3000余发，日本造手榴弹3箱，手枪子弹一箱半等。武工队获得了这些武器，大大增强了战斗力，在后来的剿匪战场上大显威风。

位于淇县北阳镇良相村的王鸿照烈士纪念亭

1947年10月，武工队配合区干队在汲县稻香村伏击敌人，敌人被打得狼狈不堪，敌清水河乡匪兵队长吴某被击毙。11月，在石奶奶庙活捉敌侦探一名，击毙一名。自二区武工队建立后，经常出入敌后，给敌人以有力打击，使之不敢轻易到良相、黄堆一带骚扰。

1947年底，县委以二区武工队为基础，组建了淇县武工队。王鸿照担任副队长，王鸿泉、王鸿猷、王鸿水担任班长。1948年3月王三祝扫荡时，他们积极勇敢地参加战斗，有力地打击了敌人。骑河黄庄战，黄堆伏击战等打得敌人狼狈逃窜，毙敌多名，把敌人打回了老巢。

1948年5月，随着独立营建立，县武工队停止活动。王鸿照、王鸿泉、王鸿徽、王鸿水留前方指挥部工作。8月，王鸿照、王鸿泉到良相村开展工作。是月12日晚，良相村突遭敌袭，王鸿照在战斗中腿部受重伤，因流血过多而英勇牺牲。

**五、淇县剿匪平乱的经过**

中共淇县县委、淇县民主政府领导下的地方武装有，淇县民兵营、独立营及六个区干队，林县、武安五个民兵连、加上太行五区部队四十九团。残匪武装有扈全禄部、杨富还乡团、高永清会队及王三祝的第四十军暂编第九纵队等，敌我双方历经两年血战，进行大小战斗 273 次，淇县县城六度易手，最终彻底消灭了淇县境内以及周边的所有残匪。

淇县县城于 1947 年 4 月 3 日解放后，解放军重占淇县县城的时间分别为 1947 年 4 月 18 日、6 月 7 日、6 月 15 日，1948 年元月 14 日、3 月 26 日，1949 年 5 月 6 日，淇县全境匪患彻底肃清。淇县在剿匪平乱两年间，主要战斗如下。

（一）歼灭扈全禄

淇县县城解放之初，人民解放军乘胜追击，于 1947 年 4 月 5 日发动歼灭扈全禄之战。

1. 庞村战斗

太行部队在淇县庞村和杨小屯歼灭盘踞在这里的扈全禄匪部 1000 余人，其中毙伤 200 余名，生俘匪营长以下官兵 800 余名。缴获迫击炮 3 门、轻重机枪 40 余挺、长短枪 520 余支、子弹 2 万发、骡马 68 匹，及大批粮食、食盐及其兵工厂全部物资。

2. 步庄战斗

4 月 6 日，淇县武工队队长李方带 20 余名队员，在步庄活捉扈部连长步前，击毙副连长侯楼山，俘敌 13 人，缴获机枪 3 挺、手枪 3 支、步枪 16 支。同年秋，李方带领武工队员 27 人，在东靳庄与趁雾过淇河来抢粮的 30 名敌人激战，毙敌 6 名，活捉敌排长以下敌兵 8 名，缴获机枪 1 挺、步枪 6 支。至此，为祸淇县多年的扈全禄部基本被消灭。

（二）良相人民的抢麦斗争

二区良相村全村有 360 户，1600 口人，有土地 10000 亩，但其中 7000 亩被 17 户地主霸占着。最大的地主刘老春拥有土地 1600 亩，骡马 50 头，太平车 4 辆，大马车 1 辆，轿车 1 辆。有九进套院的高楼住宅，宅院高墙筑有枪眼，门口修有两座炮楼。他的住宅占去了良相村半条前街，共有 130 间住房。雇用长工十八九个，女佣人十多个。为横行乡里，保护家财，养了20多个家丁、打手，持有长枪或短枪，还有两挺机关枪。为了对抗革命群众的斗争，在前后街门装上蒺藜栅门，由5只狗把守。刘老春为富不仁，勾结官府，拉拢国民党军队，欺压群众，以收地租、放高利贷等残酷的剥削手段讹诈百姓，使不少劳苦农民妻离子散，家破人亡。

1947年春天，淇县县城解放，刘老春一家老小逃往郑州，留下3个忠实走狗照料门户。二区区委书记乔甫和副区长刘崇智经常带领区干队和民兵，深入到良相村开展工作，打击敌人。该村地下党员王鸿照等同志也积极活动，发动群众，宣传党的政策，动员广大群众团结起来，同恶霸地主斗争。

1947年麦收时节，良相村贫苦农民在区委支持下，开始酝酿抢刘老春麦子的斗争。一天傍晚，刘崇智副区长和区干队、民兵陆续进了良相村，群众闻讯后，带着抢麦工具涌上街头。一声令下，700余名群众在区干队和民兵的保护下，一齐拥向刘老春5亩大的麦场。

附近董庄、东裴屯、小岗、黄堆等村的1300多名穷苦人，也汇集而来。刘老春能打330石小麦的三个麦垛，被一扫而光。老百姓用汗水浇灌的麦子又物归原主。

良相人民抢恶霸地主麦子的行动，很快传遍了方圆十里八村，有力地鼓舞了广大群众的斗争勇气。第二天，良相附近各村群众，不用号召，不用串联，自动下地，收割逃亡地主的麦子。两天时间，10000多亩小麦全部收割完毕。

（三）"九四"大出击

由于反动武装不断破坏，高永清经常率匪徒窜犯我二区（北阳）的黄堆、良相、骑河黄庄、南阳、北阳等村。杨富也亲自带顽匪向北窜犯我西岗、大车、方寨、石佛寺、高村等村。更为甚者，杨富还纠结反动武装，沿淇河北上，奔袭我庙口的县政府和庞村等地。

这些顽匪大搞阶级报复，所到之处，无不逼粮要款、抢劫牲畜、强奸妇女、杀我干部、民兵和群众。闹得群众不能安心生产，干部不能工作，村政权无法建立。有些地主、富农分子也蠢蠢欲动，甚至仗其主子的势力，狐假虎威，恫吓群众，造成一些群众不敢靠近新生的民主政府。

在这种情况下，为了打开局面，扩大解放区，打击敌人嚣张气焰，经上级批准，淇县县委决定1947年9月4日组织一次军事行动，即著名的"九四"大出击。

淇县县委成立了前方指挥部，县委委员崔光华任政委，县长柳林任指挥长，武委会主任李秀文任副指挥长，武巍任参谋长。太行军分区派四十九团来到淇县，作为这次军事行动的主力，又从林县调来四个民兵连支援，我二区（北阳）区委书记乔甫、区长阎惠民组织二区区干队和民兵，也做好了充分准备。

为了摸清敌情，确保全胜，前方指挥部作了细致的侦察工作。时值中秋，卫河水深，渡河困难，要打击河南之敌，条件不够。后来侦察到卫河以北的大李庄，发现有杨富的一个前哨据点，据点设在国民党伪县长李埏的南楼上，楼里驻守着杨富的所谓40名精兵。

杨富凭借这个据点，保护其后方，监视我方行动，并经常从此据点出发袭击解放区。

县委与前方指挥部共同研究，认为敌人在大李庄的据点，从军事上而言比较孤立，它距杨富驻地5华里，便于我们歼灭。于是，决定以大李庄据点为中心，狠狠打击顽匪杨富及全县境内的地主恶霸、土匪坏蛋、伪保长等反动势力。

9月4日晚上8点钟开始出击。二区区干队和民兵从卧羊湾出发，经过黄堆、良相、介圪垱，由南路包抄过去。四十九团从桥盟出发，顺淇河南下，首先把大李庄包围得水泄不通。然后从北、西两面向村内敌据点发起进攻。

当时，敌人虽然在村周围设有岗哨，但在我指战员的突然打击下，节节退缩，很快退至其巢穴——高楼上的据点内。我军翻墙越屋紧跟其后，迅速接近大楼。经过猛烈攻击，向敌人喊话，让其缴械投降。可是，顽固而狡猾的敌人认为我们没有重型武器，无法摧毁其盘踞的高楼，妄图负隅顽抗，固守待援。因此，不但不缴械投降，反而不断向外开枪射击。霎时，敌我双方展开了一场激烈的火力战。

在这紧要关头，为了尽快全歼守敌，不给敌人喘息机会，我四十九团首长果断下达了用炸药包炸大楼的紧急命令。于是，勇敢的爆破手们，在我军强大火力掩护下，头顶木桌子、湿被子，冒着枪林弹雨，迅速向大楼冲过去，炸药包很快安放在大楼的西山墙下，在敌人梦想增援之际，"轰"的一声巨响，山墙倒塌了，整个大楼烈火燃烧，40余名顽匪，有的当场毙命，有的未死，也被突如其来的巨响吓坏了，像火中跳出来的老鼠，争相逃命。这伙敌人，除被击毙和摔死的以外，其余全部被俘。攻打敌人据点的战斗很快结束，然而敌人的巢穴还在大火中冒烟燃烧。

其他出击大军，分头到淇县境内的各个村庄狠狠打击地主富农、土顽等反动势力。还有的民兵不畏严寒，横涉淇水，到浚县的卫贤、新镇一带追击敌人。他们不但截回了淇县的一些逃亡地主与坏蛋，而且还打击了当地的顽匪和土豪劣绅，大大鼓舞了浚县人民的斗志。

"九四"出击取得了胜利，有力地打击了反动势力，杨富、高永清会队很长时间不敢到解放区偷袭、暗杀，大长了人民的志气，为淇县开展各项工作打开了局面。

（四）骑河黄庄保卫战

1948年2月14日，国民党保安旅十二团约500人，向淇县二区进犯，区长阎惠民接到情报后，随即带领二区区干队、武工队和民兵100多人，在骑河黄庄北地阻击敌人。

敌人凭借武器好、人数多等优势，向区武装阵地发起攻击，妄图摧毁二区防线，

骑河黄庄保卫战旧址

一举歼灭二区的武装力量。但在二区区干队、武工队和民兵的顽强阻击下，敌人丢下几具尸体，缩回原地。接着，敌人再次反扑，在阎惠民指挥下，战士们沉着冷静，注意隐蔽，保存实力，近敌作战。待敌人进入伏击圈时，全体指战员同时开火，打得敌人措手不及。敌人仍不甘失败，又以强大攻势向阵地冲上来，战士们英勇阻击。阎惠民调动机枪向正面敌人开火，这时，一颗子弹打中其后胸，阎惠民壮烈牺牲。指战员看到区长倒在血泊中，个个悲愤交加，高喊"为阎区长报仇""冲啊"等口号，扑向敌人。敌兵丢盔弃甲，竞相逃命。区干队、武工队和民兵穷追猛打，一直追了六七里地，把敌人赶至汲县的清水河村。

阎惠民牺牲后，县政府曾将骑河黄庄改称阎惠民村。

（五）"3·20"匪乱

淇县县城解放之后，顽匪杨富、高永清之流被赶到东南乡及汲县境内，他们不甘心失败，到滑县勾结国民党豫北"剿匪"总指挥王三祝以及浚县的反动势力，来淇县境内进行疯狂扫荡。

1. 王三祝攻占淇县县城

1948年3月19日，淇县匪首杨富、高永清等从滑县请来了王三祝的杂牌军3000余人枪，伙同浚县、汲县地主武装，在淇河两岸集结，构成了围攻淇县县城的架势。

淇县前方指挥部得到情报以后，积极作防范准备。当晚10点钟，一封鸡毛信送到城内一区（城关）区公所，正在开会的区委书记李光看信后，派民兵排长杨开印急告一区武委会干部赵相国，令各村联防民兵提高警惕，昼夜巡逻，监视来犯之敌。

是夜下小雨，淇县县城中漆黑一团，区委书记李光带领中山街民兵踏泥泞冒严寒，登上东城墙，严密注视敌人行动。

3月20日凌晨，小雨停止，大雾迷漫，匪首王三祝、杨富、高永清率步兵和骑兵3000余人，从淇县县城东北到东南扇形包抄淇县县城。不多时，十几股匪兵头戴钢盔，枪上刺刀，兵临城下。守卫在城墙上的民兵隐约发现敌人后，举枪试探射击，凶恶的敌人立即用数挺机枪向城头猛烈开火。一霎时，敌我双方的枪声震耳欲聋。李光一边组织民兵射击，一边组织群众西撤。有的群众还未撤出城去，疯狂的匪兵便进城封锁路口，沿中山街由南向北胡乱射击。

当时，北关联防民兵正在集体休息。听到枪声，马上起床组织群众向西山撤退。民兵队长李连兴带着几个民兵到城东侦察。刚出城，突然发现大批敌人从东边张近、新庄包围上来。李连兴和民兵们一边射击敌人，一边向西转移。早晨7点许，敌人占领了北城墙，用枪向无辜群众射击。北关联防民兵马上组织还击，阻止敌人西进，掩护群众撤退。

敌人占领淇县县城以后，遂派1000多名步兵和骑兵，迅速向城西南窜犯，企图包围北阳村，消灭我二区武装和党政干部，继而抢劫周围各村庄。

其余敌人在城内大肆骚扰，匪兵们挨家挨户大搜查，发现粮食、牲口、家禽、衣物一律抢走，发现我干部和民兵一律捕杀。不久，商店和群众财产被抢劫一空，干部、民兵家里被砸烂。

此前的1月20日，王三祝率3000之众，曾经侵占淇县县城一次，陷城3天。时隔两个月，这是第二次扫荡淇县广大城乡，全县117个行政村，占了87个，杀害干部、民兵79人，抓走民兵群众100余人。

由于3月24日太行军区五十二团收复汤阴，王三祝害怕该团南下，随后仓皇逃走。

2. 北阳村战斗

向北阳村窜犯的敌人，越过平汉铁路以后，派骑兵迅速从村东包围过去。我二区区长杨贵（由五区区长转任，原区长阎惠民牺牲）闻讯后，立即带领区干部向西山突围。他们刚出村头，匪兵就进村搜查。

匪兵们见不到区干部和民兵，气急败坏，到处抢东西拉牲口，捕捉干部家属。农会主席高代成的爱人和弟媳等人被抓去当了人质。敌人洗劫北阳村以后，又派兵向周围村庄抢劫。

卧羊湾村民兵队巡逻哨发现敌人在北阳扫荡，立即报告武委会主任咸万昌、民兵队指导员咸万堂，他们集合18位民兵向北阳进发，组织反击。途中正好与高代元率领的北阳民兵会合。

经过研究，咸万昌、咸万堂和高代元兵分三路，直插北阳村。由于他们不知敌情，在北阳村西与敌骑兵遭遇，经过短暂的激烈战斗，北阳村民兵李怪妞、张小孩牺牲，卧羊湾民兵李小根被敌人抓去。民兵们在敌我兵力悬殊的情况下，马上分头撤退。咸万昌、高代元带两部分民兵向西南突出重围。敌骑兵直追咸万堂率领的民兵。咸万堂率民兵突然向北转移，敌人误向西追击，结果扑了个空，卧羊湾民兵安全脱险。

3. 史庄民兵宋窑阻击战

在敌人向北阳村窜犯之时，被我史庄村民兵发现，村武委会主任史培福立即集合全村32位民兵进行截击。民兵们在平汉铁路东侧与部分敌人接火。战斗中，史培福发现敌人火力强大，于是，把民兵带到玉女观村整顿，首先命令体弱的同志向西山转移，自己率15位精干民兵继续抗击敌人。

在运动中，恰与二区区干队、武工队相遇。当时，他们只发现北阳村和宋窑村有敌人骚扰，但不知道敌人番号、兵力及部署。然而，常打胜仗的区干队员和民兵纷纷请战，发誓为保卫家乡不怕流血牺牲。最后大家决定，区干队和武工队攻打北阳村掩护区干部，史庄民兵攻打宋窑，阻止敌人向西侵犯。

二区区干队和武工队从枣生村、上庄、下庄直插北阳，在北阳村西与百倍于我的敌兵展开激战，英勇的队员们与装备精良的敌人短兵相接，相互砍杀。最后，敌人死伤数十人，区干队有8名队员牺牲，3名队员被俘。

史庄民兵在史培福带领下，绕过南阳村，从宋窑村西边直插过去。正在村里骚扰的敌人发现民兵，立即组织七挺机枪轮番射击。枪声连续不断，但民兵们毫不畏惧。面对凶恶的敌人，他们采用散兵作战方式，人与人相距十多米，"一"字形排开，一面还击，一面冲了过去。从300米到100米，离敌人愈来愈近，凶残的敌人拼命顽抗，胡乱射击。民兵们匍匐前进，利用敌人换子弹的机会，迅速爬到距敌十几米处。接着一声令下，一拥而上，一排手榴弹飞向敌阵，敌人伤亡惨重，机枪全哑巴了，敌人以为遇上了我正规军，惊慌失措，爬起来争相逃命，15位民兵愈战愈勇，紧追逃敌。

这时，村内敌人如同热锅里的蚂蚁，乱作一团，你拥我挤向村东溃逃。从宋窑村西跑到村东，又从村东逃到村东北角停下来还击。史庄民兵直扑敌阵。

然而，在这节节胜利之时，突然发现北阳村西尘土飞扬，敌骑兵顺河向宋窑村扑来。民兵眼看前后受敌，情况十分紧急。为了适应战况，15位民兵自觉分成两部分，一部分对付前面的步兵，一部分对付后面的骑兵。敌骑兵恶狼似的疯狂奔来，这时，史培福想起武参谋的教导：敌骑兵有"三怕""一不怕"，怕占有利地形，怕打冷枪，怕沉着应战，不怕逃跑。于是指挥民兵占领有利地势，沉着放冷枪。敌骑兵愈来愈近，包围圈越来越小，民兵们各自选好目标，一齐射击，几匹敌战马被击中，嘶叫着奔跑，怕死的敌人掉转马头，一哄而散，包围圈放大了，民兵趁机向西南撤退。

就这样，机智勇敢的史庄民兵连续打破了敌人12次包围，击退敌人3次冲锋。最后，由于敌我力量悬殊，民兵被冲散了，匪兵头头喊叫要捉活的，但没有一个民兵缴械投降，三三两两与敌骑兵周旋。

史培福、刘向礼、张保、张同新、高代学、李钟锐六位民兵，分分合合，边打边撤。战斗中，他们的6支长枪被敌人夺去4支。史培福、刘向礼就用剩下的两支枪掩护6个人撤退。当退到玉女观村附近时，我太行四十九团从塔岗接应上来。敌骑兵在四十九团猛烈炮火攻击下仓皇逃走，6位民兵脱险。

其余9位民兵同敌人战斗了三四个小时，子弹打光了就用刺刀展开肉搏战。他们用枪柄砸敌人，用刺刀砍马腿，顽强拼搏，宁死不屈。18岁的民兵赵毛妞，一连砍伤了敌人几匹战马，最后被敌人残忍砍死。剩下的8位民兵一直与敌人战斗到中午，最后因枪失力竭，全部被敌人抓去。

在宋窑战斗中，史庄民兵共打死打伤敌人战马 7 匹，杀伤敌匪兵四五十人。匪兵回城报告战况，匪首王三祝气得暴跳如雷，大骂属下无能。

4. 张近村民兵队长蔺平被残杀

王三祝匪部占领淇县县城以后，不仅派兵向北阳一带窜犯，还派兵袭击城周围各村庄。杨富、高永清亲自带匪兵分两路包围城东张近村。企图生擒村内的林县民兵和当地干部以及该村民兵。林县民兵发现敌人，迅速向西山转移。

敌人进村见不到林县民兵，就高声喊话，声言他们搜查坏人，好人在家不要出来。该村 9 位民兵来不及集合，各自想办法突围。民兵队长蔺平和转业军人倪新岭提着手枪，和群众一起向北突围。途中被敌人包围，战斗中蔺平腿部及上身几处中弹，跌倒在地。倪新岭跑过去要背蔺平一起撤退，蔺平阻止，令其快走。倪新岭突围后，蔺平被俘，残暴的敌人夺过蔺平的八音枪，把子弹全部打进他的肚里，然后用枪管捅入蔺平肚内，鲜血满地，肠子流出体外。蔺平为了革命事业壮烈牺牲，其牺牲时的惨状目不忍睹。

敌人杀害了蔺平以后，又窜到古烟村大肆抓人抢东西。古烟村农会主席冯太和、阁南村抗勤周玉同被抓以后，立即被拉到张近村砍头示众。

5. 匪兵抢粮

3 月 20 日晚上，淇县前方指挥部撤到县城西北的小洼村，召开了各区干部和各联防民兵会议。会上分析了敌情，研究了对策。强调民兵在敌强我弱的情况下，停止出击，并派林县两个民兵连把守灵山口，防止敌人进山扫荡，搞突然袭击。

第二天，当王三祝发现城内粮食大部分转移到城西北乡各村时，立即派匪兵数百人到大小洼、大小漳沱、南北四井等村庄掠夺。匪兵们在搜查中发现了北下关残废军人李连科，立即将之活活打死在路旁，发现粮食、牲口、衣物全部抢光。据调查，敌人光在西北各村就抢走粮食数百石、牲口数十头，其他财物不计其数。

6. 王三祝屠杀我剿匪英烈

王三祝伙同杨富、高永清等反动势力，组织伪政权，恢复保甲制，指定伪保长。王三祝还利用反动剧团，在城内搭台演戏做反动宣传，宣传贫雇农分地主的财产没有好下场等。敌人为了庆祝一时胜利，猖狂之极，手段残忍，威胁恐吓群众，每唱一段戏，杀我方一人。北下关农会主席阎文元、自卫队长宋景珍被抓以后，立即拉到衙门口大卸八块，将头颅抛入城河。接着，南门里村长高恭然、中山街原村长吴生元、西街抗勤史头牛、北下关村长王水成、东街村长黄小山之母、中山街农会主席梁道妞之母、民兵许文香之母等16人相继惨遭杀害。

特别是在杀害史庄民兵赵毛妞、李贵烈、徐好仁、李中林、裴桂林、史培河、高松然、张荣林、罗少芳9人时，敌人格外残酷，挖眼睛，割耳，割鼻，断四肢，砍头颅，其暴行惨绝人寰。5天后王匪撤走，史庄民兵的亲人们强忍悲痛，将英雄的遗体拉回村里进行安葬，全村大哭数日为英雄们送行。也是从那时起，村民们每到清明节就会举行悼念仪式，祭奠这9位为保卫人民政权而壮烈牺牲的英雄。

在反击王三祝扫荡的战斗中，不仅二区民兵英勇战斗，英雄献身，还有县城周围张近村共产党员倪桥岭、阁南抗勤周玉同、古烟村农会主席冯太和等，为保卫人民政权、保卫家乡英勇牺牲。

王三祝扫荡淇县，破坏了土改运动和反奸反霸斗争，革命遭到严重挫折。很多村的武装力量损失惨重，特别是县城西的关庄村。村长关仁照在王三祝扫荡、革命处于低潮的情况下，思想动摇，对革命前途悲观失望，在杨富会队大队长关耀亭的引诱和唆使下，串通村抗勤主任霍金贵等10名干部民兵，投降了关耀亭匪部，将村农会主席潘麦生、李白小强行绑架押至关耀亭部。在严刑拷打面前，潘麦生、李白小毫不畏惧，誓死不降，表现了一个革命者的坚定信念。4月2日，敌匪将潘麦生、李白小押至汲县红窑村东南卫河堤上杀死，抛入河中。关庄民兵叛变事件，使关庄村政权和民兵组织遭到彻底破坏。

7. 解放军再占淇县县城

1948年3月25日，我军开始从四面八方反击。太行部队四十九团和五十二团（团长于振河，1955年授大校衔）从淇县西北向县城压来，冀鲁豫部队（华北十四纵队，司令员韦杰，1955年授中将衔）从淇县东南方向包围过来，辉县民兵从西南北上向淇县县城进发。王三祝、高永清、杨富一看四面楚歌，仓皇弃城而逃，淇县县城又回到了人民的怀抱。

"3·20"匪乱之后，据30个村庄统计，敌人抢走牲口51头，粮食308石，衣服2856件，裹走群众279户共2050人，损失长短枪44支，吓得很多群众躲进深山不敢回村，有的群众背井离乡，逃荒在外。中山街原有1000余口人，匪兵扫荡后，只留下17户51口人。王三祝、杨富、高永清三匪共计扫荡5天，给淇县解放区造成极大的破坏。

（六）大败王三祝

1948年6月，王三祝率部逃出淇县县城之后，居然跑到南京，受到蒋介石召见，大吹他和其父王泰恭的反共功绩，被国民党中央封为立法委员，授少将军衔，就职豫北"剿匪"总指挥，回到滑县老巢，在豫北广大地区四处劫掠，与解放区人民为敌。

1949年1月29日，王三祝部被驻扎在新乡的国民党四十军（守备安新地区，军长李振清，新乡解放前夕逃往台湾，副军长李辰熙率部投诚）暂编为第九纵队，四专区（民国区划指新乡）专员张敬忠部为第十纵队，规定四十军驻防城内，九纵、十纵分驻城外。

王匪不能进城，与四十军关系紧张，又妄图到西安投靠胡宗南。1949年3月19日，王匪离开新乡北窜滑县、濮阳，继之又窜犯内黄县，骚扰汤阴菜园集，继而西渡淇水，窜入淇县形盆口，计划从此经林县到山西，从山西省赴西安寻胡宗南。

王匪在形盆口的夺路之战，遭到太行五分区独立营（营长兼政委王大海，汤阴县长）、淇县独立营、武工队、民兵和林县民兵的迎头痛击。双方激战两天一夜，王匪受到重创，只推进了2里地，却死伤200余人。王匪看夺路无望，率其部众退出形盆口回窜，又遭到解放军华北十四纵队（司令员韦杰，1955年授中将衔）和淇县、汤阴的地方民兵武装的南北夹击。同时又被我冀鲁豫军区独立二旅旅长胡华居，1955年授少将衔）包抄截击，顿时溃不成军，抢渡淇水争相逃命，有的中弹落水，有的放下武器投降。

此战，淇县民兵武装与独立营及林县民兵一道，拼死抵抗，打死敌人100余名，缴获步枪40余支，战马5匹，自行车1辆。

此战中，正值庞村镇大庙会，淇县武工队队长李芳率部在庞村镇周围活动。中午，武工队接到距宜沟不远的牛村情报员报告：宜沟方面来了许多敌人，到处强抢财物，百姓吓得逃到镇外。考虑到很多群众聚集在庞村庙会上，李芳立即命令武工队朝天鸣枪报警，群众迅速疏散。之后，他带领三四十名武工队员，向宜沟方向进击。当行至牛村西岭时，发现有两千余敌人正向西进犯，武工队员迅速投入战斗，阻击敌人西进。由于敌众我寡，武工队一面打，一面向安全地带后撤。

晚上，武工队继续监视敌人，发现敌人仍有西进迹象。李芳便从各村集中民兵300余名，埋伏在黑山的两个山头。第二天，淇县武工队和民兵与敌人展开激烈战斗，以阻止敌人继续向西进犯。同时派4名武工队员下山侦察敌情，很快抓获一名理发员。审讯得知，敌人是土匪头子王三祝的部队，在解放军十四纵队的追击下，正狼狈逃窜。

李芳立即向淇县指挥部报告，并和林县民兵取得联系。林县很快集中了一千多名民兵，迅速埋伏在大山沟的两侧山头上。淇县独立营和汤阴县县大队也拉了出来，埋伏在黑山，积极配合消灭这股敌人。

一切部署完毕后，对敌人发起总攻。林县民兵先发制人，从西山头上冲下来迎头痛击敌人。敌军见势不妙，掉头向回逃跑，汤阴县县大队从庞村西黑山头上冲杀过来，抄了敌人的后路。这时李芳率领淇县武工队和民兵乘势向敌人冲杀，把敌匪的队伍拦腰截成两截，打得敌人晕头转向。战斗打响后，山区群众也自动组织起来，各抄家伙，勇敢地投入战斗。敌人乱了阵脚，溃不成军。一部敌匪企图作垂死挣扎，冲出重围向山外逃跑，恰巧解放军十四纵队赶到，迎头挡住敌人去路。经过激战，除匪首王三祝率残部几百人逃往安阳外，其余敌匪纷纷缴械投降。

战斗中，土门民兵队指导员王祥，率民兵勇敢地向敌人冲杀，打死打伤敌十多人，但终因寡不敌众，几个民兵先后壮烈牺牲。最后只剩王祥一人孤军奋战，直到打完最后一颗子弹，把手枪抛进深沟，被敌人抓走。

王祥被捕后，敌人软硬兼施，先是封官许愿，劝其投降，接着严刑拷打，王祥几次昏死过去。傍晚，敌人把王祥押到庞村东地，用刺刀在王祥的头部、面部、身上乱刺30余刀，直至王祥倒在血泊中。午夜时分，清凉的微风吹来，王祥苏醒了。他遍体鳞伤，凭着超人的毅力爬行十多里，到了王滩村的亲戚家，被及时送往后方医院。经抢救，王祥奇迹般地活了下来。

1949年5月初，安阳破城前，我四十二军（军长先为万毅、后为吴瑞林，1955年均授中将衔）曾派员劝降，王三祝坚持接受改编，遭我方拒绝。5月5日，驻新乡的国民党四十军放下武器，接受改编，新乡和平解放。5月6日，东北野战部队大举南下，四十二军、四十七军、六十师和太行五分区部队，一举打下安阳，毙伤俘敌14000余人。王三祝化名隐匿于乔家巷路西其小老婆家双层夹墙内，5月9日被安阳市军管会治安部抓获，经在河北永年甄别，查明王三祝杀害共产党员及群众800多人。7月15日，王三祝在新乡孟营公审枪决。

（七）与顽匪杨富等的十次战斗

1. 激战三里屯

1947年7月5日，为纪念"七七"事变十周年，五区区长杨贵带着通讯员陈清志和20多名武工队员，奉命去高村接替副区长赵九如的工作。由于形势严峻，安阳的大批知识分子、商人、资本家、国民党军官家属南逃来到高村，杨贵区长组织外逃人员开会，向他们宣传党的政策，安置食宿。午夜，为防止敌人偷袭，杨贵和武工队向三里屯转移。行至三里屯村北，找到一片墓地，埋雷设岗，和衣休息。

这时，土顽会队头子陈老华、姚老湘、杨富带着 400 名匪兵向三里屯一带包抄过去，妄图一举消灭杨贵和武工队。

凌晨四时，忽听近处地雷炸响，侦察员报告敌人进村了，村西铁路上也发现大批敌人。杨贵分析，敌人一定是来包围武工队的，人数不会少，通向西边解放区的交通要道可能被封锁。于是，他迅速指挥武工队向西北浮山高地突围。

突围中，有一个班迷失方向，在村西与敌人遭遇，战斗非常激烈。敌人因不熟悉地形，到处乱打乱跑，踏上地雷，不时遭到轰炸。武工队趁势向浮山方向转移撤退。敌人蜂拥而上，包抄过来，借着朦胧夜色，人影可见。武工队奋起反击，霎时，枪声和手榴弹的爆炸声震耳欲聋，火光冲天。武工队员逯灿吉同志的枪柄被打掉，大腿受伤，鲜血直流，仍坚持战斗。

敌众我寡，武工队员背着逯灿吉火速向浮山靠拢。在一个土岭上，通讯员陈清志大腿负伤，倒在地上，不能前进。杨贵刚上土岭，便左臂中弹。这时敌人从四面八方包围过来，相距只有 30 多米远，情况十分紧急。杨贵为迷惑敌人，将手枪套投入敌群，贪婪的敌人以为是一支手枪，弯腰便抢。杨贵和武工队迅速还击，手枪、步枪、手榴弹一起开火，最终冲出包围，占领浮山制高点，迂回到山北。

这次战斗，武工队共打死打伤敌人 40 余名。敌人疯狂报复，抓住通讯员陈清志，用铡刀铡了三截，投入淇河。并枪杀了高村农会主席闫喜、村长郭正清和积极分子闫全和、李老明 4 人。

2. 良相护粮战

1948 年 5 月初，淇县二区区干队和民兵，为打击敌人抢粮队，深夜潜伏在良相村一座楼院内。次日上午，淇县匪首高永清的抢粮队70多人进至良相抢掠财物，抓人抓丁。二区区干队和民兵冲出来，迎头痛击敌人，活捉敌40多名，二区民兵一人负伤，良相村民兵李小兵英勇牺牲。

### 3. 北阳护粮战

6月13日，敌200多人到北阳抢粮，遭到北阳民兵阻击，经过一小时激战，敌人仓皇逃走，打伤敌排长一人，截回麦子16石，牛两头，布200多尺，还救出被抓去的民夫40多人。

### 4. 包公庙事件

6月，在打击杨富顽匪的斗争中，发生了惨烈的包公庙事件。三区武工队配合太行部队四十九团向大李庄、石奶奶庙一带出击，杨富等反动势力见势仓皇逃窜。晚上，四十九团向北返回，驻守在张近村。

区委副书记田文智同四十九团侦察参谋李元初，带领侦察班及淇县公安局侦察员韩富勤一行18人，撤出战斗后返回淇县县城。行至包公庙村，正遇村长赵二喜。赵二喜见到田文智，显得十分热情，邀请他们住下休息。田文智认为，赵二喜还比较可靠。再说同志们奔波一天，也十分疲劳，于是就在村西包公庙住下。然而诡计多端的赵二喜安排田文智等18名同志住下后，马上以收买手段派农民冯宪方去给敌人送信。冯宪方在马湾村将信送给敌兵。凌晨3点，杨富亲自率领100名敌人，向包公庙包抄过来。正在包公庙休息的18名同志，除一名前往张近村和四十九团联系，其他17名同志全部被杨富等匪徒

包公庙事件旧址

包围。

包公庙是一个坐北朝南的院落，向东有一个偏门紧靠民宅。敌方民众自卫总队第一中队长宋元明带30多人包围了庙门南侧，杨富带第二中队和青龙镇的敌人包围了庙的东西两侧，杨富的游击小组第二组组长葛二合在庙东偏门架起了机枪。

当庙内的同志发现敌人时，敌人已经上到了包公庙的庙顶，情况十分紧急。田文智、李元初、韩富勤见状，立即组织战士投入战斗。经过一小时激战，李元初等四位同志壮烈牺牲。其他13位同志子弹打光，与敌人拼刺刀，但终因敌我力量悬殊，13位同志全部被捕，被杨富匪队押到皇甫村，田文智、韩富勤被杀害，尸体被抛入卫河。

田文智、李元初、韩富勤等牺牲后，激起广大军民对敌人的极大愤恨。几个月来，太行四十九团、三区区干队和民兵带着为牺牲同志复仇的阶级情感，同凶恶的敌人进行了英勇斗争。

1948年9月16日，淇县人民政府在西岗村召开公审会，枪毙了包公庙事件中的告密者赵二喜。

5. 皇甫战斗

1948年7月7日夜，淇县独立营、相关区武装、相关村民兵与汲县独立营，配合太行部队四十九团，向盘踞在皇甫、板桥、石奶奶庙、臧口一线的杨富匪徒主动出击。毙敌21人，俘敌77人，国民党保安四大队大队长关济民在逃跑时落河淹死。我方缴获机枪一挺，长短枪72支，子弹3000多发，修械所机器一部分。在这次战斗中，淇县独立营在西沿村彻底摧垮了国民党淇县常屯镇公所，活捉镇长王克臣、队长窦佩然及职员、镇丁共20多人。

6. 大赉店包围战

杨富会队遭到沉重打击后，气急败坏，企图报复。1948年7月26日，率还乡团残部由皇甫向高村、大赉店一带进行长途奔袭，抓捕民兵、村干部，企图到黑山一带抢粮，并取走他们原先在地下埋藏的枪支。太行五分区四十九团闻讯，迅速赶至大赉店，在淇县独立营和民兵的配合下，将敌人包围在高村至大赉店之间的平原地带。

经过两小时激战，杨富匪部被打得七零八散，丢盔弃甲，争相逃命。匪首杨富身负枪伤，率残部仓皇而逃。这次战斗，毙伤敌 70 余人，活捉敌中队长杨富的侄子杨吉，中队长靳国平，便衣队长冯治安等 49 人，解救被俘去的村干部、民兵 10 余人，缴获长短枪 62 支，子弹千余发，并夺回大车 8 辆，牲口 20 余头，粮食 2 万多斤。

7. 淇门战斗

淇门、新镇位于淇县东南边缘地带，隶属浚县管辖。淇门西北两面紧临卫河，是淇县、浚县、滑县、汲县四县交界地，也是国民党王仲廉、孙殿英、杜默庵、王振岩、姚秀生等部队驻防过的老巢，有寨墙、炮楼等坚固的防御工事，易守难攻。1947 年，国民党淇浚汲三县指挥部的岳崇基、杨富等头目及恶霸地主共 3000 余人，麇集于淇门，伪浚县 6 个乡镇武装 800 余人驻守新镇。在国民党四十军和王三祝部队的支持下，国民党三县指挥部以淇门为巢穴，以淇河、卫河为依托，企图避风养兵，等待时机，向淇浚汲三县解放区反扑。

1947 年 8 月，太行军区司令员陶国清根据上级指示，组织了豫北战役，淇门镇被太行部队攻克。杨富等反动武装受到重创，率其残部仓皇逃出淇门地区。部队收复淇门后，在淇门、丰庄休整两天，奉命离开淇门东进长垣。之后，驻守在新乡的一部分敌人乘机进占新区和游击区。国民党浚县保安团、三县指挥部 1700 余人又窜入淇门，以淇门为巢，妄图卷土重来，侵犯解放区。他们抢粮抓丁，残害百姓，枪杀干部，一片白色恐怖。人民渴望彻底消灭国民党三县指挥部，解放淇门。

1948 年 8 月初，中国人民解放军十四纵队奉命南下逼近新乡。8 月 3 日到达滑县常寨、杨公店地区集结。5 日，召开营以上干部会议。纵队司令员韦杰布置了作战任务，以十四纵队的主力和太行五分区四十九团、汲县独立营、淇县独立营等武装，在淇河以东、卫河以北的三角地带，对淇门、新镇之土顽形成三面包围，加以歼灭。以四十一旅为主力，配合四十二旅教导队、纵队侦察连组成北堵集团进至淇（县）道（口）公路以南，以邢固为中心东西展开；西至纸坊、东至雷村，构成了一个"梳子"队形向南压缩，防匪北窜；轻四十二旅配合延津县大队组成南集团，围歼淇（门）新（镇）两地土匪之主力；太行五分区四十九团、汲县、淇县独立营及民兵组成西集团进至淇河西岸。南至淇门西北之淇河口，北至淇县的留店寺、三角屯一线，构成淇河封锁网，严密布控，防匪西窜。13日，根据敌情、地形情况，纵队召开营以上干部会议，介绍了匪情、水情，进一步明确作战的指导思想和计划，命令各集团当夜进入集结地带。

部队行动的13日夜，恰遇倾盆大雨，到处一片汪洋。部队不畏艰苦，涉过齐胸深的水急行军，南集团于凌晨4时进入淇门附近，西集团3时进至小河口一线展开，淇县独立营从留店寺涉过齐胸深的水在孟庄一带展开，阻击西逃之敌。北集团9时到达马湖展开向南压缩，午夜12时进至枋城、寺南一带。

8月14日晨，十四纵队南、北、西三集团已全部将驻守在淇门镇的国民党浚县县政府、警察局、国民党三县指挥部及各乡、镇地主民团等2000余敌人包围。4时30分，南集团以猛烈炮火掩护部队迅速攻进淇门镇，先头部队攻入寨后，土匪顽杂负隅顽抗。待主力部队攻入寨后，战士们猛冲猛打，与敌人展开激烈巷战。在独一旅猛烈的火力下，敌人很快招架不住，溃不成军，向北门渡河逃命。整个寨子顿时乱作一团，黑压压的顽匪官兵、反动地主及敌军家属，纷纷涌向大街，争着向北门逃跑。匪首岳崇基、杨富等率部分官兵，混在人群中，狼狈逃窜。此时土寨东南、西北均被占领，国民党三县指挥部的残兵败将争着向西逃跑，企图摆渡过河，但由于河水暴涨，船少人多，众匪徒只好跳河逃命。有的被击毙在河中，有的被激流卷走。经过一小时激战，敌人大部被歼。击沉船两只，淹死敌人60多名，少数向北逃窜。南集团一部追歼残匪，以八个连的兵力自卫河北进占新镇，新镇之敌已于13日黄昏逃窜。

15日，淇县一区联防民兵、五区武工队、三区保家队50余人在淇河以东、卫贤捕捉敌散兵，从高粱地活捉敌中队长以下匪兵12人，跳河淹死5人，缴获步枪21支，手枪2支。

16 日，全线战斗取得彻底胜利。淇新战斗（淇门、新镇）从 8 月 14 日至 16 日，历时三天，俘敌 1419 人，毙伤匪 107 名，缴获各种枪支 711 支，轻重机枪 15 挺，子弹 35415 发，其他物资不计其数。这次战斗，彻底消灭了国民党"三县指挥部"，沉重地打击了土匪顽杂，扩大了解放区，控制了淇河、卫河之间三角地区，保障了淇河、卫河沿岸人民的生命财产安全。

8. 卫贤堵截战

在韦杰纵队收复淇门的同时，淇县武委会主任刘振才和段敬堂、张学池带一区（城关）民兵、五区（庙口）武工队、三区（西岗）保家队，在浚县卫贤一带，堵截杨匪。经过一场激战，捉住敌中队副以下匪兵 12 人，缴获机枪 1 挺，长短枪 23 支，新军装 20 余套。至此，杨富的还乡团和敌"三县指挥部"覆灭。

9. 大战淇河

1948 年 9 月，杨富从新乡窜回皇甫村，收拢四处藏匿的匪兵，重整旗鼓，要夺回他的"江山"。诬指本村李牧姐私通八路，并残酷处死。后来又把西岗村民兵高中然拉到皇甫村杀害。

1948 年 12 月 20 日，杨富当上了国民党淇县县长，他领导的原部改编为淇县保安团，杨富自任团长，下设 6 个连和 1 个特务连，共计 400 余人，8 挺机枪，150 余支步枪。

是年秋后，淇县大部分村庄都被我军解放，只有西岗村以南几个村庄仍为敌人所盘踞。杨富勾结浚、汲伪县政府，仍旧驻守皇甫村一带，以卫河为屏障，与解放区相对抗，经常沿淇河北上奔袭解放区，逼粮要款，奸污妇女，杀害干部。

中共淇县县委、淇县民主政府与太行分区四十九团协调一致，决定正规军与淇县民兵联手作战，沿淇河西岸摆下"布袋阵"，引"蛇"出洞，打一场淇河"牵羊之战"。

这天傍晚，四十九团团部秘密进驻西岗村，东边以淇河为天险，西边设下埋伏，向南摆成一个狭长的"布袋阵"。

午夜，团首长挑选了十几名经验丰富的老战士，化装成民兵，组成引"蛇"突击队。突击队员头扎白毛巾，身穿粗布衣，肩挎破步枪，腰别手榴弹，直奔顽匪杨富的老巢——皇甫村。不多时，熟悉地形的突击队员们，跨沟壕，绕村庄，到达目的地。他们按照团首长指示，采取声东击西的方法，吹响了进攻号，接着步枪、手榴弹一齐向皇甫村村内开火。

睡梦中的敌人被突如其来的枪弹声震醒，昏头昏脑的胡乱开枪射击，乱作一团。等到敌人清醒过来组织反击时，引"蛇"突击队已向北而去，边打边撤，300余名匪兵立即气势汹汹地向北追击。突击队员边撤边吹退却号，并把破枪一支又一支地丢在路边，敌人拣了几支枪，以为又是民兵在捣乱，气焰更加嚣张，大喊大叫抓活的。

敌人一边叫喊一边追击，当追至西岗村南时，四十九团首长下令反击。霎时间，步枪、机枪、手榴弹、迫击炮一齐射向敌群，敌人招架不住，仓皇向南溃逃。埋伏在刘拐庄村的四十九团一连出其不意截住了敌人的退路。敌人在腹背受击的情况下，向东狂奔，企图过河逃生。七连有几名战士顾不得脱衣服，勇猛地跳入冰冷的淇河水中，抓获受伤的俘虏，缴获所带枪支。

经过一个多小时的战斗。杨富不久前才组织起来的300余名匪兵有的被击毙，有的被活捉，只有两名匪兵爬到对岸，其中一名又被打伤。

淇河战斗结束，四十九团七连战士和淇县民兵押着俘虏，扛着50多支缴获的步枪，凯旋而归。

1948年底，杨富虽然成为伪淇县县长，再次拉起7个连400余人枪的保安团，但淇县民主政府组建的两个独立营及六个区的民兵连、武工队等人民武装越战越强，或自发出击，或联合作战，不断对敌实施沉重打击，杨富在淇县已无藏身之地。

于是他把匪兵拉到安阳投靠国民党四十军，结果被拒之城外，无奈，又将队伍拉到新乡市南马营村驻防。

在此期间，杨富自感末日来临，更加穷凶极恶，作垂死挣扎，经常派匪部到淇县抢粮派款，杀人放火，大搞阶级报复。

1949 年 3 月 19 日，杨富派他的突击队长葛二合，在其老巢皇甫村搜捕革命群众，该村中共党员靖在其暴露身份，被残酷杀害。

10. 西沿忠魂

1949 初，为了打击杨富匪部，刘耕夫（时任冀鲁豫军区四分区三五七团参谋长）派杨凤楼、张国保返乡组织人民武装。杨凤楼等人在西沿村的一场恶战中英勇牺牲。

西沿村原属淇县，现属卫辉市，位于淇县南部，南与汲县毗邻。1949 年 3 月 8 日，杨凤楼、张其发、张喜安、李春生 4 人从马湾出发，到臧口、阎村、小河口一带执行剿匪任务。

3 月 9 日，杨凤楼等人在臧口村听了冀鲁豫地下联络员臧明然的汇报后，返回大李庄找到李清山、李录、李琴一块分析敌情。晚上，杨凤楼等 4 人住在李志杰家里。

3 月 10 日清晨，匪首杨富率部分残匪包围该村。杨凤楼等人立即向村西突围，当撤出大李庄以后，忽然想起武工队员张其发还在村内。杨凤楼不顾个人安危，鸣枪报信，吸引敌人。匪首杨富听到枪声，马上带几十名匪兵追赶而来。战斗中，李春生腿部受伤，杨凤楼背起李春生一边向敌人还击一边撤退。撤至西沿村时，杨凤楼和张喜安凭借一座庙堂与敌人激战。战斗中，敌匪首帽子被打掉，久久不敢前进。趁此机会，杨凤楼背着李春生和张喜安一起迅速撤至西沿村内的一座土楼，准备固守待援。敌人很快包围了土楼，并集中火力射击。张喜安登上二楼还击，杨凤楼凭借窗户守住二门。敌游击组长葛二合向窗内扫射，杨凤楼不幸中弹牺牲。李春生、张喜安也因弹尽被俘，惨遭杀害。

4 月 11 日，杨富亲带匪徒包围了三区河口、方寨、罗园、纪辛庄等村。在马湾打死了武委会主任，抓走民兵 7 人。在方寨打死了自卫队队长赵希年，并抢走牲口 42 头。杨富带匪徒回到大李庄以后，挨家挨户抢劫，抢走粮食 33 石，现洋 3218 块，粗布 3.2 斤，烟土 7.4 斤，金圈 6 个，并逼迫各保派枪 48 支，抓壮丁 60 人，当天打死壮丁 3 人。

自 1949 年 3 月王三祝在形盆口夺路之战全军覆没后，杨富没有了靠山,其凶残也走到了尽头。加之人民武装越战越强,经常以突然袭击的作战方式,在杨富活动的东南乡一带迂回穿插,相机歼敌。遇敌主力,迅速转移;见敌小股,聚而歼之。取得一系列以少胜多的胜利,给杨富匪部以强有力的打击。杨富的匪兵越打越少,地盘越混越小,只好脚底板抹油——溜之乎也,跑到新乡躲起来。

自 1944 年到 1949 年五年间,匪首杨富在淇县境内杀害干部、民兵、群众 89 人,抢劫粮食、牲畜等财物不计其数。据淇县 3 区(西岗)不完全统计,杨富在该区杀人 39 名,抓人 11 名,抢粮 200423 石,抢牲口 661 头,烧民房 67 间,拉走大车 31 辆,杀鸡 656 只。杨富的双手沾满了淇、浚、汲三县人民的鲜血,对人民犯下了滔天罪行。淇县人民为了保卫胜利果实,在历次剿匪之战中,付出了巨大牺牲,烈士们流芳千古。

1949 年春天,潜伏在新乡市内的匪首杨富、扈全禄准备随国民党军队逃跑,淇县民主政府、淇县公安局派原国民党县政府特务队长辛长山打入敌人内部,辛长山为立功赎罪,在解放军配合下,活捉了杨富、扈全禄二匪首。

1949 年 5 月 6 日,在东北野战部队支援下,安阳专区歼灭了境内残匪,宣告解放。淇县也由此摆脱匪患滋扰,全境解放,人民政权得到巩固。

1949 年 8 月,淇县民主政府在淇县县城内召开公审匪首杨富的万人大会(当时扈全禄已在狱中自杀),浚县几千名群众也参加了大会。当杨富本人和扈全禄尸体拉到会场时,遭到万人唾骂,无不咬牙切齿,纷纷拿出血衣控诉其罪行。匪首杨富随后被淇县民主政府枪决。

## 第二节 稳定社会经济秩序与平抑物价

自 1947 年 3 月淇县民主政府建立至 1949 年 10 月新中国成立,以及新中国成立后的三年,在这五年间,中共淇县县委、淇县民主政府主要致力于剿匪平乱和稳定社会经济秩序。

当时，淇县和全国一样，整个社会内忧外患，千疮百孔，满目疮痍。抗日战争胜利后，国民党反动政府大肆收买地主恶霸、土匪顽杂，建立地方武装，继续与人民为敌，人民生活仍处在水深火热之中。

## 一、解放初期面临的形势和任务

淇县县城解放初期，由于连年战争和自然灾害频繁，城乡上下到处是残垣断壁，一片萧条，恢复建设任务艰巨繁重，形势十分严峻。加之匪乱猖獗，社会动荡不安，人民群众无心生产，人口外流，劳力减少，生产停滞不前。土地成片荒芜，耕地面积降低到战前的78%；牲畜大量弃杀，畜力降低到战前的50%；粮食作物减产，产量降低到战前的75.5%。

在经济方面，由于受战乱的创伤和几年来水、旱、雹、虫等自然灾害的影响，工商业倒闭，市场萧条，商业凋零，物资奇缺，通货膨胀，物价飞涨，民不聊生。这一时期工业基础薄弱，农业产量低下，文化教育落后，商业贸易梗阻，国民经济崩溃。

中共淇县县委、淇县民主政府面临的艰巨任务就是尽快医治战争创伤，迅速恢复生产，稳定社会秩序，恢复城乡经济，改善人民生活，为各项社会主义建设开创新局面。

## 二、建党建政，新生政权有了组织保障

### （一）召开淇县各界人民代表会议

新中国成立后，中共淇县县委决定，在各阶层、各党派及各界爱国民主人士中广泛推选代表，召开各界人民代表会议。

经过紧张的筹备，淇县第一届第一次各界人民代表会议于1949年11月召开。会议由淇县民主政府主持。

会后，全县152个村开展了大生产运动，恢复农业生产。在老区、半老区26个村，结束了土地改革工作。在新区西岗一带，土地改革运动也蓬勃开展起来，8个村相继建立了党组织。

1949年12月，淇县召开第一届第二次各界人民代表会议，出席代表125名，会议听取了县长汪洋作的《淇县民主政府工作报告》，

学习讨论了《中华人民共和国政治协商会议共同纲领》，根据淇县的实际作出关于生产方面的兴修水利、冬耕灭荒、积肥打柴、垒岸打堰、手工业和副业生产、医药卫生和开展冬学教育等决议，会议作出了关于土地工作的决议。

淇县第二届各界人民代表会议共召开 5 次会议，时间分别是 1950 年 3 月 24 日、6 月 28 日、8 月 19 日、11 月 5 日和 12 月。

淇县第三届各界人民代表会议共召开 10 次会议，时间分别是 1951 年 2 月 24 日、7 月 2 日、11 月，1952 年 2 月 25 日、6 月 18 日、10 月 29 日，1953 年 3 月 2 日、7 月 9 日～13 日、12 月 6 日～9 日，1954 年 3 月 4 日～8 日。

这三届各界人民代表会议，虽然是民主政府的协商机关，但在发扬民主、巩固政权、推动生产等方面发挥了重要作用，淇县在 1954 年 6 月召开首届人民代表大会前，实际上代行了人民代表大会的职权。

（二）中共淇县第一次代表大会召开

1950 年 5 月 21 日～23 日，中共淇县委员会第一次代表大会在县城召开，出席大会的正式代表 96 人，代表当时全县 981 名党员，列席代表 17 人，县、区党政干部列席了会议。

会上，县委书记张青山（1949.12—1950.11 在任）作了报告。这次代表大会没有进行选举，主要通过加强建党、搞好夏收夏种、开展互助变工、开展生产竞赛、进行农业技术示范、贯彻决议等 6 项决议。

一次党代会后，全县各村纷纷召开由群众代表参加的支部党员会议，贯彻县党代会精神，强调党的纪律要求和作风建设内容，号召全体党员干部要紧急行动起来，在全县掀起生产高潮。

由于连年战争造成农村劳力、畜力短缺，加之淇县山区、平原夏收时间迟早不一，县委决定在全县开展互助变工活动。

所谓互助变工，是我国农村旧有的一种劳动互助组织。一般是由若干户农民组成，按等价互利的原则，通过人工或畜工互换的方式，轮流为各家耕种。有人工换人工、畜工换畜工、人工换畜工等方式。

当年夏收时,全县各村组织群众、民兵联防护麦、联防会哨,改造、管制、监视不法地主、隐藏敌特、反动会道门,实行武装保麦。

收麦期间,山区党员带领群众,组成互助组,与山下平原各村签订夏收协议,带上收割工具,下山帮助平原地区群众抢收小麦。平原各村党支部热情相待,吃饭、住房提供最好的。通过山区、平原,人力、畜力、车辆大变工,村与村、组与组、户与户开展劳动竞赛,抢收快收,确保了夏粮颗粒归仓。

在夏种期间,县委广泛开展技术示范活动,组织动员全县劳动英雄、技术能手,选定示范区、示范田在全县推广,传播好的播种经验,从选种、浸种、拌种、验种、点种等环节严格要求,适时下种,确保秋季高产,圆满完成了夏收夏种的任务。

这次开展的互助变工、劳动竞赛活动,对恢复全县的农业生产、确保农业生产的稳步前进起到了积极作用。

建党建政这一根本问题,在剿匪平乱和恢复生产的同时得到了较好解决,淇县的面貌焕然一新。

(三)发起镇压反革命运动,强基固本

新中国成立前,淇县土匪武装、国民党组织盘根错节、根深蒂固,活动猖獗。淇县境内,在平汉铁路以西有杨富会队的土匪武装。在铁路以东国统区有国民党伪政府、三青团、保安团等国民党的军政党团组织,设有情报站,安插特务敌探。还有红枪会、天仙道、一贯道、先天道、奶奶会等反动会道门17种。他们相互勾结、敲诈勒索、抢劫掳掠、横行乡里、无恶不作,全县人民饱受苦难。

1. 淇县的反革命活动情况

淇县解放后,党和政府进行了剿灭敌伪和镇压反革命活动,镇压了一批匪首恶霸及反革命分子。在党的宽大政策的感召下,一批反革命分子投案自首,不少敌伪人员也到政府进行了登记,但也有一部分顽固不化的反革命分子隐藏起来,少数罪大恶极的反革命分子畏罪潜逃,伺机报复。

1950 年 6 月，朝鲜战争爆发后，暗藏在淇县的美蒋特、霸、封建会道门头子，疯狂叫嚣"第三次世界大战"要爆发了，反革命活动开始猖獗。外逃的返乡了，潜藏的露头了，他们秘密联系，组织反动武装，对人民群众进行反攻倒算。

纪辛庄地主和被他收买的干部结合在一起，暗地活动，威逼一贫农代表上吊自杀。

一区（城关）黄庄逃亡地主黄廷云，向贫农黄荣云等倒算小麦11 石，一时间搞得人心惶惶。

还有一些反革命分子利用会道门组织，造谣惑众，放火投毒，害民扰民，辱骂干部，反动气焰十分嚣张。

群众对党和政府过分强调教育改造导致一部分反革命分子逍遥法外、为非作歹的做法甚为不满，群众中流传着这样一些说法："天不怕，地不怕，就怕共产党讲宽大""宽大无边，无法无天""司法科变成了宽大科，这真是有天无法"。

2. 镇压反革命运动的发动

1950 年 10 月 10 日，中共中央发出《关于纠正镇压反革命活动的右倾偏向的指示》，明确要求各级党委全面贯彻"镇压与宽大相结合"的政策。

1951 年 2 月 21 日，中央人民政府公布《中华人民共和国惩治反革命条例》，详细规定了对反革命分子的各种惩处办法。

1951 年 3 月 4 日，中共安阳专区地方委员会召开了地委扩大会议，布置全区的镇反工作。

根据上级精神，淇县从 1950 年 10 月起，进行了历时三年的镇压反革命运动。

首先建立了以县委书记霍云桥(1950.11—1952.12 在任)为组长，由县长、司法科长、公安局长参加的镇反指挥部，对全县开展镇压反革命运动进行集中统一领导。

紧接着开始广泛发动群众。县和各区先后召开了 4000 余人的积极分子会议，还召开了由农民、工商、教育、医务、青年、妇女等各行各界 900 多人参加的代表会议，制定淇县的镇反决议，动员各阶层积极投入到镇反运动中来。

另外，还组织县直机关干部和师范学生共 300 余人的宣传队，携带收音机、幻灯机、宣传品和群众的控诉材料，分赴全县农村，积极宣传镇反政策。在马庄放了幻灯片《血泪仇》《渔夫恨》等阶级教育片后，群众很受教育，很多人泣不成声，联想起过去杨富还乡团在村里杀害 4 名群众的惨状，自动开展了控诉。

3. 集中镇压反革命分子

在镇反运动中，县委认真贯彻"公安机关和广大群众相结合"的方针，实行全党动员、全民动员，集中力量打击了一批罪大恶极的反革命首恶分子。

1951 年 3 月 10 日凌晨，淇县集中逮捕土匪、恶霸、特务、反动党团骨干和会道门头子 41 人。4 月 7 日，在城关、西岗、北阳、原本庙同时召开了公审大会。

公审宋老东。公审会上，人们控诉了大土匪头子、外号"西南侯"的宋老东。他把人投入卫河，有名有姓的就有 25 人，宋老东称之为"天津办海带"；杀害别人全家他说是"滚水浇老鼠"，令人发指。

镇压冯治安。他是杨富的捷报队长，外号"杀人魔王"，经常夜间窜扰解放区，杀害基层干部和革命群众。1948 年包公庙事件后，被俘去的三区区委副书记田文智，被他大卸八块后抛入卫河。在押解包公庙被俘人员的路上，冯治安用手枪将田文智同志的头部砸了个大窟窿，鲜血直流，其他同志也受尽折磨。

控诉苗文田。苗文田是个大汉奸，在日本特务股当特务时，先后杀害无辜群众 16 人。淇县解放后，又参加杨富还乡团当队长，杀害民兵、村干部 20 余人。王三祝进攻淇县县城时，苗文田竟伙同王三祝匪部用铡刀铡死史庄民兵 8 人，活剥 1 人，并将肠肚拉出塞进砖头瓦块。其法西斯暴行，令人发指，公审会上，人们高呼要"血债血还"。

各公审会场当场宣读淇县民主政府决定：判决宋老东、冯治安、苗文田等 17 名反革命杀人犯死刑，并按照程序上报批准后执行了死刑。

4. 控诉反革命分子罪行

为把镇反运动引向深入，县委把全县划分为 16 个片，将 32 名罪恶较大的反革命分子拉到乡村游街，然后按片召开群众大会，让群众揭发、控诉反革命分子的罪行。各村群众踊跃参加，全县参加人数达到 3 万之众。

三区小河口村共 178 户，其中 150 户控诉了反革命分子冯治安。礼河屯李同武的母亲，看到杀害她全家的反革命分子李怀温，气得晕倒在地。小岩河秦香妞的母亲，哭诉了儿子被汉奸恶霸秦保礼残害的经过，在场的人都落了泪。关庄一位烈士的母亲，控诉了曾在还乡团当队长的反革命分子关秋林，把她儿子绑架到卫河南，大卸八块，还挂到树上暴尸的惨景。

一些反革命分子的亲属也纷纷起来揭发控诉。反革命分子张老要的叔叔点着张老要，控诉他"不但讹人家，连我你还讹哩"！三区反革命分子靳黑旦的奶奶，在大会上哭诉了她孙子的反革命罪行。段窑反革命分子焦春的妻子，当场提出要与反革命丈夫离婚，划清界限。

通过公审大会和拉着反革命分子游街，群众看到党和政府镇压反革命的决心，纷纷行动起来，自觉检举、揭发了反革命分子的种种罪行。七天内，全县就收到 1100 余封检举揭发信。窦街村群众检举出暗藏在汤阴南的匪首王学文和本村的反革命分子秦钧。在公安局核对反革命分子罪证时，史庄村一天就到了 36 人，面对面地与反革命分子对证。

镇反运动不仅是对群众一次生动的阶级教育和爱国主义教育，也是对反革命分子进行的一次改头换面、重新做人的教育。

在对一贯道组织的处理上，县委坚持打击少数反动道首、教育多数的政策，60 名坛主、点传师等骨干分子中，除对个别有严重罪行的进行法律制裁外，绝大多数是把他们组织起来集中学习，进行思想改造。对 763 名道徒，主要进行正面教育，使他们看清真相，自动退出反动会道门。

在镇反运动中，县委充分发动群众，依靠群众，正确执行"首恶必办、胁从不问、立功赎罪、立大功受奖"和"稳、准、狠、杀、缓、关、管、放"的政策，对全县潜伏的阶级敌人进行了有效镇压。

镇反运动中，共抓捕各种反革命分子 515 名，其中土匪 292 人、恶霸 139 人、反动党团骨干 27 人、反动会道门头子 40 人、特务分子 17 人。判死刑 76 人、死缓 4 人、有期徒刑 216 人、管制 209 人，其他处分 10 人。

还收缴了机枪 1 挺、冲锋枪 53 挺、小炮土炮 14 门、长短枪 192 支、子弹 4000 余发及炸药、军用品等。取缔了反动组织一贯道及其在淇县的总坛和 13 个分坛、18 个支坛。

淇县公安局取缔会道门收缴的武器

在镇反运动中，各村还普遍成立了治安保卫委员会，民兵武装由 2500 人发展为 4300 人，淇县社会秩序出现空前未有的安定局面。到 1953 年 10 月，全县的镇压反革命运动胜利结束。

通过镇压反革命，沉重打击了反革命分子的嚣张气焰和破坏活动，进一步肃清了反动势力残余，稳定了社会秩序，进一步巩固了新生的人民民主政权。

（四）开展"三反"运动，强筋健骨

1951 年 12 月 1 日，中共中央作出《关于实行精兵简政、增产节约、反对贪污、反对浪费和反对官僚主义的决定》，要求如同镇压反革命一样，打击不法资本家和贪污犯。

淇县县委于 1951 年 12 月 20 日召开了县直各单位和各区干部 400 余人参加的"三反"动员大会，要求各级领导带头检查问题，迅速投入到"三反"运动中来。

在淇县"三反"运动中，县委书记霍云桥亲自挂帅，县委领导成员分别到掌握钱财、物资的裕民粮行、粮食局、粮食公司、县社棉花站、银行、财政科等单位，直接指挥打"老虎"，使"三反"运动迅猛展开。

运动之初，县委坚持大小会结合、宽大与惩办结合的原则，对主动坦白交代的从宽处理。县委秘书李耀文，因坦白交代好，不仅免于处分，还让其参加了"打虎队"。对不老实"交代"的，坚持从严惩办，裕民粮行经理陈东升，因向西安、郑州等地贩运粮食，搞投机倒把，运动开始不久便被撤职，在全县引起很大震动。在强大的声势下，元月 5 日前，就有 189 名干部、职工坦白交代自己的贪污问题。

陈东升的问题，在党的十一届三中全会后，经过查证，认为他的问题并非很大，予以平反纠正。

通过三个月的"三反"斗争，全县共捉住上亿元的"大老虎"6 个、5000 万至亿元的"中老虎"2 个、1000 万至 5000 万元的"小老虎"36 个，另外坦白交代贪污在 100 万元以上的 79 人，贪污 100 万元以下的 97 人。

在"三反"运动中，也暴露出一些机关单位存在的铺张浪费问题。县供销社烂掉席子 200 条，公安局买的石灰因无人管理被雨水冲走 1.2 万斤，粮食局损失麻袋 1000 余条，粮食公司由于保管不善使 30 万斤小米发霉。为此，相关单位的负责同志受到了轻重不同的处分。

"三反"运动批判和清洗了旧社会遗留下来的贪污、浪费、官僚主义等流毒，对巩固工人阶级的领导阶级地位和国营经济的领导地位起到了重要作用。

但是，在"三反"运动中也存在一定的失误和偏差，有些"打虎队"斗争方法欠妥，甚至违背党的政策规定变相打人，让斗争对象站板凳，推推攘攘，往脸上头上唾，日夜轮换批斗，不让睡觉等，发生了一些逼供的现象。使一些被斗的同志屈打成招，造成冤假错案。在运动后期甄别定案时，均得到了纠正。

粮食公司主任张焕国，有人揭发他贪污，他不承认。审问者问他家属到粮食公司住了多久，吃的粮食是哪里来的？他说是从家里背来的小米。"打虎队"按其贪污又拒不交代问题为名，在全县干部职工大会上宣布对其逮捕法办，给其扣上手铐脚镣。到运动后期，经查证张焕国确实未发现贪污问题，县委立即将其释放，并给其平了反。

淇县解放以来，通过建党建政、坚决镇反、"三反"运动等"组合拳"，人民民主专政的新政权扎牢了根基，迅速稳定了经济社会形势，为恢复重建和社会主义改造奠定了基础。

三、稳定物价，是淇县民主政府亟待解决的重大问题

新中国成立前，淇县市场物价被官僚、地主、奸商控制。他们凭借权势和雄厚资金，操纵物价，从中牟取暴利，欺诈剥削人民。

解放后的人民群众对新生政权有着诸多渴望和期盼，最为急迫的就是经济秩序和稳定物价。中共淇县县委和淇县民主政府顺应民意，采取果断措施进行解决。

（一）统一核价，打击投机倒把

1950年至1952年，淇县贯彻中央"统一财经和稳定物价"的决定，打击投机倒把，取缔奸商，有效制止了物价上涨。

1953年至1960年，物价部门对国营、合作商业和私商经营的商品价格进行审核，实行明码标价，对稳定物价起到了重大作用。

1959年至1961年，因淇县受灾严重，商品奇缺，物价暴涨。1962年，根据中共中央"当年平衡，略有回笼"的方针和省委"大部分不动，少部分调整"的精神，淇县人民政府采取严格措施，稳定18类基本生活品的价格。1963年至1964年，淇县物价稳中有降。

（二）统购统销，保证城乡"饭碗"

1953年10月16日，中共中央作出《关于实行粮食的计划收购

与计划供应的决议》；11 月 19 日，政务院下达此项命令。

从 1953 年 10 月下旬开始，淇县县委在全县开展了为期一个月的粮食统购统销政策宣传运动，解决农民的思想顾虑。严厉打击造谣破坏、煽动闹事的反革命分子。批评教育那些制造流言蜚语、搞封建迷信的群众。

在粮食收购过程中，淇县坚持细致摸底，不购过头粮；坚持骨干带头，典型引路；坚持优质优价，公平合理。通过深入细致的工作，全县出现了卖余粮高潮，上级分配淇县的首次统购任务 601 万斤，仅用两个月时间全部完成。

大石岩村 21 名党员带头卖余粮 1.6 万斤，然后才去动员群众。党员杨尚志卖粮后，又动员他所在的农业社卖余粮 6000 斤，骨干冯培堂把 15 石余粮全卖了，军属冯秀清把节省下的 400 斤余粮全卖给了国家。在党、团员和骨干的带动下，群众也不甘落后，申永江老汉把 4 年来余下的 1900 斤粮食全卖了；农民李现钦自动卖余粮 1000 斤，他表示，要卖粮支持工业化，往社会主义走哩！大石岩村统购任务为 6 万斤，不到一个月便完成 7.5 万斤。

迁民村劳动模范纪东常将几年来节余的 37 石余粮全部卖给国家，枣生村农民李保卖余粮 30 石，北阳村劳动模范高现然自己带头卖余粮后，又串联 5 户卖余粮 20 石。

在统购中涌现出的先进典型，如纪东常、李保等，被表彰为全县的售粮模范，县政府给他们颁发了"售爱国粮，全家光荣"的大匾。各村也为售粮模范披红戴花，敲锣打鼓放鞭炮，扭秧歌进行庆贺。通过表彰，有力地推动了售粮工作开展。

在统购工作中也出现过一些缺点错误，如有少数干部，摸底不细，使少数底子薄的翻身农民多卖了"光荣粮"，造成口粮短缺，还得由国家返销，加大了工作量。还有极少数干部犯急性病，对个别有粮不愿卖的户点名批判，甚至搞变相搜查，在群众中造成不良影响。这些工作中的缺点，县委发现后，都作了及时纠正。

粮食统销，包括对农村缺粮户和城市人口计划供应两部分：

在农村，对棉产区、灾区和粮产区的缺粮队，供应的口粮标准为每人每年360斤，1960年改为每人每年300斤。1965年实行征购任务一定三年，棉产区每人每年供应360～420斤，粮产区缺粮队按每人每天8两供应。在山区农村，对黄洞乡深山区，1980年前，夏粮短缺返销夏粮，秋粮短缺供应秋粮。1981年开始，实行定销包干，全年返销70万斤。

在城镇，居民的口粮标准根据劳动强度、工种差别、年龄大小以及不同地区的粮食消费习惯，按人分等定量，凭证、凭票定点供应。市民按每人每月30斤供应。

到1955年10月国家施行市镇粮食定量供应，对特重体力劳动者（如煤矿工人等），供应标准为一等60斤、二等55斤、三等50斤；重体力劳动者（如建筑工人等），供应标准为一等49斤、二等44斤、三等40斤；轻体力劳动者（如保管员、售货员等），供应标准为一等38斤、二等35斤、三等32斤；国家干部及脑力劳动者，供应标准一律为31斤；中学生及大学生，供应标准为男36斤、女32斤。

居民按年龄定量：不满1周岁的6斤，不满2周岁的8斤，不满3周岁的11斤，不满4周岁的12斤，不满5周岁的14斤，不满6周岁的17斤，不满7周岁的18斤，不满8周岁的22斤，不满10周岁的23斤，10周岁以上的27.5斤。

1953年，淇县的粮食统销数为257万斤。

粮食统购统销政策的实行，不仅使大量增加的城镇人口和农村缺粮户的粮食供应得到了保障，而且打击了资本主义在粮食市场上的投机活动，平稳了物价，初步割断了资本家与农民的联系，保证了国家经济建设的顺利进行。

**四、处理公私关系，是新政权工作中的政策难点**

新中国成立之初，关于如何对待新民主主义经济结构中私人资本主义的问题，中共中央采取的政策是平抑物价，稳定生产，鼓励和支持民族资本主义的发展。

中共淇县县委深入贯彻中共七届三中全会（1950年6月）精神，

用三年时间恢复国民经济。

紧密联系解放初期的淇县实际，以调整公私关系、劳资两利和产销关系三大关系为核心，于1950年上半年到1952年，对资本主义工商业进行合理的调整。在调整、保护私人资本主义经济的同时，又对其进行一定的限制，即私人资本主义必须在社会主义国营经济的领导下发展，对于少数违法乱纪的不法资本家，新政权实行严厉打击的政策。1952年的"五反"运动就是为纠正私人资本主义发展中出现的不正常现象而发动的。

在"三反"运动中，又暴露出大量的贪污盗窃与社会上不法资本家的行贿、偷税漏税、盗骗国家财产、偷工减料、盗窃国家经济情报的"五毒"行为密切相连，要彻底铲除"三害"，就必须反掉"五毒"。为此，1952年1月26日，中共中央发出《关于在城市中限期展开大规模的坚决彻底的"五反"斗争的指示》，在全国一切城市，首先在大城市和中等城市，向违法的资产阶级开展一个大规模的坚决彻底的反对行贿、反对偷税漏税、反对盗骗国家财产、反对偷工减料和反对盗窃经济情报的"五反"斗争。

淇县自1949年春全境解放到1952年三年多时间里，由于政府大力扶持，工商业得到了恢复和发展。

据统计，全县的个体工商户发展至585户，商铺林立，市场繁荣。这其中，多数个体工商户都是守法经营的，但也有一些个体工商户只顾自己赚钱，不顾国家利益，大肆偷税漏税，进行投机倒把等不法活动。

裕民粮行，原是私人粮行，他们采取送酒，送肉，送香烟、水果、点心等手段，骗取县领导信任，将32人的旧粮行改为县供销社的下属机构。打着合作社的招牌，与郑州、西安等地奸商30余家互通粮食情报，从1950年到1952年，向郑州、漯河、北京、西安等地来回贩运粮食290多万斤，从中牟取暴利2亿元（第一套人民币，下同），并采用大斗进小斗出、买空卖空、扫土粮（买群众粮时，有意外撒）等手段，偷漏税3000多万元，仅扫土粮一项就达250余石。同时，兼放高利贷，用恶劣手段逼群众卖掉土地、牲口、大车或拆房还债，造成逼死人的现象。

还有的商号垄断了淇县的纸烟市场，连供销社也得去该店批发烟草。有的商号从一石粮食做起，三年时间本金达到四五千石，这里既有他们苦心经营的因素，也有非法所得。因此，在私营工商业中开展"五反"运动很有必要。

淇县的"五反"运动自1952年1月底开始，29日（正月初三），中共淇县县委召开工商业者代表会，传达中共中央关于开展"五反"运动的文件，讲明了党的宽严政策。

会后，"五反"运动由税务局牵头，在工商科及工商联合会协助下进行。首先是组织各商户学习政策，使其认识到偷税漏税是挖社会主义墙脚的行为，向他们宣传"自查补报"的方法。

其次是分类处理。把私营工商户分为守法户、基本守法户、半守法半违法户、严重违法户、完全违法户5类，分别采取不同的办法进行处理。

对守法户与基本守法户，以思想教育和改造为主，实行团结和保护政策，鼓励和支持他们照常营业。对他们的处理程序是自报公议、同业分会审查、工会审查、县委批准，然后发通知书。这部分人接到通知书后，精神面貌大为改观，思想轻松，生产情绪高涨。

对严重违法和完全违法户，坚持的原则是过去从宽、今后从严，多数从宽、少数从严，坦白从宽、抗拒从严，工业从宽、商业从严，普通商业从宽、投机商业从严。除勒令其坦白交代"五毒"行为外，还派检查组到其经营的工厂、商店进行检查。对半守法半违法户，要求其如实自查偷税漏税情况，自报应补税的金额。

在自查中，有些商户比较自觉。王永生等几人合伙开办的饭铺，补交税款70.4万元。李启复开办的小杂货铺，补报偷漏税60多万元。因为这些店铺本小利微，不可能偷漏税过多，所以都一次过关。

也有一些商户明明偷税漏税较多，但却自报的数额很小，由于政府事先进行了调查研究，对各个商户的情况了如指掌，所以多报的也不多收，还给你减下来。少报的也得加上去，直到报够数为止。淇县的"五反"运动在县委、县政府领导下，自始至终没有搞逼供，没有搞强迫命令。

"协聚成"商号，是当时淇县县城的第一大商店，开始时报的较少；县税务局根据掌握的情况，与他们的负责人谈话，申明政策，让其重查重报。经过几次谈话，补交税金3700万元。

也有一些商户，如"双合号"商店，原来报的偷漏税金额少，未能过关。为了过关，干脆连全店的资金5000万元全报上了，县税务局当即对其进行了批评，讲明政策，多报也是不对的，让其重新上报，最后补交税款2500万元。

在"五反"运动中，除查出裕民粮行倒卖粮食、偷税漏税等不法行为外，还查出东升祥、恒茂、协聚恒等商号偷漏税2.7亿元等问题。对此，县委根据"坦白从宽，抗拒从严""过去从宽，今后从严"的政策，分别让其退赃、补税，特别严重者追究刑事责任。

淇县的"五反"运动于1952年4月23日基本结束。通过"五反"运动，有力打击了不法工商业者的"五毒"行为，为正确贯彻公私兼顾、劳资两利、城乡交流的政策，繁荣市场，发展经济创造了有利条件，也为1953年对资本主义工商业进行社会主义改造铺平了道路。

**五、制定经济社会发展的规划，着眼于解决长远问题**

1952年底到1953年初，中共淇县县委按照上级的指示精神，开始了新民主主义提前向社会主义过渡的规划。贯彻执行"一体两翼"的过渡时期总路线，即"要在一个相当长的时期内，逐步实现国家的社会主义工业化，并逐步实现国家对农业、对手工业和对资本主义工商业的社会主义改造"。

在社会主义改造和"一五计划"实施过程中，淇县民主政府还针对工业化水平不高、起点较低的实际状况，实行重点发展工业，正确调整农业、工业在国民经济中的比重等策略，改造和建设任务进展顺利。

到1956年底所有任务基本完成，社会主义改造提前完成，第一个"五年计划"也于当年底提前完成，两个"提前"反映了当时全县人民普遍要求发展生产、改变长期以来经济发展滞后的强烈愿望。

至此，淇县经济社会秩序的关键问题均得到顺利化解，逐一解决，中共淇县县委、淇县民主政府赢得了全县人民的信任和理解，新生的人民政权进一步得到巩固，为开启新的伟大建设征程奠定了基础。

## 第三节　抗美援朝支前运动

抗美援朝，保家卫国，是新中国成立之初的一次伟大的全民运动。淇县人民在县委、县政府的带领下，积极投身支前运动，为抗美援朝战争取得胜利作出了积极贡献。

1950年6月25日，朝鲜内战爆发。6月28日，美国宣布武装援助南朝鲜，同时命令其第七舰队侵入台湾海峡。9月15日，以美国为首的16国"联合国军"在麦克阿瑟率领下，于朝鲜仁川登陆，悍然越过三八线，将战火烧向中朝两国边境的鸭绿江边。

应朝鲜劳动党和政府请求，中共中央毅然作出"抗美援朝、保家卫国"的重大决策。10月19日，中国人民志愿军在彭德怀的率领下，跨过鸭绿江入朝作战。随后中国人民抗美援朝总会成立，全国迅速掀起轰轰烈烈的抗美援朝运动。

值此危急关头，中共淇县县委按照中央、中共平原省委和安阳地委的指示，成立了以县委宣传部部长和云甫为主任，青年、妇女、民兵组织、文教战线、社会进步人士参加的抗美援朝分会，领导全县人民开展以"爱国主义教育、参军参战、爱国签名、订立爱国公约、捐献武器和拥军优属"为主要内容的抗美援朝运动。

一、抗美援朝运动的宣传发动

朝鲜战争爆发之初，淇县一部分人在对待朝鲜战争和中国援朝问题上存在一些错误思想和糊涂认识，有人认为美国等16个国家太强大，我们援朝也是鸡蛋碰石头；有人持漠不关心、消极观望的态度；同时，一些匪特、地主、反革命分子因朝鲜战争爆发也更加猖獗。为消除错误思想，淇县首先在干部群众中进行了普遍而深入的宣传教育运动。

一是组织了爱国主义训练班。对全县干部、党员、教师、青年、民兵、妇女宣传骨干等分批进行了为期一周的集训，揭露美帝侵略朝鲜、台湾的罪行和侵略中国东北的阴谋，坚定必胜信心。

二是层层建立了宣联会。在各村建立宣联会124个，增设民校79处，学员达7149人，组建读报组74个、土广播台108个。各机关、学校、团体等全部制定了宣传措施，规定县区干部每人宣传500人，教师宣传50人，小学生宣传家庭等。

三是建立全县宣传网。按照中央《关于在全党建立对人民群众的宣传网的决定》，县委严格选拔宣传员，并在县、区分别建立宣传员传授站，站内配备传授员，定期向宣传员传授宣传内容和办法。截至1951年11月，全县宣传员发展到1325人，占全县总人口的1.24%；读报组发展到88个，读报员达到351名；另外还发展剧团10个，书写黑板报423块。

四是采取多种形式进行宣传。县委组织干部、教师230余人组成4支宣传队，携带宣传品30余种、竹板200余副、收音机3部、幻灯机2部，奔赴各村宣传抗美援朝运动。宣传形式多以快板为主，如种棉花快板："志愿军前方打美帝，咱们后方多种棉，棉花卖到征棉站，工厂织布又纺线，军装送到前线上，志愿军穿上不受寒。"

在宣传中，一些村创造性地设立了抗美援朝宣传日。如西岗村完小和民校，把星期天设定为宣传日。每到这一天，师生全体出动，将手册内容编成快板，将秧歌调改成说唱，把宣传开展到田间地头。

在宣传中，淇县还注重与镇反、参军、捐献等中心工作结合起来，做到了学习、生产、工作三不误。

据不完全统计，1951年全县共编快板1000余篇；编大鼓词10多种；编农村戏曲70余段，街头演出200多次。制作漫画版面、写标语、画壁画、出壁报若干。收音机下乡、幻灯片下乡、电影下乡，听众观众20余万人次。另外，还建立农村图书馆53个，广播台、民校也不断增加，群众性宣传搞得轰轰烈烈，抗美援朝运动深入人心。

## 二、征兵工作的开展

经过广泛深入的宣传教育，人民群众参军参战的热情空前高涨。1950年底，淇县首次开展征兵工作。这次征兵工作是在学校秘密进行的，通过思想动员，选拔了一批志愿参军的学生骨干；经过到安阳地委统一考试，有5名男生、4名女生成为安阳军政干校学员；两个多月集训后，他们有的直接赴朝参战，有的在后方参加了军队医疗工作。

按照平原省委、安阳地委的指示，1951年春节前后，淇县公开进行征兵工作。群众纷纷表示"要人有人，要钱出钱"，广大青年

抗美援朝运动

争先恐后报名，有的还咬破手指、写下血书以表决心。各村父送子、母送女、妻送夫踊跃参军的场面不胜枚举，应征青年骑上大马，披红戴花，无上光荣。

这次征兵工作，淇县在党、团员和进步青年中，选拔了500名优秀青年（其中女青年占20%）参加志愿军，应征入伍青年在县城学习培训一周后，又集中到安阳市进行了一个多月军事技术战术、医疗技术等集训。1951年6月，安阳地委将这批青年分送到各个部队参军参战，有力地支持了抗美援朝前线。

## 三、抗美援朝三大运动

1951年6月1日，中国人民抗美援朝总会发出重要文告，号召全国人民普遍推行三项运动，即制定爱国公约、捐献飞机大炮、优

待烈属军属。淇县人民积极响应抗美援朝总会的三大号召，以实际行动推动抗美援朝运动深入开展。

（一）思德村订立的爱国公约上了《人民日报》

爱国公约把人民群众抗美援朝、保家卫国的爱国热情与实际行动结合起来，用公约的形式加以强化和巩固。

淇县订立爱国公约活动，开始是在机关、学校、团体、商店、党支部、行政村、互助组等处开展的，后来发展到各行各业各系统、各家各户及每一个人。

其内容开始是标语口号式的，只限于反对什么拥护什么。后来逐步具体化，根据中心工作和行业的不同，订立爱国公约的形式呈现多样化。如商店订的是如何发展保障供给、公买公卖，搞好经营；农村农民订的是如何多打粮食，多收棉，支援前线；民兵订的是如何提高警惕，加强巡逻，严管坏人，搞好社会治安。各家各户也订立了爱国公约，如有的铁匠提出："提高技术不保守，打好农具平价售。"有的剃头匠提出："每月给军烈属理两次发。"有的爱国公约还带有针对性，如有一家妇女订的："保证屋净、院净、锅净、碗净、衣服净。"由于淇县订立的爱国公约内容简明扼要，通俗易懂，便于执行，成为全省学习的榜样。

1951 年 6 月 23 日，《人民日报》上刊登了思德村制订爱国公约的经验：一是响应党和政府的一切号召，服从祖国召唤，叫到哪里就到哪里；二是发现谣言，及时追踪破案，坚决镇压反革命；三是做好代耕，保证军烈属不困难，保证交好公粮；四是每个党员要搞一个互助组，带动群众生产，学习技术，比收成，保证粮棉丰收；五是经常向群众宣传时事政策，办好民校，学习文化；六是上述各条列入支部会议内容，检查执行情况，开展表扬批评。

平原省委据《人民日报》刊登的内容专门号召，"全省各地均以此精神，深入爱国思想教育，普遍订立爱国公约，以实际行动迎接党的三十周年纪念日！"

（二）捐献"淇县号"高射炮

淇县当时是一个不足 11 万人的小县，县委认为捐献飞机不切实际，经过讨论，确立了捐献"淇县号大炮"的奋斗目标。

为了完成捐献任务，县、区、村齐动员，开展了轰轰烈烈的爱国增产节约竞赛。劳模李春渭、杨尚志带领互助组，向全县 120 多个村展开了竞赛挑战。1951 年秋，李春渭创造了谷子（粟米，俗称小米）亩产 1070 斤的好收成。

"淇县号"高射炮

工商界采取联营联购的方式扩大经营，百货行业采取下乡赶会的方式加速周转，医药行业采取降低成本的方式增加收入，师范的学生通过自己种菜来节省开支。

1951 年秋后，随着全县人民群众思想觉悟的不断提高和秋季丰收，爱国捐献形成高潮。植棉能手纪老胜一人捐皮棉 160 斤；油城村支书徐小云一人捐小米 400 斤；一位商人在新乡捐献 500 元，回淇县后又捐献 500 元。10 月上旬，银行每天收到的捐款都在 6000 万元以上。至 1951 年底，全县捐献总额达 8.1 亿元（第一套人民币），超额完成了捐献"淇县号大炮"的任务。

当时的 8.1 亿元等于 1955 年第二套人民币 8.1 万元。1955 年 8 月，国务院发布了《关于国家机关工作人员全部实行工资制和改行货币工资制的命令》，并发布第一份《国家机关工作人员工资标准表》，从国家副主席到勤杂人员分为 30 级，月工资由低到高从 18 元到 560 元不等。

据中国人民抗美援朝总会拟定：捐献 15 亿元，战斗机一架；捐献 50 亿元，轰炸机一架；捐献 25 亿元，坦克一辆；捐献 9 亿元，大炮一门；捐献 8 亿元，高射炮一门。淇县人民捐献的 8.1 亿元，等于是捐献了一门高射炮。淇县人民刚刚翻身做主人，家家户户都还十分困难，但为了抗美援朝却能捐献如此一笔巨款，不愧自古以来的"义民"。

（三）全方位做好优抚工作

在抗美援朝运动中，淇县对优抚工作十分重视。在县民政科的组织指导下，各区、各村先后成立了优抚委员会，积极向群众宣传拥军优属政策，贯彻党的优抚方针。淇县在做好春节、端午节、"八一"建军节、中秋节、国庆节五个节日慰问的同时，不断完善代耕方式，帮助军烈属搞好生产。

开始淇县的代耕方式不太统一，有的村给军烈属轮流派差，有的村让军烈属吃代耕米，有的村固定代耕户以后实行包耕包产合同制。实践证明，包耕包产合同制优点较多，它能适时帮助军烈属送肥、耕作、播种、锄草，促进增产丰收。

县政府在调研后决定：废除轮流派差、送代耕米等办法，全县统一实行包耕包产合同制；对困难较大的军烈属，加以救济，使军烈属生活水平不低于一般群众。1952年4月至1953年4月，全县1459户军烈属中，受到代耕的725户，代耕土地3831亩，投工26.4万多个，平均每个劳动力负担了1.3个工。

在开展优抚工作的同时，各级党组织还发动群众给志愿军写慰问信，寄慰问品。1951年6月至8月，城关镇向志愿军捐鞋5000双，寄慰问袋1万余个。仅10月31日一天，淇县就向志愿军寄去慰问信357封、慰问品2368件、慰问袋2139个、现金2236元，对志愿军战士在前方杀敌、保卫世界和平起到了激励作用。

1953年7月27日，美国被迫在停战协定上签字，中国的抗美援朝战争取得伟大胜利。在抗美援朝运动中，淇县人民作出了应有贡献，同时也受到了一次生动的爱国主义教育，抗美援朝运动中所激发出来的热情，成为淇县人民革命和建设的强大动力。

## 第四节　土地改革及社会主义改造

中国共产党自从成立以来，就以消灭封建土地所有制、实现"耕者有其田"为己任。淇县早在1943年7月12日建立抗日民主政府之际，在首任县长刘哲民带领下，就在根据地内的黄洞、西掌村开展了减租减息斗争。淇县县城解放后，淇县民主政府于1947年4月开始，在解放区拉开了减租减息运动的大幕。

土地改革之后紧随的是社会主义改造，即三大改造，是中华人民共和国成立后，由中国共产党领导的对农业、手工业和资本主义工商业三个行业的社会主义改造，是建设社会主义制度的根本要求。由于淇县的土地改革结束于1950年春，早于全国土地改革结束时间三年，淇县的社会主义改造也相对较早。

一、土地改革，赢得人民

（一）减租减息，大力推进锄奸反霸斗争

1947年4月3日，淇县县城解放后，根据上级指示和当时的形势，淇县（除老区外）大力开展减租减息和锄奸反霸斗争。口号是"一手拿枪，一手分田""村村点火、处处冒烟"。

其方法有四：一是训练骨干。各区普遍举办了积极分子训练班，截至6月底，全县（除四区，即黄洞）共训练骨干1751人，推动了锄奸反霸斗争。二是为群众撑腰。首先推翻保甲制度，摧垮封建土地制度的政权基础。五区（庙口，时为淇县民主政府驻地）只用了两天时间，将全区各保甲长全部撤掉，群众自己选举村长，建立自己的政权。三是组织联合斗争。由于奸霸地主勾结敌人，对贫下中农进行报复，在发动成熟的基础上，将罪大恶极的奸霸地主由几村联合斗争。四是发展农会，建立武装。各村纷纷建立农会，发展民兵组织，同封建地主进行斗争。

据不完全统计，淇县县城解放后到8月20日的4个月内，铁路西62个村建起了农会，发展会员3200余人。六区（庞村）形盆基点的6个行政村，在短短几个月中，组织起民兵50余人。

铁路西62个村庄,参加锄奸反霸大会的群众达2.8万人次,平分地主土地1.1万余亩,分房子1064间,粮食636石,牲口117头,大车11辆,衣服、被子416件,各种农具2186件,并挖出机枪1挺,长短枪46支。

在"九四"大出击胜利形势下,县委决定在铁路以东地区,大力贯彻"一手拿枪,一手分田"的方针,逮捕奸霸地主800余人,并在一区(城关),二区(北阳)和三区(西岗)40个村(街),对奸霸地主进行了斗争。

从9月4日至12月上旬三个月内,铁路以东各村群众共分土地8907亩,房子590间,粮食3171石,牲口164头,家具、衣服4.6万件,农具1.6万件,抢收地主、富农秋粮502亩。由于开展了减租减息和锄奸反霸斗争,稳定了新生人民政权的社会基础,赢得了全县人民群众的拥护和支持。

1956年5月4日,中共中央发出《关于清算减租及土地问题的指示》(即五四指示),决定将过去的减租减息政策,改为没收地主土地分配给农民,实行"耕者有其田"的政策。减租减息运动告一段落。

(二)分类推进,贯彻执行《中国土地法大纲》

1947年10月10日,中共中央颁发了《中国土地法大纲》,晋冀鲁豫边区发出了《补充办法》,推动了淇县土地改革运动。

1948年1月至4月,太行五地委在林县桑园召开区以上干部整编会议(史称"桑园整编")。淇县县委书记郭庭俊、县长柳林分别带队,分两期共145人参加了整编会议。

会上学习了全国土地会议精神。对照检查了淇县前段土地改革工作,肃清了极"左"思想的影响。县委根据"桑园整编"的精神,决定对淇县土改运动根据不同类型采取不同的措施,分为三类。

一类是山里老解放区。基本完成了土改任务,但还有遗留问题,主要是土地复查。政府采取了抽多补少、抽肥补瘦、填平补齐的措施,对错斗中农迅速予以纠正。对地主、富农分给一定数量的土地和房屋,给予生活出路，在劳动中改过自新。

二类是沿半山老区。虽已进行了锄奸反霸斗争，但封建地主并未彻底斗垮，贫下中农除少数积极分子分得些果实外，大部分没有翻身，土地问题基本没解决。对于这类地区重新分配土地。对于过去已分配的土地，除不合理的给予调整外，一般没有再动。

三类是新解放区，包括铁路两侧和铁路以东地区。由于当时一些土匪、还乡团还盘踞在卫河两岸，为了缓和阶级矛盾，争取广大社会力量，孤立和消灭国民党残余势力，这类地区暂不土改。

（三）分批进行，全面结束土改

老解放区和沿半山老区农民已成了土地的主人。这时由于农村阶级成分还未正式确定，分地不均的现象还存在，土地证尚未颁发，致使部分农民产生了种种思想顾虑，影响了广大农民的团结和大生产运动的开展。中共淇县县委根据上级指示精神，决定淇县最后的土改工作分两批进行。

第一批是铁路以西地区。1948年8月至9月在仙谈岗村搞了结束土改的试点，又在原本庙村召开了扩大干部会议进行部署，铁路以西的土改运动很快形成高潮，于1949年2月全部结束。

第二批是铁路以东地区。县委于1949年11月召开了县、区干部会议，并从铁路西抽调有土改经验的区、村干部到铁路东帮助工作。至1950年春，全县土改运动全面结束。

土改期间，以选举农代会为突破口，划分成分，确定阶级。对所有土地普遍丈量，按照"中间不动两头平"和"大部不动个别调整"的原则，对缺少房的贫农、转业军人，还乡的逃荒户，从生产生活资料和住宿上，酌情进行解决，进而颁发土地证，掀起了生产高潮。

二、全面开展社会主义改造

（一）开展农业互助合作运动，实现对农业的社会主义改造

提倡个体农民"组织起来"，走共同富裕的社会主义道路，这是党的一贯主张。随着土改后农民经济地位上升，农村开始出现中农化的趋势。中农既是小生产者，又是小私有者，其中有少数富裕

中农上升为新富农。

针对农村中出现的贫富差距拉大的现象，1951年9月，中共中央制定了《关于农业生产互助合作的决议（草案）》，肯定了农民对个体经济和劳动互助的"两种积极性"。要求大量发展劳动互助组，在条件比较成熟的地区，有重点地发展土地入股的初级农业生产合作社。

淇县的互助合作运动，早在抗日战争时期就开始了。1943年山区解放后，为了战胜灾荒，恢复生产，在老根据地黄洞、东掌、西掌等村，群众自动组织起一些季节性的临时互助组、变工队。叠堤岸、打地边埂等农活，一户干不成，几户合起来就能干。农忙时犁耙地，一户一头牲口拉不起来，几家合用牲口，困难就解决了。这些互助组、变工队，一般不计工，不结账，用群众的话说就是"吃亏沾光论憨厚"。土地改革后，各地也涌现出一些自愿结合的互助组。

1951年冬，中共淇县县委结合本县的具体情况，集中培训了789名农村党员，在农村进行社会主义远景教育。要求各级党组织，要根据不同季节，在农村开展小型、灵活的互助合作。同时，还强调要允许农民自由参加和退出。

1952年，全县临时互助组发展到1051个，长期互助组发展到1211个，组织起来的劳力、畜力和土地约占全县总数的70%。各村普遍建立了互助合作委员会，在党支部的领导下，及时总结交流互助合作经验，专门搞互助合作运动。

1. 坚持政策引导，思想教育

土地改革后，广大贫苦农民翻了身，生产积极性大为提高。但是分散、落后的农民个体经济，限制着农业生产力的发展，为此，县委着重对农民进行了两个方面的教育。

一是只有实现集体化，才能避免两极分化。土改后一部分刚翻身的农民，由于家底薄，牲畜、农具少，生产困难，生活依然贫困，若再遇上天灾人祸，就得借贷，给人当长工，打短工，甚至卖地；而一部分较富裕的中农，由于劳力强、牲口好、土地多，很快便发家致富，成为农村中的富农。

一区（城关）稻庄村，从1950年土改结束后到1953年，全村有22户贫困户卖地83亩；而另有24户富裕中农买地52亩。贫农介牛生土改时也分了6亩半地，由于人少无牲口，打的粮食不够吃，卖地2亩。

三区（西岗）大李庄，土改后四年中，由于资本主义自发势力泛滥，结果造成多数人贫困，少数人发财，放高利贷的38户，放粮500余石，雇长工的28户。而另有38户因生活困难，卖地400余亩。

通过这些活生生的典型，使群众看到，如果不搞互助合作运动，两极分化就会继续下去，富的会更富，穷的将更穷。使他们认识到只有走互助合作的集体化道路，才能走上共同富裕的道路。

二是只有实现农业集体化，才能实现农业机械化。各级党组织反复向群众宣传实现社会主义工业化的重要性。但要实现农业机械化，必须先实现农业集体化，不然一家一户分散的小块土地，无法使用大机器耕作。

2. 坚持典型示范，逐步推广

农民最讲实际，"说一千，道一万，不如做个样子看"。为了解决部分群众观望的问题，县委在思想教育的同时，注意抓好典型，积极组织干部、群众到搞得好的互助组、农业社参观学习，使他们在内心深处真正受到触动。

鲍庄是山里的一个穷村，1946年秋遭国民党八十五军（军长吴绍周，淮海战役中在双堆集被俘）抢劫后，全村只剩下一头毛驴。

为解决群众生产、生活困难，党支部书记王全带头于1947年同4户贫农组织起临时互助组，全组无一头牲口，农具也只有一张破耧。他们团结奋斗，靠人拉犁、拉耙、拉耧搞生产，冬闲时组织劳力搞副业，硬是度过了荒年。

他们为群众作出了榜样，使该村先后组织起几个临时互助组。王全互助组不断扩大，1948年扩大为7户；1949年扩大为9户，并于这年秋后组织起常年互助组。到1952年，王全互助组已发展到11

户，还新买了9头牛、两头驴，增添了新式步犁等许多大件农具。

由于该组学习先进的农业生产技术，实行合理密植、施肥，使用优良品种，治理病虫害，使产量逐步提高，1952年小麦平均亩产216斤，比1947年提高3.5倍，比其他群众产量高48斤。秋季平均亩产468斤，比1947年提高3.2倍，比其他群众产量高192斤。

县委抓住这一典型大力进行宣传，组织干部群众参观学习。参观后大家普遍反映"还是集体力量大"。回去后，一些干部主动向全村群众宣传互助组的好处，一些互助组长结合外村经验改进了管理制度，推动了农业互助合作开展。

原本庙村总共170户，除8户地主外全部参加了互助组，入组农户达95%。南关村总共189户，组织长期互助组9个、临时互助组3个，参加互助组的农户达185户。

3. 坚持自愿互利，不搞"一刀切"

在互助合作运动中，有一些互助组，为了扶贫济弱、照顾平衡，不进行评分计工。时间一长，一些出人出物多、出力大的组员就有了意见，称互助组是"糊涂组"。一部分人感到吃亏了，就退了出来。

县委在推进互助合作过程中，坚持自愿、互利的原则，不搞行政命令，让群众自觉参加，自愿退出。

稻庄村1951年先后成立了3个互助组，其中有两个互助组劳力强，土地好，工具全，牲口大车配套，但因组织的不好，生产上不去，不到半年就全散伙了。

另一个互助组是党员陈圣贤领导的。这个组一切条件都差，连辆大车也没有，但他们实行民主管理，大家团结一心搞生产，仅副业一年就收入14190斤粮食。他们利用这笔钱买了一辆大车、4头牲口，还买了1部轧花车。当年的农业产量提高36%。到1953年转初级社时，这个原来7户的互助组，一下子就发展成具有35户的陈圣贤农业生产合作社。

同时，也有一些互助组组织不力、管理不善，有的组员参加不久又退了出来，生产情绪不高，面临垮台的危险。

对这些发展落后的互助组，县委先后派干部进行了帮助与整顿，特别是在分配上推广了按劳取酬、多劳多得、男女同工同酬的制度。不仅男女劳力要评分记工，牲口也评了分。

这样一来，广大组员的生产积极性提高了，互助组也得到了巩固与发展。1953 年，淇县的长期互助组发展到 1407 个，临时互助组发展到 1222 个，参加互助合作的农户达 18311 户，占全县总农户的 83%。

1953 年 12 月，党中央通过《关于发展农业生产合作社的决议》，逐步实行农业社会主义改造，把注意力更多地转向兴办初级农业生产合作社。在初级社的基础上，再组织大型的完全社会主义性质的高级农业生产合作社，逐步改变农民的生活方式。

为了建立一批高质量的农业生产合作社，1954 年春，县委抽调 68 名组织能力强、懂政策的干部组成了建社工作队。

建社工作队经过 20 天集中训练，在明确了建社的政策、方法、步骤后，开始下村工作。由于广泛地宣传政策，深入地进行思想发动，在不到 1 个月的时间里，就新建立了 51 个农业生产合作社，加上原有的 26 个，全县农业社发展到 77 个，入社农户 13340 户，占全县农户的 59%。

实现合作化后，在不长的时间内就从各方面显示出了它的巨大优越性，农民称赞是"楼上楼，天上天，集体化的好处万万千。打井开渠修水库，再也不愁吃和穿"。还总结出合作化的"八好""四多"。

"八好"：一是因地制宜种植好；二是兴修水利，农田基本建设好；三是各尽所能，按劳分配好；四是农副业生产结合好；五是学习生产技术好；六是对五保户照顾好；七是养猪积肥家庭副业好；八是计划生产支援国家建设好。

"四多"：一是男女劳力出勤多；二是粮食棉花增产多；三是副业生产门路多；四是社员收入增加多。

互助合作运动使社会主义集体经济代替了落后的小农经济，改变了原有的农村生产关系，解放了生产力，为农业发展开辟了宽广道路。

东关农业合作社前后的变化是最好的证明：单干时，全年亩产粮食 141 斤，棉花亩收籽棉 70 斤。成立互助组后，全年亩产粮食 255 斤，棉花亩收籽棉 120 斤。建立农业生产合作社后，全年亩产粮食 461 斤，棉花亩收籽棉 255 斤。

通过算账对比，清楚地说明单干不如互助组，互助组不如农业社，这是广大农民积极参加互助合作的重要原因。

豆街村农民袁启庚原来一直单干，谁动员他也不参加互助组。

后来他看到参加互助合作的好处后，主动申请参加。

1954 年 9 月，淇县划归汤阴县后，在汤阴县委领导下，农业合作化运动继续向前发展。

1954 年秋，汤阴县委组织"南四区"（原淇县地域）部分农业社长、互助组长到宜沟参观拖拉机耕作。

1955 年，又让汤阴县机耕队到南关南地作耕地表演。朝歌区各村干部和农业社长、互助组长以及围观的农民，看到一台波兰式拖拉机带着五张犁，一下子就可犁七八尺宽，无不啧啧称赞。

1956 年元月底，汤阴县共建立高级农业生产合作社 712 个，入社农户达 84878 户，每社平均 400 户，入社农户占全县农户总数的 99.8%，全面完成了对农业的社会主义改造。

原淇县辖区的 4 区 1 镇 168 个行政村、370 个自然村，共建立起 56 个农庄（即高级社），少则 50 户，多则上千户。其中同盟农庄，是由西街、阁南、南门里、南关、稻庄、南杨庄、石桥 7 个村组成的，有农户 1005 户。

淇县在合作社运动中，由于种种原因，也曾出现过一些偏差，主要有三个方面。

一是个别互助组、农业社工作方法简单，违背自愿、互利的原则，一度出现了强迫命令的现象。

二是机械学习苏联，在初级社转为高级社时，统统叫作农庄。

其中朝歌镇 16 个村，建立了同盟、三好、前进、丰收 4 个农庄，虽名曰农庄，却没有苏联农庄机耕队等物质条件。

三是从 1955 年下半年起，步子迈得太快，使一些刚建立的初级社，甚至是互助组，一步跨进了高级社。不少高级社挂上了牌子，搭起了架子，但各项规章制度并未建立起来，经营管理混乱，超越了群众的觉悟程度，也超越了干部的经验水平。

总的来说，淇县的农业合作化运动是成功的，正如《关于建国以来党的若干历史问题的决议》所说："在一个几亿人口的大国中比较顺利地实现了如此复杂、困难和深刻的社会变革，促进了工业和整个国民经济的发展，这是伟大的胜利。"

（二）对手工业的社会主义改造

手工业在社会经济中占有重要地位，起着供应农业生产、供给生活需要甚至提供军事武器的作用。淇县的手工业起源较早，考古发现，早在殷商时期，淇县境内就有制骨、冶铁等手工业作坊。解放前，县城内有染坊、磨坊、糕点坊、银匠炉、铁匠炉、木匠铺、皮条架等手工业作坊，"双和兴"商号酿造的酱油、双醋，驰名豫北。

1. 解除顾虑，推行手工业生产合作化

新中国成立之初，淇县工业基础薄弱，手工业相对发达，但手工业生产也存在分散落后、技术保守、生产盲目等弱点。

为了更快地发展手工业，繁荣市场，活跃经济，中共淇县县委和县民主政府对手工业者及时扶持，解决原料、销路、资金三大困难，在很短时间内恢复和发展了生产。

1951 年 6 月，中共中央颁布了《手工业生产合作社章程》，给手工业的社会主义改造提供了办法，指明了方向。

当时，很多个体手工业者对于蓬勃发展起来的合作化运动并不理解，特别是技术较高的手工业者担心组织起来不自由、赚钱少，害怕技术泄露，害怕买原料困难，产品销路没保障，所以对参加公私合营并不积极。

针对这些怀疑和顾虑，淇县县委采取大会动员、干部家访、个别谈话等方式，与手工业者座谈形势，交流思想。从全国的大气候联系到本县的小气候，从原料购进、加工到产品的销售，从工人的工资、劳保、福利到退休养老等方面，讲述进行社会主义改造的优越性，动员大家坚定地走合作化道路。

11月上旬，县委、县政府又组织铁木匠、油粉坊、编织、打绳、烧石灰等各行代表，召开了手工业代表会议。传达学习平原省供销社第二次生产会议精神，宣传贯彻手工业生产奖励政策，号召大家发展生产、多作贡献。会上，当即订立合同32份、协议77份，总值上亿元（第一套人民币）。

2. 边建边整，提高手工业生产合作社效率

1953年过渡时期总路线颁布后，淇县认真贯彻"统筹兼顾，全面安排，积极领导，稳步前进"的方针，在广泛开展爱国增产节约竞赛、动员手工业者加入生产合作社的同时，采取边建边整的方法，对原有的生产合作社进行了整顿。

对农村机器不能代替的手工业如铁匠炉等，给予支持发展。对前途不大，机器一时难代替的如纺织、榨油、农具制造、磨面等，降低其成本，以销定产，不盲目发展。对和国家政策相抵触的如各种迷信品的制造、手工业卷烟等，动员其转业，限制发展。

明确了面向农村为工农业服务的方向，建立了以定员、定料、定质、定量的"四定"责任制。大力推行民主管理，进行"质量第一，安全第一"教育。加强财务管理和成本核算，杜绝浪费，提倡增产节约。经过整顿，多数生产合作社生产效率、产品质量有显著提高，显示了组织起来的优越性。

3. 规范管理，手工业迈入社会主义集体化道路

1954年6月22日，中共中央发出《关于第三次全国手工业生产合作会议的报告》的指示，提出在集中主要力量发展重工业的同时，必须相应地发展轻工业、地方工业和手工业，以满足广大人民群众日益增长的物质需要。

为加强对手工业的领导，县政府于1954年成立了手工业管理科，

具体负责全县手工业的社会主义改造。

首先，通过由国营企业或供销合作社供给原料和推销产品的加工订货方式，将个体生产的手工业者组织起来，成立手工业生产小组。这些手工业生产小组普遍受益，得以稳定发展。

其次，将若干个手工业生产小组或个体手工业者组织起来，成立手工业供销生产合作社，实行统一生产（经营）管理，统一推销产品。合作社的建立，解决了一些手工业生产小组采购原料、推销产品难的问题。

再次，在手工业供销生产合作社的基础上，逐步组织、发展手工业生产合作社，这是手工业社会主义改造的高级形式。1954年，淇县先后组建了铁业社、皮麻社、木业社等集体经济组织，入组入社人数达到手工业总人数的一半。

中山街的聚鑫铁工厂，1952年创办。在社会主义改造中，该厂积极响应县委号召，与岳来佐等几个铁匠铺，于1954年合伙建起了铁业社，成为淇县第二机械厂的前身。

上关的皮匠李克俊，在1954年的合作化运动中，他同几个个体手工业同行一起建立了皮麻社，成为淇县皮革厂的前身。

会做地耧的王保庆、会做马车的何国梁、开木器家

铁业社·淇县第二机械厂

具铺的党景现等几户木匠铺，于1954年组建起木业社，通过接受社会主义改造，走上了集体化的康庄大道。

（三）对私营商业的社会主义改造

解放前，淇县县城内从中心阁向北直至北关，药店、布庄、百

货店、文具店、澡堂、点心铺、肉铺、饭馆、理发馆、镶牙馆、粮行、煤场等店铺林立，商业繁荣。

1. 解放初期，淇县私营商业在政府支持下翻倍发展

解放初期，淇县的商业活动主要以私营商业为主，除县城几户资本较大外，绝大部分系小商小贩，分散在城区和各村。

当时县城有私营商户 218 户，从业 283 人。其中纯商户 138 户，从业 186 人；饮食业 80 户，从业 87 人，两者在城乡市场中占 82%。农村私营商户 104 户，从业 114 人。

1950 年 5 月，淇县实行国营贸易机构委托私营工商业者加工、订货、包购、包销等办法，开始了商品生产和市场的初步计划性，使私营商业获得恢复和发展。到 1952 年，全县的个体工商户发展到 585 户。当时，整个城乡市场基本上被私营商业操纵着，阻碍着社会主义经济发展。

2. 积极引导组织私营商业走公私合营的合作化道路

1953 年，随着对党的过渡时期总路线的宣传和贯彻，淇县开始对私营商业实行社会主义改造。

在改造过程中，针对全县私营商业行业复杂、户数多、人员多、资金少、规模小、绝大部分是不雇工的家庭商业和小商小贩的特点，同时针对私商遍布城乡，是沟通产销、活跃城乡经济生活的一支重要力量的客观实际，县委认真贯彻党中央和政务院制定的对资本主义工商业"利用、限制、改造"的政策，对私营工商业者执行"团结、教育、改造"的方针，积极引导组织私营商业走公私合营的合作化道路，利用其对国计民生有利的一面，限制其不利于国民经济发展的消极因素，逐步把私营

淇县老加工厂大门

经济改变为社会主义经济，实现向社会主义过渡。

淇县对私营商业的改造，是分期分批进行的。

首先向他们深入宣传党的过渡时期总路线，使每个工商业者认清社会发展的规律，掌握自己的命运，自觉接受社会主义改造。

其次是在调查摸底的基础上，分批分期地组织他们集中学习，打消他们的顾虑，使其愿意接受改造，走社会主义道路。

1953年10月，淇县实行粮食统购统销政策，由国营商业单位和农户签订合同，定量定价收购农副产品，私营商业经营范围逐步缩小。

接着，采取"统筹兼顾、全面安排、积极改造"的政策，对166名私商人员进行了改造。组成棉布代销组1个，百货合作组3个，杂货合作组3个，文具合作组1个，铁瓷合作组1个，医药合作小组1个，百、杂货业经营小组5个，各种经销组14个。在饮食业方面，全县安排组成合作饭店4个，经营小组3个。

对私营商业的改造，是按其资本多少、企业性质，采取不同的形式、办法。

淇县的"德和成"药店，是解放前的老字号，它经销全国各地名贵药材和中成药，不仅零售，还向全县批发，几乎垄断了淇县的药材市场。在1955年对私改造中，它作为资本主义企业主动要求实行公私合营，并将城关另外6家药铺也合进来，全部资金3400元（已发行第二套人民币），所有财产逐一作价入账。14名私方人员也都接收过来，成为淇县首家公私合营的企业。

对那些在城镇的小商小贩，他们资金少、设备简陋，有的靠沿街叫卖维持生计，对他们的改造，是把他们组织起来，走合作化的道路，在国营和合作社的领导下，正当经营。

据统计，当时属于商业的小商小贩共172人，到1955年底组织起来120人，占从业人员的70%。根据不同行业，组织成21个合作店（组），其中日杂、铁瓷、蔬菜小组共14个，安置67人。百货商店3个，安置21人。杂货商店3个，安置25人。棉布商店1个，安置7人。

属于饮食服务业的私营人员97人，到1955年底组织起来68人，占从业人数的70%。他们分别被组织在9个合作店（组）。

上述被安置的私营人员，他们原有的资金带店（组），

淇县"双和兴"商号（老加工厂）旧址

登记入账，他们的财产用具也带进店（组），经评议作价，登记入账，作为分红的股金。

对分散在农村的114名私营商业人员，一部分过渡到基层供销社，成为供销社的过渡职工；一部分安置在供销社的代购销售点上，共安置91人，占农村私营商业人员总数的79.8%。

3. 加强管理，完成了对私营工商业的社会主义改造

党对私营商业改造的原则是：对私营工商业不是没收，而是采取赎买政策。

党对私营商业者的政策是：在政治上给予恰当安排；在工作上量才使用；在生活上包到底，使他们改造成自食其力的劳动者。

在私营商业改造过程中，县委坚持既改造企业又改造人，对过渡人员中涌现出善经营、会管理而且能拥护党的总路线的积极分子，挑选出26人担任了门市组长。选拔培训了15名会计人员。按社会主义经营原则建立了各项规章制度，加强了财务账目管理。

到1955年上半年，全县私商人员由新中国成立初的283人下降为94人，而全县商业经营绝对额却比1954年同期上升45.6%，合作小组经营纯利率12.8%。

1955年下半年，根据中共中央"先安排，后改造，逐步转向""主要改造，继续安排"的政策，使60名私商人员过渡为供销社职工，

134 名私商分别纳入各种组织形式。

到 1956 年，全县出现公私合营 1 户、合作组店 65 户，过渡到国合商业的 132 户，经销代购商 80 户。又培养部分过渡人员担任了副经理、业务组长、门市负责人等职，在 10 个合营、合作商店中有 3 个建立了私商为主的领导核心，促进了商业改造和平稳过渡。

"德和成"公私合营后，职工们积极性很高，端正了经营方向，仅公私合营的第一个季度就疏通了新乡、郑州、北京同仁堂等老渠道，采购各种药品价值 4000 多元，使市场一度紧张的药品得到了缓解。

过去沿街叫卖的小商贩，由于缺资金、少门面，生活没有保障。组织起来后，有了资金，有了固定地点，生活得到了改善，他们感到了党的关怀和温暖，工作积极性非常高。

4. "破烂王"王大根到天安门参加国庆观礼

过渡到朝歌供销社的职工王大根，在废品收购中作出了显著成绩，被群众誉为"废品收购专家"，1955 年光荣地到北京参加了国庆 6 周年天安门观礼，受到了党和国家领导人的接见；同年 12 月，又出席了在北京召开的全国工商联第三届委员会代表大会。

通过对私营工商业的社会主义改造，1955 年原淇县境内的私营工商户，通过公私合营，组织集体性质手工业合作社、合作商店和合作小组，以及代购点等形式，被改造的工商户 322 户，从业人员 397 人，其中城镇 218 户、283 人；分散在农村的 104 户、114 人，全部进行了社会主义改造。按照党的政策，共安置私营工商业者 337 人，占原私营人员总数的 85%。到 1956 年基本完成了对私营工商业的社会主义改造。

这些公私合营企业和合作商店（组），得到了党和政府支持，资金有困难，银行给予贷款。货源由国营商业或供销社按批发价格供应，执行国家规定的零售价格，实行明码标价。根据市场需要，将国营商店、供销社、合作商店进行了合理的布局调整，使城乡的商业网点更加适中。既方便了群众，也繁荣了市场，促进了经济发展。

在对私营工商业改造过程中，由于要求过急，工作过粗，改造过快，也出现了一些缺点和偏差。一些小商小贩、小手工业者，他们本来属于劳动人民，却长期按过渡商进行改造。有些小业主、资方代理人，实际资金不足 2000 元，而本人又参加劳动，也应属于劳动人民的范畴，却被当成资本家对待。

这些长期遗留的问题，在党的十一届三中全会后，得到了公正解决。1980 年春，县委统战部根据中央指示精神，对全县原工商业者 147 人进行了区别，其中有内定资本家 9 人、资本家代理人 2 人、小业主 11 人、小商小贩小手工业者 125 人。除 1 人属于地主兼资本家不予区别外，其余 149 人全部属于劳动人民，并经县委批准后，由各单位当众宣布。

农业、手工业和私营商业的社会主义改造于 1956 年基本完成以后，全民所有和劳动群众集体所有制这两种形式的社会主义公有制经济，在全县经济中居于绝对统治地位，这标志着淇县在经济制度上实现了由新民主主义向社会主义的过渡和社会主义经济制度的确立。但由于人们对社会主义的理解受苏联模式的影响，普遍认为私营经济和公有制不能并存。这一认识导致私营经济受到排斥，制约了我国经济的发展。

# 第六章　艰辛探索　奋勇前进

淇县 1954 年 9 月并入汤阴县，原淇县辖区二区高村、四区前嘴、一区城关、三区西岗改为汤阴县九区、十区、十一区、十二区以及朝歌镇，区下 41 乡。1962 年 8 月，淇县又从汤阴县分出来，单独设县。归汤阴县管辖八年。

从 1956 年到 1978 年的二十二年间，淇县人民在汤阴县委、县政府及淇县县委、县政府领导下，从社会主义制度基本建立到实行改革开放，对建设社会主义进行了艰辛的探索。

淇县的社会主义建设，经历了第一个五年计划（1953～1957年），第二个五年计划，进行了三年"大跃进"，进行了国民经济调整。淇汤分设后，在淇县县委的领导下，继续对国民经济进行调整。到 1965 年，经过五年调整，淇县经济在曲折中得到恢复和发展。从 1976 年 10 月粉碎"四人帮"到 1978 年底党的十一届三中全会召开，在这两年多时间里，淇县县委把揭批"四人帮"反革命集团同恢复被破坏的国民经济结合起来，使经济很快步入正常轨道。

总体上看，在这 22 年间，淇县的国民经济得到了全面发展，与解放前相比，经济社会状况有了翻天覆地的变化，为改革开放打下了较好基础。

## 第一节　社会主义建设的良好开端

淇县的社会主义建设事业是伴随着中国共产党不断进行自我革命开局的。

一、不断进行自我革命，保持党的先进性和纯洁性

社会主义建设开始之初，汤阴县委带领全县党员干部连续进行了审干、肃反、整风和反右斗争。

（一）审查干部工作

随着经济建设和社会主义改造的全面开展，机构扩大、增设，干部人数成倍增加，加上干部调动频繁，许多问题需要澄清，个别老干部也存在未曾审查或未曾审查清楚等遗留问题。1953 年 11 月 24 日，中共中央作出《关于审查干部的决定》，决定用两三年时间对全国干部进行一次细致的审查。

原淇县辖区的"四区一镇"，在汤阴县审干工作委员会的领导下，于 1955 年 5 月开始进行审干工作。首先确定了审查对象，然后组成调查小组，分工包干，调查取证。不少专干冒着酷暑严寒，跋山涉水，跑遍各地，克服困难，千方百计取得大量的人证、物证和历史档案等证明材料，查清了许多重要问题。

为了稳妥，将结论草稿与干部本人见面，如本人有不同意见，可以提供材料，进行辩论，直至把问题完全搞清。

最后党组织综合各方面的情况，对 73% 的干部作出了结论。之后，根据上级的通知精神，各区对审干工作又进行了复查。始终坚持群众路线，先后揭发检举出大量重要的政治历史问题线索。

整个运动到 1958 年基本结束。通过审干，从政治上进一步纯洁了党员和干部队伍。

（二）肃反运动

审干期间，1955 年 5 月 14 日和 7 月 1 日，中共中央先后发出了两个"指示"，即《关于全党必须更加提高警惕性，加强同反革命分子和各种犯罪分子进行斗争的指示》和《关于展开斗争肃清暗藏的反革命分子的指示》，决定在全国范围内开展一场肃清暗藏的反革命分子运动（简称肃反运动）。

1955 年 10 月，汤阴县区划调整，在保留朝歌镇的基础上，九、十、十一、十二 4 个区合并成朝歌区、庙口区 2 个区。

　　根据上级指示，汤阴县于 1955 年 11 月成立了由县委书记崔毅任组长的五人领导小组，并抽调专干，组织学习，进行培训，初步做好了肃反准备工作。

　　1956 年 7 月 25 日，原淇县辖区"两区一镇"的中、小学教职员工 210 余人到安阳县水冶镇开会，并参加了安阳地区首批肃反运动。贯彻了党中央和毛泽东提出的"防止偏差，不要冤枉一个好人"和"一个不杀，大部分不抓"的方针，除少数顽固分子予以逮捕外，大部分放在原单位或农村进行劳动改造，月余基本结束，挖出暗藏的历史反革命分子 3 人。

　　1957 年冬，第二批肃反运动开展的范围，主要在区干部及财贸系统进行，同时，在中、小学教职员工中进行了肃反补课，最后，在各区、乡挖出暗藏的历史反革命分子 20 余人。

　　接着第三批、第四批、第五批肃反又在工商业、卫生院、搬运站、合作社中进行。整个肃反运动历时 3 年零 5 个月，直到 1959 年 3 月结束。

　　肃反运动清除了隐藏在党政机关、企事业单位及厂矿中的反革命分子，打击了反革命残余势力，锻炼和教育了广大干部群众。

　　（三）整风运动和反右派斗争

　　1957 年 4 月 27 日，中共中央发出了《关于整风运动的指示》。

　　1957 年 9 月，汤阴县再次进行区划调整，保留朝歌镇、庙口区建制，撤销了朝歌区，按照小乡合并大乡的原则，新建了迁民乡、枣园乡、北阳乡、黄洞乡、大石岩乡、土门乡、高村乡 7 个乡。各区、乡都设立党委会。

　　1. 大鸣大放阶段

　　按照上级部署，汤阴县于 1957 年 12 月 17 日开始整风运动。原淇县辖区的"一区一镇七乡"参加了汤阴县委召开的县、区、乡三级干部扩大会。

　　会上，县委书记薛双庆传达了中央八届三中全会决议和省党代会精神，指出了干部队伍中存在的脱离群众、脱离实际的官僚主义、宗派主义、主观主义问题，号召党团员积极投入整风运动，同时邀请党外民主人士帮助整风。

原淇县辖区"一区一镇七乡"的整风运动跟全县一样，原计划分大鸣大放、反击右派、重点整改、总结提高四个阶段进行，但是由于揭批右派和处理右派的时间过长，挤掉了重点整改和总结提高两个阶段的时间，实际上只进行了前两个阶段。

12月19日，全县的整风运动进入大鸣大放阶段。县委整风办公室创办了大会《快报》，经过20余天的鸣放，共鸣放出意见126426条，贴出大字报57631张，画漫画5118张。县委认为，基本达到了鸣足鸣够、放完放透的目的。

从鸣放的内容看，多数批评和建议是中肯的。但是，也有部分人的发言是偏激的甚至是错误的，他们攻击党的领导、粮食统购统销、人事制度、干部政策等，有些人还从根本上否定社会主义的优越性，把人民民主专政说成是产生官僚主义、宗派主义和主观主义的根源，这种情况引起了党的重视和警惕。

2. 反击右派

从1958年1月11日起，汤阴县及各区、镇、乡的整风转入反右派斗争阶段，运动的主题由正确处理人民内部矛盾转向对敌斗争，由党内整风转向反右派斗争。

原淇县辖区"一区一镇七乡"的干部参加了县委召开的大会，听取县委鸣放阶段总结和反击右派分子猖狂进攻动员报告。

会后，各区、镇、乡组织干部学习《划分右派分子的标准》等材料，训练了反右骨干，组建了"攻心战斗小组"。之后，便利用大辩论形式，开始向右派分子反击进攻。

至1958年元月底，全县共划出右派分子506人，经查错补漏，最后审批定案为321人，其中原淇县地区168人。这些人在以后相当长的时间里，被列为"五类分子"（地、富、反、坏、右），受到打击、压制、迫害和歧视，甚至连家属子女也受到株连，遭受不公正对待。

对于划定的右派分子，庙口区、朝歌镇、迁民乡的"攻心战斗小组"采取残酷斗争的方式，使运动偏离方向。不少右派分子经不起政治上的威压和身体上的摧残，吃不下饭，睡不着觉，个别右派分子被迫自杀。

1958年秋，县委组织了反右补课，又划出了右派分子数百名，这些右派在1962年和1978年先后被全部平反。

对原淇县地区划定的168名右派分子，在1962年淇县恢复建制当年，甄别平反了43人；其余125人，一直到1978年10月才全部摘掉了右派分子帽子。

1958年进行的反右派斗争，损害和削弱了党的社会主义民主与法制，破坏了党一贯倡导的实事求是的优良传统，使党探索中国社会主义建设道路的良好开端遭受挫折。

### 二、党领导人民战胜自然灾害

农村的合作化运动有效促进了农业的发展。但由于农业生产条件很差，农田水利基本建设十分薄弱，各种自然灾害特别是水旱灾害仍然是制约农业生产的决定性因素。

（一）五十年代三场大水

1. 五三年大水

1953年7月下旬，淇县境内普降暴雨，思德河、赵家渠（即沫水河）、折胫河、淇河水势猛涨，致使淇县南半部方圆7公里多被淹没，88个村6万亩秋苗被淹，700余间房屋倒塌。

水灾发生后，各级党组织带领人民群众坚守一线，抢险救灾。汤阴县慰问组协同省、地慰问团、医疗队，深入灾区巡回慰问，赈济安置灾民，帮助灾民解决困难，使灾区人民深受感动。

2. 五五年山洪

1955年8月上、中旬，黄洞、庙口一带连降暴雨，引起山洪暴发，发生严重水灾。

十区区委紧急行动，乡、村当即成立救灾小组，组织群众抢险护堤，筑堤护村，保护秋苗，使村庄免遭淹没。

3. 五六年抗洪

1956 年 6 月 13 日，原淇县境内连降暴雨、冰雹，淇河、折胫河、思德河等河流多次出现洪峰，洪水四溢，沿河农田大部被淹。7 月下旬，淇河再次出现巨大洪峰。

各区防汛指挥部在上级党委、政府的领导下，组织干部群众日夜抗洪抢险，力求减少损失。然而，由于水势过大，牲畜、粮食、农具等损失严重。灾后，九区、十一区、十二区区委积极领导灾民进行了生产自救，努力将损失减至最低限度。

50 年代的一次次自然灾害侵袭，党和政府一次次出手，帮助灾民一次次渡过难关，淇县境内没有饿死、冻死一人，也没有一个因遭灾而出外逃荒。

（二）六三年特大洪灾

淇县恢复建制的第二年，即 1963 年 8 月，淇县遭遇百年未有之特大洪水。

2 日至 8 日，全县连续降雨达 508 毫米，其中最高时一次就达到 44 毫米。淇河、卫河、共产主义渠以每秒 17360 立方米的大水涌入淇县境内。淇河从高村处漫溢，境内大堤 17 处决口，造成 77 个大队被水淹没，111 个村被大水包围，京广铁路以东大部分地区一片汪洋。

1. 损失之大为淇县历史上绝无仅有

洪水致使全县房屋倒塌 45673 间，11 人丧生，34400 人无家可归。被淹粮食作物 230519 亩，减产三至五成的 59153 亩，五至八成的 48607 亩，绝收的 122759 亩。减产粮食 1292.3 万斤、棉花 133.1 万斤、油料 16.5 万斤，占计划产量的 70% 以上。

霉烂粮食 100 万斤、衣服 6 万件、饲草 4700 万斤、家具 60100 件，淹死大牲畜 83 头、猪羊 4000 多只，总计损失 7000 多万元。

据统计，全县受灾人数 93875 人，其中特重灾民 50394 人、重灾民 13640 人、轻灾民 23286 人，占全县人口的 57.4%。

2. 党和政府以战斗的姿态抗洪抢险

灾情发生后，淇县县委、县政府立即决定，把抗洪救灾作为压倒一切的工作任务，以战斗的姿态投入到抗洪抢险中来。

8月2日暴雨始降，县委副书记牛生堂等7名县级领导干部带领20名科局长、115名机关干部赶赴防汛一线，组织社队干部、劳力15000名，风险口、定人员进入险区。大家忍着连续作战的饥饿，冒着连续不断的大雨，4日，战胜了小河口16米的决口；6日，堵住了臧口堤的穿洞。8日晨，县委再次组织干部职工2000名、各队劳力18000名加入抗灾队伍。下午洪水猛涨，高过堤半米的大水平涌而过，大部分村庄进水，危及群众生命。

关键之时，县委、县政府当机立断，马上决定实施第二方案，抢救生命于猛水之中。9日，县委组织了救生队，调用浮筏7个，从县城东街南头上筏，给西岗公社和良相等村运去成品粮6.1万斤、熟食2万斤、苇席3500条、油毛毡110捆、帆布棚15块、煤100吨、炊具5000件等物资。高村、北阳等公社也组织了救生队，向受灾大队运送物资，解决了灾民燃眉之急。

河南省委闻报，采取紧急救援措施，4次派飞机空投救生工具和食品222包。

紧要关头，广大党员干部奋不顾身，勇救群众，表现出高度的革命精神和忘我牺牲精神。县委指挥部的同志昼夜工作，一连几天没合眼。在良相，北阳公社书记曹丑孩日夜战斗在抢险一线，即使洪水已淹没到他的下巴，他仍然坚持继续组织指挥群众安全转移，直到群众安全脱险。西岗公社党委书记杜二保、石奶奶庙大队支书王玉林等奋不顾身，舍亲救邻，使35304名群众得救，5万多牲口脱险。

党员干部舍生忘死，连续作战，不但保住了群众生命，还帮助群众抢出粮食380万斤、衣服15.1万件、各种工具20.8万件。群众无不感动，大家从未见过这样大的水，从未见过这样与群众生死与共的好干部。

### 3. 采取得力措施搞好灾后重建

为了更好地领导救灾，8月8日，县委成立以代县长刘炳恒为主任的救灾委员会。生产救灾办公室由20名干部组成，分为房屋修建、防疫卫生、副业生产、保畜机耕、经济综合、粮食购销、交通运输、物资供应8个组。各公社、大队也成立了相应组织，由主要领导负责，专抓这项工作。

严冬将至，首先是抓好住房问题。各级干部组织群众工换工、亲帮亲，共渡难关。对无劳动力的五保户、军烈属，由大队派人出工，修建房屋3万间，解决了5.5万人的住房问题。

其次是做好防疫治病工作。大水过后传染病易于流行，全县共抽调卫生、防疫等医务人员249人，组成38个组，分片包干。消毒井水14992眼，注射疫苗22289人次，治疗病人13886人次。有效防范了传染病发生，控制了大灾之后出现大疫。

再次是搞好副业生产。各公社、大队成立副业机构，由主要领导亲自抓，发动群众大活小活一齐上，集体个人一齐抓，共同挣钱为集体。为掌握技术，派出400人到外地学经寻宝。并利用贷款130.7万元购进了工具、原料等，在全县掀起轰轰烈烈的副业生产高潮。

同时，各行各业也积极为灾区副业找销路、供原料，提供方便。供销系统为灾区供给副业原料31万元，收购副业产品总值65万元。保畜机耕组用保畜款8.6万元，为灾区牲畜注射疫苗9506头，治病8743头次。交通部门给灾民提供大小车辆1000辆，帮助大家搞运输盈利9万元。

全县共开展各种副业项目50余种，安排劳力2.2万余人，历时10个月，盈利153万元，原计划实现灾民人均增收20元，人均副业收入加救济最终达到27元。灾区人民除生活自给外，还买牲口136头、猪羊5000只、平车4700辆、电磨51台。

最后是保证物资供应。各行各业密切配合，通力协作，为灾民跑食品、调物资，解决人民生活急需。商业系统除完成计划任务外，为灾民购进生产用品 21 万元。煤建部门为灾民低价供煤 6000 吨，节省灾民开支 1.8 万元。非灾区群众给灾区群众割饲草 490 万斤，无偿援助给灾民饲养牲畜。为了使灾民吃饱、吃好，物资供应组走东北、下江南，内集外运食品 350 万斤，基本保证了群众的生活问题。

4. 用好国家对淇县救灾款物

这次抗洪救灾，国家拨来统销粮 1046 万斤、自然灾害款 106.6 万元、医药救济款 12.2 万元、棉布 23.1 万尺、絮棉 5800 斤、成衣 565 件、木料 1500 方、煤 37620 吨、保畜款 8.6 万元。

为了用好这些款物，县委抽调了 40 名科、局长，连续搞了三次试点，总结出"七教育""七提高""五算账"等办法。对灾区逐队、逐户进行排队，并成立评救委员会，自报公议，公社审批，按受灾程度分别确定救济额，分批分次将款物分配到受灾群众手中。

5. 开展群众性的生产自救

抗洪抢险取得初步胜利后，面对灾后的严峻形势，县委于 8 月 26 日至 30 日召开有 451 人参加的三级干部会，号召大家要树立"抓目前想半年"的思想，依靠群众，依靠集体，搞好生产，战胜灾荒。

大水过后，全县留有残秋 151237 亩。为了管好残秋，县委采取了定任务、定工分的办法，调动了群众的积极性，起早贪黑，精细管理，挽救各类粮食 23400 斤。县委还号召每人种菜二分，全县共种秋、冬菜 16832 亩，不仅做到了自足，还略有盈余。

坡洼地区平地积水面积 4.2 万亩，为及时种好小麦争取来年丰收，县委书记、县长带领 570 名干部亲临灾区。排除积水，修制工具 1.5 万件，调麦种 32.5 万斤，集中拖拉机 19 台、牲口 1 万头、劳力 32150 人，完成 239594 亩的种麦面积，是原计划播种面积的 14 倍多，为来年丰收打下了坚实基础。

淇县 1963 年的水灾是严重的，在党的坚强领导下，在国家和上级有关部门的大力支援下，全县干部群众充分发扬坚韧不拔、顽强拼搏、艰苦奋斗的精神，自力更生，共克时艰，团结协作，经过八九个月的奋斗，生产救灾运动取得了明显成绩。

抗洪抢险的胜利，党和政府进一步赢得了人民的信赖和拥护，全县出现了人心稳定、市场稳定、社会秩序稳定、生产情绪高涨的局面。

### 三、社会主义建设事业在曲折中发展

1961年党的八届九中全会后，各条战线认真贯彻"调整、巩固、充实、提高"的八字方针。1962年8月，淇县从汤阴县分设出来，县委、县政府迅即掀起了社会主义建设热潮。

（一）淇县首次办电

1. 大胆决策

1962年8月，淇县和汤阴县分设后，淇县与汤阴的差距非常明显：汤阴那边，县城街道整齐、马路宽阔、路灯明亮，工农业生产发展很快。淇县这边，县城道路狭窄、路面泥泞，一到晚上，漆黑一片，跟农村没什么两样。

这一切都是因为淇县没有电，工厂不能上，煤矿不能开，土地不能浇。当时，分配到淇县工作的同志，感到条件差、压力大，认为要发展淇县经济，改变落后面貌，必须首先解决电的问题。

办电，在当时的历史条件下，是一个非常大胆的想法，经济基础和政策环境等多方面都面临困难。县委、县政府主要领导以大无畏的气概，下定决心，以发展庙口煤炭工业为由，向安阳地委、河南省委打了办电的请示，申请从鹤壁市向淇县架设一条长25公里、35千伏的输电线路，并请求拨款支持。

然而，当时国家经济形势刚刚好转，对计划外投资控制非常严格。因此，等了好久，也没收到省委的正式批复。

在这期间，淇县县委多次召开常委会，经过反复讨论，一致认为办电愈早愈快愈好。决定成立办电指挥部，由县长刘炳恒任指挥长，副县长齐学顺、经委主任柴有良任副指挥长，积极行动，一面干一面解决遇到的困难和问题。

2. 调集技术力量

刚从汤阴县分出来，办电的技术人才一个也没有。县委除了邀

请省经委工程处、省电力五处、省建四公司建电处等支援外，还从全国各地招聘或回调了多名办电技术人员。从商丘招聘过来了办电线路技术员李爱民；从焦作矿院毕业生中招聘过来了技术员李桂英；从西安调回了电力技术员马多才；从太原调回了大学毕业生、内线安装技术员欧阳国尧、杨国英夫妇；从汤阴调来了办电技术员郭长富、莫林等。通过各种渠道和关系，解决了办电技术力量不足的问题。

3. 解决资金困难

参考汤阴县办电架设输电线路、距离、电压等情况，经过测算，淇县办电需要筹款 100 万元左右。

淇汤分设前，刘炳恒在汤阴县任分管财贸工作的副书记，他了解分县时财政账户上结余现金 40 万元。因此，在淇、汤"分家"会议上，他主动向主持会议的地委专员刘玉斋请求，将财政结余留给淇县。刘玉斋当场答复，财政结余可以留给淇县，但其他的不再给了。汤阴县领导由于对财政结余多少不太清楚，以为账户上也没多少钱，当场就没有反对。

事后，汤阴县发现财政结余资金数额不小，新任分管财贸工作的汤阴县委书记处书记李武提出异议，要求重新分成，但费了很大周折也未达到目的。

淇县恢复建制后，地委给淇县拨了开办费 20 万元。经过大力争取，省财政厅向淇县下拨了办电经费 30 万元，省煤炭厅减免了庙口煤矿所欠的税利款 20 多万元。同时，又从厂矿企业、商业、供销、财政等单位挤出了一部分资金，基本凑够了办电所需资金。

4. 解决设备问题

当时，国家刚刚经过三年困难时期，物资供应异常紧张，若要购买电器设备需要到全国各地联系。县委决定把此项任务交给县物质局景福昌。

景福昌接到任务后，与省建四公司张工程师于 1962 年 8 月 27 日急奔南京，在水电部南京器材厂订购了高压线杆 300 根，随后又赴上海定购了开关柜、线杆瓶等电料。但是，在市场上根本找不到高压铝线。

据调查，要想解决问题，必须先买到铝锭，再找厂家加工铝线。为了淇县办电不停工待料，景福昌未在家过春节。正月初五就坐火车辗转赶到了沈阳，通过交涉，东北电业局很快将100吨铝锭发往上海。又南下上海，在上海通过轧铜厂轧成铝条后，又发往苏州电线厂，请求加工铝线。

然而，等铝线加工完成时，因当时的物资供应都由政府严格按计划管控，江苏省经委得到报告，查明这批铝线没有批文，不准出省，通知苏州电线厂不准发运。景福昌立即赶到上海河南办事处，经办事处林主任与江苏省经委交涉，最后，铝线才发给了淇县。

1963年3月，县委又派曹云彩通过巧妙交涉，从东北购来了大型变压器。8月又从太原购到矽钢片10吨，运至武汉电器总厂加工成了小型变压器。经过艰苦努力，办电设备终于全部购齐。

5. "停办"危机

在购置电器设备的同时，办电施工就开始了。首先是派人跋山涉水目测输电线路，然后用仪器进行精确测量。线路确定以后，抽调数百名民工挖坑、运线杆。当时还没有自卸车、钩机等工程设备，施工全靠人力，运线杆徒手装卸，立线杆用绳子牵拉。

在西岗段施工时，正值隆冬，天寒地冻，为了使乡亲们早点用上电，民工们脱掉棉衣，只穿裤头，跳进刺骨的冰水中挖线杆坑。为了御寒，民工们下水前先喝几口酒。手脚冻僵了，跳出来立即披棉衣烤火，就是靠这种一不怕苦、二不怕死的精神，按时完成了施工任务。

1963年春，正值淇县办电紧张施工之际，县里有人告状称，淇县县委、人委领导隐瞒财政资金不上交，地委拨的开办费没用完，借用国家的资金不归还，办电私招乱雇花了国家的钱。

省委知悉后，根据中央"不准搞计划外投资"的指示精神，勒令淇县停止办电。

此时，淇县的办电设备已经订购，花费已近100万元。县委认为，如果停下来，损失太大，于是决定一面写检查一面坚持施工。1963年 6 月，省委检查团到安阳地委，严厉批评淇县为什么三令五申办电仍然不停，要求严肃处理淇县的干部。

县委代理第一书记张凤岐（1962.8—1963.10 任县委代理第一书记，1963.10—1964.9 任县委第一书记）迅速赶到地委汇报情况。恳切申诉，淇县办电已花费了 100 万元，若停下来，浪费太大，好事变成坏事，无法向群众交代。并郑重而坚决地表示："撤我的职可以，但让我给淇县办完电再撤吧。"

6. 李先念同志的关心和帮助

地委副书记王大海（大战形盆口的太行五分区独立营长）听了张凤岐的恳求，既同情又感动，便决定借第二天到郑州开会的机会，向省委作以解释。

当时，国务院副总理李先念正在郑州召开棉花工作会议。会议期间，王大海拉着张凤岐向省委领导简要汇报了淇县办电的情况及张凤岐的请求。

李先念同志就坐在那里，听到王大海的汇报后，当即表示："淇县这个县委书记很不错么。这个项目没有列入计划，今天列进计划不就行了？"

这在淇县历史上，是县委书记得到国家领导人当面表扬的唯一一次。李先念同志支持的消息传到淇县，县委、县政府各位领导无不感动，办电的热情更加高涨。

在李先念同志的亲切关怀和帮助下，淇县被省委定为棉产县，由此为办电列入省计划开了绿灯，以棉产县的支持政策，又得到了省里下拨的 20 万元资金支持。

有了国家领导人和省委的关怀，淇县办电人员干劲倍增，办电进程大大加快。不久，整个高压线路架设完成，庙口、城关两个变电所竣工。

1963 年 9 月 27 日，历经一年多的艰苦工作，淇县首次办电试产成功。县城和各村相继架设了电线，进行了电力配套。从此，机关的电灯亮了，工厂的机器转了，农村的机井喷水了，淇县进入了电气时代。

淇县自办电以来，工农业总产值随着转供电量的增长而飞速增长。1963 年至 1966 年，淇县的转供电量年均增长 365%，工农业总产值年均增长 68.18%。

到十一届三中全会吹响改革开放的号角之后，淇县工业一路领跑豫北各县，直至率先脱贫，率先实现小康。这都是国家领导的关心，省委、地委的支持，淇县前辈领导的胆魄和前辈建设者赤身跳冰水的干劲打下的坚实基础。

淇县电业职工将这场办电战役编成了顺口溜：县长分家弄到钱，老景搞铝不过年。书记恳求感天地，办电莫忘李先念。

刘炳恒是淇汤分设后的首任淇县县长（1962.8～1965.9 在任），老景自然是景福昌了，书记是指张凤岐同志，李先念同志为淇县办电给予了大力支持，淇县后世子孙将永远铭记他们。

（二）教育事业的发展

新中国成立之初，淇县的教育事业非常落后。1949 年冬，全县仅有简易师范 1 所，2 个班，83 个学生。小学 110 所，180 个班，4406 个学生。教师合在一起仅有 131 名。这个基础还是 1947 年 4 月淇县县城解放后，淇县民主政府经过两年努力打下的底子。

教育事关发展，事关未来。1949 年 10 月初，安阳地区在安阳北关召开安、汤、林、浚、淇五县教育工作会议，吸收了一批城市知识分子参加教育工作，并从这批人员中抽出 50 名充实到淇县教师队伍。

1949 年 12 月，第一次全国教育工作会议（简称"全教会"）在北京召开，会议提出"教育必须为生产建设服务，为工农服务，学校向工农开门"的方针，建立起为无产阶级政治服务的新民主主义教育体系。

1. 中小学师生踊跃参与社会主义建设实践，刘拐庄的冬学上了《平原日报》

　　三年恢复时期，全县中、小学紧密配合土地改革、抗美援朝、镇压反革命等运动，进行了广泛的社会宣传。特别是在抗美援朝运动中，不少师生报名参加了抗美援朝健康大队、军干校，带动全县迅速掀起爱国捐献高潮。

　　为了解决教育向广大工农群众开门问题，1949年，县文教科在全县大力推进冬学、民校兴办，不少村推选有文化的农民为教师，开办了各种类型的学习班，组织广大农民识字学文化。1950年，全县学习班发展到166个，学员发展到7149名，是年1月5日，《平原日报》发表《刘拐庄的冬学是怎样组织起来的》，向全省介绍该村办冬学的先进经验。

　　1952年6月，平原省大力开展扫除文盲识字运动，淇县建立了扫除文盲工作委员会，各区设扫盲领导小组，安排扫盲校长专门抓此项工作。是年冬季，全县办扫盲班494个，学员18710名。

　　2. 淇县师范学校的历史贡献

　　淇县解放后，为了培养师资，发展解放区的教育事业，1948年秋，县民主政府在鱼泉村前嘴自然村筹建了淇县简易师范学校。当年招生一个班45人，于12月1日开学。

鱼泉前嘴淇县师范学校

　　1949年2月，学校迁至县城东街路东（县教育体育局办公旧址）。11月，学校更名为淇浚联立师范学校，开始招收浚县籍学生。从1950年师范七班开始，学校设立了班主任，建立了备课制度，成立了教研组，学校各方面都渐趋正规。

　　1951年12月，学校更名为淇县师范学校。

　　1953年，淇县师范学校随之撤销，改名淇县第一初级中学。此后，淇县师范学校未毕业的师生10、11、12班合并到了安阳第二师范学校。

淇县师范存续的四年多时间，共招收师范班、师训班、临时师训班、义务教员训练班等各类班 28 个，毕业学生 833 人，为淇县、浚县培养了第一批小学教师，其中一部分成为建党建政之初的党政机关干部和科技人员。

3. 淇县基础教育的起步和发展

解放初期，淇县在大力兴办冬学、民校的同时，基础教育也取得了长足的发展。1953 年底，淇县中小学发展到 141 所、272 个班，教职工达到 402 名。

1957 年，毛泽东指出："我们的教育方针，应该使受教育者在德育、智育、体育几方面都得到发展，成为有社会主义觉悟的有文化的劳动者。"

1958 年 9 月，《中共中央、国务院关于教育工作的指示》发出。党中央和国务院首次提出了比较完整的社会主义教育方针，明确了教育工作的培养目标和实现培养目标的途径。

在汤阴县委领导下，各学校一方面加强思想教育，引导学生在阶级斗争、生产斗争和科学实验三大革命运动中受锻炼，受考验。另一方面，加强文化科学知识教学，使青少年走"又红又专"的道路，达到为无产阶级政治服务的目的。

但由于受"左"的思想影响，有些学校 1957 年停课开展反右派斗争，1958 年停课参加大炼钢铁运动，教育战线曾一度出现运动多、生产劳动多的现象。挫伤了知识分子的工作积极性，影响了学生的学习。

三年经济困难时期，教育战线贯彻"调整、巩固、充实、提高"的方针，对中小学进行压缩精简。小学由 156 所压缩到 62 所，班数由 272 个压缩到 212 个，学生由 11955 名压缩到 8780 名，教职工由 940 名压缩到 558 名。

1962 年 8 月淇县恢复建制后，恢复文教科，坚持"两条腿走路"的方针，实行多种形式办学，中、小学教育稳步发展，质量不断提高。

1965 年，全县小学发展到 187 所，教学班发展到 516 个，学生达 19315 名，教师达 565 名。初中发展到 24 所，教学班发展到 50 个，学生达到 1334 名，教师 93 名。建立高中 1 所，拥有 7 个班、15 名教师、学生 242 名，基本形成完整的教学体系。

（三）文化事业的发展

文化是根，文化是魂。淇县解放后，县委在领导恢复和发展经济、巩固新生人民政权的同时，积极发展社会主义的文化事业，丰富群众精神生活。

1. 建立淇县人民文化馆

1949 年 3 月，中共淇县县委、淇县民主政府机关由庙口迁至县城。9 月，将上街口路西一幢楼改造成了淇县人民文化馆。该楼为三间三层，一楼为图书阅览室，二楼为展览室，三楼为文艺室。楼顶装有警报器、大喇叭。楼前有黑板报、光荣榜、宣传栏等，被群众称为"文化大楼"。

人民文化馆拥有图书 1 万余册、电子管干电池收音机 1 部、手摇留声机 1 部、幻灯机 4 部、流动书箱 10 个、手摇警报器 1 台、全套幕布、丝竹锣鼓文武场乐器全套。负责组织全县的文化艺术活动、群众体育活动、科学普及、社会教育、盲艺曲艺管理等，是全县文化活动的中心。

同时，在黄洞、高村、庞村设 3 个文化站，负责农村图书借阅、发展农村俱乐部、辅导业余剧团演出等文艺活动。

1954 年 9 月，淇县并入汤阴，淇县人民文化馆改称朝歌文化站，各项活动逐渐减少。1962 年 8 月恢复淇县建制，文化馆也随之恢复。

1965 年，在马号胡同东侧举办大型阶级教育展览，塑有大型泥塑群像《收租院》。县内各机关、学校、生产队及浚县、滑县等邻近县组织机关干部、师生、农民前来参观，影响颇大。

2. 成立淇县豫剧团

新中国成立不久，在县委倡导下，立品剧社的人员与范金绪介绍过来的一部分演职人员组合，成立了淇县豫剧团。不久后改名新声剧团。

立品剧社主演为河南豫剧表演艺术家阎立品（1921～1996），豫剧名旦六大家之一，立品剧社多数演员被淇县民主政府接收。范

金绪是香玉剧社的演员。1952年初，县委对新声剧团进行改造，成立淇县豫剧团。1954年淇县并入汤阴后，淇县豫剧团改称汤阴县豫剧一团，其性质为民营公助。

淇县豫剧团原址

1958年成立党支部，在党的领导下，不断改造思想、改造制度、改造剧目，贯彻"百花齐放，推陈出新"的文艺方针，演员的思想觉悟和艺术水平均有提高。1958年11月至1959年元月，剧团赴京演出51天、125场，人们争相购票观看，场场爆满，广受好评。1962年淇县恢复建制，淇县豫剧团也随之恢复，除本县外，还经常到外县及河北、山西等地演出，影响很大。

3. 发展电影事业，满足群众精神文化需求

电影是一种深受群众喜爱的艺术表现形式。新中国成立前，普通民众看电影只是一种奢望。新中国成立后，平原省安排第七电影队负责淇县、浚县、汤阴三个县的放映，每演一场电影，好多群众都徒步十多里前去观看。

1954年淇县并入汤阴后，汤阴县电影放映公司派汤阴第三电影队在朝歌、北阳、西岗、庙口、高村定点巡回放映。当时放映的影片主要有《花木兰》《扑不灭的火焰》《陈三两爬堂》《平原游击队》等，群众百看不厌，每次放映都是人山人海。电影放映员被群众奉若神明，吃派饭无不是盛情款待。

1962年淇县恢复建制后，成立两个电影队，拥有两部16毫米放

映机，从此淇县拥有了电影放映自主权。1964年底，淇县电影院建成，本县第一座标准化电影院诞生，实现了天天放映，大大丰富了群众的文化娱乐生活。群众看电影往往买不到票，每天晚上电影院检票口需要公安干警维护秩序。

4. 建立广播站

为了宣传党的政策，传播党的声音，1963年8月，淇县建成了广播站。起初对城关公社试播，除转播中央和河南省联播节目外，还编播本县新闻和报刊摘要。12月底，开通了对高村、庙口、北阳、西岗等公社的播音。1965年，实现每天早、中、晚3次播音，全天播音增加到5个小时。

随着生产的发展和人民生活水平的逐步提高，人们对精神文化的追求也愈来愈高。自60年代始，淇县每年元宵节三天（正月十四、十五、十六）在县城组织一次民间社火会演，数十年雷打不动。

比较有名的社火队及节目有：东街的花船、抬歌，上关的背歌，韦庄的二鬼摔跤，西街的龙灯，阁

淇县广播站旧址

南、新乡屯、石奶奶庙的高跷，臧口、霍街、枣园的舞狮、武术，下曹的大头娃娃，宋窑的打花棍等。每逢会演，万人空巷，热闹非凡。其中，西街的龙灯在2000年千禧之际曾到天安门前展演。

（四）卫生事业的进步和发展

淇县解放前，卫生事业落后，疫病肆虐，广大人民群众缺医少药，饱受疾病折磨。据统计，新中国成立前夕，县内仅有医院1所、病床10张，诊所4处，中西医药人员107人。

县委、县政府高度重视人民群众的身体健康，早在1949年9月，

淇县民主政府就设立了卫生科，负责全县医疗卫生工作。

1. 开展爱国卫生运动

1952年1月，美国在朝鲜战争期间公然发动细菌战，毛泽东同志号召"粉碎敌人的细菌战争"。

淇县积极响应号召，成立爱国卫生委员会（简称爱卫会），组织城乡干部群众积极开展"除四害"（除苍蝇、除蚊子、除老鼠、除麻雀）、"两管"（管水源、管粪便）、"五改"（改厕所、改炉灶、改水井、改畜圈、改人居环境）爱国卫生运动，全县人人动手，家家清扫，城乡环境明显改观。

2. 建立淇县人民医院及乡镇医院

县委、县政府搬至县城办公后，将原来在前嘴村建立的太行行署五分区淇县卫生所改为淇县大众医院。1950年又改为淇县人民卫生院，时有西医3人、初级技术人员6人，设注射室、换药室、药房等，占房27间，开放病床15张。

1954年淇县并入汤阴后，卫生院由中山街南段路西移至东街北头原国民党县政府（老县衙）院内，改称汤阴县第二人民医院。

1962年淇县恢复建制后，改称淇县人

淇县人民医院原址

民医院。科室发展为内科、外科、中医科、放射科、检验科及注射室、换药室、中西药房、收费处等，病床增至30张。

至1965年，淇县还建立了高村、庙口、北阳、西岗、黄洞、城关6家公社卫生院，全县的接诊、救治能力较新中国成立之初明显提高。

3. 传染病防治成就斐然

县委对传染病防治工作非常重视，新中国成立后即根据"预防为主"的方针，先后开展了天花、白喉、流脑等 14 种传染病的防治工作。早在 1956 年，就给 10 岁以下儿童免费进行了乙型脑炎疫苗普种。

淇县恢复建制后，县委、县人委专门成立了淇县防疫站，负责全县卫生防疫工作的监测、监督、科研及培训等，积极开展传染病、地方病、职业病的防治工作。1962 年免费给群众普种了牛痘疫苗，接种人数 64966 人。1963 年又普遍注射了伤寒、霍乱、百日咳等菌苗。1966 年开始推行脊髓灰质炎疫苗（小儿麻痹糖丸）的接种。60 年代淇县就控制了伤寒、斑疹伤寒，根绝了天花、霍乱、百日咳等传染病的发生，是一个了不起的成就。

4. 妇幼保健上了新台阶

建国前后，淇县没有妇幼保健组织，妇女生小孩，主要依靠农村散存的接生婆接生。由于缺乏科学的消毒和必要的应急技能，产妇大出血、新生儿破伤风屡见不鲜。好多人都形容说，生孩子是"儿奔生来娘奔死，生死只隔一层纸"。妇女生小孩，就是奔赴鬼门关。

为了保障产妇和婴儿身体健康及生命安全，1950 ～ 1951 年，淇县分期分批培训新法接生人员 300 多人次。1964 年淇县建立了妇幼保健站，负责培训接生员；推广新法接生、科学育儿和孕产期保健；开展妇科病的防治、儿童保健等工作。新生儿和产妇死亡率及因产婴妇女染病率明显降低。

5. 建立公费医疗及农村合作医疗制度

根据政务院指示精神，1953 年元月，淇县建立公费医疗实施管理委员会，负责全县机关工作人员、离退休干部及二等乙级以上革命残废军人的公费医疗管理工作。

1962 年，淇县在部分农村实行了合作医疗。1965 年以后，全县169 个大队普遍建立了合作医疗站，建立了合作医疗制度。

合作医疗基金由生产大队、生产队、个人三方筹集，每人每年3 ～ 4 元，由合作医疗站统筹使用。社员在合作医疗站就诊时，药费可免除部分或全免。这有效缓解了患者的就医压力，保障了人民群众的身体健康，改变了旧中国穷人看不起病的社会痼疾。

在教育、文化、卫生取得成绩的同时，自1956年至1978年间，淇县的交通、运输、邮电、水利、金融、保险等各项社会事业也都有较好的发展。

## 第二节　"大跃进"、人民公社化运动及淇县工业的起步

为了尽快改变贫穷落后的面貌，党中央在1957年提出了15年赶超英国钢产量的发展目标。在1958年正式制定了社会主义建设总路线，并发动了"大跃进"和人民公社化运动。社会主义建设总路线、"大跃进"和人民公社，当时被称为"三面红旗"。

### 一、"大跃进"运动

1957年反右派斗争之后，党认为人民群众建设社会主义的热情高涨，经济建设可以搞得更快一些。1957年9、10月间召开的党的八届三中全会，讨论通过了《全国农业发展纲要》。

10月26日、27日，《人民日报》先后发表社论，要求"有关农业和农村的各方面的工作在十二年内都按照必要和可能，实现一个巨大的跃进"。

1958年元月至3月，河南省委、安阳地委、新乡地委分别提出了大跃进目标。

1958年3月，安阳专署撤销，汤阴县归新乡专署领导。在3月27日至4月15日召开的中共新乡市第二次代表大会上，新乡提出"反保守，打五气（官气、阔气、暮气、骄气、娇气），乘卫星，驾火箭，多快好省，力争上游，组织全面大跃进"。

7月15日至20日，汤阴县召开5300人参加的活动积极分子大会，制定了1958年全县农业增产等意见和规划。8月份，县委又制定了农工商、林牧副、粮棉油全面跃进指标，提出"人有多大胆、地有多大产""不怕做不到、只怕想不到"等口号，全县各行各业"大

跃进"的高潮迅速形成。

"大跃进"中提出的指标脱离本地经济发展的客观要求和生产力现有水平，农业水利工程计划在原淇县境内修水库27座，挖渠42条，修水电站9座等十个超高指标，最后都没有实现。

工业方面，1958年冬，朝歌公社将一些手工业社扩大为厂，成立了机械厂、营造厂、皮麻厂、白铁厂、缝纫厂、副食品加工厂，并新建了电厂、玻璃厂、肥料厂、面粉厂、榨油厂、造纸厂、棉花加工厂、冷冻厂等，到1962年，这些厂全部停办下马。

"大跃进"给工、农业生产造成极大的破坏和浪费，1959年至1961年，全县出现了严重的经济困难。各地普遍出现了高指标、浮夸风、瞎指挥，各公社虚报产量，形成上级高征购、群众没粮吃的局面，给人民群众带来了灾难性的后果。

二、人民公社化运动

1958年3月，中共中央政治局成都会议通过了《关于把小型的农业合作社适当地合并为大社的意见》。会后，各地农村开始了小社并大社的工作。

8月中下旬，中共中央政治局在北戴河召开扩大会议，通过《关于在农村建立人民公社问题的决议》。

1958年6月，汤阴县刚刚撤销了大石岩乡、黄洞乡、土门乡建制，设立了庙口乡。7月24日，朝歌镇也刚刚改成朝歌共产主义公社。接着，在汤阴县委的领导下，原淇县辖区的各乡就投入到轰轰烈烈的人民公社化运动中来。

（一）人民公社的建立

1958年7月，在原淇县辖区，朝歌镇稻庄、南关、西街、西坛、三海、中山街、杨庄、东关、韦庄、下关、阁南、东街、上关、付庄、石桥15个高级社，迁民乡的七里堡、赵沟、桥盟等4个高级社，北阳乡的小马庄、泉头、关庄、西杨庄、西黄庄、袁庄、大小洼、南北四井等9个高级社，合并成立了朝歌共产主义公社。8月24日，朝歌共产主义公社改名为朝歌人民公社。

朝歌人民公社采用"统一领导、分级管理"的原则，下划 10 个联队，联队在公社的统一领导下具体组织基层生产单位进行生产经营活动。各联队建立党支部，是领导各项工作的核心力量。8 月底，联队更名为生产大队。

9 月，北阳乡、迁民乡、枣园乡、高村乡、庙口乡相继改建为北阳、西岗、高村和庙口四个人民公社，农户参加率 100%，全境实现了人民公社化。

人民公社的特点是"一大二公"。所谓"大"，就是规模大。将原来一二百户的合作社合并成为四五千户乃至一万户的人民公社。一般是一乡一社，有的还合并了其他乡的高级社。朝歌人民公社，就合并了迁民乡和北阳乡的 13 个高级社，高级社总数达 28 个，包括 32 个自然村、4242 户、17141 人。

所谓"公"，就是搞生产资料公有化。将几十个经济条件、贫富水平不同的合作社合并后，一切财产上交公社，实行吃、穿、看病、婚丧、生育、子女上学、养老送终全包，进行平均分配。

在各种"大办"中，政府和公社经常无偿调用生产队的土地、物资、劳动力和社员的财物，既不打条，也不归还。这种"一平二调"，常常使社员惊恐不安。不少地方纷纷杀猪宰羊吃牲口，砍树伐木毁农具，以免被随时"调用"。许多社员嘲讽：吃干弄净，公社供应；干不干，两块半。

各人民公社实行"组织军事化、生产战斗化、生活集体化"管理。改生产组织为军事化编制，即公社为团，生产大队为营，生产队为连，小组为排。党的各级领导，分别称政委、教导员、指导员。行政领导分别称团长、营长、连长、排长。所有劳动力按军队编制组成班排连营，采取大兵团作战的方式组织农田水利等工农业生产。

公社内部强调生产自给，实行工资与生活相结合的分配制度，对社员实行按劳分配定级工资制。工资分 8 级，最高一级 3 元，最低一级 1.2 元，工资评定后按级发给个人。

农村原有的集市贸易、小商小贩以至家庭副业都被作为"资本主义尾巴"加以取缔。

（二）公共食堂的"饥饿"

各人民公社的建立，其运营模式被认为具有共产主义的因素，只要不断强化它，就能实现社会主义向共产主义的过渡。

当时很多人认为，在广大农村，由于家务纠缠，大部分农户不能全勤投入生产，特别是广大妇女，因为要做饭、带孩子，不能参加生产劳动，影响了社会主义建设和向共产主义过渡。

朝歌公社党委算了这样一笔账，全社按一户一灶计算，4242户就要有4242人做饭、操持家务，加上有小孩的妇女2300人中1200人不能下地劳动，全社大致有5442人不能投入到生产中来。

据此，朝歌公社责成专人抓福利建设，在全社建立了63个公共食堂、26个幼儿园、58个托儿所和8个敬老院，实行集中做饭、集中看孩、集中养老，以"使社员专心从事生产"，抽出更多的劳动力从事生产活动。

各公社的情况大致相同，一时间公共食堂在各生产大队一哄而起。公共食堂以自然村为单位，小村设一个食堂，大村设两三个甚至四五个食堂。

公共食堂成立后，生产大队将各家各户的炊具、粮、油、柴全部收缴，勒令封炉封灶，禁止家户做饭。如发现谁家冒烟私自做饭，要批判他破坏社会主义阵地。所有社员都到公共食堂集体就餐，一日三餐，各家均用桶或瓷盆、瓦罐到食堂打饭，每人一份，不能多也不能少。

绝大多数公共食堂按每人每天7两粮食供应，后来粮食供应不上就用瓜、菜、红薯等代替（俗称瓜菜代）。食堂成立第一年，由于大家都把家里的粮食集中起来，所以基本上都能吃饱。

到1959年，多数生产大队先后吃完了积蓄的粮食，新打的粮食因"浮夸风"被征走了，食堂的饭越来越差，每顿都是稀面汤照人头、红薯面馍窝窝头，人人灌大肚。过不了一会儿，肚子就饿得咕咕叫。

在高村公社的泥河等生产大队，有些社员饿得实在不行了，就到处翻麦秸垛，找下面的麦粒吃。有的用玉米裤沤制所谓的"淀粉"，掺些白干土，做成饼干充饥。社员吃了后不消化，肚子胀得圆圆的，浑身浮肿，有些生产队出现了饿死人的现象。

### 三、大炼钢铁运动

在 1957 年 11 月召开的莫斯科会议上，毛泽东提出中国钢产量要在 15 年赶上或者超过英国。

1958 年 3 月、7 月，河南省委先后召开两次钢铁会议，号召全省县县乡乡社社办铁厂，全年生产 150 万吨铁、30 万吨钢。

汤阴县工业会议之后，朝歌镇在全县率先举行了大搞地方钢铁工业誓师大会。大会明确了以小型为主，以土法为主，在小型土法的基础上，土洋并举，大中小相结合的方针，提出了行动口号："乘卫星、驾火箭，三千吨要实现，苦干实干拼命干，日夜不熄把铁炼""钢铁就是命，人人作保证，小高炉 6 天出铁，7 天全建成，是好汉是英雄，钢铁战线抢头名"。

#### （一）朝歌镇炼铁成功

誓师大会后，朝歌镇从农村抽调劳力 140 多人，背着行李、干粮，分别到北阳西山边进行开矿，到铁路西修建土高炉，并派 15 辆大马车专门向工地运送物料。

7 月 24 日，土高炉建成，但因原料、技术等原因，铁水流不出来。一次又一次进行试验，炼铁均告失败，不少人情绪低落。

8 月 5 日，朝歌共产主义公社连夜召开党委委员扩大会议，决定抽调劳力 560 人组成钢铁突击大军，由公社党委委员和各经济部门负责同志带队，分五路人马，进行会战。

第一路由公社党委书记郭同太负责，带着钢锤、铁钎、火药等武器，到赵庄矿区开矿。

第二路由财贸委员詹子钦负责，带队到四井一带开矿。

第三路由宣传委员宋金铭负责，带队到庙口一带开矿。

第四路由社长龙济凤负责，率领大批人马，到工地昼夜不停地建土高炉。

第五路由副书记朱振学负责，做好后勤供应工作，运输物料，支持炼钢前线。

通过昼夜苦战，短短几天就采矿490吨，建土高炉271个。

8月8日下午4时，土高炉终于流出铁水，人们皆大欢喜，朝歌公社向县委报喜，宣告炼铁成功。

（二）"南五公社"提出炼钢措施

8月中下旬，中共中央政治局在北戴河举行扩大会议。会议对现实生活中已经相当严重的浮夸和混乱现象，不仅没有加以纠正，反而加以支持，会议提出"以钢为纲"的方针，决定1958年钢铁产量要比1957年翻一番，达到1070万吨，实际上前八个月钢的生产只完成了400万吨，还剩四个月时间。

北戴河会议后，北阳公社、西岗公社、高村公社、庙口公社等各公社迅速掀起全民大炼钢铁运动。

运动中，为加快炼钢炼铁速度，原淇县辖区即"南五公社"相继开展了"八结合""十变""六提高"等竞赛活动。

"八结合"就是坚持整风与生产相结合、前方与后方相结合、土洋结合、劳武结合、外地经验与本地经验相结合、不同工种相结合、关心群众生产与生活相结合、企业化管理与统一管理相结合。

"十变"就是农民变工人、不会变红专、临时突击变正常、临时安排变计划管理、平炉变高炉、人力鼓风变机械鼓风、一级操作变技术管理、平地变工厂、粗餐变细餐、土马路变石子路。

"六提高"就是政治觉悟提高、领导水平提高、技术操作提高、数量质量提高、工效提高、生活水平提高。

（三）汤阴县在高村建设6平方公里钢铁基地

经过两个月的大炼钢铁，取得了一些经验，但由于水源、煤源、矿石等缺乏，困难越来越大。汤阴县委经过研究，10月8日通知各公社将炼钢场迁至高村车站西边的高村钢铁基地，基地南北长3公里，东西宽2公里，规模非常大。

男女劳力在工地安营扎寨，吃住在工地。各公社成立地方工业办公室，下设运输组、采矿组、炼焦组、炼钢组、后勤组、财务组、供应组、宣传组等，组织也很健全。

特别是宣传组，他们根据工具改革编写了快板：

隆隆隆，隆隆隆，一片震耳鼓风声。

远听好像机器响，近看是人来带动。

万座高炉流铁水，工具改良显威风。

根据炼钢规模编写了快板：

庙口石棚至北阳，总共六十余里长。

满山遍野人劳动，到处都是机器响。

厂厂铁水流流流，炉炉钢花放金光。

千军万马齐奔腾，好似生产铁和钢。

打击美英侵略者，世界和平有保障。

全国实现机械化，粮食产量百倍长。

人人心情喜洋洋，处处都是在歌唱。

还用夸张的手法编写了表示炼钢决心的快板：

携地球，飞上天，伸手要把太阳摭。

一口喝尽海洋水，双肩能担万架山。

血流尽，汗流干，一把骨头也要干。

没有资金我们兑，没有住处铺地盖天心情愿。

大炼钢铁运动投入了巨大的人力物力。据统计，1958年全县投入资金977.5万元，投入劳动力9万多人。其中朝歌公社投入4306人，建成小高炉59个、地上平方圆炉276个、小土高炉236个、鸡窝炉763个、地下平方圆炉715个、反射炉83个。

至1958年11月，汤阴县南五公社（高村、西岗、庙口、北阳、朝歌）完成钢4560吨、铁4609吨。由于条件差、技术水平低，炼出的铁像煤渣块，根本达不到工业用钢、用铁的标准。

为了节约生产费用，1958年12月底，汤阴县成立钢铁联合企业，"南五公社"将大炼钢铁业务移交汤阴县统一经营。高村钢铁基地仍留下少数人，将一些机械设备集中起来，建立一个青年机械厂，即后来高村机械厂的前身。原淇县辖区的大炼钢铁运动至此结束。

四、农村社会主义教育运动

社会主义改造完成以后，有少数地主、富农和资本主义思想严重的人，对社会主义的某些制度、国家的某些政策怀疑不满，甚至挑拨工农关系，鼓动社员退社，抵抗粮食统购统销政策。

为进一步巩固社会主义制度，1957年8月8日，中共中央向全国发出了《关于向全体农村人口进行一次大规模的社会主义教育的指示》。

8月中旬，中共汤阴县委向全县下达了《广泛开展社会主义教育的指示》。从9月份开始，原淇县境内的庙口区、朝歌镇、迁民乡、枣园乡、北阳乡、黄洞乡、大石岩乡、土门乡、高村乡"一区一镇七乡"，在汤阴县委的领导下，开展了为期四个月的农村社会主义教育运动。整个运动分四个阶段进行。

第一个阶段是大搞宣传，大讲形势。一是以乡社为单位，选拔训练党团员、贫下中农积极分子，组建了骨干队伍。二是提出"个个要过社会主义关"的口号，算解放前十年破产贫困情况，算解放后十年成就，算今后十年的幸福远景，进行"三个十年"对比，克服右倾思想，提高社会主义觉悟。三是培养典型，阶级诉苦，与富裕中农划清界限，彻底地孤立少数资本主义思想严重的富裕中农。

第二个阶段是开展大鸣、大放、大辩论。鸣放的形式多种多样，有的召开座谈会，有的设立意见箱，有的进行家庭访问。场合也多种多样，有的在田间地头，有的在食堂，有的在牛棚。

针对社员中存在的怕说出来不顶事、怕打击、怕报复、怕惹人、怕戴右派帽子、怕当典型"五怕"思想，社队干部和骨干耐心做群众的思想工作，鼓励人人提意见、户户发议论。提倡知无不言、言无不尽。鸣放出来的意见中，正确的、合理的占大多数，错误的占少数，反动的占极少数。

在大辩论中，主要采取前后对比、摆事实讲道理的办法。辩论以粮食问题为中心，同时也辩论了合作化、工农关系等问题。同时，在党内也进行了大辩论，通过辩论批判了党内存在的右倾思想，认清了进行社会主义与资本主义两条道路斗争的必要性。

第三个阶段是开展对重点人的批判斗争。各社、队确定了重点批判对象。然后个别谈话，根据重点人的检查态度，确定会议的参加人员和规模。在斗争中，社队多次召开贫下中农特别是老年人座谈会，把斗争提到两条道路的高度，不断提高群众觉悟。

第四个阶段是组织群众说心得、谈收获。在斗争取得基本胜利后，全面进行检查和总结，确保教育效果。到年底评选表扬了一批在生产中积极、斗争中立场坚定的模范干部和五好社员。

通过这次农村社会主义教育运动，一些基层社闹事的现象明显下降，闹退社的情况不复存在。但这次社教运动由于受"左"的思想影响，出现了强迫命令、打人骂人现象，甚至把富裕中农视为农村中走资本主义道路的代表加以批判。

**五、淇县工业的起步**

淇县自从 1962 年办电以来，工业开始大踏步发展。

（一）新中国成立前后经济建设的探索

早在 1943 年冬，在淇县西部山区根据地，抗日民主政府就在东掌村发动群众，每户兑小米 5 升，以农会为主，办起一家商店，为淇县合作商业之始。

1947 年，又在庙口东南的小高庄，由五区各村入股建起一家油坊。1948 年 9 月，淇县人民政府在鱼泉村正式成立了淇县供销社合作社，简称县社，总资金不足 4000 万元（第一套人民币）。1949 年 4 月，县社随党政机关迁入县城。

到 1950 年底，全县农村发展基层供销社 86 个，社员 57150 人，社员股金 12 亿元（第一套人民币）。在村村建社的基础上，本着方便群众，有利管理的原则，在集镇和大村建社的思想指导下，逐步并为 9 个农村供销社。到 1954 年，县社直属有生产、土产、棉花 3 个经理部和 1 个食品加工厂。同年，淇汤合并后，在原淇县设供销社朝歌办事处。

淇县党员干部搞经济建设的经验，就在这些探索中获得，在决策、管理及人才方面也为办工业奠定了基础。

（二）工业企业的发展

淇县国营工业始于1958年大办钢铁时期。当年在高村桥火车站西一带，相继建有钢铁厂、青年机械厂、炼焦厂、耐火材料厂、铜铅厂。黄洞、庙口建有煤矿，朝歌城内建有玻璃厂和发电厂等11个厂，职工882人，产值80.7万元。

大炼钢铁停办后，淇县因陋就简，克服困难，利用遗留下的技术、设备、管理、购销渠道等生产要素，发展自己的工业。

1960年发展到35个企业，职工2823人，产值631.5万元。当时未全面考虑能源、资金、技术等条件而盲目上马，致使许多企业产品质量低劣，造成很大浪费。

1961年实行"调整、巩固、充实、提高"的方针，将钢铁厂并入青年机械厂，黄洞煤矿并入庙口煤矿，其他厂矿转产下马很多。

1962年将青年机械厂改称淇县机械厂，庙口煤矿改称地方国

淇县（高村）机械厂原址

营淇县庙口煤矿。全县共保留国营企业5个，职工1019人，当年产值达176.9万元。

（三）乡镇企业的发展

淇县社队企业在1958年之后发展起来，1984年后改称乡镇企业。其特点是：投资少费用低；规模小转产快；企业设在农民家门口，从业人员离土不离乡，亦工亦农；产供销从未列入国家计划，主要靠市场调节。

1953年后，随着农业生产合作社的发展，淇县农村有社办油坊、

粉坊、轧花、弹花等集体副业。1958年后，农村人民公社和生产大队、生产队兴办农机、搬运、砖瓦、商业代销及缝纫、理发饮食服务业达226家，从业人员666人。60年代初，人民生活困难，工业企业纷纷下马，到1962年全县社办企业仅剩1家。进入70年代，社队企业再度发展到33个，从业人员达到774人，总产值达到656万元。

## 第三节 国民经济全面调整

1959年，全国开始了人民公社的调整、巩固、充实、提高工作。淇县各公社的整顿是在新乡地委领导下进行的，恢复淇县建制以后继续进行。

### 一、恢复淇县建制，召开淇县第二次党代会

新中国成立后有相当长的一段时间，行政区划变更比较频繁。1960年11月，汤阴县委划归中共鹤壁市委领导。1961年9月，安阳、新乡两地委分设，汤阴县归中共安阳地委领导。

（一）恢复淇县建制

1962年8月21日，中共安阳地委发出《关于恢复淇县建制的通知》，决定汤阴和淇县分设。

23日，中共淇县委员会及其工作部门和淇县人民委员会及其职能机构随即建立，张凤岐任代理第一书记，主持县委工作。淇县人民委员会代县长刘炳恒。下辖城关（朝歌人民公社改称）、北阳、庙口、西岗、高村5个公社。

1963年10月19日，周汉民任中共淇县县委第一书记，张凤岐任第二书记。

恢复淇县建制文件

（二）淇县第二届人民代表大会第一次会议的召开

1963 年 11 月 28 日至 12 月 2 日，在初步战胜 1963 年特大洪涝灾害的情况下，淇县召开第二届人民代表大会第一次会议，这是淇县恢复建制以来的第一次人民代表大会。本次会议应到代表 207 人，因事因病请假的有 17 人，实际到会代表 190 人。

会议听取和审议了淇县人民委员会（简称县人委）代县长刘炳恒和县人民法院代院长张新年所作的工作报告。县委代理第一书记张凤岐出席开幕式并致辞。

12 月 1 日上午，大会选举刘炳恒同志为淇县人民委员会县长，选举张新年同志为淇县人民法院院长，选举刘炳恒、吴国祯、李武新 3 名同志为淇县出席河南省第三届人民代表大会代表。

淇县第二届人民代表大会第一次会议，是在高度发扬人民民主的基础上召开的一次重要会议，对夺取来年农业增产、争取城乡经济全面好转、加快建设新淇县具有积极的推动作用。

（三）中共淇县第二次代表大会的召开

1950 年 5 月，淇县第一次党代会召开后，在恢复和发展经济、巩固新生人民政权的同时，党员队伍不断发展和壮大，党政组织机构逐步建立健全，各级政权得到巩固和加强。

1957 年，由于开展了整风运动和反右派斗争，党的组织发展基本停止。"大跃进"运动中，各公社在各行各业积极发展党员，党组织发展明显加快。

1962 年至 1964 年，由于受社会主义教育运动、"小四清"等政治运动的影响，党的组织发展再度处于停滞状态。

1950年淇县地图

1965 年，淇县经济出现新的生机，县委在一些机关部门、系统力量薄弱的单位和生产一线有控制地发展了少数党员。当年底，全县共有党委 8 个、党支部 235 个，分别是 1953 年的 160% 和 174%；党员发展到 3137 名，比 1953 年增长 99.68%，是 1953 年的 2 倍。

1965 年 7 月 18 日至 22 日，中国共产党淇县第二次代表大会召开。这次会议，是在社会主义建设进入新的发展时期、淇县即将开始进行第三个五年经济建设计划的形势和背景下召开的。出席会议的正式代表有 304 人，列席代表是 50 人。

会议听取和审议了县委第一书记周汉民所作的工作报告，讨论和通过了《淇县 1965 年至 1967 年农业生产发展规划》。

会议决定：一是要突出政治，充分发挥党支部的战斗堡垒作用；二是要加强人民公社的整顿提高工作；三是要加强科学实验，促进农业大幅度增产；四是开展好比、学、赶、帮社会主义竞赛运动；五是各行各业积极主动热情地支援农业；六是发挥贫下中农在社会主义建设中的骨干带头作用。

这次会议，突出解决了四个问题：一是制定了可靠的农业生产发展规划。二是学习林县等地先进经验，找出了差距，鼓舞了干劲。三是必须狠抓发展农业的根本措施。四是争取秋季丰收。

7 月 22 日，会议听取了县委第二书记赵怀亮所作的《认清形势，继续高举三面红旗，鼓足更大革命干劲，为迅速发展农业生产，尽快实现农业发展纲要而奋斗》总结报告。

同日，以无记名投票的方式选举产生了中共淇县第二届委员会委员 23 名、候补委员 7 名，选举产生了出席中共河南省第二届代表大会的代表 5 名和候补代表 1 名。

7 月 23 日，中共淇县第二届委员会举行第一次全体会议，选举产生了县委常委和书记、副书记。周汉民当选为县委第一书记。赵怀亮、张兴义分别当选为第二书记、副书记。常务委员为：周汉民、赵怀亮、张兴义、郭实之、朱卿、牛生堂、刘建华、段敬堂、何鸿范、秦运德。同时，还选出了县委监察委员会委员、常务委员和书记、副书记，段敬堂当选县委监委书记。

## 二、对人民公社的初步整顿

### （一）中央整顿人民公社的原则

1958 年 11 月 2 日至 10 日，1959 年二三月间，中央政治局由毛泽东主持召开了两次郑州会议，纠正已经发现和认识到的"左"倾错误。在第二次郑州会议上，在毛泽东的提议下，确定了整顿和建设人民公社、遏制"共产风"的 14 句话：

统一领导，队为基础；分级管理，权力下放；

三级核算，各计盈亏；分配计划，由社决定；

适当积累，合理调剂；物资劳动，等价交换；

按劳分配，承认差别。

其中最重要的是，明确了生产队是人民公社的基本核算单位。

1958 年 12 月，河南省委、新乡地委、汤阴县委相继召开会议，研讨整顿、巩固、提高人民公社的问题，专门成立整顿人民公社领导小组，各人民公社也迅速成立以公社第一书记为组长的整社领导小组，开始着手对人民公社进行整顿。

### （二）淇县五公社的整顿

1959 年 3 月，朝歌公社、北阳公社、西岗公社、高村公社、庙口公社结合公社成立后生产、分配、生活福利、经营管理等方面出现的问题，展开了以改进经营管理体制和以算账、转变干部作风、解决群众生活境况为中心的整社运动。

#### 1. 整顿关键问题

从解决权力下放、算旧账、转变干部作风入手，以生产大队为公社的基本核算单位，生产小队是基层核算单位，改变了以前由公社"统负盈亏"的核算方法。

结合原来的高级社情况，按照"一社一队"的基本原则对生产大队进行了重新划分。朝歌公社将 6 个生产大队重新划分为 22 个大队。其中，一社一队的 16 个，两社一队的 5 个，三社一队的 1 个。按现在的情况，就是一村一队（行政村）。

2. 清算旧账

在公社化过程中平调物资问题上,采取了清算旧账的办法。凡公社调用生产队的劳力、资财或社队调用社员的私人财物,进行清理,有的如数归还,有的折价补偿。

3. 建立较为合理的生产制度

充分发动群众,制定包耕包产和奖罚制度。实行超产奖励、减产受罚。实行伙食劳动日。实行定劳定奖罚。实行定勤吃饭、缺勤找钱的办法。

4. 完善粮食供应制度

执行按劳取酬、多劳多得的原则,使按劳分配与供给制相结合。给社员个人部分,各大队对供给部分实行伙食供给制、粮食供给制、粮食半供给制。对五保户仍然实行五保政策,对劳力少、人口多的困难户,分别加以照顾。

通过这次整社,人民公社权力过分集中的管理体制初步得到调整。打破了平均主义,"左"的思潮和做法有所扭转。

但是,纠"左"是在"三面红旗"指引下进行的,保留了公共食堂,且提出继续跃进,生产指标定得仍然过高。

### 三、"反右倾"斗争及反"五风"运动

1959 年 7 月 2 日至 8 月 1 日,中共中央在江西庐山召开政治局扩大会议。8 月 2 日至 16 日,党的八届八中全会决议:"击退右倾机会主义的进攻,已经成为党的当前的主要战斗任务。"

庐山会议后,河南省委、新乡地委、汤阴县委相继开展了"反右倾斗争"。

在汤阴县委领导下,原淇县所辖的朝歌、北阳、西岗、高村、庙口五公社进行反"五风"运动。

(一)"五风"泛滥

1. 浮夸风

在"大跃进"中,浮夸风已经抬头。又由于"反右倾"的政治压力,生产计划层层加码,浮夸风更是愈演愈烈。

各公社"捷报"频传，昨天亩产千斤粮食，今天亩产 4 万斤蔬菜，一个南瓜被说成是重 300 斤，一头猪被说成是重 700 斤，数字越吹越大，农作物产量处处放"卫星"。讲真话被人说成是右倾、保守，甚至受到批判。当时各种现场会盛行，而许多现场会都是领导精心设计编造出来的，但谁也不敢捅破骗局。

2. "共产风"

朝歌人民公社自成立起两年内，就无偿调用各大队粮食 42.8 万斤、皮棉 25 万斤、油料 3.5 万斤、猪羊 644 头、牲口 173 头、农具 11246 件、树木 21465 棵、现金 44.09 万元。1958 ～ 1959 年，棉站和财政所无偿占用民房 167 间。1958 ～ 1960 年，供销社、信用社平调社员股金 21650 元。这些都严重挫伤了广大社员的生产积极性。特别是在大炼钢铁运动中，更多的集体和私人财物被平调过去，造成社员生活物资极度短缺。

私人财产不受保护，集体财产被随意调用，给社员思想造成极大混乱。"干了也白干"，社员们开始消极怠工。不少庄稼无人收获，棉花落到地上，红薯烂在田里。好多农具遭到故意破坏，好多牲口无人喂养被饿死了。以至于第二年耕地时没有牲口，不得不用人来拉犁拉耙，造成有的大队出现"耕地不用牛，套的'剪发头'"的尴尬局面。

3. 干部特殊化风

主要表现在部分干部利用职权多吃多占上，这个问题在副食品门市和食堂尤为突出。

据后来的整风材料反映，1960 年元月至 1961 年 4 月底，食品加工厂 26 个干部工人，共多吃多占白酒 226.4 斤、甜酒 144.4 斤、糕点 772.3 斤、面酱 705 斤、咸菜 323 斤。

国营第一营业食堂负责人王海恩，在 1960 年办其父亲丧事时，把食堂 120 个馍私自拿回家。在其侄结婚时，又在食堂大摆酒宴，共用公家猪肉 50 斤、酒 20 斤、面 40 斤。利用职权在门市部买被子、单子、衣服等，共用布 60 尺，均未按规定拿布证。

多吃多占问题在农村也很严重，有的大队从书记、大队长到小队干部及食堂炊事员，几乎人人都多吃、偷吃。当时的人嘲讽：一天吃一两，饿不死司务长；一天吃一钱，饿不死炊事员。

4. 强迫命令风

民主制度遭到破坏，不少公社、生产队干部背离民主作风，搞个人说了算，甚至横行霸道，违法乱纪。

尤其是对 些讲真话抵制"五风"的社员肆意批判、斗争、扣钱、扣粮，甚至打骂。有的为了赶工期、完任务，不顾社员死活，命令社员昼夜苦战，使社员身心极度疲劳，有苦难言。

1959年7月，有个公社要求各生产队把公鸡全部收上来。一夜之间社员家中的公鸡给收光，来年小鸡无法孵化。

1959年，某商店在反贪污运动中强迫营业员承认贪污，不承认者罚劳动。逼出70名"贪污分子"，追缴"贪款"11113元。经后来落实，实际贪污的只有4人，贪污款也仅有201元。

另外，干部非法打人、捆人、审讯的现象也时有发生。在1959年粮食入库时，有一个工人因偷了几斤粮食，即被粮库警卫员曹某和赵某打死。

5. 瞎指挥风

在大办钢铁、大办水利的同时，一时间，各公社大办交通、大办商业、大办文教，甚至大办养猪场等，名目繁多的"大办"一哄而上。

朝歌公社将西街改成"文化街"，为"四集体学校"所占用。所谓"四集体学校"就是一至六年级的学生全部在学校吃、住、学习、劳动。高年级的学生尚且可以，但那些一二年级的学生才七八岁，教师每天不得不把大量的精力消耗在学生杂事上。

某商店在1959年进货时，由于受瞎指挥影响，所进货中不适销的商品多达124种，价值86850元，占比67.48%。购进了1.2万元制鞋盒原料，本地没有工厂采购；25000元小苏打，可满足全社销售5年；稻田犁、七行耧、熟铁铧等，本地不用，两年没有销出一件。

还有不管用的商品 10 种、残坏商品 40 种，价值高达 18549.24 元，造成严重的损失和浪费。

（二）反"五风"运动及解散公共食堂

1960 年 11 月 3 日，党中央发出由周恩来主持起草并经毛泽东改定的《关于农村人民公社当前政策问题的紧急指示信》。11 月 15 日，党中央又发出《关于彻底纠正"五风"问题的指示》，强调要集中纠正"五风"错误。

1960 年 11 月，省委决定由鹤壁市委接管汤阴县委一切工作，汤阴县委常委全部停职检查，改正错误，纠正"五风"问题的运动迅速在全县范围内展开。

原淇县辖区内的"五公社"，组织社员对社、队干部所犯的"五风"错误进行了揭露和检举。

根据错误程度不同，对犯一般性"五风"错误的农村生产大队和生产队干部，集中到汤阴县委党校参加集训班。对所犯"五风"错误严重的各级领导干部，集中到汤阴县工人俱乐部，参加特训班，进行批斗，向群众交代问题并赔礼道歉，时称"给群众兑现"。

时任庙口公社党委第一书记住特训班后，到庙口公社万人大会上向群众检查错误，赔礼道歉。北阳公社党委第一书记检查了其在人民公社化过程中头脑发热，大搞小村并大村的移民活动，犯了大刮"共产风"的错误。

运动还对人民公社成立以来平调社员的各种财物，能退还的坚决予以退还。允许社员经营少量的自留地和家庭副业，恢复农村集市贸易，活跃农村经济。对收入分配制度进行了调整，使 90% 的社员增加了收入。

通过反"五风"运动，对 1958 年"大跃进"以来的许多错误做法进行了纠正，群众的生产积极性明显提高，农村很快出现了开垦小片荒地、植树造林、修盖房屋、添置农具、饲养家禽的新气象。

1961 年 3 月，毛泽东同志主持起草了《农村人民公社工作条例（草案）》（即"农业六十条"）。之后，公共食堂全部解散，广大群众重新回到自家起灶做饭，一家一户的家庭生活重新恢复。

四、"小四清"运动

（一）"小四清"运动的发起

在中苏两党论战不断升级的形势下，毛泽东同志在 1962 年党的八届十中全会上提出，千万不要忘记阶级斗争。

在这一思想指导下，1963 年 2 月，中央工作会议决定在农村开展以清账目、清仓库、清财物、清工分（简称"小四清"）为主要内容，在城市开展以反对贪污盗窃、反对投机倒把、反对铺张浪费、反对分散主义、反对官僚主义（简称"五反"）为主要内容的社会主义教育运动。

1964 年底至 1965 年初，中央制定了《农村社会主义教育运动中目前提出的一些问题》（即"二十三条"），规定城市和农村的社会主义教育运动一律称为"四清"运动。

这个"四清"运动，是指清政治、清经济、清组织、清思想，又称"大四清"。淇县未搞"大四清"，但曾抽调 216 名干部参加了浚县和林县的"大四清"运动。

按照河南省委、安阳地委的指示，淇县的"小四清"运动自 1964 年 9 月开始。

运动之初，淇县县委从县直机关、公社抽调了 216 名干部组成"四清"工作队，并由县委第一书记周汉民挂帅组成淇县"四清"工作队训练领导小组，于 9 月 20 日起集中训练了一个月，为"四清"运动做准备。地委专门派出工作组，直接领导淇县"四清"运动的开展。

（二）县直机关的"小四清"运动

淇县的"小四清"运动共分两批。第一批是在县直机关进行，分为三个步骤，依次进行。

1. 进行动员和"拔尖子"

这里的"尖子"指犯有严重"四不清"错误的干部。1964 年 12 月 19 日至 31 日，淇县召开长达十三天的县、社两级干部会议。

会上，安阳专署副专员刘玉斋代表地委"四清"工作组作了关于

"四清"运动的工作报告，未经调查落实就对刘炳恒、海廷荣、郭同太、贾培恭、宋孟珍、冯云溪、刘光先7名同志拔了"尖子"，让他们停职，检查其"四不清"问题。

然后，"四清"工作组把干部按系统分成8个大组，对拔出来的"尖子"开展背靠背、面对面地揭发和批判。工作组还在各单位设有意见箱，发动干部写检举揭发材料，意见箱上的锁由工作组直接掌管。

在揭发过程中，大会又宣布对县委韩茂修、魏全太、景福昌、龙济凤、吴惠然5名同志拔了"尖子"。会议一开始就造成十分紧张的气氛，给干部造成很大的思想压力。

2. 要求干部们"放包袱""洗手洗澡"

"放包袱"和"洗手洗澡"是当时对解决思想认识问题和人民内部矛盾的形象说法。"放包袱"是指自动交代自己的"四不清"问题。"洗手洗澡"是指进行自我批评、自我检查。

为了解除干部交代自己"四不清"问题的顾虑，县委第二书记赵怀亮作了"放包袱"动员报告。会上，赵怀亮带头放了"包袱"，大揭所谓的资本主义和封建主义复辟活动的盖子。

会议期间，到会干部共放"包袱"8009个，加上书面材料揭发6800个，平均每人19个。这些"包袱"中，有阶级界限不清、任用坏人的，有贪污盗窃现金的，有多吃多占粮食、粮票、棉花、布证、现金的，有送礼受贿的，有敲诈勒索的，有私招乱雇的，有种好汉田的，有搞男女关系的等等，不一而足。

3. 退赔

会议临结束时，到会干部对经济上的"四不清"问题进行了退赔。会上，共查出"四不清"应退赔的干部765人，当场退赔的有429人，退出现金2911元、粮食粮票1824斤、棉花32斤、布匹布证1648尺、手表60块、自行车30辆、收音机2部，其他物资折款1069元。

经过十多天的"揭盖子""拔尖子""放包袱""洗手洗澡"，县直机关的"小四清"运动告一段落。被宣布拔了"尖子"的12名干部被集中到安阳地委落实检查问题。这种先宣布停职检查、后落实问题的做法，给爱看风头的人钻了空子，挫伤了脚踏实地的干部的积极性，在干部中造成了很坏的影响。

（三）农村的"小四清"运动

县直机关的"小四清"运动结束后，即开始了农村的"小四清"。县委于1965年1月5日召开了三级干部会和贫下中农代表会议。宣布了县、社两级干部会议上的拔"尖子"名单，动员公社、大队干部层层"洗手洗澡"。

县委抽调干部176人组成农村"四清"工作队。对问题大的49个重点大队，每队配备干部3～5人。全县农村"小四清"运动分为两批进行。第一批搞了110个大队，时间一个月，春节前结束。第二批49个大队，到3月10日基本结束。

工作方法仍分三步：第一步是从安排生产、社员生活入手，访贫问苦，宣传政策。深入发动社员，建立"四清"组织。

第二步是组织学习，教育干部自觉检查"四不清"错误。公开账目，发动社员进行检举揭发。继而落实问题，组织经济退赔。

第三步是对组织进行了调整，充实了干部，建立健全了财务、基本劳动日、肥料交售、干部参加劳动、工分补贴等几项制度。制订出生产规划，进一步组织农副业生产快速发展。

至1965年3月，群众给干部提意见近三万条，许多农村干部在运动中被批斗，干部人人自危，家属个个担惊受怕。

淇县开展的"小四清"运动，对于纠正干部作风、打击贪污盗窃等歪风，都起到了一定的作用。但是，一些有功于淇县的干部受到了不应有的打击，给农村干部造成了思想伤害。一些有利于农村发展的正确政策和措施被当作"资本主义尾巴"加以批判、限制或取消，在一定程度上阻碍了农村经济的发展。

五、学习毛泽东著作运动

1951年10月、1952年4月、1953年4月和1960年9月《毛泽东选集》第一至四卷陆续出版。从1960年起，全国各地普遍开展了学习毛泽东著作运动。此运动一直发展到 1968 年的"三忠于""四无限"活动。

淇县的学习毛泽东著作运动自 1965 年开始。7 月 30 日县委宣传部、12 月 1 日县委先后发出号召，要求各级党组织必须把学习毛泽东著作摆在一切工作的首位。

各单位必须认真执行周二、周五下午学习制度。县委宣传部要配备理论教员，各机关单位要配备一名专职或兼职的辅导员，大队要聘请一名兼职辅导员，自下而上形成一个理论学习辅导网。

县委还决定对机关干部采用离职集中学习的办法，每人学习 10 至 15 天。对农村党支部书记、党员大队长、支委，分 3 批，由县委党校集中培训，每批 10 天左右，于春节前轮训结束。

同时，县委成立了以第二书记赵怀亮任组长的"学习领导核心小组"。各公社党委，各战线党组、党支部也相继建立了学习领导小组，明确专人负责。

运动之始，主要是学习毛泽东的"老三篇"，即《为人民服务》《纪念白求恩》《愚公移山》，采取了个人阅读、辅导讲课和互相测验相结合的方法。

县委于 1966 年 12 月 4 日召开 1300 多人参加的全县学习毛泽东著作积极分子代表大会。这次会议历时 6 天。会议采取"学、忆、照、亮、结"等方法，在全县迅速掀起一个群众性学习毛泽东著作运动的新热潮。

"学"就是学习文件精神。"忆"就是回忆新成绩、新气象。"照"就是对照榜样找差距。"亮"就是亮政策解除思想顾虑。"结"就是会内与会外相结合，互相通报学习和生产情况，鼓舞士气。

会后，县委还成立了学习领导小组，下设办公室、生活福利股、文艺宣传股、治安保卫股等。学习中实行组织军事化、行动战斗化、生活集体化、作风革命化，大唱革命歌曲，大搞文艺活动，自编自唱组织文艺晚会。

淇县开展的学习毛泽东著作运动，从整体上看，方向是对的，对于改造人们的世界观起到了积极作用。但运动后期出现了简单化、庸俗化现象。

六、学习焦裕禄活动

焦裕禄生前为河南省兰考县委书记，1964年5月14日不幸病逝，年仅42岁。

1966年2月12日，根据中共中央、中南局、解放军总政治部、河南省委、安阳地委指示精神，淇县县委发出通知，要求全县党员干部，尤其是领导干部，都要把焦裕禄作为一面镜子，联系思想，检查工作，找出差距。

在焦裕禄事迹感召下，2月13日，县直机关干部职工数百人，冒寒风，踏积雪，到铁路西丘陵地区义务劳动，向麦田里抬雪，以实际行动向焦裕禄学习。一个时期内，在全县干部中形成人人学习焦裕禄、人人争当焦裕禄的浓厚氛围。

通过整顿、反"五风"、"小四清"、学习毛泽东著作、学习焦裕禄等运动，淇县上下信念坚定、斗志昂扬、目标清楚、成效显著，社会主义建设事业即将迈入新的发展阶段。

# 第四节　工农业及水利建设在曲折中发展

"文化大革命"期间，全县的工业、农业、水利等在复杂而又困难的环境下，获得了一定的发展。

1976年，淇县农业总产值完成3895万元，比1966年增长60%。工业总产值完成2169万元，比1966年增长260%。粮食总产量达到15512万斤，是1966年2.05倍。如果没有这场内乱，淇县经济建设会更好。

一、工业学大庆，大办"五小"企业

自1960年5月开始，黑龙江大庆市用短短3年时间，开发建成了我国第一个大油田，结束了中国的"贫油"历史，培育了大庆精神，成为全国工业战线的一面旗帜。

1964年4月，毛泽东发出"全国工业学大庆"的号召。淇县有领导、有组织地开展了工业学大庆运动。

"文化大革命"运动开始后，城市工业受到严重破坏，工业产品奇缺，城市居民及农村需要的许多产品无法得到满足。

1969年，国际形势紧张，三线建设加快。三线建设指自1964年起国家在中西部地区13个省、自治区进行的一场以战备为指导思想的大规模国防、科技、工业和交通基本设施建设。

根据加强战备和加快农业机械化的要求，1970年全国计划会议和北方地区农业会议强调，各地要建立自己的小化肥、小水泥、小煤矿、小钢铁和小机械"五小"工业，形成为农业服务的小而全的工业体系。从1970年起的五年中，中央财政安排了80亿元专项资金扶持地方"五小"工业。

淇县抓住国家政策的支持，大力发展县办企业，"五小"工业得到迅速发展。事实上，淇县在1964年开展工业学大庆之际，就开始谋划工业。1966年5月"文化大革命"开始后，淇县县委、县政府排除许多干扰，坚定不移地走大庆之路，开始了工业建设。

1966年9月，淇县筹建了造纸厂，占地5.6万平方米，1967年10月投产。

1969年12月，在庙口公社盆窑村北山岗地带筹建了淇县水泥厂，占地74704平方米，生产普通水泥和矿渣硅酸盐水泥，1971年投产。

1974年，筹建了淇县化肥厂，占地1.9万平方米，设计年生产碳铵能力3000吨，1975年8月投产。

淇县的庙口煤矿，最初为民办小煤窑。1962年始改为淇县地方国营庙口煤矿。1972

淇县水泥厂

年 7 月，由于二采区突然出水，煤井淹没。经过不懈努力，1974 年恢复生产，年产量 3.5 万吨。

淇县机械厂成立于 1962 年，开始时生产两用水车、65 型面粉机。1973 年试制出朝歌牌 12 型四轮拖拉机。1975 年正式投产，年产 1000 台，产品畅销全国十几个省市。

除此之外，"文化大革命"期间淇县还先后建立了预制厂、建材二厂、酒厂、农机修造厂、电线厂等。

淇县机械厂

1975 年，淇县的国营厂矿发展到 14 个。职工达到 1955 人，比 1967 年增长 91.9%。工业总产值达到 1398 万元，是 1967 年的 7.9 倍。这些企业后来多数发展成为淇县的支柱企业。

淇县"五小"工业的发展，不仅解决了群众急需的用煤问题、建房用水泥问题、种地上化肥问题等，对淇县经济的发展也起到了很大的作用。"五小"工业使淇县的工农业经济结构发生明显变化，也储备了大批人才和工业技术，为改革开放后淇县工业的迅猛发展奠定了基础。

二、农业学大寨，粮食产量"过黄河"

大寨，位于山西省昔阳县山区，全村的土地分布在大小山坡之上和沟壑之中，土质十分瘠薄。从 1953 年开始，大寨人依靠自己的双手，在贫瘠的土地上开荒造田，建设水利，改变面貌，一举成为全国农业战线的先进典型。

1964 年 2 月 10 日，《人民日报》头版发表新华社通讯《大寨之路》和社论《用革命精神建设山区的好榜样》。同年，周恩来在三届全国人大一次会议上发出"农业学大寨"的号召。从此，农业学大寨运动在全国开展起来。

淇县县委结合实际，决定将全县农业分为山区、丘陵、泊洼、平原四类地区，分别提出了学大寨的要求。

（一）淇县的山区建设

淇县的山区包括黄洞公社、庙口公社和北阳公社的部分大队，共 16 个大队、176 个生产小队，总耕地面积 23504 亩，平均每人占有土地 1.3 亩，有荒山面积 28 万亩。

针对山区的实际，1965 年 7 月，淇县县委下发了"学大寨、赶林县"的文件，明确了以水为主，水陆并举，农、林、牧、副全面发展的方针，号召山区人民，用大寨精神加强山区建设。

在山区学大寨运动中，淇县采取了多种措施：一是学习林县人民开发红旗渠的干劲，大抓山区水利建设。实现集体耕地梯田化，达到每次降雨 100 毫米水不出地、土不流失。建拦河大坝，开山泉，修渠道，搞蓄水工程。打旱井，民办公助，每 10 亩地打旱井 1 眼，扩大抗旱灌溉面积。实现吃水不出村、抗旱不缺水、大雨不成灾、旱涝保丰收。

二是大搞肥料基本建设，狠抓积肥。坚持集体积肥与社员积肥并举，常年积肥与季节性积肥相结合，要求层层建立积肥专业组织，建立健全积肥制度。并大抓养猪积肥、养羊积肥，做到"三圈一所"（即牲口圈、猪圈、羊圈，厕所）。

三是普及良种，逐年提高良种化水平。因地制宜大抓高产作物。对山区林业、畜牧、交通等各方面制定了详细的规划和任务。

1966 年初，县委召开四级干部会，对前段农业学大寨运动进行了总结，并把在农业学大寨运动中涌现出的先进典型社、队的做法，进行了交流和推广。

"文化大革命"开始后，各项工作处于瘫痪状态，淇县的农业学大寨运动也曾一度停止下来。

（二）农业生产三年计划超额完成

1970 年 9 月 23 日，《人民日报》发表题为《农业学大寨》的社论，强调要把大寨经验迅速推开就"必须紧紧抓住阶级斗争这个纲"。

从此，农业学大寨运动朝着"左"的方向发展起来。

淇县的农业学大寨运动也是这样，一方面搞阶级斗争，一方面抓运动。

1973年4月22日，县委召开农业学大寨动员会。县委副书记宋国臣传达了安阳地区农业学大寨、赶林县动员大会精神。县委副书记李德宽作动员报告。县委书记郭洪福（1971.7—1974.7在任）作了总结报告，号召全县进一步掀起农业学大寨、赶林县的热潮。

会后，县委下发了淇发〔1973〕15号文件，要求各公社、大队、生产队要提出切实可行的具体措施，早日实现"大寨县""大寨田"。同时，县革委生产组制订了1973～1975年农业生产三年计划，提出了粮食、棉花、油料、大牲畜等各项目标任务。

县委在全县开展了社与社、队与队、人与人"比、学、赶、帮、超"社会主义劳动竞赛。各公社、大队全面落实"农业八字宪法"（即土、肥、水、种、密、保、管、工）和县革委制订的三年计划，在山区、丘陵、平原、泊洼地区掀起一个轰轰烈烈的农业学大寨运动高潮。经过近三年学大寨运动，淇县在水利建设、改造泊洼地面貌等方面取得了显著成绩。

首先，农田水利建设发生了明显变化（后文单列一部分）。

其次，农业生产取得了可喜成绩。1973年粮食亩产实现了"上纲要"，达到473斤。1974年粮食亩产实现了"过黄河"，达到508.5斤，较1964年增长了一倍多。

全县有4个公社粮食亩产分别达到或人产800斤以上，36个大队粮食亩产"跨长江"。

"跨长江"，是农业发展口号。《1956年到1967年全国农业发展纲要》提出了粮食亩产指标：到1967年，粮食亩产量在黄河、秦岭、白龙江、黄河（青海境内）以北地区，由1955年的150多斤增加到400斤；黄河以南、淮河以北地区，由1955年的208斤增加到500斤；淮河、秦岭、白龙江以南地区，由1955年的400斤增加到800斤。

人们把这三个目标加以形象化称呼为："上纲要""过黄河""跨

长江"。"上纲要"指亩产粮食400斤，"过黄河"指亩产粮食500斤，"跨长江"指亩产粮食800斤。后面还有一个指标，达千斤。

淇县取得的农业成就，特别是粮食产量，实现了"过黄河"，在全国的确是领先的。

再次，农业机械化程度和社、队工副业有了较大的发展和提高。到1975年，全县拥有大中型拖拉机118台、手扶拖拉机128台、胶轮大车1128辆、机引农具729台、半机械农具2万余件，年机耕面积达到全县总耕地面积的60%左右。另外，碾米、磨面、轧花等农副业产品都有了较大的发展，社队工副业年收入达到700万元，占全县农业生产总值的20.2%。

（三）淇县学大寨上了全国大会

1975年9月15日至10月9日，国务院召开全国农业学大寨会议。会上，华国锋作了题为《全党动员，大办农业，为普及"大寨县"而奋斗》的报告。要求到1980年，全国有三分之一的县建成"大寨县"，基本实现农业机械化。

县委副书记肖飞舞参加了这次会议，并代表淇县写了《苦战一两年，建成大寨县》的表态书。

11月1日，淇县县委下发淇发〔1975〕12号文件，向各公社党委转发了表态书内容，要求各公社迅速全面规划，立即大干快上，掀起学大寨运动的新高潮。随后，县委成立了作战指挥部。

11月22日，县委下发了《关于干部参加集体生产劳动的决定》，号召县、社、队三级干部，必须坚决执行参加集体生产劳动的制度，保证全年做到"一、二、三"（即县直机关干部100天，公社干部200天，大队干部300天）。县直各局委除了留守机关的同志，要实行半日劳动、半日工作的制度。

县委13名常委带领县直机关60%的干部，分别深入到丘陵、泊洼两个战区，与基层群众一起大搞以深翻、平整、改土、治水为中心的农田基本建设。当时，全县每天出动劳力35000名。

北阳公社集中各大队劳力3500人，在600亩乱石堆上，进行深翻、改土大会战，建设"大寨田"。

黄洞公社 15 个大队，出动 3200 名劳力，在山头、山腰动工兴建蓄水池、小水库、盘山渠、闸沟造田。

西岗公社集中 6000 名劳力，大打突击战，三天完成了翻修渠水清淤工程 4300 米。

（四）全县农业大会战

从 1975 年冬到 1976 年，淇县根据全县的地形特点，因地制宜，开辟了战山丘、治泊洼、平原建高产稳产田三大战场，调动全县的力量，进行大会战。

1. 在山丘地区

组织 5 个公社、18 个局委、20 多个厂矿 25000 名劳力，开进"三岗"（老龙岗、八里岗、乱石岗）"一荒"（西大荒）"一滩"（沙石滩），展开"开膛破肚、剥皮抽筋"式的起沙还土、削岗平沟、改土造田大会战，使 4900 亩山丘地一次变成了"大寨田"。

组织 3000 名劳力，深入山区劈山开渠，凿井挖塘，建站筑库，闸沟造田。

以大队为单位，大搞斩边打埂、砌岸，把土地变成水平梯田、"大寨田"。

2. 在泊洼地区

分别以社、队为单位，组织了 12000 人，大搞河道清淤疏浚。

3. 在平原地区，大建高产稳产田，深翻平整土地和合理摆布沟渠

到 1976 年 10 月，淇县通过劈山造地、起石还土等措施，建设"大寨田"2.8 万亩，挖沟除涝 3 万亩，平原建设"稳产高产田"9 万余田。

淇县农业学大寨运动，已经将旧中国的农田状况彻底改变，成了旱涝保收田，小县成为产粮大县。

但由于受"四人帮""宁要社会主义草，不要资本主义苗"极"左"路线的影响，工作中也出现了偏差。把群众喂家禽、做小买卖、搞运输的多种经营也当作"资本主义尾巴"来批判和割掉，严重挫伤了人民群众的生产积极性。

淇县十几年的农业学大寨运动，客观地说，既取得了一定的成绩，也有深刻的教训。一方面，进行了有效的农田基本建设，在开荒造田，搞蓄水保土、水利建设，治理泊洼，科学种田等方面都取得了很大成绩。

另一方面，由于过分地强调"以粮为纲"，单纯地追求粮食产量。虽然粮食总产量年均递增达11%，但棉花总产量年均递减9%，油料总产量年均递减3.8%，均出现大幅度下降。蔬菜种植几成空白，给生活带来极大不便。尤其是由于山区大开"剥皮荒"，致使植被破坏，水土流失，给生态环境造成了很大影响。

三、大兴水利建设高潮

"文化大革命"中，淇县经济在农业方面最突出的成就表现在水利设施建设上。

淇县人民以各种方式抵制"四人帮"极"左"路线，在极其困难的情况下，排除干扰，克服困难，兴建了大量的水利工程。1966年至1970年，掀起了夺丰水库、红卫水库、民主渠、枣生渠三次大规模建设高潮，全县人民在党的领导下投入到轰轰烈烈的水利建设中。

在深山、在丘陵、在平原，水利工程建设如火如荼。打眼撬石，车拉人抬，砌石打堰，艰苦奋战。一个个水利工程建设竣工告捷，不但对除涝治碱、农田灌溉、水土保持产生了较大效益，而且也改善了人畜吃水条件，彻底改变了旧中国一下雨就遭灾的局面。一汪汪清水泽及子孙后代，一渠渠清泉滋润淇县沃土。那些为水利建设付出巨大努力的干部群众，值得后世子孙永远铭记。

十年中，淇县人民修建的重点水利工程主要有：

（一）夺丰水库

夺丰水库位于思德河上游武公祠一带，俗称庙口水库。始建于1959年11月，属中型水库。由于水库建设标准低，建成后不久出现渗水现象，防洪、灌溉作用不能最大化。

1966年，淇县县委、县人委（1968年5月12日改为县革委）

成立指挥部，并由县委书记担任指挥长，决定用五年的时间大规模整修夺丰水库。尽管"文化大革命"对生产建设造成种种干扰，淇县始终盯住目标任务，雷打不动。

至1971年，共完成土石方19.5万立方米、安砌10.8万立方米、砼2.1万立方米，投工96.5万个，上劳力1.5万人。对大坝

夺丰水库

设计断面进行了安砌，做好了上游混凝土防渗体。并开挖了北渠，使库水经石棚村东转东北向北大李庄延伸，扩大了农田灌溉面积。

1972年，完成非溢流坝3000立方米安砌任务，并安装了闸门。

1974年，完成防渗墙，进行了大坝加高，并完成了北渠、中渠、南渠三条干渠的续建工程。至此，三渠总长达到24800米，可浇地3.5万亩。

夺丰水库成为淇县建设史上重要的标志性遗产，"文化大革命"之后，1977年、1983年、1986年、1988年、1989年、2006～2008年，历届县委、县政府均高度重视夺丰水库的维护，进行了多次除险加固。

夺丰水库在防洪、灌溉以及水产等方面发挥了重大的作用，保障了水库下游人民生命财产的安全，促进了流域经济的发展，提高了当地人民群众的生活质量。

（二）红卫水库

红卫水库位于沫水河上游尖山北侧牛心岗村西，1966年10月始建，五年共完成土石方6.5万立方米、安砌5.8万立方米、硅1.85万立方米，投工66.3万个，上劳力7500人。

同步修建了从京广铁路到水库的道路和从水库通往山内赵庄、

大石岩的道路。

1974年又出动劳力3000人，投工116652个，完成了红卫水库续建工程。1976年4月水库建成，库容270万立方米，南、北两渠干支渠总长1.12万米，灌溉面积5000亩。

红卫水库建设于1966～1976年，正值"文化大革命"期间，属"三边"工程（边勘测、边设计、边施工）。加上施工时间紧、任务重、技术设备落后，施工质量达不到国家标准，建成后一直限制水位运用。淇县于2009年对其进行了除险加固，保证了质量。

红卫水库

红卫水库也是淇县人民自力更生、奋发图强、抗干扰搞建设的历史见证，是淇县人民进行社会主义建设的重要遗产。

（三）民主渠

民主渠原名"民生渠"，始建于1928年。渠首在贺家村西青岩绝下的淇河两岸。1938年日寇入侵淇县后，该渠由于山洪淤积而废弃。

在党的领导下，1948年，淇县民主政府组织翻身农民对荒废的民生渠进行了整修，修复了涵洞、桥梁，新建了闸门，并改称"民主渠"。

1966年到1970年，完成南口至五孔桥及沫水河以南两端的干渠修砌。1974年，完成民主渠11支渠小洼至黄庄段东堤2270米，新建斗口、支渠106个，开

民主渠（淇河）入首处

挖农忙渠 1750 条。民主渠灌溉面积 8.5 万亩；修建后，灌区的亩产比原来提高了 8 倍。

（四）疏浚卫河

卫河起源于太行山脉山西境内，经过新乡、鹤壁、安阳、濮阳等地，一路流至河北，随后经山东到达天津，流入海河。

为了保证安全度汛，1969 年，省、地革委决定对卫河上游进行疏浚。淇县担负自淇河入卫口至新镇大桥段总长 9122 米的清淤任务。

为了完成任务，县革委会下发了淇发〔1969〕第 1 号文件，并专门成立淇县卫河清淤指挥部，动员全县人民积极行动，支援浚县、内黄等兄弟县清淤。

自 4 月 1 日开工后，淇县陆续上民工 26000 名，平均日出勤劳力 5500 人。经过 49 天的艰苦劳动，于 5 月 19 日完成土方 246450 方，完成清淤疏浚。

除此之外，全县还动员 4600 人，于 1967 年至 1974 年间对境内的思德河、折胫河等河流进行了清淤修复，保证了汛期沿岸人民的生命财产安全。

在修建重点水利工程的同时，淇县还完成了淇西渠、魏庄渠等一批小型水利工程，建成二类水库 10 座，修建塘堰坝 80 座，新建电灌站 53 处、泵站 11 处，建成郭庄桥、新庄桥、余庄桥、董桥桥等较大的桥涵 4 座。

这些工程共消耗水泥 9312 吨、木材 630 方、钢材 110 吨、硝酸铵 184 吨、雷管 198 万个、导火线 31000 米。

除此之外，淇县

淇河与卫河交汇处

农田水利建设也掀起了前所未有的高潮。到 1975 年，机井发展到 1300 眼，渠道发展到 53 万米，其中硬化 13600 米。机械、电力、提灌设备从 50 台（部）发展到 2040 台（部）。深翻、平整土地，大地园林化发展到 15 万亩，灌溉面积发展到 27 万亩。同时还搞了大量的防洪除涝工程，使农业生产有效地增强了抵御自然灾害的能力。

淇县县委、县人委及县革委将"文化大革命"中的"左"的思想热情，引领到社会主义事业建设之中，使淇县水利建设项目之多、时间之长、耗资之巨、声势之大，可谓前所未有。

## 第五节　在徘徊中前进和实现伟大的历史转折

从 1976 年 10 月粉碎"四人帮"到 1978 年底党的十一届三中全会召开，是党和国家实现历史性转折、开辟社会主义事业发展新时期的重要阶段。

在这两年多时间里，淇县县委按照中央、河南省委、安阳地委的部署，领导全县人民肃清了"四人帮"流毒，推动经济建设恢复和发展，各项事业逐步走上正轨，并取得很大成绩，为实现历史转折准备了必要的条件。

一、在徘徊中前进

（一）大力开展"揭批查"运动

1976 年 10 月 18 日，中央下发《关于王洪文、张春桥、江青、姚文元反党集团事件的通知》，号召全党紧密团结起来，揭发批判"四人帮"。

1977 年 1 月 29 日，中共河南省委召开揭批江青反革命集团罪行大会。2 月 3 日，中共安阳地委召开各县县委书记会议，要求深入揭批"四人帮"。

按照中央和省、地委安排部署，从 1976 年 11 月到 1978 年底，淇县县委相继下发中共中央的三份材料，组织和带领全县人民深入开展了揭批"四人帮"运动的三个战役。

1. 第一战役是针对"材料一"展开

1976年12月10日，《王洪文、张春桥、江青、姚文元反党集团罪证（材料之一）》下发。县委举办了有300余人参加的干部学习班，联系实际清查淇县与"四人帮"有牵连的人和事。

2. 第二战役是针对"材料二"展开

1977年3月6日，中央转发"四人帮"罪证材料之二。7月16日，党的十届三中全会召开，全会决定，永远开除王洪文、张春桥、江青、姚文元的党籍，撤销其党内外一切职务。

消息传来，全县人民无不欢欣鼓舞。县委在全县开展了"三大讲"活动，即大讲"四人帮"横行时受害的深仇大恨；大讲同"四人帮"针锋相对作斗争的经历；大讲同"四人帮"作斗争的经验和体会。层层召开批判会，解决存在的问题。

3. 第三战役是针对"材料三"展开

1977年9月23日，中央公布"四人帮"罪证材料之三。1978年春，县委召开会议，揭发批判"四人帮"的"反革命修正主义路线的极右实质及其在各方面的表现"。县委内部在"揭批查"问题上斗争十分激烈。

4月10日至28日，县委召开常委扩大会议，听取了地委副书记盖良弼代表安阳地委所作的指示，结合淇县实际揭批了县委班子和县委常委内的一些严重错误。期间，地区对淇县县委班子进行了调整，免去海廷荣、赵秀学、冯新真、李克勤党内外一切职务，张兴义任中共淇县县委副书记。

到1978年底，淇县的"揭批查"运动结束。通过"揭批查"，广大干部群众进一步认清了"四人帮"的罪行，沉重打击了"四人帮"在淇县的帮派势力。

（二）深入开展"一批双打"运动

1978年6月11日，河南省委召开地、市委书记会议，通过了《关于大张旗鼓地开展"一批双打"（即深入揭批"四人帮"，坚决打击阶级敌人的破坏活动、打击资本主义势力的猖狂进攻）的意见》（省委〔1977〕60号文件），要求在全省范围内迅速开展"一批双打"运动。

6月15日，安阳地委召开全区党员负责干部会议，传达省委"一批双打"运动精神。

6月中旬，淇县县委召开常委扩大会议，确定打击的重点对象是政治上搞造反夺权，经济上搞贪污盗窃、投机倒把、敲诈勒索等坏分子，全面安排县直机关的"一批双打"运动。按照省委十个方面的要求，迅速在全县掀起了大学习、大揭发、大批判的高潮。

在运动中，文教局、卫生局、农林局、公安局、法院、水泥厂、机械厂、造纸厂等单位，带头揭批，推动运动不断深入开展。

县委成立清理打砸抢办公室，对"文化大革命"中的打、砸、抢事件进行全面清理。全县揭发出有政治问题的43人、有经济问题的372人，其中涉案千元以上的17人、500～1000元的28人，一些打、砸、抢大案和严重致残打死人命的要案基本查清。

7月，县委召开揭发批判和处理打砸抢分子大会，对一些重点人进行打击和惩办，通过打击一小撮，教育了大多数。

9月28日，县委召开"一批双打"运动总结会议。

1979年1月，安阳地委要求淇县县委内部揭开盖子，联系淇县实际查"文化大革命"全过程中的问题。并对个别派性严重的造反人物进行了处理。

（三）拨乱反正，为"五类分子"摘帽

在揭批"四人帮"祸国殃民的罪行中，广大干部群众强烈要求彻底清理"文化大革命"中的冤假错案。

1977年7月，党的十届三中全会召开，决定恢复邓小平在1976年被撤销的全部职务。

12月10日，党中央任命胡耀邦为中央组织部部长，标志着拨乱反正、平反冤假错案进入实际运作阶段。

拨乱反正、平反冤假错案的重要内容是：为错划右派摘帽，为"四类分子"（即地、富、反、坏分子）摘帽，为大批无辜遭受迫害的人恢复名誉、落实政策。

1. 对错划右派的摘帽

1978年9月，党中央批准中央组织部、中央宣传部、中央统战部、公安部、民政部《贯彻中央关于全部摘掉右派分子帽子决定的实施方案》（中发〔1978〕55号）。

根据中央文件精神，县委及时成立摘掉右派分子帽子工作领导小组，加紧推进工作。

据统计，全县在1957年、1958年共划右派分子168人，其中1962年甄别平反43人；其余125人，在1978年10月全部摘掉了右派分子帽子，恢复了政治名誉。

这些人中，除40名已有工作外，被安置工作的84人，只有1人未被安置工作。

因右派株连的成人86人，除已有工作的61人外，剩下的25人也全部安置了工作，并安置特困子女4人。因右派株连的56户149人的户粮关系，全部由农村户粮关系转为城镇户粮关系。

对错划右派的摘帽，使他们开始享受到社会公平正义的待遇。西岗公社小学教师李建新接到改正通知书后，当晚召开家庭会，感谢党"落实政策"。

2. 对"四类分子"摘帽

1978年12月，党的十一届三中全会召开。之后，党在思想、政治、组织等领域的拨乱反正全面开展。

1979年2月13日，淇县县委召开四级干部会议。会议认真学习了党的十一届三中全会精神，讨论了中央〔1979〕4号、5号文件的贯彻落实情况，县委第一书记崔启发（1978.7～1981.3在任）作了动员报告。会议部署了对"四类分子"摘帽和地、富子女新定成分的工作，对纠正长期以来"左"的影响起到了推动作用。

3月27日，县委批转了试点工作组《关于思德大队四类分子摘帽和地主、富农子女改变成分的报告》，要求全县仿照执行。

9月21日，全县"四类分子"摘帽工作结束。县委历时5个多月，对全县 1319 名"四类分子"实事求是地进行了评审，本着有错必纠的原则，给 1159 名"四类分子"摘掉了帽子，占"四类分子"总数的 87.8%。另外，对地、富家庭出身的子女也全部重新定了成分和家庭出身。

为地、富、反、坏、右"五类分子"摘帽，使一些过去长期被颠倒的历史、被颠倒的路线是非得到了纠正，砸碎了长期压在干部、教师、群众身上的精神枷锁，体现了党勇于承认错误、勇于改正错误的精神，伸张了正义，促进了团结。

**二、经济社会事业的恢复和发展**

粉碎"四人帮"后，中央在部署揭批"四人帮"罪行、稳定全国局势的同时，立即着手工农业生产的整顿和恢复，并重新发出了为建设社会主义现代化强国而奋斗的号召。

淇县县委领导各级党组织，联系经济工作实际，把揭批"四人帮"反革命集团同恢复被破坏的国民经济结合起来，努力恢复正常的生产秩序和工作秩序，使经济很快步入正常轨道。

（一）工业继续学大庆，形成了淇县工业体系

1976 年 12 月 19 日，《人民日报》刊登了《狠批"四人帮"，掀起工业学大庆新高潮》的社论，时隔十二年，党中央向全国重新发出了"工业学大庆"的号召。

1977 年 2 月 27 日，县革委召开了淇县工业学大庆会议。会议总结交流了工交战线的先进经验，制定了规划，研究了措施，把工业学大庆的群众运动推向新阶段。

4 月 20 日，中央在大庆油田召开了全国工业学大庆会议。会后，县委组织各级党组织认真学习，号召大家发扬"铁人"（王进喜）精神，建设一支特别能吃苦、特别能战斗的职工队伍，战胜"四人帮"干扰破坏造成的暂时困难。

1. 县办工业在奋勇拼搏中崛起

6 月 20 日，成立淇县革命委员会工业学大庆办公室，办公室设在县工业局。县工业局领导班子成员深入厂矿，和工人同吃、同住、

同劳动,做到了"工人三班倒,班班见领导;工人加班干,干部在一线"。发现问题,及时解决。总结经验,抓典型,树样板,促进工作提升。

原淇县化肥厂

全县涌现出食品加工厂、庙口煤矿、化肥厂、水泥厂等多个"大庆式"企业。

县食品加工厂面对糖、油、面等原料供应紧张的状况,提出"头顶青天,脚踩荒原,有条件要上,没有条件创造条件也要上"的口号。没有豆,就从外地买来豆饼,手工砸碎,用作酿造酱油的原料。没有油、糖,他们就想办法,搞创新,研制出耗油少、质量高的点心。

庙口煤矿为了解决淇县工农业生产用煤短缺问题,在柳树沟选址了新井。在新井施工中,矿领导不等不靠,带领职工大搞义务劳动,先后运石碴284吨,保证了新井施工顺利进行。

各工矿企业内部相继开展了社会主义劳动竞赛。车间之间、班组之间、人与人之间,对口赛、对手赛热火朝天,赛优质、高产、低耗、安全,赛纪律、团结、风格、贡献,内容丰富多彩,形式各有千秋。干部、工人生产积极性不断高涨,学大庆、做"铁人"典型事迹不断涌

庙口煤矿原址

现。

造纸厂的浆泵坏了，下道漂洗工序不能正常进行。紧急时刻，厂领导带领工人、干部齐上阵，跳进齐胸深的浆池，通过盆端、桶提，激战两小时，最终把十几吨的纸浆灌进了漂洗池，避免了损失。

2. 社办工业成效显著

在大力发展县办工业的同时，积极发展社办企业。各公社党委把办好社办企业作为一件大事列入重要议事日程。定期研究社队工业中的问题，分别明确一名副书记和一名党委委员分管工业，定目标，下任务，落实责任。

对社办企业实行全年包干、分月付款、超支不补、节约留用的办法，按照定人员、定任务、定质量、定上缴利润"四定"原则，除完成上缴利润外，超额的部分留厂用于扩大再生产。这有效调动了各厂积极性，促进了社办企业发展。

7月14日，县委召开工业学大庆表模大会。8个先进单位和个人在会上作了学大庆、学铁人经验介绍。

1978年，淇县全民所有制工业发展到16家，年产值达到1380万元。社办工业发展到33家，年产值达到656万元。全县工业总产值完成2212万元，比1975年增长7.6%，成效是明显的。

工业学大庆运动，造就出了一批求真务实、拼搏争先的管理人才，使淇县的工业从无到有，逐渐形成了以机械、造纸、化工、建材为主的工业体系。

运动中，尽管提出一些不切实际的指标和口号，存在这样那样的问题，但大庆精神是一种宝贵的财富，永远激励淇县人民奋勇前进。

那些为淇县工业发展作出杰出贡献的前辈，通过"传、帮、带"，他们的工业管理经验和"铁人"精神，至今仍在朝歌大地上发挥着宝贵作用，使淇县人民代代受益。

如今的淇县人，无论在家创业还是外出谋生，都表现出了"天生"的企业管理才干，在前辈"铁人"熏陶下的新一代淇县人同样对朝歌大地贡献殊异。

（二）农业继续学大寨，建设高产稳产田

为贯彻 1976 年 12 月第二次全国农业学大寨会议精神，1977 年 1 月 16 日至 25 日，县委召开了由全县四级干部参加的农业学大寨会议。

会议总结了农业学大寨的经验，表彰树立了一批学大寨的先进单位和人物。制定了以改土治水为中心的农田基本建设规划，确立了"平原大力发展高产稳产田的主攻方向"。

为加强领导，县委还在山区和平原泊地分别设立了两个作战指挥部，带领全县人民重绘淇县蓝图。

会后，淇县成立县、社、队三级专业队 200 多个，实行长年坚持与冬春大干相结合、专业队与群众运动相结合，在全县迅速展开战山丘、治泊洼、平原建高产稳产田"三大战场"。

投入劳力数万人，以大寨为榜样，劈山开渠，改土造田，深翻平整，建设"大寨田"，在全县再次掀起农业学大寨高潮。

1. 在"战山丘"战场

大力推进闸沟淤地、筑鱼鳞坑、植树植草护坡等。修筑了大量的谷坊、塘堰、旱井、旱池。建石岸 163 条，打地边埂 8047 处。1978 年，全县水土流失治理或基本治理面积达到 114 平方公里。同时，通过打井、修渠、建站、设埋管道等措施，使常年缺水的山区一万多人吃上了自来水。

2. 在"治泊洼"战场

疏浚主要河道 4 条，修淇河石护岸 10 处，建围村堤 21 处，挖大小排水沟总长 19.49 万米。彻底消灭了沼泽地，基本消灭了盐碱地，使 4.2 万亩泊洼易涝农田摇身变成了良田。

3. 在"平原建高产稳产田"战场

一方面，着力搞好电力配套，1976～1977 年共投资 140.3 万元，建成了 110 千伏高村变电站、35 千伏城关变电站。建成 6 条主要输电线路，总里程达到 1222.5 公里。全县每个村庄，所有机井、电灌站，都用上了电。

另一方面，继续推动水利建设，打机井709眼，改造旧井364眼，建机电灌站26处，修建大小渠道23.6万米。发展排灌动力机械968台、自压机械喷灌点6处。1978年全县高稳田灌溉面积达到75765亩。

4. 大力推进科学种田

在推广麦田深耕、棉花栽培深沟高垅、玉米双株密植，麦棉套种、棉花玉米间作、玉米豆类间作等技术的同时，重点是培育采用良种。淇县的良种培育基地一共有3个。

原种一场。自1970年起，14年培育小麦品种19个，提供种子300万斤；培育玉米良种124.3万斤、谷子良种46.6万斤。

原种二场。自1966年起，18年间繁育17个粮、棉新品种，为全县提供小麦良种190万斤、玉米良种76.3万斤、棉花良种65400斤。

农科所。自1976年成立以来，重点研究了小麦"百农3217""矮丰4号"早熟麦茬棉，大豆"勤俭6号"、红薯"徐薯18"等良种，促进了农业增产丰收。

5. 较早重视生态问题

工农业的大发展，生态问题逐渐引起县委的重视。1977年北方平原绿化会议后，淇县积极发展农田林网和农桐间作。即土地划大方，以路、渠、地区植树镶边，岗地采取一条地埂一行树的栽植方法，大力号召植树造林。1977～1978年，全县共植树造林5770亩，"四旁"植树241万株。

由于农业学大寨的开展，促进了水利建设，增强了抗灾能力，促进了农业增产。1978年全县粮食总产量1.59亿斤，比1976年增长2.7%。全县粮食亩产744斤，比1974年增长46.3%。全县农业总产值完成4107.2万元，比1976年增长12.58%。

6. 各项事业齐头并进

在大庆和大寨精神的鼓舞下，淇县的交通、商业、财税、金融等各项事业也取得了积极成果。在山区，先后凿通了黄洞至柳林的群英洞、黄洞至全寨的解放洞以及冷泉沟东、西洞4处高山隧道，全长1770米。黄洞北沟与中沟、中沟与林县通了汽车，山区交通发生了翻天覆地的变化。

1978年，全县公路发展到5条，总长达到79公里。全县货运量45.1万吨，货运周转量408.6万吨。客运量4.4万人，客运周转量116.7万人。这为后来淇县成为全国第一个"村村通"公路县打下了坚实基础。

同年，全县社会商品零售总额实现2694万元，财政收入实现323.4万元。职工人均年工资达到539.64元，农民人均收入达到75.5元，城乡居民储蓄余额达到465.2万元，较1976年均有不同幅度提升。

（三）科技、教育事业的恢复和发展

粉碎"四人帮"后，科技和教育领域的拨乱反正同时展开。

1. 科学技术的"春天"来临

1977年9月18日，中共中央发出关于在1978年春召开全国科学大会的通知，要求落实党的知识分子政策，迅速恢复被撤掉的科研机构，恢复科研人员的技术职称，建立考核制度，实行技术岗位责任制。

中央的通知发出后，全国上下兴起了"向科学技术现代化进军"的热潮。

县委于11月25日至12月1日召开了淇县科技大会。与会代表530人。会议交流了经验，明确了目标，表彰了先进集体34个、先进科技工作者221名、重要科技成果80多项。

1978年3月18日，全国科学大会在北京召开。邓小平在会上指出："四个现代化，关键是科学技术的现代化。"并且强调，科学技术是生产力，而且正在成为越来越重要的生产力。

全国科学大会的召开在淇县引起了强烈反响，全县科技界知识分子个个摩拳擦掌，积极投身科学技术研究和推广应用。

工业方面，淇县粮食局面粉厂成功研制出了JDT-2型定量电子自动秤。其灵敏度高，称量精度达到0.19%，达到粮食系统国内先进水平。

农业方面，重点示范和推广了新品种、棉虫综合防治、合理密植、科学施肥等技术成果。

在麦田引进推广了"百农 3217""濮阳 5 号"新品种，在上等地小麦单产突破 1000 斤，突破农业历史纪录。

在棉田推广了有氟农药、有机氮农药、除虫菊类农药。推广了机动弥雾机和电动喷雾器。应用了以瓢治蚜新技术，有效控制了立枯病、黄萎病，减少了棉铃虫、造桥虫。使 1978 年棉花单产比 1977 年提高 13.98%。在玉米地推广了宽窄行和双株密植，每亩定苗 3500 棵左右，使 1978 年玉米单产同比提高 15.96%。

1979 年，淇县成立县科协和桥盟、城关、庙口、西岗 4 个公社科协。同年还成立了农林牧学会、机电工程学会、医药卫生学会、水利学会、教育学会 5 个学会，全县会员 127 名。各级科协和学会的成立，为淇县科技事业的发展起到了支撑作用。

2. 教育界焕发勃勃生机

教育战线是"文化大革命"的重灾区。1977 年 8 月 4 日至 8 日召开了科学和教育工作座谈会。会上邓小平明确指出，要尊重劳动，尊重人才，"知识分子的名誉要恢复"。

从 1977 年秋开始，淇县教育界拉开了拨乱反正的序幕。

粉碎"四人帮"后，淇县撤销了上荒五七分校，淇县第一中学的学生全部回到本部上课。1973 年 2 月，淇县城关中学合并北阳高中和桥盟高中，始用"淇县第一中学"校名，仍简称淇县一中或县一中。1977 年，县一中招 6 个高中班 371 人、4 个初中班 169 人。

1977 年 7 月，国家取消"文化大革命"中推荐上大学的招生办法，恢复高等院校考试招生制度。

是年冬天，淇县往届高中毕业生、民办教师和部分应届高中毕业生 1966 人参加了全国统一命题考试，78 名被大中专院校录取。其中，全国重点大学 3 名，本、专科 35 名，中专 40 名。这对淇县教育战线的拨乱反正起到了强有力的推动作用。

1978 年 1 月，省教育厅《河南省全日制九年制中小学教学计划试行草案》颁发后，淇县对各学校的师资配备、经费调配、学生来源、班额限制等方面作了较为详细的规定。同时，各学校相继制定了教研教学常规、学生守则、奖惩条例等规章制度，教育教学秩序逐步恢复正常。

1978年9月14日，县革委决定将生产指挥部撤销，建立县革委农林水办公室、工交办公室、财贸办公室、科学教育办公室。开始落实党的知识分子政策，平反教育战线上的冤假错案。

"文化大革命"时期被错划右派的29名教师全部予以纠正，被诬为"牛鬼蛇神"、遣送回家的教师，陆续回到了教学岗位。同时，充实和加强了学校领导班子，为淇县教育事业的恢复和发展创造了条件。

这一时期，淇县采取公办与民办相结合，国家、集体、个人一起上的办学方针，县、社两级政府在克服财政困难、增拨教育经费的同时，大力发动集体和社员个人投资办教育，多方投资改善办学条件。许多学校"四泥"（泥房、泥桌、泥凳、"泥孩"）和"四无"（无房屋、无桌凳、无仪器、无图书）的状况得到改观。

为了加强师资队伍建设，淇县建立健全了县、社两级师资培训机构。采取短训、在职学习、函授等形式，不断对教师进行培训，提高了教师的政治、文化、业务素质和教学水平。

12月2日，淇县成立整顿民办教师队伍领导小组，通过群众评论和文化知识考试，择优录用，淘汰落后，有效解决了民办教师队伍管理混乱、文化水平低、教学能力差等问题。

经过一系列的恢复、整顿和提高，到1978年底，淇县恢复了升级、升学、毕业考试制度。中小学教育落后的状况得到迅速改变，各级各类学校逐步走上正常的发展轨道。

（四）文化、卫生事业的恢复和发展

淇县的文化事业在"文化大革命"时期遭到严重破坏，大批的文艺工作者受到迫害，大量的文艺作品受到批判。

粉碎"四人帮"后，在县委的领导下，打破了林彪、"四人帮"

炮制的"文艺黑线专政论"，为一大批文艺工作者和文艺作品平反，一些深受广大人民群众喜欢的优秀文艺作品被重新搬上舞台。

1. 电影事业空前发展

"文化大革命"时期，淇县的电影事业遭受严重破坏，大批电影被扣上"封、资、修"的帽子而横遭禁映。当时所映的影片多是"样板戏"、新闻公报等，群众将这些影片总结为"三战""八样""一西哈"。

"三战"，指《地道战》《地雷战》《南征北战》。

"八样"，指《沙家浜》《红灯记》《智取威虎山》《海港》《龙江颂》《白毛女》《红色娘子军》《奇袭白虎团》八个样板戏。

"一西哈"，指《西哈努克亲王访问广州》。

粉碎"四人帮"后，淇县发行放映新影片数量繁多，形式活泼，题材广泛，风格多样，电影事业达到空前发展。1977年，淇县全民和集体放映单位达到8个，累计放映2400多场，观众20万人次。

2. 文化馆新楼落成

1978年，淇县在县城马号胡同东北角建成了文化馆新楼，成为文化工作的新阵地。

3. 剧团恢复演出

戏剧是淇县广大群众喜闻乐见的一种文艺形式。粉碎"四人帮"后，在县委和有关部门的大力支持下，淇县一批在"文化大革命"中解散的剧团，重新建立或恢复，并率先把深受群众欢迎的优秀传统剧目搬上舞台。

1979年，县豫剧团编排演出了《下陈州》《铡美案》《抬花轿》《对花枪》《义烈风》《三凤求凰》《何巧娘》《三哭殿》《打金枝》等一大批传统剧目，深受群众喜爱。

另外，东街、郝街、三角屯、泥河、石佛寺、高村、黄洞、马湾、三王庄等村的业余剧团也活跃在城乡舞台，为群众奉献了一道道精美的文化大餐。

4. 落实医务人员政策

粉碎"四人帮"后，淇县及时落实政策，一批在"文化大革命"中受迫害的医务人员被重新安置工作，回到治病防病一线。同时，对县人民医院等城区医疗机构的各项工作进行整顿。

通过整顿，城区医院实行了院长负责制，加强了领导班子建设；恢复了医疗技术职称，明确了各级各类人员职责；实行岗位负责制，建立健全了各项规章制度；狠抓医务人员思想建设，纠正了不正之风；各项工作有了新变化，管理水平有了新提升。

5. 大力开展爱国卫生运动

1977年4月4日，国务院下发《关于大力开展爱国卫生运动的通知》。

淇县革委按照"预防为主"的方针，迅速动员全县人民除害灭病，发动群众开展爱国卫生运动。

在城镇，主要是抓好饮食行业、公共场所和理发、澡堂等服务行业的卫生。搞好饮水、粪便、垃圾的管理。

在农村，主要是推广商水县刘楼大队"两管五改"（管水、管粪、改水井、改厕所、改畜圈、改炉灶、改环境）经验，加强农村生活和环境卫生建设。

所有机关、学校、商店、生产队，都积极制定爱国卫生公约，开展竞赛、评比等各项活动。

6. 重视传染病防治

县委非常重视传染病的防治工作，投入大量人力、物力，以县卫生防疫站和公社卫生院为主，进行疾病监测。对危害人民身体健康的多发病和急、慢性传染病进行防治。在60年代根绝天花、霍乱、百日咳的基础上，1977年，淇县又根绝了白喉的发生。

7. 成立赤脚医生学校

1974年，淇县赤脚医生学校（1980年改称淇县卫生学校）成立。之后几年，该校连续举办7期学习班，对各大队的赤脚医生和各医院、县社厂矿医疗单位的初级卫生技术人员进行培训，提高其医德和医疗技术水平。每期时间一年，学员100名左右。为全县各农村、厂矿企业培养了大批中级技术水平的卫生专业人员。

赤脚医生是农村合作医疗制度的产物，是农村社员对"半农半医"卫生员的亲切称呼。出现于20世纪60～70年代"文化大革命"中期，指经乡村或基层政府批准和指派、没有固定编制的、有一定医疗知识和能力的医护人员。1985

淇县赤脚医生学校（卫校）原址

年1月25日，《人民日报》发表《不再使用"赤脚医生"名称，巩固发展乡村医生队伍》，到此"赤脚医生"逐渐消失。

1978年，全县公社卫生院发展到7个，拥有床位144张，专业技术人员达到191人。各卫生院均设立了内科、外科、中医科、妇产科和放射、化验、生化理疗室等，配备了大量的医疗设备。同年，大队卫生所（室）发展到166个，专业技术人员达到497人，村村建立了卫生所（室），每村卫生人员平均达到3名。

在"文化大革命"结束后的两年间，淇县的工业、农业、科技、教育、文化、卫生等各项工作都有所前进，为改革开放准备了基础条件。

### 三、十一届三中全会的伟大历史转折

（一）开展真理标准大讨论

1978年5月10日，中央党校内部刊物《理论动态》刊登经中央党校副校长胡耀邦审定的文章《实践是检验真理的唯一标准》。

5月11日，《光明日报》以特约评论员的名义公开发表了这篇文章，新华社向全国作了转发，在全国引起强烈反响，由此引发了一场真理标准大讨论。

10月初，河南省委宣传部召开理论与实践关系问题座谈会。11

月 13 日，省委召开地、市、县委书记会议。会上，省委第一书记段君毅强调，各级党委要完整、准确地掌握马克思列宁主义、毛泽东思想的科学体系，坚持实事求是的思想路线。

淇县县委第一书记崔启发从郑州回来后，经过筹备，12 月 7 日至 21 日，召开由县委常委、各公社书记、县委各部办、各局委和二级机构以上负责同志参加的常委扩大会议。

会议学习了中央文件，传达了省委会议精神，组织进行了真理标准大讨论。号召全县各级党组织积极行动起来，将讨论引到实际中去，引到群众中去，引到各个领域、各个方面，推动真理标准问题讨论向纵深开展。

从 1979 年 7 月开始，淇县在全县范围内进行了真理标准问题讨论的补课。举办"实践是检验真理的唯一标准"理论学习培训班，广大干部群众普遍受到了一次马克思主义真理观的教育。

真理标准大讨论到 1979 年末结束。通过讨论，消除了"文化大革命"在思想理论上造成的影响，重新恢复和确立了解放思想、实事求是的思想路线，促进了思想解放，为实现伟大的历史转折提供了前进的动力。

（二）学习全会精神，工作重点转移

1978 年 12 月 18 日至 22 日，党的十一届三中全会在北京召开。全会果断地结束了全国范围内大规模揭批林彪、"四人帮"的群众运动，把全党的工作重点转移到社会主义现代化建设上来。

这是新中国成立以来党的历史上具有深远历史意义的伟大转变，它标志着中国历史进入社会主义现代化建设的新时期，表明了中国共产党在探索社会主义前进道路的过程中，找到了建设有中国特色的社会主义道路。

1979 年 1 月 2 日，河南省委召开常委扩大会议，学习传达党的十一届三中全会和中央工作会议精神。

春节前后，安阳地委分两段召开了为期 10 天的常委扩大会议，布置工作重点转移的工作。淇县县委第一书记崔启发到安阳参加了会议。

2 月 13 日至 27 日，淇县县委召开共计 1800 多人参加的四级干部会。会议传达学习了党的十一届三中全会和中央工作会议精神，县委第一书记崔启发作了动员报告。

会议明确了农村工作的重点，坚定不移地向社会主义现代化建设转移，动员全县干部群众加快经济建设步伐，集中力量把农业搞上去。这次会议是淇县发动农村改革的一次重要会议。

2 月 18 日，县委、县革委拟定了《淇县 1979 ～ 1980 年农业生产规划》，提出了符合实际的指标。

1979 年粮食总产量要达到 1.68 亿斤，1980 年要达到 1.8 亿斤。棉花 1979 年要达到亩产 75 斤，1980 年要达到亩产 80 斤。林牧业也要相应的有所增加。

根据省委《关于目前农村经济政策若干补充规定》，3 月 20 日，县委召开会议，对全县的经济发展政策进行了研究。

结合本县实际，对粮食、棉花、油料征购，加强劳动定额管理、建立生产责任制、明确奖罚比例，社员受益分配中对口粮分配的照顾，社员宅基地，大、小队干部报酬五个方面的问题作出了详细规定。

1979 年，全县有 80 个大队实行了联产到组、超产奖励责任制。种植业、林果园普遍实行了联产到劳责任制。少数村队搞了包产到户责任制。长期以来的平均主义、"大锅饭"被打破了，农民生产积极性大大提高。全县棉花大幅度增产，首次实现了亩产百斤皮棉县。

党的十一届三中全会后，淇县相继成立了高招委员会、市场管理委员会、编制委员会、科技协会、转业干部安置领导小组、计划运输指挥部、抗旱指挥部、清财核资扭亏增盈领导小组、建设银行等机构。

从此，淇县各级党组织和广大党员、干部、群众，在县委的正确领导下，认真贯彻执行党的十一届三中全会确立的思想路线、政治路线和组织路线，开始走向改革发展的振兴之路。

# 第七章　改革开放　快速发展

中共十一届三中全会（1978年12月）至中共十八大（2012年11月）召开的三十四年间，党和国家的工作重心转移至经济建设和改革开放。社会主义计划经济和市场经济双规并存体系逐步建立和完善。广大农村土地家庭联产承包责任制逐步实行。其他各行各业的全面改革陆续展开。

淇县根据本地实际，充分利用资源潜力，从提高经济效益出发，积极调整产业结构，努力发展优势产业，取得了显著成效。

经过多年努力，淇县农业比重大幅度下降，工业化水平明显提高，整体经济结构实现了"三产"等各业"六三一"的比例大转变。在鹤壁市辖区内，淇县工业总产值及利税始终名列前茅。工业带动效应明显，社会各业齐头并进，与工业密切相关的电力、金融、土地、交通、城建、通信、媒体宣传等支撑行业发展迅猛。

淇县建成了省级高新技术产业开发区、全省文明城市创建先进县、河南省平安建设先进县、全国食品工业强县、全国科技进步先进县、全国造林绿化先进县、中国最具魅力文化旅游城市、全国义务教育均衡发展先进县和河南省经济管理扩权县、对外开放重点县。朝歌镇、高村镇、北阳镇先后跨入全国重点镇行列。

## 第一节　体制改革和对外开放

1978年12月，党的十一届三中全会作出把党的工作重心转移到经济建设上来，实行改革开放的历史性决策，实现新中国成立以来的历史上具有深远意义的伟大转折，开启我国改革开放和社会主义现代化建设新时期。

中共淇县县委认真贯彻党的十一届三中全会精神，部署安排深入进行农村经济改革，全面推行家庭联产承包责任制，农业生产效率普遍提高，农民生产积极性空前高涨，农业连年丰收，农民生活大幅度改善，城市经济、政治、社会保障等体制改革也全面铺开。

**一、经济体制改革**

淇县的经济体制改革过程紧随全国步伐，1983年底农村土地全部承包之后，一直到党的十四大召开之前的十余年间，经济体制改革的幅度和深度是一个渐进式的过程。

（一）党的十四大召开之前经济体制改革

1. 经济体制改革的开始

1982年农村经济体制改革进入实质性阶段。3月9日，城关人民公社改为城关镇人民政府，随后各公社相继改为乡政府。这一改变，释放了加大改革力度的信号。月底，淇县县委成立打击经济领域犯罪活动领导小组，7月下旬召开总结会，制定下一步措施。这一改进释放了以经济建设为中心的信号。年底，全县1211个生产队中，实行包干到户的1066个，由于农村经济不断改革，当年粮食总产达到1.4亿斤的新高。

1983年涉及农业农村的各项改革全面铺开。年初，县委发出完善落实大包干责任制的通知。2月下旬，县政府批转了进行供销合作社体制改革方案。3月中旬，县委召开发展"两户一体"工作会，即发展专业户、重点户、经济联合体，号召打破老框框，振兴农村经济。11月底，县政府批转了信用社体制改革的报告。12月16日，县委、县政府拟定了《关于搞好农村大队体制改革的意见》，以原来生产大队为基础建立村民委员会，同时建立党支部和村的经济组织——农业合作社，原来的生产队改为村民小组，经济组织还叫生产队。

1984年农村经济体制改革基本定型。7月9日，县委召开发展商品生产工作会议。8月9日，县委、县政府印发《关于认真做好延长土地承包期的工作意见》。12月15日至17日，中共淇县第五次代表大会召开，县委书记王振杰作报告，提出到1989年实现工农业总产值翻2.5倍、人均产值2000元的奋斗目标。

1985年2月28日，淇县县委成立经济体制改革领导小组，经济体制改革的大幕正式拉开。5月20日，县政府转发了省经济体制改革委员会（简称体改委）、劳动厅、财政厅《关于当前城市经济体制改革中若干问题的处理意见》，城市经济体制改革全面推开。

2. 经济体制全方位改革的过程

1986年5月，淇县县委、县政府启动职称改革，为发展经济挖掘人才。同月，县政府发出通知，要求各乡镇、县直各单位进行人才预测和制定15年教育规划，在为经济建设找人才的同时，高瞻远瞩地提出培养人才的长远计划。7月9日至11日，县委、县政府召开全县乡镇企业工作会议，县长刘贯军作报告，重点强调贯彻中央关于放宽搞活的精神。

1987年5月16日，县委、县政府发出号召，动员全县人民踊跃储蓄集资兴办电厂，以解决工业企业用电紧张的问题。11月11日，县政府批转了劳动人事局等六个单位关于《淇县全民所有制企业职工退休养老费用统筹管理试行办法》。

1988年2月10日，县委、县政府发出通知，对乡镇经济工作实行任期目标管理责任制。3月中旬，县政府召开全县计划和经济体制改革会议，安排部署经济体制改革，经济体制改革全面铺开。

（二）流通体制改革

流通领域一直实行的是所有商品及服务全部国营和供销社集体经营，称之为大一统体制。随着1986年放宽搞活的开展，商业局和物资局下属各公司，县供销社、粮食局、外贸公司、农业机械种子化肥农药、交通运输等，包揽了人民群众所有消费品及理发、洗浴、餐饮、住宿等各类服务。个体私营商业虽然有所发展，还仅限于从国有公司批发出来，以小摊小店形式从事零售生意。

1. 国营商业

十一届三中全会后，淇县国有商业迅速发展。商业系统建设百货楼、红旗商场，使县城面貌大有改观。1983 年全县商业网点比解放初期增加 10 倍以上。之后，个体户迅猛发展，加入商业大军，到 1989 年，全县包括国有商业网点在内发展到 2154 个，社会商品零售额达 10723 万元。到 1994 年县城内建成九大市场，即摘星楼菜市场、牲畜市场、朝歌大市场、豫港家具大世界、坛海夜市一条街、新潮大市场、轻工建材大市场、钢材大市场、农贸批发市场，全县商业日销售额在 40 万元以上。商业局创下惊人利税，历年受到县政府奖励。

1992 年底，县委、县政府贯彻党的十四大精神之后，国有商业、物资大一统体制开始松动，个体私营商业飞快发展，小西街副食品批发市场迅速形成，抢占了整个豫北第一个县级私营副食品批发市场的高地。是年，烟草专卖制度实行，烟草业务从原烟糖公司中分出，成立了淇县烟草专卖局。烟糖公司成了糖业公司。

1995 年全面打破大一统体制。4 月 19 日，全省畜牧业规模经营座谈会在淇县召开，淇县畜牧业两大龙头冯永山的永达公司、杜文君的兴业公司成为省政府重点支持对象。9 月 26 日，淇县朝歌北路两侧黄金地段七宗国有土地公开拍卖成功，拍卖总面积 1785 平方米，出让金额 80.63 万元，见证了国有土地使用制度的改革。

1995 年流通体制在内的经济体制改革全面启动。商业企业主要有 8 个，即商业局下属的百货公司、糖酒公司、五交化公司、食品公司、食品加工厂、石油公司、饮食服务公司、集体商业公司。零售网点 67 个，批发部有 4 个，分布在红旗路、107 国道等主要干道和县城繁华闹区，全系统在册人员 1300 多人。主要经营布匹、服装、鞋帽、化妆品、钟表、眼镜、箱包、灯具、针线、文具、乐器、玩具、摩托车、自行车、家用电器、五金、化工、糖、酒、汽油、柴油、肉类等。原来饮食服务公司经营的食堂、澡堂、理发店、旅店、修表、刻章、照相、钉鞋、修理等等，改革开放之初便有了大批个体户加入，业务严重萎缩。

1998 年，按照"因企制宜，一厂一策"的原则，对商业企业进行了改革，改制为租赁经营承包企业或改制为有限责任公司。1992年成立盐业公司，从烟糖公司分出独立，为商业局下辖，1998 年又从商业局分出独立，成立盐业局。1998 年 7 月，石油公司实行垂直管理。

2004 年，商业企业 7 个，零售网点 50 多个，全系统在册人员1000 多人。之后，或更名，或破产，或整体出让，或因无任何资产名存实亡，或国有资产退出，国有商业企业不复存在。

2. 合作商业

淇县供销合作社是一个与商业系统并驾齐驱的大系统。1948 年9 月建立，1958 年曾并入商业局，1962 年分设。1968 年底撤销，下属单位归县财贸组领导。1970 年后，归商业组、商业局领导。1975年 4 月恢复县供销社编制，下属农业生产资料公司、土产日杂公司、棉麻公司、贸易公司、综合公司，7 个乡镇基层供销社也归县供销社

城关供销社原址

管理。各公司及乡镇供销社均设有仓库、批发部或门市部。

合作社 1994 年有干部职工 1750 人，24 个独立核算单位。7 个基层供销社，13 个直属公司，169 个分销店及网点。主要经营农副产品收购，包括棉花收购、土布、条编、小盐、土碱、皮硝、核桃、苇席等收购，废品收购，生产生活资料供应，包括锅碗瓢盆等生活用品和小型农具、化肥、农药、药械、煤油、鞭炮等。

棉麻公司下设城关轧花厂、高村轧花厂、姜庄轧花厂、第四轧花厂，前三个分别称第一、第二、第三轧花厂。四个轧花厂虽然属于棉麻公司，但其行政级别与棉麻公司相同，出席活动往往平起平坐，

因而社会上对他们内部的关系容易混淆。

1998年以后，在小西街副食品批发商及九大市场商户群体的影响下，集体与个体商业发展迅速，给人民群众的生活带来了很大方便，并逐步形成了多层次、多元化、多种经济成分并存的商业发展新格局。县供销社下属各公司及乡镇基层供销社均改制为私营或合伙经营。至2000年，由县供销社职工领办的私人商业网点达300余家，从业人员950余名。

3. 粮油经营

1951年设粮食局，至1969年间中间稍有变化，下属直属一粮库、直属二粮库、粮油转运站、城关粮食供应站、粮食交易所、7个乡镇粮管所、面粉厂、粮食职工学校、饲料公司、综合服务大楼等。

1995年国家实行定购价，小麦0.54元/斤。1996年，小麦0.76元/斤，粮油合同订购和议价收购并行。吃商品粮不再是大多数人的梦想，商品粮户口（非农业户口）、粮票、粮本等词汇渐渐退出历史舞台，居民户与农民户的天壤之别渐渐弥合。

1998年，保护价收购粮食。

2003年，我国全面放开粮食收购市场和收购价格，粮食价格由市场形成。粮食价格放开后，为保护农民利益和种粮积极性，2004年、2006年起，国家在主产区分别对稻谷、小麦两个重点粮食品种实行最低收购价政策。

2008年以来，针对粮食生产成本上升较快的情况，国家连续6年提高粮食最低收购价格。

4. 物资经营

1950年，中国煤业建筑器材公司河南省安阳分公司淇县经营处（俗称煤建公司）成立，是淇县第一家物资管理机构。主要经营煤炭、建材、木材、轻工产品、化工原料及机电、机械设备等物资。

1962年成立淇县物资管理局。1963年至1979年，对各厂矿所需主要原材料、统配物资和二、三类机电产品、机械设备等，统一编报申请计划、统一订货、统一采购、统一管理、统一供应、统一销售。

1980年实行全面整顿改革，物资流通由过去的封闭式、多环节、少渠道、纵向联系的管理体制，转变为开放式、少环节、多渠道的横向联系。打破了地区、部门之间的界限，除充分利用地方资源外，还广开渠道，开拓经营。之后到1995年间，经营金属材料、建筑材料、机电产品、化轻产品、燃料、煤炭、木材、钢材、水泥、汽车、机床、三酸两碱（硫酸、硝酸、盐酸、烧碱、纯碱，后将两碱划归五交化公司经营）、橡胶、轮胎、炭黑、苯酐、电石、精萘、甲醇、乙醇、丁醇、防老化剂、促进剂等，还有毒品、剧毒品、易燃品、爆炸品、腐蚀品等。

下属木材公司、煤建公司、金属建材公司、金属回收公司及农村建房成套供应公司、机电化轻公司、生产资料服务公司、一〇二仓库、一〇四仓库、汽车队、编织厂、电线厂、经济开发公司、高村、庙口、西岗、桥盟四个物资供应站、待业青年门市部、物资供销公司、煤炭公司、物资供应公司、物资建材公司、贸易中心、物资综合公司等。

改革开放后由计划经济走向市场经济，受全国大气候的影响，物资系统经营形势逐步下滑，于1996年下属企业全部停止营业，下属15个公司名存实亡，职工全部下岗、失业或待岗。

5. 外贸经营

1963年，淇县建立对外贸易采购处，开始将对外贸易纳入轨道。1970年，向日本出口油城梨30吨，淇县对外贸易有了第一笔业务。1975年改称外贸公司，归商业局管理。1985年独立分设，改称外贸局，又称对外贸易公司。下属粮油食品进出口分公司、土畜产进出口分公司、外贸裘制品加工厂、小轿车维修中心、农机销售服务中心、汽车配件门市、田园饮料厂7个单位。

1977年后，淇县出口产品范围逐渐扩大，到1987年，出口商品计有14类、35个品种，主要包括玉米芯粉、柳编品、草编品、干辣椒、白油光纸、蓄电池、石英石、黄豆饼、麸皮、活牛、活猪、家兔等。1994年前后，出口商品以活猪、活牛、蓄电池、棉纱、玉米、黄豆、绿豆、长石粉为主。出口口岸为广州、青岛、连云港、天津等。主要出口国家为日本、美国、西欧各国、独联体各国、东南亚各国。

1995年全面推开市场经济体制改革后，企业大多自主出口，不再依靠外贸公司，淇县对外贸易公司业务大幅萎缩，逐渐退出历史舞台。但外贸公司的业务骨干多数进入各大企业，为淇县工业产品远销海外作出了突出贡献。

（三）农村经济体制改革

1. 土地承包

1982年开始下户，1983年完善农村土地承包关系，自1983～1997年，实施的是"三年一小动、五年一大调"政策，原则上为第一轮承包。1997年国家出台了进一步稳定和完善农村土地承包关系的政策，要求在第一轮承包的基础上再延长承包期三十年不变。

2002年颁布的《中华人民共和国农村土地承包法》进一步明确规定，耕地的承包期为30年。

2008年10月12日，中国共产党第十七届中央委员会第三次全体会议通过的《中共中央关于推进农村改革发展若干重大问题的决定》又规定：现有土地承包关系要保持稳定并长久不变，并按照依法自愿有偿原则，允许农民以转包、出租、互换、转让、股份合作等形式流转土地承包经营权。

2. 农村服务体系改革

1999～2000年，全县基本形成了一个以县农技推广站为中心，乡（镇）农技推广站为骨干，村级农业技术员为基础的农技推广网络，建立健全了县、乡、村三级农业技术推广网络，形成了包括2名高级农艺师、24名农艺师、38名助理农艺师、3名农经师、35名技术员、216名农民技术员的强大农技推广队伍，为科学实验、农业新技术推广打下了坚实的基础。并与县科委、电视台联合制作《科技600秒》农业科技专栏。

2005年乡镇机构改革后，将原有的农经站、农技站等基层站所合并归到乡镇农业服务中心，很大程度上削弱了农技推广力量。由于体制原因，淇县的农技推广机构出现了"线断、网破、人散"的局面，农业科技人员数量少，服务机制僵化，科技服务水平不高，只限于举办一些季节性技术培训，发放一些技术资料，开展新技术推广、指导服务工作有限，满足不了群众的需求。

（四）企业制度改革

1. 在政府指导下的国有企业运作模式

1979年至1995年间，企业彻底改制以前，对国有企业管理的基本方式是政府对企业实行全年责任目标（包括上缴财政的利润、税金、安全生产和因企业领导决策失误、渎职、失职而造成亏损、停产、国有资产流失等严重后果的，县委、县政府视情节轻重予以经济处罚，依法追究刑事责任）考核，指标由政府主管部门进行分解。对大中型企业作出突出贡献的厂长、经理实行年终奖励的办法。

1997年9月，党的十五大指出：采取改观、联合、兼并、租赁、承包、股份合作制、出售等形式，加快开放搞活国有小型企业的步伐。

淇县酒厂、石英厂、建材一厂由于受市场的冲击，长期处于停产半停产状态，职工下岗、生活无保障，引发社会的质疑。鉴于这些企业情况特殊，根据国有企业改革政策及市委文件精神，率先依法对酒厂、石英厂进行依法破产，建材一厂由宏大集团公司对其实施兼并，促进了国有企业资产优势重组和社会政治稳定。

之后在全县国有14家预算内企业，特别是对大、中型企业如棉麻纺织厂、毛纺厂、造纸厂、热电厂、水泥厂、化工总厂、机械厂

企业改制后典型企业——永昌飞天淀粉厂

等加大企业改革力度，规范公司的治理结构，使企业尽快转变在改革中的被动局面，适应当前经济形势、处理好改革和发展的关系，提高企业国际竞争能力，让企业更好地自主把握经济运行规律。

2. 由国有企业向股份制改革的过渡

为进一步深化国有企业产权制度改革，增强企业活力，淇县根据中央、省、市企业改革的精神，2003 年 11 月 6 日在县政府南三楼会议室召开企业改革与发展领导小组全体会议，精心布置，周密安排，稳妥推行。

对全县 42 家国有及国有参股企业分类进行，因企制宜，一厂一策，严格按《公司法》要求实施。按企业的情况分为四大类：

挂靠国有企业性质。实为集体或私营须变更登记的企业 3 户，如淇县计生委综合服务公司、房地产交易市场中心、淇县建筑规划设计室 3 家企业，通过变更，注册登记，实现国有资本退出。

对淇县棉麻纺织厂、热电厂等 20 家国有及国有参股企业，总体上采取破产、股份制改造、资产出让、分析改制等方式进行改革。

在执行政策的同时，要求改革后的企业尽可能地接收现有职工，最大限度安置职工，真正实现了让职工再就业，及时为下岗困难职工办理低保和发放下岗失业金，补发工资及生活费。通过行之有效的工作赢得了职工对改制工作的理解和支持，使淇县 42 家国有及国有控股企业彻底稳妥地破产改制，进一步让企业重焕生机。

（五）金融体制改革

1. 农金体制改革

全县农村信用社于 1996 年 12 月 10 日全部与农业银行脱离了行政隶属关系，顺利完成了行、社之间人、财、物的界定与划转。1997 年 8 月，淇县人民银行内部设立了农村信用合作管理科，专门对农村信用社行使监管职能。

1998 年，对全辖 36 个独立核算的农村信用社实施以乡建社改革，对 23 个业务量小、资产质量低、设置不合理、亏损严重、资不抵债的社予以降格或撤并。在全县 7 个乡镇重组了具有法人资格的信用社 7 个，根据业务需要保留了城区结合部独立核算的信用社 6 个。

2. 保险业改革

1996 年完成了中保财险有限公司鹤壁分公司与中保人寿保险有限公司淇县支公司的分设工作。1998 年 11 月成立了中国保险监督管理委员会，原来由中国人民银行行使的保险行业监管职能转由保监会行使。

1998 年是淇县金融体制改革继续深化的一年，人民银行管理体制改革取得了新的突破性进展。根据国务院关于金融体制改革的决定精神，本年底中国人民银行淇县支行，接受大区分行济南分行及鹤壁市中心支行领导、管理。国库、货币金银、调查统计、会计结算、信用合作、安全保卫等服务性职能归口郑州中心支行、鹤壁市中心支行管理。

3. 国有商业银行改革

2000 年，国家对国有商业银行县级支行及以下机构进行撤销、合并，业务经营转向城市和大企业，全年撤销 47 个县支行以下的金融机构网点。中国工商银行、中国农业银行、中国银行、中国建设银行各分支机构分别于 2005 年、2009 年、2004 年、2004 年完成了股份制改造，挂牌营业。2007 年 12 月，邮政机构改革，邮政储蓄业务与邮政业务分离，县级邮政储蓄银行淇县支行成立。2012 年，中国农业银行淇县支行股份制改革完成后，增设"三农事业部"。

4. 城市商业银行改革

2009 年 12 月，淇县商业银行成立，2010 年 12 月改名为鹤壁银行淇县支行。

2010 年 12 月，鹤壁银行发起设立的鹤壁市首家村镇银行——淇县鹤银村镇银行在淇县挂牌营业，为淇县的经济社会发展注入了新的活力。

（六）财税体制改革

1. 财政体制改革

1994 年，中央实施分税制改革，2002 年、2003 年实施所得税分享改革；省对市县在 2004 年、2009 年两次进行财政体制调整；县对乡在 2002 年对分税制财政体制改革进一步调整完善，2009 年将省政府分到县级的收入增量分成基数分配到了各乡镇，形成了目前淇县财政体制。

2. 税收体制改革

1997 年，国务院办公厅转发的国家税务总局深化税收征管改革方案提出建立"以申报纳税和优化服务为基础，以计算机网络为依托，集中征收、重点稽查"的征管模式，初步实现了纳税人自行申报体系、相对独立的税务稽查体系和税务代理中介服务体系。

2001 年，按照上级国税部门征、管、查外分离的思路，淇县国税局启动了信息化加专业化的新一轮征管改革，取消全职能征管分局，县属分局按征、管、查职能外分离设置，精简基层征管机构。

2004 年后，上级国税部门就税收征管工作提出了"科学化、精细化管理"的方针，重点是"强化管理"，并把"强化管理" 4 字增加到 1997 年的 "以申报纳税和优化服务为基础，以计算机网络为依托，集中征收、重点稽查" 30 字征管模式中，成为 34 字征管模式。

2008 年，国税总局本着国民待遇原则，提出在税收政策上，要适当"优待客人"，但同时不能过分"克己"，统一了企业所得税。内外资企业所得税实现"二税合一"，标志着始于 1994 年的内外资企业所得税率的"双轨制"就此终结。

2009 年 1 月 1 日起，全国所有地区、所有行业全面实施增值税转型改革，由"生产型"增值税转变为"消费型"增值税，纳税人在计算增值税额时，可从商品和劳务销售额中扣除当期购进的固定资产总额，彻底消除重复征税带来的各种弊端。

2012 年 1 月 1 日起，在上海市交通运输业和部分现代服务业开展营业税改征增值税试点改革，营业税改征增值税试点改革是国家实施结构性减税的一项重要举措。自 2012 年 8 月 1 日起，交通运输业和部分现代服务业"营改增"试点范围扩大到河南省，淇县营改增工作也于 2012 年 8 月 1 日起同步开始。

### 二、政治体制改革

1980 年 8 月，淇县县委发布了《关于撤销政工机构的通知》，公社党委一律撤销政工组，党的建设和政治思想工作由公社党委的组织、宣传、纪律检查委员会分工负责。县行政机关的政治部、政工处、政工科一律撤销，改为人事处、科、股，专管人事工作。机关党的工作由机关党委、总支、支部负责。企事业单位除交通、邮电等部门以及常年带军事性质或人员分散、流动性较大的建筑等企业单位保留政治工作机构外，其他企事业单位的政治部、政工处、政工科、政工组一律撤销，必要的可以建立相应的人事劳动管理机构。政治机构撤销后，应由企事业单位的党组织建立健全精干的、必要的办事机构，负责管理党的工作。

1981 年 5 月 22 日，政协淇县第一届委员会成立，主席杨朝彬，副主席杳成文、李先知、刘建华、杨文明。淇县的各级党委、政府开始全面接受民主监督。

淇县随着社会主义市场经济体制的建立和完善，政治体制为适应经济发展而进行了相应改革。

（一）党政机关和事业单位改革

1. 县直机关机构改革

1997 年，根据《鹤壁市县区党政机构改革实施意见》，坚持"转变职能、理顺关系、精兵简政、提高效率"原则，以"三定"（定职能、定机构、定编制）为基础，把转变职能放在首位，坚持政企、政事分开，把应该下放的权力下放给企业，把属于专业技术性、社会事务性的工作交给事业单位，促使政府从微观管理逐步转向对社会的宏观规划和监督管理。

县直党政机构设置 28 个，比原来的 58 个减少 30 个，精简 52%，其中县委机构由 14 个减少为 6 个，县政府机构由 44 个减少为 22 个，县委、县政府另设部门管理机构 5 个。

2001 年，机构改革的重点是精简人员编制，严格控制领导职数。县直党政群机关（不含政法机关，下同）行政编制由 501 名减为 386

名，精简 23%。县直政法机关专项编制精简 10%，即由 172 名减为 156 名，其中公安机关由 40 名减为 36 名，法院系统由 55 名减为 50 名，检察系统由 47 名减为 43 名，司法系统由 30 名减为 27 名。

2012年之前淇县县委机关所在地

县委、县政府工作部门设正职 1 名，副职 1～2 名，少数任务较重、人员编制较多的部门可增配 1 名副职。人大、政协内设机构的领导职数按上级有关文件规定配备。一个机构两块牌子的部门，按一个机构配备领导职数。部门内设机构领导职数的配备原则是：编制 3 名以下的配 1 职，4 名以上配 2 职。

县委设置工作部门 7 个，部门管理机构 1 个。比原有 11 个减少 3 个，精简 27.3%。县政府设置工作部门 20 个，部门管理机构 1 个。比原有 29 个减少 8 个，精简 28%。

2004 年，县政府机构改革。深化管理体制，合并调整职能，适应新形势的发展趋势。授权县财政局代表政府履行出资人职责，监管县属企业的国有资产，并管理县直机关和事业单位的国有资产；组建县发展和改革委员会、县商务局，为县政府工作部门，县安全生产监督管理局列入县政府工作部门；在县药品监督管理局的基础上，组建县食品药品监督管理局，挂县政府食品安全监督管理办公室牌子；将县计划生育委员会更名为县人口与计划生育委员会；将县经济贸易委员会承担的墙体材料改革管理职能和县轻纺总会承担的室内装饰行业管理职能划入县建设局；县轻纺总会不再列为县政府直属单位，转为经济实体，业务上接受县发展和改革委员会指导。

2010年，县政府机构改革。重点是规范机构设置，整合行使行政职能的事业单位。改革后县政府设置工作部门24个，工作部门机构规格为正科级，内设机构规格为正股级。

2. 乡镇党政机关机构改革

1982年3月9日，淇县人民政府发出了《关于将城关公社改为城关镇的通知》，将城关人民公社改为城关镇人民政府。

1983年11月，中共淇县县委出台了《关于改革农村人民公社现行体制的意见》。县委研究决定先在桥盟公社试点，对其他五个公社分两批，从十一月中旬到十二月底结束。体制改革建立了乡党委、乡政府、乡经联社。建乡后由乡党委、乡政府主持村的改革工作。乡党委是乡一级的领导核心，明确了乡党委、乡政府、乡经联社的主要任务和职责，实行了乡党委对乡政府、乡经联社和所有支部的领导。

1997年，按照鹤文〔95〕67号文件的通知精神，根据中央规定的分类标准，淇县一类乡镇4个：城关镇、高村镇、西岗乡、北阳乡，每个乡镇行政编制总额为45名；二类乡镇3个：桥盟乡、庙口乡、黄洞乡，每个乡行政编制总额为30名。全县行政编制总额为270名，比现有676人减少406人，精简60%。

机构设置。统一设置5个综合性办公室：党政办公室，财政经济办公室，农业办公室，科教文卫、计划生育办公室（可挂计划生育办公室牌子），社会事务、综合治理办公室（可挂社会治安综合治理办公室牌子），规格均为股级。

领导职数的配备。乡镇领导职数按7名配备。党委书记1名、副书记2名；乡镇长1名（由党委副书记担任）、副乡镇长4名。乡镇纪委书记原则上由党委副书记兼任，乡镇人大主席由乡镇党委书记兼任，经济比较发达、人口较多的乡镇可设1～2名人大专职副主席。乡镇党委一般设委员7～9名。按照职数要求配备的专职党委委员，其行政级别为副乡（镇）长级。乡镇另设主抓政法、综合治理工作的党委副书记1名、主持乡镇企业总公司工作的党委副书记1名，均不占领导职数。乡镇另设武装部长1名，行政级别为副乡（镇）长级，不占领导职数。乡镇企业总公司总经理享受正科级待遇，副总经理享受副科级待遇，不占乡镇党政领导职数。

2002年，乡镇进一步进行机构改革。

行政机构。乡镇机关设置3个综合办事机构：党委办公室（挂社会治安综合治理办公室牌子）、政府办公室（挂计划生育办公室牌子）和经济工作办公室。

事业机构。乡镇综合设置5个事业单位：将农技、农经、农机、水利、畜牧、林业等站所合并，设置为"农业服务中心"，实行财政差额预算管理；将广播站、文化站合并，设置为"文化服务中心"，实行财政差额预算管理；将专业职能相近的土地所、城建所和少数乡镇设置的企业管理站等合并，设置为"村镇建设发展中心"，实行全额预算与收支两条线管理；将计划生育技术指导站改为"计划生育技术服务中心"，主要承担计划生育技术性服务工作，实行全额预算与收支两条线管理。根据鹤编〔2002〕14号文件精神，设置"财税所"，负责农业税征收管理、稽查，管理监督乡镇及所属单位的财政收支，实行全额预算与收支两条线管理。

派出机构。乡镇公安派出所、工商行政管理所、地方税务所、司法所分别为县公安局、工商行政管理局、地方税务局、司法局的派出机构，实行派出部门与乡镇双重管理的体制，以派出部门管理为主。人员经费由派出部门核拨，领导干部由派出部门提名，征求乡镇党委意见，按干部管理规定任免。派驻在乡镇机构人员的党（团）组织关系，实行属地管理。除上述派出机构外，县不再保留其他派出机构。

人员编制。乡镇党政机构行政编制按27%精简。工勤人员使用事业编制，按行政编制10%的比例核定，其中，朝歌镇、高村镇、北阳镇、西岗乡行政编制分别为33名，工勤人员编制分别为4名；庙口乡、黄洞乡、桥盟乡行政编制分别为22名，工勤人员编制分别为3名。

　　乡镇事业单位人员编制实行总量控制。朝歌镇、高村镇、北阳镇、西岗乡人员编制分别为40名，庙口乡、黄洞乡、桥盟乡人员编制分别为33名，其中专业技术人员不少于70%。

　　领导职数。严格按有关政策规定配备乡镇领导职数。乡镇党委设委员7名，其中党委书记1名、副书记3名（1名兼乡镇长，1名兼纪检委书记），专职党委委员的行政级别为副乡（镇）长级。乡镇人大主席由乡镇党委书记兼任的，设1名专职副主席，人大主席团可配1名专职工作人员。政府设乡镇长1名（任党委副书记）、副乡镇长3名，不设乡镇长助理。乡镇人民武装部一般配部长1名，根据工作需要，可增配干事1名。乡镇武装部长行政级别为副乡（镇）长级，不占领导职数。

　　2005年，深化和完善乡镇机构改革。整合乡镇机构，精简人员编制和领导职数。在落实2002年乡镇机构改革方案的基础上，对乡镇机构、编制和领导职数调整、规范和精简。强化乡镇机构编制管理，乡镇行政和事业编制的调整，由县机构编制部门报市机构编制部门审核后，报省机构编制部门审批。

　　3. 事业单位机构改革

　　1997年，事业单位与县直机关同时进行机构改革。改革后，县委、县政府直属事业单位5个，部门领导的事业单位8个。县委、县政府直属事业单位为正科级规格。部门领导的事业单位可保留原机构规格。

　　2001年，依照国家公务员管理的相当副科级以上事业单位的机构改革，与县直党政机构改革同步进行。本着精简、效能的原则，按照上级有关规定精神进行改革。改革后，县委机构直属事业单位1个，部门管理的事业单位2个。政府机构直属事业单位12个，部门管理的事业单位4个。

　　2010年，整合行使行政职能的事业单位。

　　（二）干部人事制度改革

　　1998年，全县完成机关原有工作人员向国家公务员过渡。政府系统共过渡公务员 742 名，此后，人事劳动局逐步完善国家公务员考核、管理、交流、培训等制度。

2000 年以来淇县机关事业单位进人实行凡进必考。其他因工作需要，以及外市县对口单位对调交流的，需在同级财政范围内，在编制限额内，经相关部门集体通过，方可交流。

2006 年 1 月 1 日，《中华人民共和国公务员法》实施后，全县党政机关进人除政策安置军转干部外，其他均为省级统考录用分配的公务员。

（三）教育、卫生、社保等体制改革

1. 教育体制改革

党的十一届三中全会以后，经过拨乱反正，肃清了"左"倾思想的影响，教育事业进入了一个新的发展阶段。1981 年 6 月，文化、教育分开，淇县革委会撤销，建立淇县人民政府，教育归县政府领导，改称淇县教育局，搬到东街老卫生局对面办公。1984 年 7 月，将体育运动委员会合并到教育局，改称淇县教育体育局。1997 年 11 月 24 日，淇县教育体育局改称淇县教育体育委员会。2000 年 5 月 19 日，淇县教体委搬到县城东关办公。2001 年 12 月 14 日，淇县教育体育委员会更名为淇县教育体育局，沿用至今。

淇县县委、县政府制定了"科教兴淇"战略，加强对教育工作的领导，不断深化教育改革，逐年增加教育投入，加强师资队伍建设，努力改善教育教学条件，提高普及程度和教育质量，落实教师待遇，提高了教师的政治地位，调动了广大师生的积极性，使淇县的教育事业有了空前的发展。形成了以淇县一中、淇县职业中专、淇县乡镇中学、各级初小学、学前幼儿园的教育事业布局。

截至 2021 年 9 月底，全县共有各级各类学校 244 所，其中，幼儿园 117 所（民办园 96 所）、普通小学 113 所（民办小学 5 所）、初中学校 12 所、普通高中 1 所，中等职业教育学校 1 所。

截至 2021 年 9 月底，全县共有教育人口 5.12 万人，其中，在校生 4.77 万人（民办小学学生 715 人、民办幼儿园学生 6010 人），教职工 3499 人（民办小学教职工 94 人，民办幼儿园教师 834 人）。班级数 1411 个，其中普通高中 67 个班、3633 人，其中高三 23 个班、1217 人；普通初中 199 个班、9416 人，其中初三 73 个班、3602 人；小学 676 个班、22772 人；幼儿园 399 个班、在校生 8770 人；中等职业学校 3148 人。

2. 卫生体制改革

改革开放后，淇县于 1981 年成立卫生局党组，地址位于朝歌镇东街路 20 号。2015 年 9 月，县卫生局与县计划生育委员会合并为淇县卫生和计划生育委员会。2019 年 3 月，淇县卫生和计划生育委员会更名为淇县卫生健康委员会。

县委、县政府对传染病防治工作高度重视，根据"预防为主"的方针，先后开展了天花、白喉、流脑等 14 种传染病的防治工作，根绝了天花、霍乱、百日咳等传染病的发生；2003 年，通过全县卫生工作者的不懈努力，战胜了突如其来的"传染性非典型肺炎"疫情的胜利；2013 年，淇县完成了消除疟疾目标；2020 年的新冠肺炎疫情，在党的强有力领导下，在群防群控，全社会共同参与下，已取得阶段性胜利。针对淇县的重大疫情防控，已打造了一支拉得出、冲得上、打得赢的钢铁队伍。

淇县医疗卫生事业在改革开放中发展，实现了以治病为中心向以人民健康为中心的转变；公共卫生整体实力、医疗服务能力实现跨越式提升，覆盖城乡居民的基本医疗体制建立健全，全民身体素质、健康素养持续增强，人民健康水平大幅度提高。

全县卫生系统建立以县医院为龙头、乡镇卫生院和村卫生室为基础的三级医疗服务网站，建成疾病预防、妇幼保健、精神卫生、卫生应急、卫生监督和计生服务等专业公共卫生服务体系。

全县共有公立医疗卫生机构 13 个（县人民医院、中医院、妇幼保健计划生育服务中心、疾病预防控制中心、卫生计生监督所、120 急救指挥中心和 7 所乡镇卫生院），设置床位 1300 张，在职职工 1434 人（其中卫生技术人员 1155 人）。民办医院 17 个（河南誉美肾病医院、朝歌肾病医院、朝阳仁爱医院等），设置床位 720 张，从业人员 925 人。村卫生所 166 个，在岗乡村医生 230 人。

3. 社保体制改革

（1）机关、企业、事业单位养老保险：1986 年 10 月，根据国务院《国营企业职工待业保险暂行规定》（国发〔1986〕77 号），淇县劳动人事局筹建劳动保险统筹机构，成立"淇县劳动保险公司"，启动淇县劳动保险制度改革。

2016 年 6 月，根据全省统一部署，淇县启动机关事业单位养老保险制度改革，12 月正式实施运行，全县 236 家符合条件的机关事业单位全部纳入。2014 年 10 月之后退休的机关事业单位人员，实行新的待遇计算办法。

2020 年 10 月，淇县企业职工养老保险基金实现全省统收统支，33 项社保业务实现"全省统办"。极大地提升了淇县社会保险抗风险能力和统筹层次，是政务服务、营商环境提档升级的重要标志。

截至目前，淇县机关事业单位参保人员 7699 人，退休人员 2877 名，年发放养老金 13224 万元；企业职工养老保险参保人员 3.6 万人，退休职工 9535 名，年发放养老金 25560 万元。两项养老保险全部实现社会化发放，按时足额发放率为 100%。形成了机关事业单位、企业单位、各类经济组织、个体及灵活就业人员养老保险全覆盖、资金来源多渠道、保障方式多层次、管理服务社会化的养老保险体系。

（2）城镇职工医疗保险：淇县于 1999 年 4 月成立了淇县城镇职工医疗保险制度改革领导小组，并制定了《淇县城镇职工基本医疗保险暂行办法》（淇政〔1999〕59 号）文件，从 2000 年 1 月起开始实施城镇职工基本医疗保险制度，公费医疗制度取消，享受待遇人员全部并入医保。

原淇县新型农村合作医疗管理委员会办公室成立于 2006 年，为卫计委二级机构，股级全供事业单位，承担 23 万参保群众的转诊、咨询、审核、监管、报销等工作，各乡镇新农合办也派出 2～3 名工作人员轮岗交流承担新型农村合作医疗工作（整合后均回原单位）。

原淇县城镇居民基本医疗保险成立于 2008 年，为卫计委二级机构，股级全供事业单位。

按照省、市、县政府会议统一安排部署，淇县城镇居民基本医疗保险和新农合进行整合，组建成立淇县社会医疗保险中心。2017 年 3 月 30 日，整合移交仪式由县政府主持，纪检、财政、审计部门全程监督，将原县卫生计生部门负责的新农合职能、机构、编制、人员、基金、资产、档案等整体移交至县人力资源社会保障部门。

2019 年 1 月 30 日，淇县医疗保障局正式挂牌成立，为县政府工作部门，正科级，县人力资源和社会保障局的城乡居民基本医疗保险、职工医疗保险、生育保险职责，县发展和改革委员会的药品和医疗服务价格管理职责，县民政局的医疗救助职责整合划入县医疗保障局。

2000 年，全县参加城镇职工基本医疗保险成立之初，共参保 6802 人，征缴基金 223.7 万元，报销费用 98 人次，54.9 万元，基金累计结余 168.7 万元。经过 20 年发展，截至 2020 年，共参保 22023 人，征缴基金 7100.94 万元，报销费用 28572 人次，5820.01 万元，基金累计结余 5614.45 万元。

（3）失业金保险：淇县失业保险制度于 1986 年 10 月正式建立，1986～1993 年是淇县失业保险工作的初步运行时期，1993～1996 年 10 月省人大常委会审议通过了《河南省企业职工失业保险条例》。1999 年 1 月国务院发布了中华人民共和国令第 258 号《失业保险条例》，2000 年 10 月中华人民共和国劳动和社会保障部令第 8 号《失业保险金申领发放办法》，于 2001 年 11 月 29 日河南省第九届人民代表大会常务委员会第二十五次会议通过《河南省失业保险条例》河南省人大常委会公告第 43 号令，并经河南省人民代表大会常务委员会公告第四十三号于 2002 年 1 月 1 日开始实施，淇县依据此法规开展失业保险工作至今。

2011 年 11 月以前失业保险基金一直是县级统筹，根据《鹤壁市人民政府关于印发鹤壁市失业保险市级统筹试行办法的通知》鹤政

〔2011〕47号文件精神，2011年12月开始淇县失业保险基金实施市级统筹制度试行。

2015年11月，根据《鹤壁市人民政府关于印发鹤壁市失业保险市级统筹办法的通知》鹤政〔2015〕35号文件精神，淇县失业保险基金实施市级统筹制度，2011年12月1日开始实施的《鹤壁市失业保险市级统筹试行办法》同时废止。

淇县失业保险制度自建立以来，在保障失业人员基本生活、促进失业人员再就业和支持企业改革等方面较好地发挥了"安全网"和"减震器"作用，为淇县的企业改革和社会稳定作出了积极贡献。

（4）城乡居民养老保险：淇县农村社会养老保险是1992年被列入的全国农村社会养老保险工作第一批试点县，由民政部门负责。1992年成立淇县民政局农村社会养老保险管理处后更名为淇县民政局农村社会养老保险公司，2011年与淇县新型农村社会养老保险管理中心合并。主要经历了试点推进、整顿规范和探索完善阶段。2011年4月完成了与新型农村社会养老保险的衔接，工作职责由民政部门归入人社部门负责。

淇县城乡居民社会养老保险工作开始于2009年9月，2010年1月发放养老保险待遇，改变了几千年来的"养儿防老"的思想。2009年9月，淇县成为河南省政府首批批准的新型农村社会养老保险试点县，2011年7月再次列入河南省城镇居民社会养老保险试点县，率先实现了淇县城乡居民社会养老保险全覆盖，做到了"全民参保""应保尽保"。

2010年参保10万人，待遇发放2.29万人，2014年区域划分从高村镇划分到城乡一体化示范区12个村，划走参保人员11141人。截止到2021年5月，淇县城乡居民社会养老保险参保109765人，其中待遇发放42715人，2021年1月至5月发放养老金25054337.45元。从2009年到现在为全县60周岁以上老人累计发放358072242元。

对建档立卡未标注脱贫的贫困人口、低保对象、特困人员等贫困人员，以及重度残疾人、长期贫困残疾人等缴费困难群体，暂时保留现行政策规定的每人每年 100 元的最低缴费档次标准，以及政府给予每年不低于 30 元的缴费补贴。

建立了城乡居民基本养老保险待遇确定和基础养老金正常调整机制，基础养老金由 2009 年的每人每月 60 元到 2021 年 113 元（60 元、78 元、80 元、98 元、103 元、108 元、113 元）。

建立完善领取待遇资格认证机制，由原来工作人员到各村进行人工现场采集指纹到 2020 年 1 月开始只需一部智能手机，下载"看看生活"就可足不出户进行"寓认证于无形"的人脸识别生物特征认证。

三、对外开放和招商引资

改革开放以来，淇县坚持把招商引资作为经济发展的主抓手，采取多种行之有效的方式，拓展招商领域，进一步改善和优化投资环境，做好全方位服务，持续了良好的发展态势，招商引资成效显著。先后荣获全国食品工业强县、科技进步先进县、食品安全示范县、义务教育均衡发展先进县、最佳旅游休闲县和河南省经济管理扩权县、对外开放重点县荣誉称号。

淇县区位优越，交通便捷，历史悠久，文化底蕴深厚，经济基础较好，产业支撑有力。工业经济发展较快，食品加工、纺织服装等产业在全省具有重要地位，是全国食品工业强县、国家食品安全综合示范区、河南省"十一五"规划的六大纺织服装生产基地之一；畜牧业发达，连续 20 年居河南省 20 个畜牧强县之首，人均畜牧业产值、肉、蛋产量三项指标综合评定排序连续 20 年居全省第一位。

面对国家实施宏观调控政策的新形势，淇县充分发挥比较优势，积极创新招商引资思路，注重由项目招商向产业园区招商、由政府主导招商向企业主体招商、由政策招商向资源招商转变，推进招商引资工作向更高层次迈进。

围绕纺织服装、食品加工、煤电化工等五大优势产业建设，依托优势产业招商，积极吸引关联企业和配套项目，拉长产业链条，填补产业断链，壮大优势产业规模。围绕全县矿产、畜牧、旅游等资源优势，依托资源招商，策划包装项目向外推介招商，增强招商引资的针对性和实效性。充分发挥园区在政策、区位、产业配套等方面的优势，依托园区招商，积极引导项目向园区集中摆放，着力打造园区的集聚效应。

依托企业招商，帮助指导企业通过股权转让、项目参股、合资合作等方式，扩大对外开放与合作，促进企业由自我积累发展向借助外力跨越发展转变。

坚持以商招商，积极鼓励在淇县投资的外资企业宣传推介淇县的投资环境、产业优势、资源优势，借助他们的关系在外地建立淇县的招商基地，吸引更多的外商来淇县投资创业。

淇县进一步规范完善了行政服务中心职能，规定县内所有行政审批事项必须在行政服务中心限时办结，构筑为客商服务的快速绿色通道。注重加强对重点项目的服务，对投资 5000 万元以上的项目，县委、县政府成立服务和工作推进小组；对投资 1000 万元以上的项目，实行县四大班子分包，全程服务。全县推行了"警、企、村"联防制度，维护企业周边治安秩序。并成立了经济保护委员会，对外来企业实行挂牌保护和封闭式管理，使企业天天都是安静日，为招商引资和产业发展提供了强有力的保障。

淇县人民在"三大战略"引领下，社会主义市场经济体制牢固建立并得到了较好完善。

（一）2003 年至 2013 年间招商

1. 落地项目情况

2003 年以来，鹤淇电厂项目、雅昌高档不锈钢管业产业城项目、店连店电子商务科技园项目、11 万伏变电站项目、乙二醇综合利用项目、裕隆城市配送中心项目、10 万吨小麦加工及 3 万吨谷朊粉项目、高档食品服装彩印包装工业园项目、农牧与食品产业装备研究中心暨装备制造项目、合基无线射频设备研发生产基地项目、影视文化广场项目、6 栋标志性建筑项目、年产 5 万辆特种汽车项目、富士康科技工业园项目、广厦国际城项目、商业综合体项目、6万吨速冻食品加工等项目的落地。2003年至2006年间，新开工及续建项目104个，到位市外资金11.8亿元，到位市外资金总量连续三年居鹤壁市第一。招商引资和大项目建设拉动城镇固定资产投资增长25%，县乡财政实力进一步增强，摆脱了入不敷出的困境，走上良性发展轨道。2006年，淇县全社会固定资产投资完成23.1亿元，是2003年的5倍，年均增长72.8%；财政一般预算收入完成1.3亿元，较2003年实现了翻番，成为鹤壁市第一个超亿元的县（区）。

2. 市对县目标任务

2003年，全县招商引资共落地项目73个，合同总投资3.8亿元，实际到位县外资金2.4亿元，较上年同期增长312%。其中到位市外资金4.84亿元，占市年初下达目标任务3亿元的161%，较上年同期增长218%。

2004年，全县招商引资共落地项目166个，项目总投资额11.67亿元，合同利用外资9.8亿元，实际到位资金7.29亿元，占年初市下达目标任务3亿元的243%，与去年同期相比增长201%。完成情况居全市第一，创历史第一。

2005年，全县招商引资共落地项目157个，项目总投资34.6亿元，其中外方投资31.5亿元，实际到位资金11.14亿元，占市下达目标任务7.96亿元的139.9%，较去年同期增长52.8%，超额完成全年市定目标。落地项目数量在全市名列第一，落地资金总量在全市名列第一，超亿元的项目在全市名列第一。2005年度被鹤壁市评为招商引资先进县。

2006年，市认定全县新开工及续建项目104个，项目总投资41.7亿元，到位市外资金11.8亿元，占全年任务9.2亿元的128%，其中新开工项目77个，续建项目27个。全年竣工项目68个，在建项目36个。全年到位市外资金总量居全市第一，综合考评居全市第一。

2007年，全县新开工及续建项目81个，项目总投资42.2亿元，市认定到位市外资金12.85亿元，占市下达县任务11.8亿元的109%。全年新开工项目56个，其中5000万元至亿元项目10个，亿元至5亿元项目5个，超5亿元项目2个。经市招商办考核认定，淇县全年到位市外资金总量居全市第一。

2008年，市认定全县新开工及续建项目80个，项目总投资62.46亿元，到位市外资金14.6亿元，占市下目标任务13.8亿元的106%，较去年增长13.6%。新开工项目52个，其中亿元以上项目6个，5000万至亿元项目11个。

2009年，全县新开工及续建项目73个，总投资55.6亿元，到位市外资金14.6亿元，占市下目标任务14亿元的104.3%；经市招商引资综合考评组认定，淇县招商引资工作综合成绩名列前茅。

2010年，全县开工及续建项目共计55个，总投资93.36亿元，到位市外资金25.8亿元，占全年目标25亿元的103%。市认定23亿元，占市目标22.5亿元的102%。其中亿元以上开工及续建项目28个（新开工16个，总投资54亿元，到位资金11.49亿元；续建12个），总投资82.26亿元，到位资金18.68亿元。全年新开工项目42个，总投资64.8亿元，到位资金17.9亿元。

2011年，全县招商引资到位市外资金25.5亿元，完成目标任务24亿元的106%，其中省外资金22亿元，完成目标任务21.7亿元的101%。

2012年，全县新开工及续建项目67个，招商引资到位省外资金31亿元，完成目标任务28.5亿元的109%。

2013年，全县新落地及续建项目87个（新落地项目60个，总投资318亿元。其中：投资1~5亿元的项目28个，5亿元以上的项目32个）；全年到位省外资金34.46亿元，为市下达目标32.7亿元的105%，完成数较去年相比增长近15%，位居全市前列。

这11年间，淇县的改革开放和社会主义市场经济体制的建立、完善，取得了令人瞩目的成绩，淇县人民的生活品质不断提高，成为周边县（市）的领头羊。

李克强同志担任河南省代省长、省长、省委书记期间，多次到淇县调研、指导工作，给予了诸多方面的支持，时任省长李成玉、时任省委副书记陈全国、之后的省委书记卢展工、省长郭庚茂等省委、省政府领导更是经常性地到淇县指导工作，给淇县的发展以极大关注和支持。

（二）2013年以来淇县大项目建设

2013年，淇县共开工项目57个，总投资166亿元，年度计划投资29.9亿元，截至2013年年底，共完成投资37.9亿元，超序时进度26个百分点。其中新纯水洗500万件服装、金禾年产800万条高档毛巾等5个项目实现当年开工当年竣工，合基电讯、大用库博瑞、永昌10万吨果糖、浙商食品工业园、福建加怡等项目均已进入施工阶段。

2014年，淇县列入省、市、县三级重点项目为8个、45个、90个，总投资为165亿元、291亿元、395亿元，当年计划完成投资44.9亿元、74.4亿元、96亿元。90个县重点项目累计完成投资120亿元，占年度投资计划的125%，累计开工项目71个，项目涉及工业、农林水、服务业、基础设施和社会事业等多个领域，总投资219亿元，其中市重点项目29个，主要有总投资6.5亿元的雅昌高档不锈钢管业产业城、总投资12亿元的店连店电子商务科技园、总投资18亿元的鹤淇产业集聚区200兆瓦分布式光伏电站等一大批重大项目。这些项目的递次开工，为淇县项目建设持续推进不断注入新的动力。累计竣工项目29个，其中市重点项目9个，总投资5.3亿元的河南飞天淀粉股份公司年产10万吨果葡糖浆和3万吨功能性糖生产线建设项目、天香食品工业园等项目均已顺利投产，形成新的利税实体。

2015年，共谋划实施县重点项目64个，总投资379亿元，全年计划完成投资143.4亿元，其中续建项目39个，计划新开工项目25个，计划竣工项目14个；列入市重点项目22个，总投资251.6亿元，全年计划完成投资98.4亿元，其中续建项目11个，计划新开工项目11个，计划竣工项目4个；列入省重点项目10个，总投资189.7

亿元，年度投资计划 67.9 亿元。10 个省重点、22 个市重点、64 个县重点项目完成投资 94.3 亿元、132.9 亿元和 185.2 亿元，分别占年度投资计划的 138.9%、135.2% 和 129.2%。市重点项目新开工 11 个，开工率 100%，竣工 5 个，竣工率达到 125%。

2016 年，淇县共规划实施全县重点建设项目 64 个，总投资 379 亿元，年度计划投资 143 亿元。列入市重点项目 22 个，总投资 251 亿元，当年计划完成投资 98 亿元；列入省重点项目 10 个，总投资 189 亿元，当年计划完成投资 67.9 亿元。

2017 年，淇县确定省重点项目 4 个，其中续建项目 2 个，计划新开工项目 2 个，总投资 36.6 亿元，年度计划投资 12.5 亿元。市重点项目 19 个，其中续建项目 9 个，计划新开工项目 10 个，总投资 113 亿元，年度计划投资 42.7 亿元。县重点项目 30 个，其中续建项目 30 个，计划新开工项目 30 个，总投资 198.8 亿元，年度计划投资 66.3 亿元。

2018 年，淇县共安排省重点项目 5 个，总投资 146.3 亿元，年度投资计划 26 亿元；市重点项目 14 个，总投资 189.5 亿元，年度投资计划 46.1 亿元；县重点项目 50 个，总投资 290.2 亿元，年度投资计划 71 亿元。截至当年年底，5 个省重点、14 个市重点、50 个县重点预计完成投资 39.6 亿元、59.7 亿元、85.5 亿元，分别占年度投资计划的 152.3%、129.5%、120.4%，均超序时完成节点目标。抓住春季、麦收后、秋收后项目进地施工的有利时机，中美集团总部、中维化纤短纤生产项目等 59 个项目开工建设，总投资 166.2 亿元，形成了项目建设压茬推进的良好局面；蓝耐润滑油、悦能光电等 25 个项目相继建成投用；在 10 月 30 日～11 月 1 日召开的全市重点项目百城提质工程建设观摩点评活动中，淇县取得了全市第一的好成绩，集中展现了淇县项目建设的良好形象。

2019 年，4 个省重点、16 个市重点、59 个县重点预计完成投资 14.2 亿元、53.4 亿元、104.9 亿元，分别占年度投资计划的 131.5%、113.4%、103.9%。16 个市重点项目中，10 个新开工项目开工率达到100%,中维化纤等3个项目竣工,26项手续全部办结,联审联批办结率为100%,各项目标任务均超序时完成;在全市第三季度项目建设观摩活动中获得全市第一。

2020年,淇县共安排省重点项目4个,总投资69.9亿元;安排市重点项目11个,总投资74.6亿元;安排县重点项目68个,总投资572.2亿元。全部超过年度投资目标,省市重点项目建设较快,年底,5个续建项目中,特种尼龙产业园项目4栋车间已完工,4栋厂房基础完工;中正宝明氮化合金项目1号车间土建完工,2号车间、3号车间试生产;秋海新能源汽车连接系统项目D车间已投用,B、C车间正在装修;北控100兆瓦风电项目40台风机全部并网发电;中山街历史文化街区改造项目一期已全面完工,二期商业部分完成拆迁。6个新开工项目中,恒源矿业二道庄项目粗碎中碎车间和一筛二筛车间设备安装完毕,正在试生产;鹏越150兆瓦风电项目14台风机吊装完毕,另外40台风机基础完工;飞天农业135吨锅炉项目锅炉安装已接近尾声、年产1.5万吨植物蛋白项目进行内外装修;北京邦维特种纺织品生产基地项目1栋车间投用,2栋车间安装设备;中维化纤特种军用降落伞项目厂房装修完毕,扩建部分出正负零。

2021年,淇县谋划实施省、市、县重点项目66个,总投资686.4亿元,年度计划投资112.3亿元。其中,省重点项目4个,总投资69.9亿元,年度计划投资12亿元;市重点项目11个,总投资108.3亿元,年度计划投资26.6亿元。分行业看,产业转型类项目31个、百城提质类项目9个、乡村振兴类项目6个、文化旅游类项目7个、民生保障类项目7个、生态环境类项目6个。截至2021年9月底,淇县省、市、县三级重点项目预计分别完成投资13.49亿元、22.2亿元、97亿元,占年度投资计划的112.4%、84.8%、86.3%。

## 第二节 淇县工业的崛起和发展

1995年经济体制改革以来,淇县工业经济发展迅速。1997年,全县规模以上工业增加值完成 6.15 亿元；2003 年，全县规模以上工业增加值完成 11.49 亿元，6 年时间，翻了一番。之后，淇县工业进入快速发展阶段，平均每年增速达到 28% 以上，到 2012 年，全县规模以上工业增加值完成 106.5 亿元。人均工业产值排在全省前列。

一、工业行业

（一）食品加工行业

食品加工行业是淇县工业经济的主导行业，是全县传统优势行业之一。

2010 年，淇县食品加工行业拥有规模以上企业 55 家，总资产 52 亿元，实现工业增加值 27.6 亿元，约占规模以上工业增加值的 38.8%。

主要企业有河南大用实业有限公司、淇县永达食业有限公司、河南飞天农业开发股份有限公司、鹤壁市豫光面粉有限公司、鹤壁市天盛食品有限公司、河南发淇油脂有限公司、淇县易普森鸽业有限公司等。产品主要为白条鸡、鸡肉制品、玉米淀粉、葡萄糖、麦芽糖、麦芽糊精、面粉、面制品、食用油、鸽制品。全县拥有国家级龙头企业 3 家，省级龙头企业 12 家，国家级企业技术中心 2 家（大用、永达），省级企业技术中心 1 家（永昌），省级以上知名品牌 18 个，16 家企业通过国家无公害、绿色食品认证。淇县先后被评为全国食品工业强县、河南省食品工业强县，连续 19 年位居全省 20 个畜牧强县之首。

2011 年实现总产值 163 亿元，完成增加值 36.4 亿元。同年，鹤壁市豫光面粉有限公司年加工 20 万吨有机小麦面粉和面粉食品深加工项目投产；淇县家家食品有限公司年产 6000 吨卤鸡凤肚项目投产。

2012 年实现总产值 195.5 亿元，完成增加值 43.5 亿元。同年，邵氏牧业年屠宰加工兔肉 26000 吨项目投产；淇县金银肉类食品有限公司年产 6 万吨肉制品深加工建设项目投产；河南省中阿酒业有限公司年产 5000 吨白酒灌装生产线迁建项目投产；河南大用实业有限公司年产 50 万吨中式营养快餐项目一期工程投产。鹤壁市田园牧歌乳业有限公司停产，同年被河南汇膳食品有限公司收购。

2013 年，食品加工产业规模以上企业工业总产值完成 237 亿元，约占工业总产值的 43.2%；工业增加值完成 51 亿元，约占全县工业增加值的 40%。同年，河南淇县兴和畜牧开发有限公司年生产 20000 吨猪肉及副产品熟食项目投产；淇县灵山神泉酿酒有限公司年产 2000 吨白酒灌装生产线技术改造项目完工；河南汇膳食品有限公司年产 8000 吨淇河鲫鱼特色产品深加工项目投产；河南飞天农业开发股份有限公司 12 万吨淀粉升级改造及副产物综合利用项目完工。

截止到目前，淇县拥有规模以上食品加工企业 35 家（农业产业化国家级龙头企业 3 家，省部级龙头企业近 20 家），占全部规上工业企业的 30.4%，已形成畜禽产品深加工、粮食深加工、调理快餐食品、休闲食品饮品、地方特色食品五大板块。年可加工各类产品 480 万吨，其中畜产品加工 270 万吨，粮食精深加工 190 万吨，奶制品加工 10 万吨，水产品加工 10 万吨。2018 年增加值增长 5.9%，2019 年前两个月增加值增长 8.4%，在规模以上企业占比约 37%。

（二）轻纺与造纸工业

1. 轻纺工业

轻纺工业是淇县工业经济的重点行业，是全县传统优势行业之一。2011 年，规模以上企业实现工业总产值 24.8 亿元，工业增加值完成 6 亿元；2012 年，实现工业总产值 30.5 亿元，工业增加值完成 7.4 亿元；2013 年，实现工业总产值完成 41.25 亿元，工业增加值完成 9.94 亿元。

2010 年，淇县共有重点纺织企业 5 家，拥有环锭纺 20 万锭、气流纺 1080 头、新型织机 200 多台，年产精梳纱 3 万吨、牛仔布和白坯布 1200 万码。服装企业 20 家，拥有服装加工设备 3000 台（套），年产牛仔、休闲服装 2000 万件（套）。从业人员达到 1 万余人，初步形成了从纺织到服装生产的完整产业链条。实现工业增加值 4.6 亿元，约占规模以上工业增加值的 6.5%。重点企业有：淇县朝歌纺织集团，是集环锭纺、气流纺、白棉布三位一体的中国大型纺织加工外向型企业，生产规模达到 27 万纱锭，位居全省第三位。河南新亚服装公司，是集裁剪、缝制、水洗、绣花、印花、后整理加工于一体，年产牛仔

淇县棉纺厂龙马集团原址

服装、夹克衫、休闲服、羽绒服等产品 1300 万件（套），生产规模位居全省第一位，属国内一流服装加工企业。同年，新上布丽斯服装产业园、新纯服装产业园、万家欢乐纺织服装产业园、朝歌纺织公司 12 万锭精梳纱及原棉仓储交易中心、常州常高新集团公司年产3000 万米高档休闲纺织 5 个纺织服装项目。

目前，淇县轻纺企业达 20 余家，拥有精梳纱 20 万锭，气流纺864 头，新型织机 200 多台，服装加工设备 5000 台（套），年产牛仔休闲服装 1500 万件（套），从纺织服装产业经过近 20 年的发展，目前已初具规模。全县纺织服装业人员达到 1 万余人，是河南省"十一五"期间规划的纺织服装加工基地，被省服装行业协会授予"河南省服装推动大奖""河南省纺织服装产业示范县"等荣誉称号。

2. 造纸印刷工业

2011 年，规模以上企业实现工业总产值 8.2 亿元，工业增加值完成 2.1 亿元；2013 年，实现总产值完成 7.3 亿元，增加值完成 1.9 亿元。

2010 年，全县造纸印刷工业企业主要有：鹤壁瑞洲纸业、淇县兆和纸业、博民纸业、

淇县造纸厂原址

华宇包装、耐特包装、炜燕彩印包装等9家。2010年，在关闭小企业工作中，创鑫黄板纸厂申请关闭。2011年，在淘汰落后产能工作中，博民纸业申请淘汰落后产能3.2万吨，拆除4条1575型纸机生产线和4条1880型纸机生产线。兆和纸业申请淘汰落后产能1.7万吨，拆除1条1.7万吨化学制浆生产线和1条1万吨以废纸为原料的1575纸机生产线。瑞洲纸业淘汰落后产能3.12万吨，淘汰2条1880长网多缸造纸机、4条1880单缸造纸机和1台10吨手烧式链条炉。

（三）其他工业

1. 汽车及零部件产业

汽车及零部件产业是淇县2008年定位发展的新兴产业，园区总用地规模约4000亩，以汽车整车、改装车及零部件生产为主。2010年，规模以上企业工业实现增加值1.7亿元，约占规模以上工业增加值的2.4%。2011年实现总产值10.8亿元，工业增加值完成2.7亿元；2012年实现总产值12.7亿元，工业增加值完成3亿元；2013年实现总产值13.86亿元，工业增加值完成3.2亿元。

2010年，鹤壁天马通信股份有限公司年产10万辆汽车项目一期已投入生产。2012年，由于市场原因，鹤壁天马通信股份有限公司停产。

2010年，汽车零部件园区内新上8个项目，主要产品涵盖汽车线束、插接器、轮毂等。

2. 光伏产业

2010年，淇县光伏行业拥有重点企业2家，分别为：河南朝歌日光新能源公司和河南方周瓷业公司；具有年产太阳能高纯多晶硅1000吨、晶体硅太阳能组件20MW、高纯石英坩埚1万只的生产能力。2010年，实现工业增加值0.2亿元，约占规模以上工业增加值的0.3%。

3. 金属制品业

2010年，淇县金属制品工业企业主要有龙祥机械、欧迪艾铸造、新世纪金属工程、兄弟门业、鹤祥门业、金龙散热器等。龙祥机械、欧迪艾铸造以生产重卡板簧支架为主，新世纪金属工程、兄弟门业、鹤祥门业以生产国标/非国标门为主，产品畅销本地及周边市、县。2013年，兄弟门业入驻鹤淇产业集聚区，更名为宏祥门业。

4. 化工产业

2010年，淇县化工企业主要有宏达化工、殷都化工、天水化工、东方化工等。其中，宏达化工以生产甲醇为主，殷都化工、天水化工、东方化工以生产硫氰酸铵为主。2011年，由于市场低迷，价格倒挂，宏达化工停产。2012年，天水化工年产600吨"2，3，5-三甲基氢醌"技术改造项目开工，东方化工绿色农药中间体-NH4SCN技术改造项目开工。同年，殷都化工开始新工艺技术改造。在参考国内外先进工艺技术的基础上，探索新型工艺路线并成功申报专利。

二、工业产品

1996年以来，淇县工业发展迅猛，工业产品涵盖食品、化工、医药、汽车、新能源、建材、服装、卫材等20多个门类。工业产品主要有小麦面粉、饲料、玉米淀粉、鸡肉制品、棉纱、布匹、服装、食用油、乳制品、饮料酒、卫生纸、甲醇、硫氰酸氨、硫氢化钠、医药中间体、机制纸、汽车、建材、光伏等20多个门类、200多个品种。

名优产品：涉及10家企业15个名优称号。

1. "飞天""飞天鹤"于2011年被评为河南省著名商标，"飞天"牌玉米淀粉于2008年被评定为省优产品，"飞天鹤"牌淀粉糖于2013年被评为河南省名牌产品。

2. "企腾"牌甲醇曾荣获"中国金奖产品博览会金奖""上帝信得过产品"、省消协"用户满意产品"荣誉称号。

3. "全欣"牌金属门、网架钢结构于2012年被授予"中国著名品牌"，"全欣"商标被省工商局评为"河南省著名商标"。

4. "荟柔"牌卫生纸于2010年被评定为省优产品，"荟柔"商标被省工商局评为"河南省著名商标"。

5. "等温淬火球墨铸铁架"牌板簧支架、弹簧滑板、独立悬架控制臂、农机配件、挖掘机配件、煤矿机械等产品于2011年被评为河南省名牌产品。产品被中国重汽、陕西重汽、北方奔驰等厂家大量采购，同时还出口欧美等国家和地区。

6. "大用"牌禽肉制品于2005年被评为中国知名品牌，"大用"商标于2002年被省工商局评为"河南省著名商标"。

"大用"牌速冻调理禽肉熟食品于2013年被河南省品牌战略推进委员会评为河南省名牌产品。

"大用"牌清真鸡肉于2011年被河南省民族事务委员会、商务厅、卫生厅、地税局、工商局、质量技术监督局、食品药品质量监督管理局联合评为"2011年度河南省清真食品知名品牌"，于2013年被河南省品牌战略推进委员会评为河南省名牌产品。

"大用"牌禽肉制品于2012年被中国肉类协会评为"中国肉类产业最具价值品牌"。

"大用"牌肉、食用油于2011年被河南省工商行政管理局认定为"河南省著名商标"。

7. "永达"注册商标于2008年被国家工商行政管理总局认定为"驰名商标"。

"永达"牌鸡肉制品于2008年被农业部评为"中国名牌农产品"。

8. "发淇"牌食用油于2014年被评为鹤壁市知名品牌。

9. "舒尔马"于2014年被评为"河南省著名商标"。

10. "淇品"乳鸽于2010年被评为"河南省著名商标"。产品畅销苏杭、两湖、两广。

三、工业大发展和保障体系

根据2019年度经济普查数据，全县工业企业总计521家；截至目前，规模以上工业企业共计82家（其中示范区9家），其中大型企业4家（新亚、永达、富士康、裕展），中型企业29家，企业从业人员2.1万人，形成了食品加工、新材料、纺织服装"两主导一巩固"产业，2019年度实现工业增加值154.4亿元，增长9.2%，其中主导产业完成工业增加值70.6亿元，占全县工业比重的45.7%。

在科技创新上，淇县拥有国家级企业技术中心2家（大用、永达），省级工程技术研究中心 7 个（中维化纤、大用、永达、飞天农业、普乐泰、北岩、新歌源丹宁），省级企业工程实验室 2 个（方周瓷业、欧斯滕），高新技术企业 7 家（飞天农业、中维化纤、普乐泰、欧迪艾铸造、瑞普汇众、蓝耐科技、新歌源丹宁），中原学者工作站 1 家（飞天），为全市唯一；省级科技创新节能减排示范企业 2 家（飞天、普乐泰）。

淇县形成了食品加工、装备制造、纺织服装、清洁能源"3+1"主导产业。淇县工业的崛起和发展，历届县委、县政府及四大班子领导均洒下了无数汗水，众多企业家以过人的胆略和敢于战胜困难的勇气呕心沥血闯市场，也得力于电力、金融、土地、交通、城建、通信、新闻舆论宣传等多方面的支持和推动。

（一）电力保障

淇县供电区位于河南电网北端，担负着淇县全境的供电任务。1995 年，淇县年供电量达 18200 万千瓦时，其中工业用电量 13936 万千瓦时，农业用电量 2207 万千瓦时，生活用电量 1356 万千瓦时。

20 年来，淇县电业局累计资金一千多万元，用于电网建设和结构调整，使全县的电网结构有了较大的改善，输变电能力大大增强，线路设备健康水平和电网运行水平明显提高，经济效益、社会效益取得了显著的成效。截至 2011 年年底，全县 6 至 10 千伏线路发展到 853.162 千米，低压线路长度 624.607 千米，配变 2437 台，容量 343.953 兆伏安，其中公用 1478 台，容量 145.6 兆伏安。全县共 177 个行政村，通电率达到 100%。2014 年全年，公司年供电量 6.5 亿千瓦时，售电量 6.2 亿千瓦时，年末人数 417 人，全年人均售电量 155 万千瓦时。

近 20 年来，随着电网智能化建设的发展，调度、输电、变电等环节的信息化、自动化、互动化程度迅速提高，线路、变电设备检修、试验与维护更加科学合理，为淇县的经济建设和社会发展提供了保障。经过全体供电职工的不懈努力，近年来基本没有出现大的停电现象，为淇县经济和社会发展作出了积极贡献。

（二）金融保障

县委、县政府实施"百名高层次人才引进工程"。即面向全国直接引进或柔性引进30名博士以上学历的高学历人才，30名高级经营管理人才，40名高级职称的专业技术人才，特别是对金融、城市规划、食品加工等方面的急需紧缺人才进行了引进，有效缓解了相关人才匮乏的现状。

1997年，金融机构组织存款，融通资金，支持地方经济建设，1997年末，各项存款余额6.8亿元，比1992年末增加5亿元；各项贷款余额11.9亿元，比1992年末增加8.2亿元。

2006年，金融机构各项存款余额27.3亿元，各项贷款余额30.4亿元，年均分别增长25.1%和22.4%。

金融环境不断优化，政府债务规模控制在合理区间，不良贷款余额和不良率实现"双降"目标，牢牢守住了不发生区域性、系统性风险的底线。

2020年，全年全县金融业增加值4.97亿元，比上年增长3.5%。年末全县金融机构人民币各项存款余额124.96亿元，比上年增加14.39亿元。其中，住户存款98.2亿元，比上年增加7.26亿元。金融机构各项贷款余额136.88亿元，比上年增加4.51亿元，有力地保障了企业周转灵活。

（三）土地流转的推进

淇县保护和合理利用土地，全县耕地面积始终保持在规定目标以内。在坚持耕地红线的基础上，对企业用地采取多种形式予以保证。

制定对外来投资商的优惠政策。外来投资商在淇县投资项目（不含房地产项目），对固定资产投资在2亿元以下的项目，土地价款按照招拍挂价格（不包括地面附着物）执行。投资建设文化、教育、卫生等公益性事业项目，其中非营利性的可享受行政划拨方式供地的优惠政策。外来投资商在淇县投资新建标准化厂房（三层以上、单体建筑面积大于3000平方米）的，除优先保障用地指标、享受上述优惠政策外，经县政府研究可进一步享受土地、税收、收费等方面更多的优惠政策。

推进土地流转，发展农业产业化经营。2013年全县市级以上农业产业化龙头企业达到58家，其中国家级3家（大用、永达、永昌），省级12家（豫光面粉、易普森鸽业、亿源牧业、现代化牧业、惠通牧业、联顺食品、百瑞牧业、兴和牧业、朝歌纺织、裕丰果业、乾坤食品、众发肉羊），市级43家。农民专业合作社273家，其中种植业合作社145家、养殖业合作社52家、农机合作社45家、其他合作社31家，带动农户1.5万户。省级示范合作社6家（裕丰果业、润丰农业、田野鲜菇、新民果业、联发种植、常发养殖）；市级示范合作社30家。全县累计流转土地面积5.7万亩。

（四）交通运输网络

淇县历届县委、县政府都高度重视交通建设，长期以来，淇县交通之发达始终保持优于周边县（市）的水平，这也是无数客商愿意在淇县投资兴业的基础。

1997年，投资600多万元，新修山区油路5条57公里，使油城、纣王店等14个深山区村的群众走上了柏油路，在全省山区县率先实现"村村通"油路。

2013年，拥有二级和三级客运站各1个，乡级客运站6个，出租车公司1个，公交公司1个。拥有39个物流企业，178家维修企业，4个驾校和1个危险品运输公司，货运车辆达到9120辆，客运车辆达到197辆。

截至2019年，淇县境内有高速铁路、高速公路、京广铁路各1条。公路有国道1条，省道2条，县道45条，在全县567平方公里的地面上，公路总里程达到857.7公里。基本形成了以国、省道干线公路为主骨架、以农村公路为支脉、以各类运输场站为结点的四通八达、快捷便畅、环境优美的道路交通网络。

（五）城乡基础设施建设

1995年至2013年期间，淇县不断加大对城乡基础设施建设资金的投入，使城区规模逐步扩大，居住人口逐年增加，城乡群众居住条件和公共设施日臻完善，城市形象品位不断提升，人居环境得到明显改善。

城市规划控制面积 55 平方公里，建成区面积 26（含产业集聚区）平方公里，是旧县城的八倍多。城区主次干道 16 条，全长 45 公里，道路硬化面积 135 万平方米，道路绿化带长 40 公里 12 万平方米，行道树 6000 棵，公共绿地面积 17 万平方米，城镇化率达到 49.76%。城镇居民 9.8 万人，建成 10 个住宅小区，可容纳 1.8 万人居住。旧城区有 14 个城中村（居委会），7 个村（居）正在实施改造。拥有天然气公司 2 家，自来水公司 1 家，液化气公司 2 家，液化气储气能力 75 吨。

（六）通信网络信息化建设

手机和电脑是当今社会生活的必备工具，无论是办公还是日常生活，都离不开通信网络，一个地方通信不畅、网络连接不上，来这里投资基本没有可能。

2008 年 10 月，电信重组，6 家电信运营商合并为 3 家，中国电信收购了原中国联通的 CDMA 网络和服务，淇县电信进入了全业务运营新时代，CDMA 技术具有频谱利用率高、系统容量大、通话清晰、保密性强等优势。

2008 年 10 月，淇县共有基站 10 个，覆盖了淇县绝大部分区域。2009 年至 2013 年新建各类基站 31 个，实现了全县乡镇村庄的网络覆盖。2010 年 3 月，实现了乡村 3G 信号的覆盖。2020 年，投资 6700 万元新建 5G 基站 130 个，实现乡镇、农村热点区域 5G 网络覆盖。

淇县工业发展起来了，与之相适应的各业均得到了空前发展，整个社会面貌与改革开放之初相比发生了翻天覆地的巨大变化。

（七）新闻、舆论宣传

1. 广播电视宣传

1997 年广播电视事业新上多路微波系统，有线电视进入农村家庭。2007 年完成最后 39 个 20 户以下自然村广播电视"村村通"工程，三年间共计完成 135 个自然村，按照国家广电总局规划，提前

8年在全国率先实现广播电视"村村通",彻底解决了本县西部山区群众听广播、看电视难的问题。群众可收看16套电视节目和25套广播节目。

淇县电视台与鹤壁电视台、河南电视台合作,对杰出青年群体予以集中报道,将一大批创业能手推向全市、全省乃至全国。2007年4月25日,西岗镇坡袁庄村"大学生村官"、兴和牧业开发有限公司董事长介同彬荣获"中国青年五四奖章"。他是鹤壁市获得此项奖章的第一人,介同彬的事迹经过中央电视台报道后,不但推动了本地企业的发展和创业高潮,也赢得了全国青年的赞许,激发了他们的创业热情。

淇县电视台与省、市电视台一起,对河南新亚服装公司董事长金常青的追踪报道,使得该公司的影响扩大到海外,美、日十数个国家的订单纷至沓来,为该公司扎根淇县、越做越大营造了浓厚的舆论氛围。

2007年6月,淇县电视台摄制的电视专题片《雨中云梦》和《村魂》,在全国1500多个县(市)电视台播出9000余次;同月,央视七套连续播发《淇县缠丝鸭蛋》《淇县淇河鲫鱼》《你在村里还好吗》等系列专题。2000年前后几年时间里,淇县广播电视台开办的精品专题节目有:《朝歌纵横》《政协天地》《法制方圆》《科技600秒》《淇水书苑》等,在全省全市小有名气,50多篇广播电视作品在全国、全省获奖。比较有影响的作品有:《在希望的田野上》《万年枣》《老农网站霞满天》《走进云梦草原》等等。

2012年1月,淇县电视台演播大厅落成,填补了建台20多年没有演播厅的空白。从此,歌颂淇县、歌颂创业者的演出活动层出不穷。

2017年以后,按照中央发展县级融媒体中心建设的指示精神,淇县被列为全国首批600个融媒体建设试点县之一,广播电视转型发展,融媒体建设快速推进。2018年12月,淇县融媒体中心挂牌成立,淇县新闻宣传一次采集、集中生成、多元发布的格局基本形成,淇县广播电视、云上淇县APP、富美朝歌公众号、手机直播、融媒体抖音号等等，成为传播、发布的主渠道，新时代的媒体传播形成气候。人们告别了听广播、看电视获取信息的传统方式，利用手机可随时随地了解淇县变化、获取各类信息、欣赏各类作品。

2. 政协委员宣传

淇县政协历来重视对内、对外宣传工作。截至2013年的19年来，共向全国及省、市报纸、杂志、广播电视等新闻媒体撰写通讯报道300多篇，为省、市政协统战理论研讨会撰写论文近百篇，参加省、市政协书画展40多条幅，其中在《人民政协报》国家级新闻媒体发表通讯80多篇；在省《政协通讯》等杂志发表论文50多篇，在《河南日报》等省市新闻媒体发表新闻稿件80多篇。这些讲座论文和新闻稿件不少还在省、市政协获奖，并由中央及地方10多家杂志转载，对宣传淇县作出了独特贡献。

1999年6月，县政协与广电局联合在县电视台创办了《政协天地》专题节目。该节目设"委员风采""提案追踪""参政议政""民主评议""调研视察"等栏目，每月一期，每期十分钟。每期播出两天（周六、周日）四次。自1999年至2014年，政协学习宣传委员会与电视台专题部采编播出《政协天地》电视专题节目145期。既扩大了政协的影响，也宣传了委员企业家的风采，弘扬了干实事、创大业的正气。

3. 文学艺术宣传

淇县历来重视发挥文学艺术家的作用，让他们围绕经济建设创作，营造积极向上、干事创业的舆论氛围，引领全社会的新风正气，为企业宣传作出了积极贡献。

（1）文学创作

1995年以来，淇县文学创作紧紧围绕时代要求，把握时代脉搏，涌现出不少新人新作。韩峰的小小说《走进大山》《要账》《韩峰小小说集》等多次获得全国、省级大奖；殷钟学的小说《张庄的两个人物》《第七十三怪》等在全国性文学期刊上发表。

进入21世纪后，随着科技的发展与传媒的多样化，淇县逐渐出现了电视文学、网络文学、微博、微小说等新型文学创作与传播方式，文学创作者新人辈出，涌现出周鸣祥、贾振君、窦增新、杨开亮、张新亮、宋建江、徐爱民、刘东晓、石岩峰等优秀的青年文学创作者。周鸣祥的电视纪实片《太行情结》、杨开亮的散文《最爱家乡大平调》、贾振君的散文《仙人洞之谜》、徐爱民的诗歌《描绘河南美好明天》、窦增新的诗歌《放歌淇水悠悠情》、刘东晓的诗歌《走过山岗》。周鸣祥、杨开亮、窦增新、朱改花、闫利敏、陈青梅等人的诗歌作品在"中国诗河鹤壁"全国诗歌大奖赛中获得不同奖项。其中，朱改花的诗歌《倒映在淇水清波里的战火纷飞》荣获第六届"中国诗河鹤壁"诗歌大奖赛"淇水诗歌"类一等奖。张新亮的散文《炊烟里的乡愁》获得国家级大奖。

近十余年来，淇县作家出版了许多文集，燕昭安出版《淇园随笔》《朝歌三千年》等13本。韩峰出版《旅途不寂寞》等7本。谷慧勇出版《发现朝歌》等6本。贾振君出版《淇地密码》等4本。周在楼的文学作品集《摇篮》、杨华的文学作品集《难忘的岁月》、窦增新的诗集《水韵淇风》、周鸣祥的文学作品集《问心》等也由不同级别的出版社出版发行。淇县文联编辑印刷了文学作品集《笔尖上的战疫》《寻梦黄洞》等书。

（2）艺术创作

淇县书风浓厚，高村镇泥河村因书法人才辈出被省文化厅命名为"文化特色村"，先后被中央电视台等数十家媒体报道。刘熙根的刻字书法作品《沉雄豪迈》，杜学孔、贾文海、张灿中、朱正峰、郭良和等书法家的作品获奖无数。段相彬的传统书法功力深厚，申玉明的行楷，深受大众的喜爱，被称为"群众书法家"。书法家孟庆东的篆书书法作品连续三次入选国家大展，影响很大。淇县美术创作者也不断在省市级美展中获奖。杨光印的美术作品《大地春歌》系列在河南省美术馆展出，获得好评，并获得国家美术创作基金。杨素懿、韩冬、潘鸿涛、朱正峰、李广军、魏军杰、牛水栓等美术家的作品获奖若干。

音乐舞蹈创作颇丰。1995 年以来，由燕昭安、张贺勋、于德伦、翟彦芳、耿新保、周晓峰、韩峰、冯成世、白玉文、张敏等词曲作家创作了《朝歌风》《云梦魂》《竹竿》《大商朝歌》，再加上《我家门前沫水河》《我要去赵庄》等上百首歌颂淇县的歌曲、戏曲。张波、窦伟伟、李荣政、王贝贝等一大批实力派歌手每年为群众演出，歌颂淇县，唱响正气。

（3）戏剧创作

近年来，淇县戏剧好戏连台。淇县"淇水朝歌豫剧团"团长范纪英克服困难，排演了大型古装剧《许穆夫人》《鬼谷子出世》《林坚与丝娘》等，其中，《许穆夫人》在 2021 年河南省第十五届戏剧大赛中荣获二等奖。

一系列的舆论宣传，让来到淇县的企业家办一个厂成一个，不但提升了产品知名度，也为他们的辛勤付出赢得了诸多荣誉。

## 第三节　旅游事业的蓬勃发展

淇县东临淇水，西依太行，山清水秀，曾为商代晚期和西周卫国国都，历史悠久、文化底蕴深厚、自然景观秀丽。淇县不断加大旅游资源开发利用力度，成为全省乃至全国闻名的旅游城市。

### 一、淇县旅游业

2003 年以来淇县的旅游开发者抓住国家"修复文物古迹、抢救文化遗产、开发旅游事业"的机遇，着手开发云梦山、古灵山、摘星台等，为淇县旅游业发展奠定了良好的基础。

淇县紧紧围绕"旅游名县"和旅游业"二次创业"的战略目标，牢固树立"大旅游、大产业、大市场"的观念，确立了"抓项目建设，重宣传推介，挖文化内涵，树名牌形象"的工作思路和"景区开发与招商引资相结合，宣传推介与打造品牌相结合，配套建设与发展第三产业相结合"的工作方针，以推动旅游业转型升级和提质增效为主线，紧紧围绕"创建国家全域旅游示范区、打造全国知名旅游目的地"的发展目标，整合资源要素，创新体制机制，积极构筑全域旅游为一体，旅游景区和乡村旅游为两翼的"一体两翼"发展格局，并取得了显著成效。

二、市场化运作

2003年以前，由于投资渠道单一，机制体制不活，影响和制约了淇县旅游业的发展。为加快提升旅游产业品位和档次，2007年2月，淇县文物旅游局出台了《关于成立旅游体制改革领导小组的通知》，成立了淇县旅游体制改革领导小组；2008年4月，淇县文物旅游局出台了《关于成立景区管理体制改革工作领导小组的通知》，成立了景区管理体制领导小组；为淇县旅游体制改革和市场化运作奠定了基础。

淇县在积极推进旅游管理体制改革的基础上，充分运用市场化运作的办法，前期吸引外资和社会资本2亿多元，高标准建设了云梦草原综合开发、五里鬼谷设施配套、古灵山停车场扩建、朝阳寺道路建设等一批重点旅游项目和基础设施建设，提高了旅游景区的品位和档次，旅游业实现了高起点跨越。全县初步形成了以鬼谷文化为特色的云梦山游览区，以山顶草原和大漠风光为特色的桃园游览区，以女娲文化为特色的古灵山游览区，其中云梦山被评为国家4A级景区，被纳入河南省南太行山旅游发展规划。

1995年至2005年，淇县先后投入资金上亿元，完成了县城至云梦山景区道路的勘测规划和施工建设，完成大峰门筑路牌坊、勤政塔建设，完成了云梦山、古灵山、朝阳山、摘星台四大景区游客线路规划设计、山门、游客中心、售票中心、旅游厕所、游客步道、安全护栏、警示标识标牌、景点介绍牌、庙宇殿堂刷新改造、游客休憩设施及供水供电设施等基础设施建设。

2005年4月，淇县文物旅游局印发《淇县旅游二次创业活动实施方案》。

2005年9月，淇县文物旅游局印发《关于加强云梦山、古灵山市场协作和管理的办法》；2006年6月，淇县文物旅游局印发《关

云梦山景区

于实行景区管理工作积分评比考核制的通知》。

2006年至2013年，云梦山景区先后完成五里鬼谷牌坊、游步道、桃花园一期工程、无极老母殿拜台、云梦大草原环崖护栏、一号停车场改扩建、旅游循环道路、五里鬼谷停车场一期工程、观光车停车场改造、八卦城续建数十项工程建设。古灵山景区先后完成玉带河游步道、天然浴场、停车场扩建一期、焚金炉、铜顶九祖大殿、云城城门、道路拓宽改造、大型生态停车场、女娲广场升级改造、游客中心扩建、游步道、环崖步道护栏、铜顶四期无梁殿、五期无极老母殿、灵光阁钟鼓楼、弥勒佛殿、东山观景亭、女娲修真洞、主景区至凉水泉道路拓宽、太公湖姜太公塑像、铜顶主体工程、真武大帝殿、玉带桥、无梁塔等工程建设。

朝阳寺景区完成了道路改造、接引阁、观音大殿、八仙殿、朝天门、停车场护岸修砌、清凉庵石板路改造等项目，摘星台公园完成了摘星台治漏、展室维修工程。

2013年启动了云梦山景区停车场画停车线工程；摘星台三A复验项目工程；摘星台六七贤圣碑重新修建；清凉庵圣儒峰塌方毁坏、维修；云梦山南山展厅维修治漏，古灵山景区财神殿治漏；古灵山太公湖水泥栏杆维修等工程。

2014 年启动进行了摘星台景区西墙栏杆工程；云梦山桃园环崖步道栏杆维修工程；朝阳寺景区扶贫路口广告牌移位工程；云梦山新山门厕所维修工程；古灵山办公房治漏工程；纣王殿新建 2 座厕所工程；云梦山景区重铺油路面工程；古灵山道路塌方维修工程；云梦山景区内水毁塌方工程；朝阳山景区大台阶维修工程；背街小巷改造工程。

2014 年，淇县人民政府与河南省中国旅行社集团有限公司签订《古灵山景区委托经营管理合同书》，托管经营期限为 40 年，从 2015 年 1 月 1 日到 2053 年 12 月 31 日。

2015 年启动完成了摘星台城墙垛加高工程；云梦山太阳洞更换石头栏杆工程；桃园道路安全墙改造工程；摘星台贤圣园游步道；荆轲墓文化柱、荆轲墓墓碑工程；桃园王母大殿屋顶维修工程；云梦山善家伙维修、桃园办公区厕所维修等工程。

2016 年 5 月，淇县文物旅游管理局印发《关于申请免除旅游收入财政调控的请示》。2016 年进行了云梦山迎瑞门防滑坡道，云梦山廊桥地勘与测绘，云梦山桃园路维修，云梦山环崖步道栏杆提升改造，云梦山打井勘测，云梦山廊桥设计，云梦山安全墙增高，云梦山八卦城广场硬化，云梦山桃园停车场项目；桃园停车场二期工程，石板路加宽，朝阳山停车场建设项目；朝阳山道路维修工程；完成了淇县南太行古村落群保护和美丽乡村旅游带五大板块控制性详细规划，淇县石老公村保护发展详细规划。

2017 年进行了朝阳山景区和摘星台景区栏杆、朝阳山景区第三卫生间改造、朝阳山景区新建台阶步道、朝阳山景区新山门供水管网、朝阳山景区新山门蓄水池工程；云梦山景区旅游厕所改造、云梦山老山门厕所屋顶整修、云梦山（主景区）供水支管、云梦山景区入口服务区打井工程、云梦山景区蓄水池工程、云梦山景区八卦城停车场工程。

2018 年 3 月，淇县文物旅游管理局印发《2018 年淇县旅游厕所革命工作方案》。

2018年完成了朝阳山景区旅游道路、朝阳山景区售票中心装修、朝阳山景区电动伸缩门、朝阳山景区新山门木质门岗房工程；云梦山景区涵洞加长、云梦山景区涵洞水毁维修、云梦山景区桃园木屋建设项目；摘星台景区创园林城市零星维修工程。

2019年4月，淇县文化广电和旅游局印发《淇县促进旅游产业发展奖励扶持办法》。

2019年完成了朝阳山景区汉白玉雕塑工程；云梦山景区4A复验升级项目、云梦山景区4A复验停车场道路划、云梦山老办公楼（已拆除）位置硬化地面工程、云梦山景区桃园3A级厕所附属工程；摘星台景区3A级复验零星维修工程。制定了云梦山景区创建国家5A级景区整体提升规划。

2020年5月，淇县成功创建全省首批省级全域旅游示范区；12月，创建省级旅游扶贫示范县；灵山小镇被评为河南省第一批"美丽小镇"；黄洞乡被评为河南省特色生态旅游示范镇；大石岩村被评为河南省乡村旅游特色村；赵庄、凉水泉成功创建全国乡村旅游重点村。

2020年后半年到目前，淇县文旅局努力排除新冠疫情和2021特大洪涝灾害对文化旅游带来的形象，进行了摘星台石刻及遗址抢修加固、八卦城墙外立面美化；军校、大峰门广场整体提升、污水处理、西停车场厕所改造、主景区节点提升、道路AK线提升等整体提升十项目。并对云梦山创5A级景区入口服务区配套供水设备进行了采购、淇县云梦山景区创5A提升项目——景区内公路提升、云梦山景区入口综合服务项目柳树沟河道治理、云梦山绿化（新山门、大草原）等项目。新增400KVA配电，标识牌及全系。拆除了云梦客栈，新山门安装了中央空调、采购观光车，实现了智慧景区管理。

三、旅游宣传推介

2003年至2006年，淇县先后成功举办了云梦草原风情文化节、古灵山泼水节等系列宣传促销活动，连续在中央电视台、《中国旅游报》《河南日报》等主流媒体上开展宣传。云梦山景区荣获"中国最佳旅游景区""河南十大魅力景区"等称号,云梦山摩崖、卫国故城被评为"国家级文物保护单位"。

2006年至2010年,连续参加中国旅游营销年会,举办由全国文化界名人参加的"《中华风》云梦山笔会",与省作协联合举办的"河南省第十二届黄河诗会暨云梦山笔会",与省文化厅、省文联、省音乐家协会联合举办的"云梦山"杯歌曲大赛。参加中国北方旅游交易会、中国地接组团旅行社营销峰会,举办"朝歌夏季风"走进河北邯郸、走进山东聊城、走进省会郑州淇县旅游专场推介会,加中国国内旅游交易会、华北旅游交易会。

2011年至2013年,针对主要客源城市,通过报纸、电视、网络、户外传媒等多种方式,进行大力度、多层次、全方位的宣传促销。同时,通过派出宣传小分队、设置驻站代理、举办专场推介会等形式,主攻晋冀鲁豫,积极开拓郑州、邯郸、濮阳、北京等客源城市,与当地旅行社深度对接,逐步实现了香客市场向游客市场的转变。在郑州、石家庄等主要客源城市投放公交车流动广告、社区广告、电梯门楣广告等,精心打造"古都朝歌"文化旅游品牌。淇县旅游多次荣登河南卫视《新闻联播》《晚间播报》等新闻栏目,淇县旅游在省市权威媒体保持了较高的上镜率和关注度。

2013年至2015年,围绕春赏花、夏亲水、秋观草、冬民俗四季旅游主题,连续多年成功举办云梦山草原踏青节、朝阳山登山节、古灵山泼水节、云梦山草原风情音乐节、淇县新春民俗旅游节等节会活动,持续丰富活动内容,深化旅游主题,形成了淇县特色鲜明的旅游节会品牌,拉动了客源市场,聚集了人气财气,也得到了游客的好评和社会的认可。围绕鬼谷文化、商卫文化、根亲文化等主题品牌,连续多年成功举办海峡两岸鬼谷子文化研讨会、国际根亲文化节等,使淇县文化旅游品牌逐步走向世界。

2016年,与市旅游局联合在中央电视台综合频道(央视1套、4套、13套)播放淇县整体形象广告,在北京西站进站口、候车厅等醒目位置LED屏滚动播放淇县旅游画面,扩大淇县旅游的知名度、美誉

古灵山太公湖新貌

度。坚持开展网站宣传营销的同时，积极申请注册淇县旅游官方微信，坚持常态化更新，及时上传旅游动态、活动信息，答复游客留言、进行实时互动，吸引广大网民的眼球。

2019 年，为深入推进文化旅游深度融合，围绕景区文化主题，相继策划推出了云梦山调师离位、龙女引泉、古灵山女娲赐福、纣王降香、朝阳山孔子文化节等实景演出，使景区文化与现代旅游完美融合，备受游客好评。

2021 年元旦，随着朝歌老街历史文化街区的开街试运营，集文化展示、歌舞表演、灯光秀等为一体的大型实景演出《大商朝歌》震撼上演，再现了"朝歌夜弦五十里"的盛况，为广大游客打造了一场丰盛的文旅盛宴。跟随时代的发展，2021 年还积极申请注册了淇县文旅官方抖音号，通过拍摄、制作、上传短视频，与广大网民实时分享淇县文旅动态。截至目前，已上传视频百余个，吸引粉丝万余人，单篇单日浏览量突破 30 万人次。

四、旅游产业链条的拓展

经过不懈的努力，淇县旅游产业规模不断壮大，"吃、住、行、游、购、娱"等旅游要素逐步健全，综合配套能力不断提高，有力地带动了交通、通信、购物、娱乐等相关产业的发展，缓解了就业压力。先后规划建设了 5 条旅游公交线路，引导旅游沿线农村新建农家宾馆 30 家，并引进外资、吸引社会资金建设了天畅轩大酒店、天园宾馆等 5 家旅游涉外定点宾馆，旅游直接从业人员 1000 多人。整合开发了蛋壳画、夜光工艺品、鬼谷子兵书、淇河三珍等地方特色旅游产品 25 个，满足了不同层次游客的消费需求。

淇县先后投资 3.6 亿元，建设旅游项目 97 个，分步分期开发了云梦山古军校、云梦大草原、五里鬼谷、古灵山、朝阳寺、摘星台、清凉庵等景区（点），修建了景区停车场、星级厕所，设置了垃圾箱、休闲座椅、旅游标识、景点介绍牌等，建立了医疗救护中心、游客活动中心和影视厅，景区内水、电、路、通信、网络等基础设施齐全，功能配套，景区品位档次得到极大提升。建成农家宾馆 40 余家、旅游宾馆 6 座、旅游客栈 30 余处、大型旅游购物超市 3 家、旅游购物商店 20 余家，开发缠丝鸭蛋、无核蜜枣、淇河鲫鱼、冬凌草茶、高钙小米、云梦砚、木鱼石茶具、泥陶笔筒、鬼谷子塑像、鬼谷子书籍等旅游商品和旅游纪念品 60 余种，建设跑马场、射箭场、水上乐园、天然浴场等休闲娱乐场所，进一步延伸了旅游产业链条，提升了全县旅游业整体服务水平。

围绕"以水润城、以绿荫城、以文化城"，投资建设了沬水河"一河五园"、卫国故城遗址公园、朝歌老街历史文化街区，高标准建设了淇县博物馆、城展馆、文化馆、图书馆、大剧院、全域旅游服务中心，使城市文化内涵日渐丰盈。2021 年元旦朝歌老街试运营，集美食品鉴、民俗体验、实景演出、夜游经济等多业态于一体，迅速成为省内新晋网红打卡地。目前，朝歌老街南拓北延、摘星台园区东扩等项目建设正在有序推进。

将旅游产业作为脱贫攻坚的主导产业、乡村振兴的支柱产业，打造出老家赵庄、传奇大石岩、妙境凉水泉、花海油城、水美纣王殿、艺术东掌等一批乡村旅游精品示范点。凉水泉石光院子被公布为国家五星级民宿，凉水泉"旅行社＋景区＋传统古村落＋扶贫"模式被列为全国乡村民宿发展十大典型，淇县走出一条以旅游扶贫富民为特色的乡村振兴发展之路。赵庄、凉水泉、秦街、大石岩 4 个村

乡村旅游——赵庄

乡村旅游——东掌

庄荣获"河南省乡村旅游特色村"，黄洞乡获评"河南省特色生态旅游示范镇"，灵山小镇被评为河南省第一批"美丽小镇"。

截至目前，淇县拥有云梦山、古灵山、朝阳山国家4A级景区3家，摘星台、纣王殿国家3A级景区2家，荆轲塚国家2A级景区1家。先后获评"河南省首批全域旅游示范区""河南省旅游扶贫示范县""中国鬼谷子文化圣地"；赵庄、凉水泉荣获"全国乡村旅游重点村"，灵山度假区荣膺"省级旅游度假区"，朝歌老街获评"河南省首批省级历史文化街区"。

五、淇县文化旅游资源

淇县文化旅游资源丰富，现有国家A级景区7家，旅行社经营单位18家，旅游特色购物街区2处，大型旅游购物超市6家，星级饭店3家，乡村民宿9家，农家乐100余家。现存可移动文物3631件套，共计12000余件，其中国家一级文物4件，二级珍贵文物37件，三级2145件；各级不可移动文物317处，其中国家重点文物保护单位3处，省级文物保护单位12处，县级文物保护单位62处，县级抗日、解放战争革命文物保护单位5处，一般不可移动文物238处。另有卫国故城、朝歌老街、荆轲塚、帝辛陵等遗址遗迹星罗棋布，灵秀赵庄、民俗秦街、妙境凉水泉、水美纣王殿、传奇大石岩等美丽乡村遍地开花，这里基础设施完善，管理服务规范，文物古迹丰富，自然景观独特，全域旅游魅力无限，是休闲度假、旅游观光、居住养生的胜地。

（一）国家 A 级旅游景区

1. 云梦山景区。云梦山，又名青岩山，是国家 4A 级旅游景区、国家森林公园、中国鬼谷子文化圣地、全国重点文物保护单位、中国古代军事思想研究基地、中国华侨国际文化交流基地、河南省首批研学旅游示范基地，游览面积 26 平方公里。历代志书及碑刻记载，云梦山是鬼谷子先生隐居处。

鬼谷子，名王禅，又名王诩，战国时期卫国（今河南淇县）人，长于持身养性和纵横术，著有《鬼谷子》十四篇传世。鬼谷子隐居云梦山并在此教徒授艺，培养出孙膑、庞涓、苏秦、张仪、毛遂、尉缭、茅濛、徐福等一大批将相之才，云梦山因此被誉为"战国古军庠、中华古军校"。

云梦山自然景观优美，文化遗迹众多，由古军校遗址、云梦大草原和鬼谷清溪三大游览板块组成，现存鬼谷祠、水帘洞、孙膑洞、舍身台、上圣庙、青龙潭、五里鬼谷、天坑溶洞、空中草原、滑草场、跑马场、南天门、八卦城等景点百余处。鬼谷子长于持身养性，精于心理揣摩，深明刚柔之势，通晓纵横捭阖之术，被誉为千古奇人，是著名的纵横家、政治家、军事家、思想家、谋略家、教育家。近年来，为进一步弘扬优秀传统文化、促进鬼谷子学术交流、做大做强鬼谷子文化品牌，淇县连续召开了四届全国鬼谷子学术文化研讨会、多次海峡两岸鬼谷子文化高峰论坛，吸引了众多政治、经济、军事、外交、学术、文化、艺术界的领导、专家、学者共聚云梦山，使鬼谷子文化研究成为世界热门话题，也使得淇县云梦山成为世人瞩目的名山。

2. 古灵山景区。古灵山，是国家 4A 级旅游景区、封神榜故事发生地、女娲文化圣地，位于淇县西北 10 公里处，游览面积 19 平方公里，由主景区、清凉庵、三佛阁、天下第一铜顶、灵泉妙境高端民宿五大游览板块组成。

古灵山因殷商时期建寺而古，因女娲世代神佑而灵，这里山环水抱、景色优美，主景区太公湖水上漂流、女娲宫古建筑群、水天一色水涛沟、人生再造古佛洞、梨花坡休闲纳凉、玉带河天然浴场、五龙峡观光游览、玻璃吊桥高空冒险、丛林穿越铜顶索道、明目养颜醒目泉等景点各具特色，深受广大游客喜爱。清雅灵秀的山水景色与千年古迹、优美传说融为一体，构成了独特的旅游胜地，是人们休闲、观光、朝拜、探险的好去处。

3. 朝阳山景区。朝阳山，是国家 4A 级旅游景区、殷纣王行宫遗址、中原登山基地、佛道儒三教圣地、国学研究培训基地，位于淇县城西 5 公里处，游览面积 18 平方公里，由殷商文化体验区、山顶康体休闲区、灵山小镇度假区、现代农业观光区四大游览板块组成，主要景点有朝阳寺、东魏石窟、佛字摩崖、尖山、朝歌寨、长眠道士墓、清凉庵、生态采摘园、灵山小镇等百余处。

朝阳寺依山建造，绝壁而生，坐北朝南，背风向阳，遥望如空中楼阁，故又名朝阳悬空寺，是中国七大悬空寺之一。明清淇县志记载，朝阳寺原为殷故宫，是殷纣王冬季采暖的地方。清凉庵与朝阳寺一山相隔，四面环山，林木葱郁，是殷纣王夏季避暑的地方。朝阳山，俗称尖山，海拔 603 米，是登山健身、观星象看日出的理想胜地。朝歌寨，海拔 700.3 米，是殷纣王建寨屯兵的地方，更是户外运动爱好者登高望远、挑战极限的理想目的地。

朝阳山景区自然景观优美，文物遗迹众多，集"古、雄、奇、险、秀、幽"于一体，这里峰峰形奇、景景多姿，是人们品味历史、休闲观光、登山健身、寻幽探秘、感受自然的好去处。

4. 摘星台景区。摘星台，又名摘心台，是国家 3A 级旅游景区，位于淇县县城中心。摘星台景区游览面积 100 余亩，曲径通幽，亭台相映。现存景点有林氏始祖比干殉难处——摘心台、林坚台、三仁祠、殷朝六七贤圣君故都碑、扯淡碑、陈婆造心经浮图、麒麟壁、忠谏亭、碑廊、朝歌诗苑、朝歌成语苑等 40 余处。摘星台是殷商文化重要遗址、河南省重点文物保护单位，现在已经成为林氏宗亲拜谒祭祖的圣地、爱国主义教育基地、游客休闲游玩的理想去处。

5. 纣王殿景区。纣王殿，是国家 3A 级旅游景区、中国传统村落、河南省水美乡村、省级森林公园，位于淇县县城西北 45 公里处的太行山中，因殷商时期纣王在此练兵而得名。

纣王殿景区峰峦叠嶂，风光秀美，山水景观独特，历史文化底蕴深厚。现存主要景点有纣王殿遗址、石头城古民居、三县垴、酒泉湖、步军峪、马军峪、铜炉沟、铁炉沟、桃花潭、五门洞等三十余处。景区分为旅游接待服务区、殷商文化展示区、登山健身区、生态探险区和外围生态保护区五大游览板块。

纣王殿景区植被茂密，自然景观独特，集"泉、瀑、洞、穴、奇石、绝壁"于一体，其中三县垴海拔 1019 米，为鹤壁境内最高峰，是淇县、卫辉、林州三县交界的制高点。纣王殿景区现已是人们旅游观光、休闲度假、登山健身、涉峡探险的好去处。

6. 鹤淇发电工业旅游景区。鹤淇发电工业旅游景区 2021 年成功创建国家 3A 级景区，位于淇县庙口镇原本庙村北，占地 15 万平方米，距离淇滨区市区 10 公里，景区以鹤淇发电有限责任公司生产厂区为中心，格局为：总体布局分为三大板块：新厂区园区建设；西部风力发电园区；科技创新园区的工业旅游基地，全面助推"产、学、研、教"示范中心。位于鹤壁市淇县庙口镇原本庙村北，距离京港澳高速口 10 公里，距离鹤壁东站高铁站 8 公里，交通便利，区位条件优越。景区内分为：党建园区、廉洁文化园区、园林建设园区、电力生产过程展示园区、科技创新成果展园区。开拓了淇县"工业＋旅游"景区新模式，是全市唯一一家工业旅游景区。

7. 荆轲塚景区。荆轲塚景区，是国家 2A 级旅游景区，位于淇县城南三里许折胫河北岸，景区东西长 63 米，南北长 72 米，占地面积约 4600 平方米，荆轲塚原为圆形，直径有 60 余米，高有 10 余米，地下有三个相通的密室及墓道，全部由长条石砌成。是朝歌百姓为了纪念义士荆轲修建而成。荆轲，战国末期卫国（今河南淇县）人，原名庆卿，自幼喜爱读书、击剑，刚勇善谋。著名的"图穷匕见"的故事和"风萧萧兮易水寒，壮士一去兮不复还"都与他有关。公元前 227 年，荆轲受燕太子丹所遣，携带秦国逃亡将军樊於期首级和卷有匕首的燕国督亢地图入使秦国，欲借献图而刺杀秦王，可惜刺杀失败，被秦王连刺八剑，壮烈殉义。家乡朝歌的百姓为荆轲的义行壮举所感动，秘密地将其遗体和曾佩戴过的宝剑运回他的故乡，埋葬在他曾居住的地方附近。据《朝歌乡志》记载："荆轲古塚，在朝歌城镇南关外……南唐庙后，靠折胫河岸北有土冢一处，传为战国荆轲之塚。"在县南三里许之南堂（即观音堂）庙墙上嵌一石碑，仅记"荆轲墓在庙南"。

1985年，荆轲塚遗址被公布为县级文物保护单位，但原来的土塚只剩下西南部分的半边封土，长满荆棘荒草。近年来，在县委、县政府领导的大力支持和县级多个部分的配合下，淇县文物旅游管理局在荆轲塚遗址的基础上将其修缮，并在2015年10月成功申请成为国家2A级景区。

（二）文化场馆

1. 淇县文化馆。淇县文化馆位于淇县为民服务中心三楼西，馆舍总面积2625平方米，隶属于淇县文化广电和旅游局的公益性文化事业单位，为国家一级文化馆。文化馆内设综合办公室、群众文化活动部、文艺创作培训部、美术馆、非物质文化遗产保护中心5个部室。现有干部职工7人，设馆长（兼任党支部书记）1人，副馆长1人，非遗主任1人，其中副高职称2人。是县委、县政府的重点惠民工程、高水准、高规格的公共文化活动阵地。已逐步完善纯公益、惠民免费开放，成为淇县广大人民群众文化活动的重要阵地和精神文明建设的重要窗口。

淇县文化馆于2010年荣获"河南省非物质文化遗产普查先进单位"，2016年在河南省非物质文化遗产传统美术类抢救工程中，被河南省文化厅评为"先进集体"。2019年在"寻找村宝"活动中被河南省文化和旅游厅评为"先进单位"。

2. 淇县图书馆。淇县图书馆位于淇县为民服务中心三楼、四楼，建筑面积4500平方米，投入资金600多万元，馆藏图书24万册（其中，电子书15万册），为国家二级图书馆。共设阅览室、外借室、自习室、少儿室、亲子园、综合厅、资料室、报告厅、接待室 9 个科室，一个机房。现有干部职工 7 人，馆长 1 人，为副研究员，副馆长 1 人，外借部主任 1 人，阅览部主任 1 人，职工 3 人。通过图书馆的建设和设施提升，极大地改善了市民阅读环境，营造了良好的城市文化空间。

2017～2019 年度连续三年被河南省文化厅评为河南省先进公共图书馆、"全民阅读"系列活动优秀组织单位。

3. 淇县博物馆。淇县博物馆成立于 2016 年 12 月，位于淇县为民服务中心，馆舍面积 3030 平方米。博物馆内设综合办公室、保管部、陈展宣教部、保卫部、考古勘探部等部门，工作人员 12 名，主要承担淇县县域内国有可移动文物征集、保管、研究保护、陈列展示、宣传传播、文物调查勘探等工作。现有馆藏可移动文物 3631 件套，共计 12000 余件，其中国家一级珍贵文物 4 件，二级珍贵文物 37 件，三级珍贵文物 2145 件。为进一步做好文物保护利用工作，适应人民精神文化需求，2017 年投资 450 万元，实施了博物馆馆舍改造、文物陈列布展项目，陈列布展淇县馆藏珍贵文物 400 余件。

近年来，博物馆先后争取到上级各类资金 2896 万元，实施了卫国故城遗址保护、云梦山安防、宋庄东周贵族墓地安防、博物馆建设陈展、杨晋庄墓地考古发掘等 10 余项项目，有效改善了淇县的文物保护基础条件。

（三）文旅融合代表项目

1. 卫国故城遗址公园。卫国故城遗址公园位于淇县城区北部，毗邻朝歌文化广场，由卫国故城遗址、赵家渠生态公园等板块组成。

卫国故城遗址，俗称朝歌二道城。卫国故城在朝歌历史上曾是京畿之地，殷商晚期先后有四位帝王在此建都城，殷商灭亡后，朝歌继而成为卫国国都，长达 400 余年。卫国是当时 170 多个诸侯国中之大国，卫国故城城址之大、城墙之宽，在东周古城址中不多见，具有很高的历史研究价值。2006 年，卫国故城遗址被国务院公布为第六批全国重点文物保护单位。

赵家渠生态公园（沫水园），作为百城建设提质工程重点项目之一，于2017年12月开工建设，总投资12亿元，河道全长3.3公里，占地面积约47公顷。通过水景观、水治理、水生态三位一体的全面建设，全力打造集生态观光、休闲娱乐、文化展示为一体的园林景观，极大提升了人居环境和城市核心竞争力。

2. 朝歌老街历史文化街区。朝歌老街，位于淇县城区南部，街区长600米，宽250～300米，总面积约20公顷，是朝歌老城生活的重要区域。其中中山街位于历史街区中部，长期以来一直是城区内最为繁华的商业街区。明清时期，中山街称为大街、鼓楼街、阁北街。据嘉靖《淇县志》记载，淇县古有集市九处，其中大街集是比较繁盛的集市，中山街的北门至中心阁（文昌阁）一带一直是当时县城的商品交易中心。新中国成立后，县政府、公安局、人武部、邮政局、人民银行、供销社和人民剧院等行政及文化中心都建在中山街，中山街成为淇县政治、经济、文化中心。

2018年，淇县成立由县主要领导任指挥长的高规格"朝歌老街改造指挥部"，着力打造朝歌老街历史文化街区，原址复建文昌阁，重现"一街四环七区"老街区风貌格局，以历史文化为依托，在保存街区建筑结构形态与历史价值的基础上，还原老朝歌居民的生活场景，延续千年商街的盛世繁华，努力将其打造成为大型文旅商业综合性历史文化街区。2021年元旦，朝歌老街开街试运营，立刻成为全省历史文化街区旅游引爆点。

（四）国家乡村旅游重点村

1. 老家赵庄

赵庄，中国传统村落、全国首批乡村旅游重点村、国家级森林乡村、全国乡村治理示范村、河南省乡村旅游特色村、河南省旅游扶贫示范户、河南省返乡农民工创业示范基地、河南省巧媳妇工程示范基地。

赵庄，明清石屋风格古朴、错落有致，石碾、石磨、石板路等乡村风味浓郁。近年来，赵庄以精准扶贫和乡村振兴战略思想为指导，依托丰厚的文化底蕴，丰富的旅游资源，大力发展乡村旅游业，成立赵庄景区管理有限公司，通过"村集体＋公司＋旅游＋扶贫"等模式，以打造小吃一条街为载体，大力发展休闲度假、旅游观光、养生养老、创意农业、农耕体验、乡村手工艺等乡村旅游项目，晃晃桥、水上秋千、水上漂、高空漫步、步步惊心、铁索桥、悬崖秋千、七彩滑道、高空飞船、七彩魔毯等网红游乐项目均已建成并投入运营，水上玻璃滑道、丛林滑索、音乐喷泉等游乐项目正在规划建设中。赵庄村已逐步发展成为网红乡村旅游胜地，每年都吸引着众多游客纷至沓来。

2. 灵泉妙境高端民宿凉水泉

凉水泉村，位于淇县古灵山景区内，是全国乡村旅游重点村、国家五星级民宿、省级传统村落、省级乡村旅游特色村、省四星级乡村旅游经营单位、省乡村旅游创客示范基地。凉水泉村因凉爽甘甜、明目养颜的"不老泉"和"五龙泉"两股四季流淌不息的泉水而得名，村内有70多座建于清末民初的灰瓦石墙民居，依山而建，错落有致。

2015年，淇县与河南省中旅集团签订战略合作协议，以古灵山景区为依托，运用旅游企业带动，借势改造村落，大力发展凉水泉村生态休闲、民俗体验、禅意休闲和以农家乐为主的乡村旅游业，将凉水泉村打造成了集餐饮、住宿、购物、禅修为一体的中高端乡村旅游度假村。区域内共有石光院子、花田木屋、星空果岭、悬崖竹屋四种风格的民宿酒店，并配有牛棚咖啡、羊圈西餐厅、猪舍茶吧、山里人家特色餐厅、古民居展示馆、医务室、养生堂、观景台、高尔夫果岭、妙音台文化广场、石光书画院、石光阁会议中心、甜蜜世界、采摘果园、红酒窖等服务设施，形成了吃、住、行、游、购、娱为一体的高端民宿集群。凉水泉灵泉妙境以"旅行社＋景区＋传统古村落＋扶贫"的模式被列为全国乡村民宿发展十大典型，并荣获"2019中国好民宿"荣誉称号。

# 第四节　产业集聚区和特色工业产业

淇县工业的迅速发展，与工业相关的支撑事业飞速进步，使淇县成为外来客商投资的热土，建设产业集聚区、开发特色商务形成了具有自身特色的工业商业体系。

## 一、鹤淇产业集聚区

鹤壁市鹤淇产业集聚区（鹤壁高新技术产业开发区），是河南省政府 2008 年 12 月批准成立的 175 个省级产业集聚区之一。位于鹤壁市区与淇县县城之间，占地面积 24.67 平方公里。主要以鹤淇大道为中轴线向两侧辐射开发建设，重点发展绿色食品、纺织服装、装备制造、新材料等优势产业。

鹤淇产业集聚区（鹤壁高新区）位于中原腹地，地理位置优越，是中原经济区 13 个地市的中心，北距首都北京 500 公里，南至省会郑州 100 公里，500 公里半

淇县鹤淇产业集聚区一角

径范围内，有郑州、石家庄、济南、武汉、太原 5 个省会城市和北京、天津 2 个直辖市，覆盖了 4 亿人的消费群体。京广高铁、京广铁路、京港澳高速、107 国道纵贯全境南北，鹤辉高速和省道大海线、浚南线横跨东西，境内呈现出铁路、高速公路"四纵两横"大交通格局，鹤淇产业集聚区南距京港澳高速淇县站仅 2 公里，北距京港澳高速鹤壁南站仅 3 公里；距离京广高铁鹤壁东站仅有 4 公里，距离京广铁路鹤壁站仅 7 公里，高铁 30 分钟到达郑州、2 个半小时到达北京。鹤壁海关和出入境检验检疫局建成运行，综合保税区已顺利申建，

产品出口可就地报关出港。优越的区位条件、便捷的交通条件，尤其是九纵十六横的路网格局为鹤淇产业集聚区（鹤壁高新区）的发展提供了良好的支撑条件。

建区以来，坚持"规划一步到位、开发分步实施、路网建配先行、项目入驻跟进"思路，调动一切积极因素，凝聚方方面面力量，促进产业集聚，推动产城融合。截至2020年年底，集聚区实现了"七通一平"全覆盖，搭建了"九纵十六横"路网格局，形成了绿色食品、纺织服装、装备制造、新材料四大主导产业。

鹤淇产业集聚区先后被确定为全省首批对外开放重点产业集聚区、全省首批新型工业化产业示范基地、全省创新型产业集聚区、全省最具投资法治环境产业集聚区、全省禽类肉制品产业知名品牌创建示范区。

2012年被省政府命名为鹤壁高新技术产业开发区（省级高新技术产业开发区）。2015年度晋升为省一星级产业集聚区。2018年度晋升为省二星级产业集聚区。

鹤淇产业集聚区历经12年的倾力打造，已成为市县经济发展增长极、开放招商落脚点、转型升级突破口。取得这样的成绩，河南省委、省政府历任主要领导郭庚茂、卢展工、谢伏瞻、陈润儿、王国生、尹弘，鹤壁市委、市政府历任主要领导郭迎光、丁巍、魏小东、范修芳、唐远游、马富国、郭浩，及省、市相关部门领导同志不断前来调研、指导，从各个方面给予了大力支持。淇县县委、县政府历任主要领导朱言志、李民生、王永青、王海涛、李海章、杨建强、马海澎以及集聚区管委会主任蒋宗军等倾注了大量心血，淇县人民将永远铭记他们的贡献。

二、特色工业产业发展模式

（一）创新招商，助推产业集聚发展

围绕主导产业，梳理产业链条，以园区内龙头企业为依托，持续加大招商引资力度，创新招商方式，积极探索"政府＋企业＋园区＋产业链"的招商模式。

2020 年，重点建设了占地 200 亩的河南特种尼龙产业园，以集聚区内重点企业中维化纤公司为依托，分析特种尼龙产业链，借助中维公司的业务关系，精准开展产业链招商和以商招商，先后签约北京邦维集团、河南虹驰公司等项目落地。目前北京邦维公司已经入驻特种尼龙产业园，总投资 3 亿元，注册成立河南邦维高科特种纺织品有限公司，主要生产尼龙 66 及芳纶阻燃类织品，单兵携行具装备、军工服装等，初步形成了以政府为主导，以延伸产业链为主线，以重点企业为龙头，以特色园区为承载，集聚关联企业，促进产业的集群发展。

（二）管家服务，持续优化营商环境

始终把服务企业当成主责主业，大力开展"一联三帮"保企稳业专项行动，为企业提供了管家式的贴心服务，助力企业和企业家的健康成长。

大力推广企业"服务管家"项目和"首席服务官"制度，抽调业务能力强的科级干部驻厂提供服务，随时解决企业发展过程中出现的问题。针对中小企业，建立完善集聚区分包企业联系人制，形成园区内企业分包全覆盖。建立常态化走访企业机制，每个企业和项目分包责任人每周不少于 3 次到企业车间和项目工地进行走访调研，动态掌握企业发展情况和存在问题。建立了一套帮助小微企业快速入驻的服务机制，由企业服务局牵头派专人为企业代办入园证明、维稳信访评估等手续，受到了企业负责人的好评。

（三）创新驱动，不断增强发展动能

为进一步加快企业转型升级，提升企业科技创新能力，充分发挥省级高新技术产业开发区、省级科技企业孵化器和鬼谷子创客空间平台优势，积极帮助企业进行科技创新和智能化改造，吸引集聚高层次人才培育创新主体。帮助企业开展"高新技术企业"称号申报工作，制定"三符合一目标"工作原则，按照"培育一批，成熟一批，申报一批"的工作思路，积极培育创新主体。

（四）完善设施，持续提升园区承载

持续加大基础设施投资力度，进一步提升园区项目承载力。以重点企业为项目主体，谋划总投资11亿元的"集聚区供热供水项目"，同时派驻专人跟踪服务，积极申报政府专项债券，主要实施推动集聚区集中供热和工业蒸汽全覆盖，实现供水管网全覆盖。与市第四水厂积极对接，协助铺设纬六路东段自来水管网，直接满足中维化纤公司、河南邦维高科特种纺织品有限公司、河南虹驰实业有限公司等重点企业和项目的用水需求。

**三、特色工业产业发展成效**

（一）主导产业优势

**1. 绿色食品产业**

五大板块中，畜禽产品深加工，以大用、永达为龙头，集聚了普乐泰、现代化、易普森等一大批中小企业和耐特包装等配套企业，规模占食品产业的二分之一。

粮食深加工，以飞天为龙头，集聚了昌盛、众鑫、喜粒源等众多企业，可生产面粉、面制品、淀粉、麦芽糊精、麦芽糖、葡萄糖、果糖、果葡糖浆、功能性糖等众多产品。飞天淀粉是国家级农业产业化龙头企业，生产规模居全省第一，单厂加工能力位于全国第一序列。

调理快餐食品，以链多多、汇膳为龙头，集聚了天香、恒云、越汇等众多企业，主要生产中式营养快餐、水产品调理制品、畜产品调理制品、速冻水饺等，形成了6大系列300余个品种。链多多食品填补了河南省中式菜肴快餐生产的空白。链多多食品入选河南省首批智能制造工厂试点。

汇膳食品是国际级清真食品龙头企业，在水产品加工方面位于全省前列，其中鱼类加工位居全省第一。

休闲食品饮品，拥有朝歌老酒、奥维斯等酒类生产企业8家，轩轩、和润生等饮品生产企业10家，米立方、联顺等休闲食品生产企业5家。

地方特色食品，拥有天邦菌业、金黎荞、天钙等极具地方特色的食品加工企业。天邦菌业是"新三板"挂牌企业，杏鲍菇、双孢菇实现产业化生产，规模居同行业前列。

2. 纺织服装产业

拥有新亚服装、中蔼万家等规模以上企业 10 家，生产以订单加工为主、自主品牌为辅，具备从纺纱到织布再到成衣的全产业链条。拥有环锭纺 40 万锭、气流纺 1080 头、新型织机 200 多台（套）、服装加工设备 5000 台（套），年可生产精梳纱 4 万吨、化纤 1 万吨、牛仔布和白坯布 1200 万码、各类服装 1 亿件。

龙头企业优势明显。新亚服装公司下辖新纯、新丽、新歌、新牡丹等子公司，是河南省最大的服装加工生产企业。中蔼万家（原万家欢乐）在完成对朝歌纺织、朝歌棉纺的兼并重组后，跻身为全产业链纺织服装加工企业，拥有"舒尔玛"自主服装品牌。

智能化程度较高。新亚服装、中蔼万家引入了自动化程度较高的清梳联合机、细纱机、自动络筒机等纺织设备，吊挂生产线、自动拉布机、数控裁床、自动订袋机、自动绣花机等服装加工设备，ERP 管理系统，实现了人、财、物、产、供、销集成化管理，被省、市认定为"两化融合示范企业"。新亚服装、中蔼万家荣获河南省"两化融合"示范基地称号。

辐射带动能力突出。新亚服装在全省首创并推广"龙头企业＋卫星工厂"模式，推动产业下沉到村，先后在县内建设卫星工厂 13 个、外协加工点 29 个，吸纳就业 1500 人；在浚县、滑县、卫辉等周边县市建设卫星工厂 28 个，吸纳就业 3000 人。中蔼万家在柘城、汝阳、兰考等地建设卫星工厂 186 家，吸纳就业 1.5 万人。

3. 装备制造产业

拥有蓝耐润滑油、太原中车、雅昌管业、欧迪艾铸造等规模以上企业 8 家，年可生产高强度紧固件 1 万吨、抗震支架 1.5 万吨、无缝钢管 3.5 万吨、球墨铸铁件 2 万吨、各类专用设备 2000 台套。欧迪艾铸造公司被科技部列入创新基金项目单位，研制的"高强高韧等温淬火球墨铸铁汽车板簧支架"等产品被河南省认定为科学技术成果。

4. 新材料产业

新材料产业同样是淇县两大主导产业之一，现拥有中维化纤、悦能光电等规模以上企业 7 家，年可加工生产锦纶 66 特种尼龙产品 7.5 万吨、大尺寸 LBO 非线性晶体材料 60 块、大直径密集型多通道陶瓷膜管 1000 根、钢结构 4000 吨、复合板材 20 万米、ADI 特种铸铁件 2 万吨、抗震支架 1.5 万吨。

中维化纤年产 15 万吨特种尼龙系列产品，纳入全省《尼龙新材料产业发展三年行动计划》，其中的年产 1 万吨功能性 PA66 长丝生产线、年产 2 万吨尼龙改性工程塑料生产线、年产 5000 吨 PA66 工业短纤项目已建成投产。特种尼龙产业园项目已经签约，2021 年计划启动 1 万吨尼龙 66 工业丝生产线和 4 万吨特种聚合切片项目建设。2022 年计划启动 2 万吨尼龙改性工程塑料生产线、5000 吨尼龙 66 工业短纤和 4 万吨特种聚合切片项目建设，达产后产值可突破 50 亿元。

以东工科技为前身的玫德雅昌（鹤壁）有限公司新建的 10 万吨抗震支架项目已经开工，目前 5# 厂房已基本完工，月底安装设备，项目建成投产后，规模可达 20 亿元。新引进的鹤壁泊利来科技有限公司年产 20 万吨生物基新材料项目已经开工，建成投产后，规模可达 10 亿元。下一步，淇县将打造以产值超 50 亿元、税收超 2 亿元的中维化纤为龙头，以氮化合金、抗震、晶体、陶瓷新材料齐头并进的多链条、百亿级产业集群。一是围绕中维化纤，打造总占地超 1000 亩的尼龙产业园。利用政府投融资平台撬动，设立产业引导基金，形成从聚合切片到产品应用的特种尼龙新材料产业链条，未来 2 年，吸纳 30 余个企业／项目入驻，形成 50 亿元以上的尼龙新材料产业规模，形成"南神马、北中维"尼龙产业基地。二是积极推进年产 20 万吨生物基新材料、中国先进润滑材料（中部）产业园项目建设。

（二）优质高效的营商环境

在为民服务中心高标准规划建设了行政服务中心，按照"进驻到位、事项到位、授权到位、人员到位"的要求，实行"一窗口受理，一站式办公，一条龙服务"机制，推动审批事项、服务事项进驻中心集中办理，方便企业和群众办事。

截至 2020 年年底，进驻中心单位 35 个、进驻事项 116 项，审批授权、监督管理全部到位，年办件量达 40 万件。深化"放管服"改革，推进"互联网＋政务服务"建设，电子政务服务平台建成投用，网上可办事项 925 项、实现率 100%，一网通办事项 913 项、实现率 98.7%，最多跑一次事项 779 项、实现率 84.2%。

创新平台建设方面。深入推进产学研结合。累计建成企业工程技术研究中心 24 个，其中省级研究中心 5 个；创新型试点企业 19 个，其中省级试点企业 3 个。切实加大协同创新力度。11 家企业与国内一流院校进行合作，引进科技人才 56 名，取得专利、新产品、新技术等 48 项。

天邦菌业与农科院合作建立了产品质量安全检测中心，联合西北农林大学研发了酱、饮料、干品等食用菌应用新产品。方周瓷业与清华大学研发的"大直径通道密集型多孔陶瓷膜"产品打破了国外垄断，荣获河南省科学进步奖。中维化纤与中科院化学所、铁科院金属化学所合作，研发了阻燃尼龙特种材料、耐高寒铁路工程塑料等高科技产品。中维化纤省级聚酰胺纤维工程研发中心挂牌运行。

打造了省级科技企业孵化器、鬼谷子省级众创空间两大省级平台，累计孵化企业 15 家，在孵企业 40 余家，培育国家科技型中小企业 9 家、知识产权优势企业 2 家、省级电子商务企业 4 家，累计获得专利技术 21 项、商标 8 项。九星科技与武汉大学共建重点实验室，开展北斗定位技术在智慧交通方面的应用。奥尚购与河南工程学院、河南经贸职业学院共建电子商务教学实践基地。祯祺生物与西安交大、郑大共同研发的"新型无针注射器"，打破了国内外行业寡头垄断。民鑫电商创业园被命名为国家级"星创天地"。

（三）完善便捷的基础设施

2008 年以来不断完善配套设施，统筹推进路、电、水、气等基础设施建设。累计建成道路 52 条、总长 70 公里，11 万伏和 22 万伏变电站 2 个、日处理 6 万吨污水处理厂 1 个、消防站 1 个、加油加气站 4 个，铺设供热管道 20 公里、天然气管道 61 公里，为项目建设和企业发展创造了良好条件。

加快推进学校、医院、住房等公共服务设施建设，先后建成中小企业创业园 1 个、5.6 万平方米，公租房 4 栋、8000 套，商住小区 4 个、住房 3800 套，医院 2 个、床位 330 张，学校 7 个、容纳学生 7000 人，鑫宇城市花园、阳光社区、朝阳社区、实验学校、人民医院、妇幼保健院、金湖国际广场等一大批项目相继建成投用。思德河正在进行生态治理。产城融合互动，承载力和吸引力不断提升。

### 四、区域中心城市建设

（一）加快建设产业集聚区

2020 年，集聚区的企业达 63 家，其中规模以上工业企业 40 家。是年，完成固定资产投资 40.9 亿元，完成规模以上工业营业收入 119 亿元，规模以上工业总产值 129 亿元，实现税收约 2 亿元，从业人员达 2.4 万人。

（二）大力开发特色商务区

淇县特色商务区位于淇县新城区，东至经三路，南至泰山路，西至经四路、纬二路、吴寨路，北至纬三路，规划面积 1.18 平方公里。

商务区功能定位立足创造需求、引领消费和助推主导产业拓市场、延链条，强化项目集中布局与协调配套，打造县域商业商贸和商务服务中心。

产业发展方向为集中布局商业综合体、现代专业市场等项目，重点发展商业零售、住宿餐饮、休闲娱乐等产业，积极发展与本地主导产业相配套的商务服务。

空间布局为打造商业商务中心，建设综合商业区、商务服务区、主题商品交易市场和旅游配套服务区，形成"一心四区"的布局结构。

商务区坚持规划引领，编制特色商业区发展规划，完善功能布局，凸显城市特质，加快商业商务中心区块开发，提升城市品质内涵，完善道路、给排水、电力通信等基础设施建设。建立综合商业区、商务服务区、主题商品交易市场和生活配套服务区，积极开展制度创新、政策创新，园区营商环境持续优化，综合服务水平明显提升。

商务区大力推行"服务管家"制度，成立企业服务专班，一名科级干部联系一家企业，全天候、全方位、全时段开展服务。出台扶持政策，加大财政支持力度，支持企业加快发展，持续培育和厚植税源，落实落地落细了各项扶持政策。

为营造良好的发展环境，完善了道路、给排水、电力通信等基础设施及配套设施，持续提升要素吸收和产业、人口支撑承载能力，优化营商环境，促进服务业健康快速发展。

商务区加大了招商引资力度，推进现代服务业发展。充分发挥特色商业区招商引资、承接产业转移的平台作用，近年来，共引进国内投资 36 亿元，建设重大项目 20 多个，有力地推动了县域经济高质量发展。

淇县特色商务区稳步推进服务业载体建设，产业规模逐步壮大，空间布局不断完善，对县域经济增长的贡献日益提升。形成一批特色服务业产业集群。服务业企业向特色商务区集中，结合各自功能定位，形成了特色服务业集群，延伸产业链招商，推动产业提档升级，先后引进上海华联、河南建业等知名企业 15 家，年实现税收 7000 万元，带动就业 6000 余人。

2020 年，累计入驻规上服务业企业 8 家、限下服务业企业 69 家，实现营业收入 12 亿元，带动就业 1.1 万人，完成税收 1 亿元。

## 第五节　城市建设及快速发展

为推动城市大建设，新一届淇县县委、县政府提出"北建设、南提升、西开发、东振兴"的战略目标。朝歌老街的变迁记载了淇县城建发展的历史，见证了城市日新月异的变化。淇县城建发展历史可以概括为 4 个阶段。

### 一、1978 年至 2008 年城市建设迅速发展

淇县由于历史原因，分分合合，合合分分，县城是围绕中山街（朝歌老街）在一个大集镇基础上发展而来的。新中国成立初期，城市基础设施差，城市功能不健全，建设的重点是解决"住"的问题。五六十年代淇县县城围绕中山街（朝歌老街）、107 国道两侧原有住宅、空地，修建、改建、扩建了老县委政府、公安局、邮电局、五交化公司、戏院、图

老县城照片

书馆、文化馆、国营食堂、理发店、澡堂等机关企事业单位。受历史条件限制，当时建设无科学规划，处于无序建设、无章可循的状态。

1981 年，淇县人民政府《转发淇县计划委员会〈关于淇县县城道路规划的意见〉的通知》（淇政字〔1981〕74 号），批复了淇县道路规划，县城内道路规划为二十二条，全长 21.69 公里，由于历史原因，当时规划的道路并没有实质性建设。

1984 年，按照省、市要求，成立了淇县城镇规划委员会，1988 年设立了淇县城乡建设环境保护局，拉开了淇县城市建设有章可循、规范化建设的序幕。

90 年代，县委、县政府提出了"名城强县"战略，打响了淇县大规模城市建设高潮。

铁西工业区加快建设，修建、改建了东环城路（淇河路）、朝歌路（107 国道）、朝歌北路（云梦大道）、红旗路、上街路、朝歌南路（同济大道）、工业路。老城区"两纵四横"的城市框架形成。期间，老县委、县政府从中山街（朝歌老街）搬迁至红旗路。老法院、检察院、公安局等一批行政机关相继搬迁、新建。自来水厂、摘星

台公园、人民影院、朝歌大市场、西街菜市场、农贸市场等一批基础设施相继建设，城市面貌焕然一新。

1990年，随着《中华人民共和国城市规划法》的实施，1994年，县委、县政府编制了《淇县县城总体规划（1995—2010）》，县城建成区面积扩大至26平方公里，范围北至北外环路（太行大道），南至南环路（同济大道），东至比干路，西至朝阳路。中山街（朝歌老街）在拆与不拆中历经多次提议，得以保留，在失去中心地位后变化为杂乱无序的商业街。

二、2008年至2017年城市建设框架扩大

2008年12月，河南省政府正式批准成立鹤淇产业集聚区。县委、县政府确立"鹤淇一体化"，建设"鹤壁城市副中心"战略，拉开了淇县城市大建设、大发展的序幕。

以鹤淇产业集聚区建设为中心，以鹤淇大道为城市发展主轴线，快速推进道路和基础设施建设。共建成道路91公里，形成了"九纵十六横"路网格局。同步建设了供水、供电、天然气、通信等管网，实现了基础设施全覆盖。

2012年起，县委、县政府、财政、法院、公安等行政机关陆续北迁，城市框架进一步扩大。行政服务中心、城市建设展览馆、图书馆、朝歌大剧院等市民文化、服务设施入驻市民文化中心。阳光社区、朝阳社区、鑫宇城市花园等商业住宅小区开发建设。实验学校、朝阳学校、妇幼保健院、新人民医院等一批文化、教育、卫生项目相继建成投用。集聚区的服务功能进一步完善，城市发展框架逐步形成，实现了产城互动融合发展。

随着鹤淇一体化战略的推进，城市中心北移，新城区一派繁荣景象，但老城区基础设施相对滞后。中山街杂乱无序的状态已久，县委、县政府2015年完成了《中山街（朝歌老街）历史街区编制》，划定中山街历史文化街区，面积71.73公顷，北起红旗路，南到稻南路，西至西街路，东至文化路，形成了历史街区保护性提升改造的规划基础。2018年8月，中山街列入河南省公布的第一批15个省级历史

文化街区名单，拉开了中山街（朝歌老街）保护开发提升改造序幕。

三、2017年以后城市建设高质量发展新阶段

2017年，省委、省政府提出了百城建设提质工程重大战略部署。按照省委、省政府要求，淇县紧紧围绕"以水润城、以绿荫城、以文化城、以业兴城"的总体部署，深入推进百城建设提质工程。

围绕"以水润城"，建设了沫水园、护城河（龙须沟）生态河道、湿地公园等项目。

围绕"以绿荫城"，老城区主要道路全部提升改造，建成了卫国故城遗址公园，一批街头游园、绿色廊道相继建设。城市道路绿化率达95.7%，建成区绿地率达31.5%，公众对城市绿化满意率达92%，2018年获省级园林县城称号。

围绕"以文化城"，实施朝歌老街改造、文昌阁复建、老城区建筑风貌提升。随着城市展览馆、博物馆、文化馆建设等一批项目建成投用，朝歌文化元素和文化特色正在逐步彰显。

围绕"以业兴城"，强力推动产业集聚区、特色商业区"升星晋位"，提升"两区"承载力和吸引力。借力现代服务业发展，加快推动物流园区、商业中心、服务中心等项目建设。裕隆爱尚城、中维化纤、玖洲国际电商物流园等一批项目投入运营，带动了关联行业发展，实现了产业聚人、城市留人。

2019年，县委、县政府委托河南省国土资源调查规划院和河南省城乡规划设计研究总院股份有限公司对《淇县国土空间总体规划（2019—2035年）》进行编制。规划划定城市建成区为北至思德河、南至桃园路、西至南水北调、东至京港澳高速，规划建成区面积32.81平方公里。

四、上世纪九十年代以来淇县城乡的历史变迁

1994年11月16日，中共淇县第八届委员会第二次全体（扩大）会议召开。时任县委书记徐光、县长孔令晨提出了"三年改市、五年称强、十年名城"的宏伟目标，即用三年时间实现县改市，用五年时间跨入全省综合经济实力20强县（市），用十年时间把淇县建

新县城一角

成河南明星城市。简称"名城强县"战略。该战略实施之后，淇县城的建设突飞猛进，到 2020 年，淇县城的规模达到 32.81 平方公里，是老县城 3 平方公里的十倍以上。

（一）1995 年至 1997 年，城市建设规模扩大一倍以上

完成朝歌南路、朝歌北路、东环路、107 国道县城段的拓宽改造以及红旗路东延、朝歌北路东延、朝歌路南延、工业路西延等多条城区道路建设。拓宽铁路北立交道口；铁西工业区实现了"四通一平"；城区规模由 1992 年的 3 平方公里扩大到 7 平方公里。

建成了日供水 6000 吨的自来水厂，城镇居民自来水普及率达到 65% 以上。开通了程控电话、无线寻呼和移动电话，实现"小县大通讯"。新建朝歌大市场、坛海夜市街、农贸市场和供销大厦、恒泰商城、物资大厦等商业网点，城市服务功能进一步完善。城区主要街道进行绿化，设置隔离带和交通岗。

乡村道路建设，累计投资 5620 万元，新修油路 78 条 281 公里，新增通油路的村 86 个，全县人均占有黑色路面连续多年稳居全省第一。特别是 1997 年，在"路神"赵启兴带领下，县政府多方筹资，投资 600 多万元，新修山区油路 5 条 57 公里，使油城、纣王店等 14 个深山区村的群众走上了柏油路，在全省山区县率先实现村村通油路。

（二）1998 年至 2002 年，朝歌镇进入全省百强镇

五年间投资资 2.63 亿元，先后完成了 107 国道县城段两次拓宽

改造、朝歌北路和红旗路景观路建设以及自来水厂二期扩建、朝歌苑宾馆、人民医院病房楼、影剧院改造等一批建设项目。投资 1.8 亿元，新建和改造道路 180 公里，其中新增两条省级公路 65 公里，公路等级跃上新台阶。投资 1.04 亿元，完成农村电网一期、二期改造工程。投资 2300 万元，完成景区景点建设项目 76 个。投资 7704 万元，完成水利建设项目 52 个，农业生产条件进一步改善。五年新增固定电话用户 3.2 万户、移动电话用户 1.46 万户。朝歌镇进入全省百强镇，高村镇被确定为省级重点镇，北阳乡撤乡建镇。

（三）2003 年至 2006 年，城市建设规模扩大到老县城的四倍

这三年多时间，城市规划与建设管理并重，新区开发与旧城改造同步，公路建设与城市建设结合，修编县城总体规划，编制淇园路、中山街、城北新区详细规划。

新建改造淇河路、淇水路、人民路、泰山路等城市道路 8 条 13.8 公里，城市框架由 7 平方公里扩大到 12 平方公里，是老县城的四倍，城区新增建筑面积 55 万平方米，投资力度和建设规模均创历史最高水平。

淇园路开发建设，一期工程顺利完工，商住楼建筑面积达 3.3 万平方米，入驻商户 150 多家。天天花园住宅小区入住居民 400 多户。硬化背街小巷 74 条。完成摘星台公园扩容和拆墙透绿，实现免费开放。改造工业路，新修中华路、腾飞路，铁西工业集中区路网结构基本成型。城北新区商务中心大楼主体工程完工，区内水、电、路、气、通信等基础设施即将开工建设。污水处理厂建成并通水试运行，垃圾处理场正在进行工程设计评审。经过三年多的努力，县城的品位逐步提高，功能逐步完善，面貌发生很大变化，被评为省级卫生县城和全省文明城市创建先进县。小城镇建设步伐加快，城镇面貌改善，朝歌镇、高村镇跨入全国重点镇行列，北阳镇达到了省级重点镇标准。

（四）2007 年至 2011 年，大规模旧城改造

这四年多时间，淇县科学编制并推进县域建设系列规划。旧城改造实现突破，签订片区改造框架协议 13 个，启动改造项目 9 个，

拆迁1200多户、18万多平方米，完成安置小区、周转房建设项目4个，面积11.3万平方米。新区建设全面推进，规划"6＋3"标志性工程，其中市民活动中心已经开工；县人民医院迁建项目建设顺利；实验学校、朝歌文化广场等一批项目建成投用。修建改造城市道路11条，铺设了天然气和雨水、污水管网，新建了垃圾处理场、污水处理厂、城区供水工程和一批文化教育项目。组建城市综合管理执法队伍，实施精细化管理。

（五）2011年至2015年，传统村落建设

县城累计完成基础设施投资12亿元，建成区面积是2010年的1.3倍。老城保护提升、新区开发建设齐头并进，实施城中村改造项目6个，5000多名群众喜迁新居，公园、学校、医院、农贸市场等一大批城市配套项目顺利实施，县城品位明显提升。阳光、朝阳两个社区成为全市新型社区建设的样板，受到省市主要领导的充分肯定。小城镇建设步伐加快，西岗镇和北阳镇被评为"全国重点镇"。美丽乡村建设亮点纷呈，成功创建国家级试点2个、省级试点7个；石老公等3个村入选中国传统村落，东掌等6个村入选河南省传统村落；纣王殿入选全省首批"水美乡村"；高楼新庄被命名为"全国文明村"。城镇化率达到52.05%，比"十一五"末提高9.1个百分点。

（六）2016年至2020年，百城提质项目

这五年以"百城提质"为主调，城乡建设发生巨大变化。累计投资188.5亿元，实施百城提质项目204个，主要市政道路全部升级改造，主要街区全部进行立面改造，8条断头路和卡脖子路全部打通，沫水河"一河五园"、护城河治理、朝歌老街一期等一大批以水润城、以文化城、以绿荫城项目竣工投用。

城区结束了没有集中供暖的历史，居民24小时用上了南水北调优质水源，6449户群众回迁住上了新房，为民服务中心、共享自行车、裕隆爱尚城等配套项目建成投用，城市人居功能日趋完善，品位和档次显著提升，成功创建为河南省文明县城、河南省卫生县城、河南省园林县城。

以"旅游+"模式打造了西部山区乡村振兴示范区。新建改建县乡道路 65 公里、安防工程 183 公里、通村入组路 62 公里，完成危房改造 2258 户，安装天然气 2.64 万户，解决了 45 个村的饮水安全问题，农民体育健身工程实现全覆盖，行政村实现"村村通"客车。农村无害化户厕普及率达 90.1%，城乡环卫在全市率先实现一体化运作，成功创建为河南省农村垃圾治理达标县。乡村治理积极有效，"一约四会"行政村覆盖率达 100%，赵庄被评为全国乡村治理示范村，成功创建省级以上卫生乡镇 7 个、卫生村 76 个，省级以上文明村镇 3 个、市级文明村镇 48 个。城乡一体化发展，城镇化率提高到 60.1%。

## 第六节　太行山绿化大会战

### 一、初始状况和政府推进策略

淇县地处太行山区和豫北平原交接地带，地貌类型比较复杂，山区、丘陵、平原、泊洼均有。全县地势是西北高、东南低，最高海拔 1019 米，最低海拔 63 米，两地相对高差 956 米，淇县县城地面为海拔 70 米左右。

淇县生态环境脆弱，水土流失严重，森林分布不均且覆盖率较低。淇县森林面积较少，浅山丘陵区植被稀少。水土流失严重，土层越来越薄，土壤肥力下降。森林资源贫乏，植被稀少，旱涝灾害频繁。截止到 1993 年年底，淇县仅完成山区绿化 9.1 万亩，成片造林 3.3 万亩，低产林改造 0.35 万亩，森林覆盖率极低。

1994 年 10 月，全国首届鬼谷子学术研讨会在云梦山召开。来自全国各地的一百多名专家慕名登上云梦山，映入眼帘的却是光秃秃一片。整个淇县西部山区到处都是荒山秃岭。由于缺乏植被，水土流失严重。天上下小雨，山沟沟里流黄泥水；天上下大雨，淇河就变成了"黄河"。下游河道逐年淤积，生态环境日益恶化。

1995 年 2 月，省绿化委员会向淇县亮出"黄牌"。县委、县政府深刻地意识到问题的严重性，当即把绿化荒山、改善生态环境提高到国民经济协调发展的战略高度。太行山区山势陡峭、沟壑纵横，岩石裸露，林木稀少，只有加快造林绿化步伐，建立起比较完备的林业生态体系，才能提高农业抗御自然灾害的能力，才能加快全县人民特别是山区、革命老区人民脱贫致富奔小康的步伐。

时任县委书记徐光、县长孔令晨下定决心，坚决要"变压力为动力，变后进为先进，变'黄牌'为'金牌'"。县委、县政府制定了"全党动员，全民参战，城乡联动，整体推进"的措施，在全县范围内摆开灭荒造林和完善平原绿化两个战场。机关支援农村，平原支援山区，号召全县干部群众齐心合力，大打一场造林绿化的翻身仗。

1995年2月27日，淇县出台了关于成立淇县绿化造林会战指挥部的通知（淇文〔1995〕3号），建立了淇县绿化造林会战指挥部。为迅速有效地推进植树造林进程，县委、县政府制定了详实的操作规程。成立了植树造林指挥部，县长孔令晨任指挥长、县委书记徐光任政委。将指挥部设置在夺丰水库，将全县划分为8大战区，七个乡镇的7个战区主要是负责平原绿化，176个村成立工作队，配备技术员。

县直单位为主的第8战区负责荒山绿化。指挥部经过实地查看后组织专人将各个山头划片分包给各单位，然后层层分包到人。指挥部根据工作需要成立了营林组、提灌组、供苗组、宣传组，各个小组分工合作，密切配合，切实保证会战的顺利进行。

二、荒山绿化和造林大会战

1995年3月5日，十万大军开进太行山，总指挥部就驻扎在夺丰水库。从指挥部领导到全体工作人员一律吃住在山、工作在山，对四个造林任务重的山区乡，县委书记、县长等主要领导分包到人，亲自督查。各乡（镇）也都成立了造林绿化指挥部，书记、乡长坚持在第一线与群众同吃同住同劳动。人们搭帐篷、埋锅灶，全面展开了植树造林大会战。

淇县造林绿化实行目标管理，定责任、定任务、定时间、定奖罚，单位一把手负总责，成绩突出的大张旗鼓地表彰、奖励，工作打不开局

十万大军战太行

面、完不成任务的，严肃批评、通报、降级使用。在县造林绿化指挥部设立宣传中心，专抓造林会战的宣传报道，及时通报当天的进度、质量和典型事例，对行动迟缓、措施不力的公开曝光。

为加大山区村造林整地力度，从县直机关和乡（镇）抽调300多名干部驻村，平均每个山区村有3～5名国家干部，专门负责组织发动、检查指导，任务完不成不离村。为及时解决会战中的突出问题，会战期间每星期二、五晚上7时半准时在指挥部召开碰头会，绿委全体成员、各乡（镇）党委书记参加，研究确定的问题以会议纪要发文，有效促进了具体工作的落实。

在深入发动的基础上，采取城镇支援农村、干部支援农民、平原支援山区的办法，实行全党动员，全民参战，做到乡乡有战场、村村有工程、户户有任务、人人有责任，呈现出一派千军万马战太行的动人场面。

为严把质量关，全县抽调244名干部组成督查队，经过专门培训后分赴各乡村蹲点督查。对造林实行以奖代补，对完成任务90%～99%的乡镇不奖不罚，完成80%～89%的罚款1万元，完成80%以下的除罚款和限期返工补齐外，还要追究主要领导者的责任。

为确保造林成活率，组织林业局40多名技术人员对整个造林整地作出具体规划，组织3000多名基层干部对各村责任区划线定点。对树苗质量提出严格要求，全部选用一尺多高的苗木。标准鱼鳞坑

对树苗的成活率至关重要，每个坑都得经过验收合格后才能栽树。为此，技术组专门到绿化造林模范靳月英的植树地点观摩学习，从而制定了树坑的标准和栽树的标准。

十万大军战太行

为了保证成活率，特成立了提灌组，从山下水库中抽水，用几个大水罐，分级提灌到山上。提灌组队员每天早上7点前必须到岗，将水泵、水管、水罐等安置妥当，等植树人员一开工就有水用，随着植树进程搬移管道、挪动分级提灌的水罐。

造林高峰期平均日出劳力10万人。山上红旗招展，镐锨铿锵动地；山下车水马龙，人们扛树奔走。造林高峰期，全县20多万人一半儿都在山上，满山遍野一面面红旗迎着朝阳冉冉升起，一个个造林战场在太行山上摆开，一棵棵新苗在石头缝中扎根。

三、绿化造林后的管护措施

淇县绿化大会战坚持防护林和经济林相结合，生态效益和经济效益相结合，在深山区以营造生态防护林为主，在浅山缓坡地尽可能种植周期短、见效快的经济林，在山前丘陵区，规划连片集中的无核枣、柿、杏、苹果、国槐、杜仲等经济林基地，为林业基地化、产业化打下基础。

2000年7月25日，淇县出台了关于成立造林绿化工程队的通知（淇林字〔2000〕14号）；2005年10月19日，出台了关于县林业局成立专业森林消防队的批复（淇编〔2005〕24号），建立了专业护林队伍，完善了管护措施，成立了320人的护林专业队和30人的护林防火队。定期召开护林员大会，严格考核、奖惩分明，并按山区、平原和云梦山三种不同类型制定了管护措施和护林员守则，严防毁林案件和森林火灾事故发生，为了防止山林火灾，年年组织干部职工上山割草。

坚持抗旱保苗。1995年、1996年连续两年严重干旱，为保证苗木成活，淇县机械厂自制大铁灌15个，从鹤壁、安阳借运水车9部，买提灌机18部，皮胶管2.8万米，采取四级提灌办法，把水抽到山顶，组织县直机关干部连浇四水，从而提高了新植幼树的成活率，经省林业厅验收，成活率在90%以上。

实行林区禁牧和封山育林，严禁牛羊入山毁林。在山区实行牛羊舍饲圈养制度，林业公安、林政管理部门坚持常年护林巡查，严厉查处放火烧山、毁林盗林案件，有效地巩固了造林绿化成果。

造林高峰期平均日出劳力10万人以上，投资500余万元，间接投资800多万元，荒山造林整地19.9万亩。乡村道路植树、补植681公里，补植农田林网15万亩。河渠绿化506公里，植树248.7万株。新修山区公路120公里，植树2535万株。

从1995年到1996年连续两年太行山造林大会战，使山区灭荒绿化取得突破性进展，一举扭转了灭荒后进县的被动局面。1996年淇县被评为全省荒山造林第一名，全国先后有20多个市地、80多个山区县到淇县参观指导。1996年，全国太行山绿化现场会和全国绿委第15次会议代表专程参观了淇县的造林现场，并给予很高的评价和赞扬。

四、绿化大会战后的扩大和推进

淇县在造林会战的基础上，充分利用国债资金投入太行山造林。同时积极推进大力发展非公有制林业。加快"四荒"拍卖，调动方方面面的积极性投资荒山开发。截至2003年年底，全县个体造林承包户达176户，其中治理荒山面积500亩以上的大户有45户，有23家私营企业主承包荒山面积达3万亩，建立高效示范园区20处，观光旅游示范园5处，速生丰产林区9处，创建林业企业2个。

1996年3月12日，中央电视台制作了专题文艺晚会，对以县长孔令晨为代表的淇县绿化大军予以隆重表彰。林业部授予淇县"全国造林绿化先进县"和"平原绿化先进县"奖牌。1998年顺利通过省厅"基本消灭荒山"检查验收。荣获省造林绿化先进县，太行山绿化现场会、研讨会及国家绿委扩大会在淇县召开。2000年获"全国营林先进单位"，2005年顺利通过平原绿化高级达标验收，2009年获得"生态县"称号。

　　截至2020年，淇县共实施太行山绿化造林40.67万亩。按造林类型分，人工造林28.77万亩，封山育林12.3万亩，飞播点播0.6万亩；按林种分，防护林37.72万亩，特用林0.3万亩，用材林0.3万亩，经济林0.6万亩，薪炭林0.25万亩。累计完成投资9030万元。其中国家投资6282.1万元，地方投资426.75万元，群众以劳折资2321.15万元。

**五、太行山绿化主要成效**

　　淇县的太行山绿化生态工程改变了山区的面貌，"太行黄龙"蜕变成绿色森林网。随着绿化生态工程的实施，荒芜多年的荒山荒地等土地资源得以充分利用，西部荒山秃岭的面貌逐步改观，昔日荒山秃岭、穷山恶水变成了今日郁郁葱葱的松柏林。局部生态状况明显好转，随着林木花、灌、草数量的不断增加，减轻了洪涝和地质灾害，水源得以涵养，水土流失减轻，生态环境得以改善，对再

绿化后成果

现"碧水蓝天、生态淇县"起到了积极作用。

2020年共完成造林绿化 5.28 万亩，其中廊道绿化 1.6 万亩，太行山绿化 1.565 万亩，平原绿化、农田林网和乡村绿化 2800

绿化后成果

亩，栽植特色经济林 0.835 万亩，飞播造林 1 万亩。国开行国储林项目获批 7.5 亿元，年内到位资金 1 亿元，建设国储林 15000 亩。以省级森林城市创建为抓手，成功创建 7 个国家级森林乡村、29 个省级森林乡村、13 个市级森林乡村、1 个市级森林特色小镇；启动了浮山和朝阳寺两个郊野公园建设工作，计划总投资 1 亿元，总规模 2.85 万亩，完成绿化面积 9000 亩。

绿化工程实施后生物多样性明显增加，森林是动物的家园，随着退耕还林工程的实施，山区实施了封山禁牧，山区林种丰富性和动物多样性不断增加，保护了生物多样性，促进了自然和谐发展。

绿化造林提高了森林覆盖率，使淇县的森木覆盖率从 10.2% 提高到 38.12%。改善了生态环境，28.77 万亩新造林和 12.3 万亩的封山育林，大大促进了淇县生态环境的良性循环。由于森林涵养水源、调节气候的作用，使土壤含水量、空气湿度和降水量都有所增加，加之森林拦蓄径流、防止水土流失的作用，从而减少和降低了干旱、大风和洪涝灾害对农作物的危害，促进了农业长期稳产、高产。

绿化造林促进了经济快速发展，当地群众直接收益明显增多。退耕还林工程的实施，符合大自然固有的生长规律，山区得到了良好的经济效益和景观效果，极大地带动了地方特色经济、旅游和第三产业的发展。

豫北地区廊道绿化现场会、全市林业科技扶贫观摩培训会、全市春季造林现场推进会等在淇县召开，获得全市上半年国土绿化观摩评比第一、全年绩效考评位居全市第一方阵。

绿化造林使全民生态意识明显增强，经过 30 年的工程实施和退耕还林，群众保护生态意识明显增强。全县相继完成了云梦山国家级森林公园和黄洞省级森林公园，山区植被得到有效保护。云梦山、古灵山、朝阳寺；纣王殿、石老公、大石岩；一个个山区、古村落变成了豫北乃至全国闻名的网红旅游景点。

# 第八章　昂首阔步　建成小康

党的十八大以来，淇县上下高举习近平新时代中国特色社会主义思想伟大旗帜，聚焦全面建成小康社会目标和高质量富美朝歌建设，综合实力持续攀升、迈上更高台阶，县域经济加快转型、实现优化升级，三大攻坚深入推进、夺取重大胜利，改革创新全面深化、激发更多动能，城乡协同联动发展、发生巨大变化，社会事业全面进步、群众更加幸福。

全县招商引资连年位居全市前列，一般公共预算收入突破 10 亿元（10.97 亿元）。高新技术产业增加值占规模以上工业的比重达 39.3% 。全县湿地保护率达 74.7%、林草覆盖率达 45.6%。经济增长由主要靠二产拉动转向二、三产业共同拉动，三次产业比由 2015 年的 8.71 : 76.39 : 14.9 调整为 2020 年的 9.7 : 62.7 : 27.6。整个社会成为工业社会，率先步入发达地区行列。

十年奋斗，一路艰辛，成绩来之不易。这是以习近平同志为核心的党中央坚强领导的结果，是市委、市政府和县委、县政府科学决策的结果，是县人大、县政协联动发力的结果，凝聚着全县人民的心血、汗水和智慧。

## 第一节　融入“一带一路”　推进老区经济发展

党的十八大后，习近平总书记在 2013 年 9 月初访问哈萨克斯坦时，提出建设涵盖近 30 亿人口的“丝绸之路经济带”；2013 年 10 月，习近平总书记在出访东南亚国家期间，提出共建“21 世纪海上丝绸之路"的重大倡议，得到国际社会高度关注。2015年3月28日，国家发展改革委、外交部、商务部联合发布《推动共建丝绸之路经济带和21世纪海上丝绸之路的愿景与行动》，中国经济建设"一带一路"战略就此形成。

淇县县委、县政府在国家"一带一路"战略实施中，抢抓机遇，积极推动淇县经济国际化，促进淇县由经济大县向经济强县转变，取得了令人瞩目的成绩。

一、融入国家"一带一路"战略

淇县县委、县政府审时度势，以战略眼光积极推动境内企业加快融入国家"一带一路"战略，鼓励企业"走出去"参与国际竞争。

一方面鼓励外资参与县内企业改组改造和兼并重组，鼓励民营企业通过海外上市、引入风险资金等方式与外商合资合作。

另一方面推动有产品优势和市场基础的企业到境外投资，设立地区销售总部、品牌连锁店或贸易代表处。再就是积极融入中欧班列体系，建设大宗商品核心物流枢纽。推进"铁海公"多式联运无缝衔接，创建跨境电商试验区，推动建设保税仓库、保税物流。培育淇县跨境电商有生力量，带动更多网商创客扩大进出口业务，拓展多元化国际市场，优化"买全球、卖全球"体系。

二、深化改革扩大开放高质高效发展经济

党的十八大以来，淇县经济在"十二五"及"十三五"的八年间，面对严峻复杂的国内外环境和经济下行的巨大压力，面对突如其来的新冠肺炎疫情，县委、县政府团结带领全县广大党员干部群众，坚持以习近平新时代中国特色社会主义思想为指导，深入学习贯彻习近平总书记视察河南重要讲话和指示批示精神，坚持稳中求进工作总基调，坚定不移贯彻新发展理念，深入推进供给侧结构性改革，全面深化改革和扩大开放，着力推动高质量发展，经济发展取得了显著成效。

（一）综合实力大幅度跃升

2020年全县地区生产总值接近250亿元，年均增长8.0%，是

2015 年的 1.19 倍。财政实力明显增强，一般公共预算收入突破 10 亿元，年均增长 7.6%，是 2015 年的 1.45 倍。规模以上工业增加值年均增长 9.7%，固定资产投资年均增长 12.2% 以上。社会消费品零售总额 39.33 亿元，年均增长 7%。居民人均可支配收入 2.57 万元，农村居民人均可支配收入增长快于城镇居民。

"十二五"及"十三五"期间，淇县主要经济指标增速稳居全市第一方阵，持续保持"稳、进、好"的高质量发展态势，入选河南省县域工业 30 强，被评为全省首批践行县域治理"三起来"示范县。

"十二五"及"十三五"期间，先后荣获全国食品工业强县、全国数字农业农村先进县、全国科技进步先进县、全国首批电子商务进农村综合示范县、国家全域旅游示范区创建单位、全国平安建设先进县、全国农产品上行百强县、首批省级全域旅游示范区、全省旅游扶贫示范县、全省对外开放先进县、省扶持村级集体经济发展试点县、省百城建设提质工程首批试点县、省双拥模范县、省安全生产先进县等含金量较高的荣誉 20 多项。

（二）转型发展成效显著

经济增长由主要靠二产拉动转向二、三产业共同拉动，三次产业比由 2015 年的 8.71:76.39:14.9 调整为 2020 年的 9.7:62.7:27.6。

"十三五"期间新增高新技术企业 5 家，上市企业实现新突破，新牡丹等 6 家企业在中原股权交易中心成功挂牌。绿色食品和新材料两大主导产业产值占规上工业的比重逐年提升，绿色食品产业成为全市千亿级食品产业的重要支撑，新材料产业列入省尼龙新材料产业发展

中维化纤

三年行动计划，清洁能源产业从无到有、起步迅速，成为工业发展的新生力量。中维化纤等27家企业实施技改项目45个，飞天农业被评为国家级绿色工厂，新亚服装、中蔼万家荣获河南省"两化融合"示范基地称号，链多多食品、飞天农业、中维化纤入选河南省智能制造工厂名单，民鑫电商创业园被命名为国家级"星创天地"，飞天农业、中维化纤2家公司荣获"鹤壁市市长质量奖"称号，鹤淇产业集聚区被评为"河南省禽类肉制品产业知名品牌创建示范区"，成功晋升为省二星级产业集聚区。

电商物流快速发展，大用运通成为全市唯一一家国家4A级物流企业；农村电商、企业电商、跨境电商突飞猛进，电商交易额、网络零售额年均增长20%以上。

文化旅游业从景点旅游向全域旅游转变，云梦山、古灵山等传统景区整体提升，龙头带动作用日益增强，民俗秦街、艺术东掌、灵动赵庄等一批旅游特色村如雨后春笋般迅速发展，成为休闲旅游新亮点，赵庄、凉水泉先后被评为全国乡村旅游重点村，纣王殿被评为国家3A级景区，朝阳山和灵山小镇成功创建为国家4A级景区，凉水泉成为全国首批五星

赵庄油菜花节

民宿，灵山旅游度假区成为首批省级旅游度假区，黄洞乡被评为全省特色生态旅游示范镇，淇县荣获"河南省十佳休闲旅游示范县"。

新型农业经营主体规模不断壮大，被确定为全省农民合作社质量提升整县推进试点，累计创办各类合作社474家、家庭农场81家。农业效益稳步提高，粮食总产"十七连增"，三次产业融合发展的态势更加明显，朝歌山等5个现代农业观光园打造成型。

深入推进科技创新，20多家企业与中科院、铁科院、清华大学等知名院所建立长期合作关系，成功创建国家级企业技术中心2家、省级7家，累计建成企业工程技术研究中心24个、创新型试点企业19个，鬼谷子创客中心获省批准，永达公司成为省首批"双创"基地，高新技术产业增加值占规上工业的比重达39.3%。

（三）改革创新不断深化

"放管服"改革取得扎实成效，行政审批和服务事项审查基本实现"一网、一门、一次"一站式办理，"互联网＋政务服务"等重点领域改革让人民更有获得感。营商环境综合评价位居我省前列，创新推行服务管家项目和首席服务官机制，累计创建国家和省级试点企业19个。

深化商事制度改革，推广企业全程电子化登记，办照率达到95.2%，全面推行"容缺办理""多评合一"，工程建设项目审批和企业登记注册时间大幅度缩减。

农村综合改革走在省市前列，农村五项改革稳妥推进，深化农村承包地"三权分置"改革，开展承包地确权"回头看"，推进宅基地"三权分置"改革，实现确权登记办证率98.76%；实施农村集体产权制度改革，东场、北口等31个村"三变"改革顺利启动。

行政体制、财税、卫生、金融等领域改革不断深化，体制机制更加顺畅。环卫工作全方位市场化运作。社会信用体系建设加快推进，事前、事中、事后环节信用监管措施不断细化。招才引智机制不断创新。减税降费和金融服务实体经济等政策得到全面落实。

持续扩大对外开放，"十三五"期间累计签约招商引资项目121个，到位省外资金254亿元，利用外资6.4亿美元，外贸进出口完成82370万元。

党的十八大以来的八年间，淇县不断完善社会主义市场经济体制，走出了一条结构优化、开放多元、合理增长、运行安全的经济建设道路，率先成为豫北经济强县。

## 第二节 统领老区发展全局的脱贫攻坚战

2015 年 11 月 23 日，中共中央政治局审议通过《关于打赢脱贫攻坚战的决定》。11 月 27 日至 28 日，中央扶贫开发工作会议在北京召开，习近平总书记强调，消除贫困、改善民生、逐步实现共同富裕，是社会主义的本质要求，是中国共产党的重要使命。

淇县县委、县政府高度重视，2016 年初成立领导小组，出台脱贫攻坚政策，紧锣密鼓开展工作。

**一、改革开放后的扶贫开发工作情况**

淇县是非贫困县。淇县扶贫开发（农业综合开发）办公室成立于 2002 年 10 月，2006 年核定为参公事业单位。2019 年 3 月更名为淇县扶贫开发办公室（原农业综合开发职能调整到农业农村局），为政府组成部门。之前承担扶贫开发任务均在农业农村局。

**二、统领老区发展全局的脱贫攻坚**

2014 年，淇县共有贫困村 27 个，贫困户 4928 户 15012 人，贫困发生率 6.5%。分别为：

黄洞乡 14 个村：鲍庄村、温坡村、黄洞村、东掌村、纣王殿村、石老公村、鱼泉村、闫岭沟村、对寺窑村、柳林村、温洞村、全寨村、西掌村、小柏峪村。

北阳镇 6 个村：衡门村、大水头村、油城村、北山门口村、青羊口村、南山门口村。

庙口镇 3 个村：形盆村、小岩沟村、土门村。

灵山街道办 3 个村：凉水泉村、赵庄村、大石岩村。

朝歌街道办 1 个村：石桥村。

（一）构建扶贫网络，筑牢政策支撑

2016 年 5 月 4 日，淇县出台了《中共淇县县委 淇县人民政府关于成立淇县脱贫攻坚领导小组的通知》（淇文〔2016〕47 号）文件，成立了由县委书记任第一组长、县长任组长的领导小组，乡村两级成立相应的组织机构，形成了三级扶贫网络。

脱贫攻坚工作掠影

淇县县委、县政府认真贯彻落实中央关于决战决胜脱贫攻坚战决策部署，坚持以党建为引领，认真制定脱贫攻坚实施意见和三年行动方案，建立脱贫台账，倒排工期，挂图作战。出台精准扶贫工作职责，签订目标责任书，各级各有关部门领导由"一岗双责"变为"党政同责、一岗三责（正常业务工作、党风廉政建设、扶贫攻坚责任）、失职追责"。

淇县县委、县政府对脱贫攻坚工作实行一周一碰头、一月一推进。先后出台实施意见、扶贫对象精准识别及管理等5个办法、转移就业脱贫等5个方案、教育脱贫等5个专项方案以及金融扶贫、健康扶贫、产业扶贫基地创建3个实施方案，明确脱贫攻坚时间表、路线图，明晰各单位各部门政策帮扶清单，构成了"1+18"的脱贫攻坚政策体系，为有效推进工作落实提供了坚强保障。同时，在此基础上，又新出台《淇县产业扶持脱贫攻坚实施规划》《淇县抓持续整改促全面提升实施意见》等政策文件14个，为打赢脱贫攻坚战提供了有力的政策支撑。

（二）强化科学施策，严格落实责任

2016年3月28日，淇县出台了《县委办公室　县政府办公室关于县级领导和部分县直单位联系贫困村的通知》（淇办文〔2016〕4号）；2017年3月20日，出台了《中共淇县县委　淇县人民政府关于调整淇县脱贫攻坚领导小组的通知》（淇文〔2017〕77号），县委、县政府主要领导调整后，及时对县脱贫攻坚领导小组、县领导分包联系乡村、15 个重大专项指挥部进行调整，确保了各项工作有序稳步推进。

政府与各乡镇办和 26 个行业部门签订目标责任书，细化分解任务，逐级明确责任、层层压实靠牢。先后出台了《关于进一步压实县级领导干部脱贫攻坚责任的意见》《淇县脱贫攻坚责任清单》，明确要求书记县长负总责，副书记牵头脱贫攻坚工作总协调，人大主任抓城乡人居环境改善，政协主席抓产业扶贫，各位县委常委及四大班子副职各有分工、全部参与，形成了主要领导亲自抓、所有常委参与抓、四大班子齐上阵的工作格局。构建了县级领导、乡镇、行业部门、包村单位、脱贫责任组、第一书记、驻村工作队、帮扶责任人、村两委和督查巡查组的"十级"责任体系。攻坚从最难处突破，优先布局深度贫困地区水、电、路等基础设施项目，确保小康路上不落一户、不掉一人。

1. 集中优势兵力精锐出战

2016 年 3 月 28 日，出台《县委办公室　县政府办公室关于县级领导和部分县直单位联系贫困村的通知》（淇办文〔2016〕4 号），树立"脱贫攻坚打不赢、一切工作等于零"的思想，全县 9 个乡镇办和 27 个贫困村均明确了一名县级领导联系分包。抽调 486 名县直单位干部职工派驻到 162 个行政村，吃住在村，开展帮扶。选派 1043 名干部和贫困户"结对帮扶"。

2017 年 3 月 30 日，印发了《淇县脱贫攻坚领导小组办公室关于印发〈淇县关于进一步明确驻村扶贫工作队深入开展精准帮扶工作的实施方案〉的通知》（淇脱贫攻坚办〔2017〕4 号）；2020 年 4 月 30 日，印发了《淇县脱贫攻坚领导小组办公室关于做好驻村帮扶和消费扶贫行动相关工作的通知》（淇脱贫攻坚办〔2020〕20 号）文件，进一步明确责任落实相关工作。

2. 聚焦扶贫干部效能提升

2016 年 12 月 26 日，出台了《淇县扶贫开发办公室关于雨露计划短期技能培训项目实施方案》等详实方案，先后组织开展了全县扶贫干部培训班、扶贫项目资金管理使用、建档立卡信息采集和更新维护、扶贫政策培训等不同层次的培训活动，进一步增强了淇县扶贫队伍的业务能力和水平，营造了全县精准扶贫的浓厚氛围。

2017年5月3日，中共淇县县委、淇县人民政府印发《淇县关于改作风狠抓落实进一步完善脱贫攻坚责任体系的实施意见的通知》（淇发〔2017〕7号）；2017年12月31日，中共淇县县委、淇县人民政府印发《关于进一步转变作风压实脱贫攻坚责任体系的实施意见的通知》（淇办〔2017〕37号）；2018年2月26日，印发了《淇县脱贫攻坚领导小组关于印发扶贫领域作风问题专项治理实施方案的通知》（淇脱贫攻坚组〔2018〕4号）等文件，以作风攻坚促进脱贫攻坚，明确了脱贫攻坚作风建设的目标、任务和举措。

3. 实施"百村攻坚"全面决战

2017年2月19日，印发了《淇县脱贫攻坚领导小组办公室关于淇县脱贫户"两不愁、三保障"未解决问题线索调查核实处理意见的报告》（淇脱贫攻坚办〔2017〕2号）；2019年8月10日，印发了《淇县脱贫攻坚领导小组办公室关于进一步开展"两不愁、三保障"情况排查工作的通知》（淇脱贫攻坚办〔2019〕42号）等文件，聚焦全县176个村，紧盯全县27个贫困村（含14个深度贫困村），实施"百村攻坚"行动，把"一达标、两不愁、三保障"标准细化为可操作、可量化的"96字要求"。

吃不愁要求：吃饱吃好、结构合理、储备充裕。

穿不愁要求：四季齐备、穿戴干净、摆放有序。

教育保障要求：全部就读、严格控辍、保证质量。

医疗保障要求：全部参合、诊疗及时、兑现政策。

住房保障要求：结构安全、门窗完备、内外整齐。

饮水安全要求：符合标准、四季不缺、取用方便。

产业扶贫要求：因地制宜、长短结合、增收有效。

环境整治要求：内外扫除、垃圾清运、干净整洁。

一村研究制定一个攻坚方案，以村保乡、以乡保县，确保实现所有深度贫困村按时出列，贫困人口全部脱贫。

### 三、多措并举决战脱贫攻坚奔小康

（一）产业扶贫

2017 年 7 月 27 日，印发了《淇县脱贫攻坚领导小组办公室关于进一步加快推进产业扶贫工作的通知》（淇脱贫攻坚办〔2017〕28 号），把产业扶贫根植在 30 多年积淀的工业、畜牧业、旅游业接续发展厚土之上，确定"乡村旅游、特色加工、特色种养、光伏发电、电子商务"五大类扶贫产业，闯出一条符合县情、三产联动、稳定持续的产业扶贫路子。

产业扶贫项目

乡村旅游产业方面。发挥 A 级景区带动，实施"景区＋村集体＋贫困户""村集体＋旅游＋贫困户"帮扶模式，涌现出神奇大石岩、灵秀赵庄等一批特色鲜明、生机勃勃的旅游村，先后安排贫困人口直接就业 93 人，年人均增收 1.5 万元，辐射带动周边贫困人口 386 户 1260 人。2020 年 11 月 2 日，全省旅游扶贫推进

产业扶贫项目

会在鹤壁召开，主会场设在淇县，淇县的旅游产业扶贫工作在全省推介。

特色加工产业方面。新亚服装、飞天农业等龙头企业根据贫困

村、贫困群众分布，实施"龙头企业＋卫星工厂＋贫困户"帮扶模式，精准部署建设的 13 个卫星工厂、29 个外协加工点，累计吸纳 1313 名建档立卡贫困群众就业，带动 1091 户 4731 名贫困人口增收。省委书记王国生在淇县调研时，对贫困群众在家门口挣工资稳得住给予了充分肯定。

特色种养方面。淇县"公司＋农户"的畜牧发展模式 30 年前已经闻名省内外，如今再出发承担起产业扶贫新使命，创新实施"支部＋合作社＋贫困户""村集体＋公司＋贫困户"帮扶模式，立足致远、泰瑞、华大等新兴牧业公司带动贫困户 1099 户，户年均增收 1300 元以上。发挥基层党支部引领创建的秦街黄桃、小滩沱香菇等特色种植基地。通过直接就业、承包经营、兜底分红带动贫困户人均增收超过 1200 元。

光伏发电方面。2017 年 9 月 4 日，出台了《淇县人民政府办公室关于成立淇县光伏扶贫项目工作推进组的通知》（淇政办〔2017〕47 号），利用西部丰富的荒山资源和农户屋顶资源，建成 3 个集中式光伏电站、13 个村级光伏电站、6 个新能源公社。通过安排公益性岗位、土地租赁、屋顶租赁等方式，确保光伏电站健康运行政策落地，带动 1883 户贫困群众实现了长期稳定增收。

电子商务方面。建平台、创品牌、育网红，实施"电商＋培训＋贫困户""电商＋基地＋贫困户"帮扶模式，把国家首批电子商务进农村综合示范县这张国字号名片越擦越亮，开辟出一条精准扶贫的全新途径。三年间，全县开设各类网店 6700 余家，从事电商直播人员 1000 余人，累计电子商务交易额突破 200 亿元，覆盖贫困户 2426 人，带动贫困户创业就业 537 人。淇县电商扶贫模式先后入选河南省商务厅、国家商务部扶贫案例汇编并在全国推广交流。

（二）基础设施建设

道路交通方面。全县 27 个贫困村均实现通硬化路、通客车、通邮政目标，162 个行政村全面完成通村建设项目和通村入组项目建设，对县乡道单侧道路 30 米内进行了整体绿化，植树 300 万棵，绿化面积 1 万亩。

电力和网络方面。全县农村实现户户通电、村村通动力电，灵山街道赵庄、大石岩等 27 个贫困村电网升级改造工程已全部完成并投入使用。持续推进网络覆盖，加快贫困地区互联网基础设施建设和应有步伐，实现了全县所有 20 户以上自然村 4G 网络全覆盖和所有贫困村光纤接入全覆盖。

人居环境方面。持续开展农村环境整治集中攻击战，聚焦"三清一改"重点环节，针对农村垃圾、污水、畜禽粪污等问题开展集中治理，清理农村垃圾积存点 1600 余处、垃圾 7 万吨、畜禽废物 1200 余吨，整治污水排放点 1350 处。积极开展"四美乡村""五美庭院"创建活动，评选四美乡村 23 个，五美庭院 765 个。全力推进农村户厕改造，全年完成改造任务 11587 户，全面完成年度户厕改造任务。

加大专项财政扶贫资金投入。2018 年 4 月 10 日，印发了《淇县扶贫开发领导小组关于印发淇县扶贫资金项目管理全流程图的通知》（淇扶贫组〔2018〕5 号）。健全完善扶贫项目与资金全流程管理制度，建立脱贫攻坚项目库，制定项目推进台账。县纪委监委和县督查巡查组定期对项目进展情况进行督导检查，促进扶贫项目规范有序推进。落实县、乡、村三级公告公示，严格执行专项资金报账制。脱贫攻坚期间，累计投入各级财政专项扶贫 18644.7 万元，实施建成扶贫项目 266 个。

（三）易地扶贫搬迁

2017 年，淇县提前完成了"十三五"易地搬迁任务。2018 年以来，着力推进易地扶贫搬迁后续扶持，先后配套建设了公共服务中心、文体活动中心、卫生室、社区超市、电商中心、幼儿园等公共服务设施。成立了雨露社区党总支和社区管委会，招聘了物业管理公司，设立了计生、党建、就业、劳保、政策咨询、费用代缴等社区服务窗口，为搬迁群众提供了一站式服务。配套建设了新亚卫星工厂，着力开展就业帮扶活动，搬迁群众实现了"稳得住、能致富、生活好"

的目标。

（四）教育医疗住房"三保障"

教育扶贫方面。2016年11月7日，印发传达了《淇县人民政府关于印发淇县教育脱贫等5个专项方案的通知》（淇政办〔2016〕81号），严抓控辍保学，贫困家庭子女义务教育巩固率达到100%。各项教育资助政策落实到位，资助贫困学生5100人次，资助资金288.5万元，其中建档立卡学生1990人次，资助资金93.48万元，办理大学生生源地助学贷款2199人，贷款金额1519.11万元。

健康扶贫方面。淇县建档立卡贫困户医保参保率达到100%。建档立卡贫困人口享受慢性病待遇4657人次，为全县2380名建档立卡贫困户办理了慢性病就医证。全县27个退出的贫困村卫生室已全部实现标准化，村医已全部配备。家庭医生对贫困户签约率达到100%。贫困患者大病专项救治病种增至30种。

危房改造方面。截至2020年，全县四类重点对象存量危房实现动态清零。饮水安全达标。投资732.2万元，对12个村的农村饮水安全工程进行巩固提升，进一步提高农村集中供水率和自来水普及率，改善了2526名贫困人口的饮水条件。

（五）补短强弱、动态监测

组织村脱贫责任组、第一书记、驻村工作队、村"两委"干部和帮扶责任人对脱贫户和边缘易致贫户家庭劳动力务工状态、务工意愿、帮扶需求等信息全面摸排。全县脱贫户中有劳动力8546人，有就业意愿的8463人，已全部务工。建立了《淇县稳岗就业工作台账》，每月对稳岗就业情况进行核查，实现"一户一人"以上就业。对已纳入的脱贫不稳定户和边缘易致贫户，逐户核实评估返贫（致贫）风险变化，共消除返贫风险53户148人，消除致贫风险69户203人。以防返贫防致贫为工作重点，采取"政府+保险"的模式，对建档立卡贫困人口和"两类人群"出现的因病、因灾、因意外事故、因学等六种情况，2020年实施了防贫救助保险，全县共投入资金99.74万元，保障贫困3374户、10708人，受益130人次，共计

31.1万元。

2017年9月15日,《淇县人民政府印发淇县扶贫小额信贷助推脱贫攻坚实施方案(暂行)等六个方案的通知》(淇政办〔2017〕50号)。深入边缘户宣传扶贫小额信贷政策,对有贷款意愿、符合贷款条件的建档立卡贫困户及时进行审核、放贷,努力做到应贷尽贷。

2019年5月31日,《淇县脱贫攻坚领导小组办公室转发印发〈鹤壁市创新开发公益岗位推进就业扶贫工作实施方案〉的通知》(淇脱贫攻坚办〔2019〕12号)。将脱贫监测户和边缘户全部纳入免费技能培训政策范围,符合安置条件的贫困劳动力纳入公益岗位安置范围。2020年以来免费培训贫困劳动力49人,公益岗位安置贫困劳动力125人。截至2020年,建档立卡户人均纯收入10847.81元,与2016年相比,人均增长6285.67元。

(六)决胜脱贫攻坚全面步入小康

2020年春节来临之际,新冠肺炎疫情在武汉爆发,淇县出现全市首例自武汉返程的确诊病例。面对突如其来的新冠肺炎疫情,率先启动一级响应,快速反应、沉着应对,精准施策、严防严控,坚持把疫情防控工作作为首要政治任务和头等大事来抓,成立由书记任政委、县长任指挥长,部分县委常委和副县长任副指挥长,相关职能部门为成员的指挥部,按照"战时状态"要求,统一指挥、高位推动各项工作。在全县上下的共同努力下,疑似病例和密接者达到"清零"状态,企业全面复工复产,经济社会秩序全面恢复,打赢了疫情防控的人民战争。

自新冠肺炎疫情发生以来,县委、县政府认真贯彻落实中央、省、市的部署要求,在做好疫情防控的同时,对脱贫攻坚工作不等不靠,提前深度谋划、积极推进,降低疫情对脱贫攻坚工作的影响,出台了相关文件政策,涉及产业、就业、项目谋划、防返贫机制等方面,最大限度将疫情影响降至最低。2020年是脱贫攻坚决胜之年,也是全面建成小康社会收官之年。淇县按照习近平总书记2020年3月6日在全国脱贫攻坚座谈会上的重要讲话精神,按照中央和省委的决策部署，通过开展"查弱项、补短板、促提升"专项行动，全面打赢了脱贫攻坚收官之战，确保一个不少全面步入小康社会。

四、淇县脱贫攻坚战任务完成情况及获得的荣誉

（一）历年来脱贫任务完成情况

2014年，黄洞乡鲍庄、温坡，北阳镇衡门3个贫困村出列。

2015年，黄洞乡黄洞，北阳镇大水头、油城3个贫困村出列。

2016年，全县共脱贫1047户3070人，黄洞乡东掌、纣王殿、石老公，北阳镇北山门口，庙口镇形盆，灵山街道办凉水泉，朝歌街道办石桥7个贫困村出列。

2017年，全县共脱贫904户2802人，黄洞乡鱼泉、闫岭沟，北阳镇南山门口、青羊口，庙口镇小岩沟，灵山街道办赵庄6个贫困村出列。

2018年，全县共脱贫788户2169人，黄洞乡柳林、对寺窑、温洞，庙口镇土门4个贫困村出列。

2019年，全县共脱贫781户2013人，黄洞乡全寨、西掌、小柏峪，灵山街道办大石岩4个贫困村出列。

2020年，全县共脱贫414户813人。至此，淇县贫困人口全部实现脱贫。

（二）易地扶贫搬迁情况

淇县"十三五"期间共易地扶贫搬迁823户2464人。涉及4个乡镇（街道）17个贫困村。

1. 黄洞乡易地搬迁555户1651人，涉及鲍庄、对寺窑、柳林、全寨、石老公、温洞、温坡、西掌、小柏峪、鱼泉10个贫困村。

2. 灵山街道办易地搬迁172户540人，涉及大石岩、凉水泉、赵庄3个贫困村。

3. 庙口镇易地搬迁86户234人，涉及土门、小岩沟2个贫困村。

4. 北阳镇易地搬迁10户39人，涉及大水头、南山门口2个贫困村。

截至2020年年底，全县共有建档立卡贫困人口4729户14244人，

其中：已脱贫（享受政策）1718 户 4366 人，已脱贫（不享受政策）3011 户 9878 人；脱贫不稳定户 53 户 148 人，边缘易致贫户 69 户 203 人。实现全部贫困人口如期顺利脱贫，27 个贫困村全部脱贫出列。

（三）脱贫攻坚历年获得的省级荣誉

2017 年以来，淇县获得全省脱贫攻坚工作先进单位、河南省电商扶贫工作先进单位、2019 年全省易地扶贫搬迁工作成效明显市县、2020 年河南省旅游扶贫示范县等荣誉称号。

## 第三节　老区砥砺奋进的发展成就

十八大以来，淇县上下在快速发展经济的同时，坚决打好"三大攻坚战"，扎实做好"六稳"工作，全面落实"六保"任务，高质量富美朝歌建设取得显著成效，"十二五""十三五"规划圆满收官，全面建成小康社会取得重大历史性成就，为开启全面建设社会主义现代化新征程奠定坚实基础。

一、民生基础快速提升

（一）脱贫攻坚取得决定性成就

现行标准下贫困人口全部稳定脱贫，所有贫困村提前一年摘帽退出。五大类扶贫产业全面推进，建档立卡贫困户人均纯收入由 2015 年的 3042.46 元增加到 2020 年的 11246.57 元。

脱贫攻坚战取得决定性成就后，老区和农村迅速进入了乡村振兴全面大发展时期，道路、电力、水利、文化、基础设施等方面得到了极大提升。

（二）强力开展污染防治攻坚战

完成农村取暖"双替代"3.7 万户，$PM_{2.5}$、$PM_{10}$ 和空气质量优良天数实现"两降一增"；积极推进节能减排，飞天节能减排及废热综合利用项目建成投用；全面落实河长制，城市生活污水、工业污水基本实现全收集，城区集中式饮用水水源地水质达标率保持在 100%，卫河王湾断面等 4 个河流出境断面水质持续稳定达标；实施土地整治和矿山治理恢复工程，全县土壤环境质量总体良好。

淇县污染防治攻坚战弘扬了"绿水青山就是金山银山"的发展理念，为全县工业、农业、文化旅游等产业发展提供了良好的生产、生活环境。

（三）防范化解重大风险取得积极成效

顺利盘活大连奥博等"两停滞一闲置"项目和问题楼盘。政府债务信息实施定期公开，企业债务违约风险得到妥善应对，互联网金融和非法集资等风险得到全面治理，"房住不炒"得到全面落实，住房消费平稳健康发展。企业风险、金融风险、政府债务风险总体可控，守住了不发生区域性系统性风险的底线。

重大风险防范化解解决了淇县全面发展的风险，民生基础得到了巩固，各项风险系数的降低加快了民生基础的提升和建设力度，全民幸福指数得到了极大的提升，也为全面步入小康社会奠定了良好的基础。

二、城市建设日新月异

（一）城市建设提档升级

城建规划日臻完善，古城开发、老城改造、核心区建设齐头并进，城市功能品质进一步优化。"六城联创"取得阶段性成效，累计实施百城建设提质项目 204 个、完成投资 188.5 亿元，沫水河"一河五园"向市民免费开放，卫国故城遗址公园、文昌阁、朝歌老街一期竣工投用，赵家渠水生态治理及海绵城市示范工程基本完工，城市道路绿化率达 95.7%、绿地率达 32.6%，城市形象和档次显著提升。老城区功能持续提升，实施一批老旧小区改造、市政道路升级和街区提升项目，完成改造海中路、摘星路等背街小巷 6 条，建成卫国故城、沫水园等公园、游园 10 余处，公共绿地面积是"十二五"末 5 倍以上。

（二）城区交通路网不断拓展

云梦大道、同济大道、太行路等城区主干道改造提升，卫都路中段等一批断头路、卡脖子路顺利打通，投放新能源城市公交车75辆，公交线路增至 10 条,实现城区公交全覆盖。

(三)公共设施体系完备

集中供暖工程开始供暖,南水北调优质水进入千家万户,保障房建设超额完成上级目标,被评为省保障房安居工程先进单位。

推进城市数字化管理,完善网格化管理机制,开展全城清洁、城区秩序整治行动,污水处理中心扩建工程、折胫河雨污分流工程、生活垃圾处理场和 24 座公厕竣工投用,主要道路机扫率 100%,垃圾机械化密闭收运率 100%,城区生活污水集中处理率达到 96%,生活垃圾集中收集和无害化处理率达到 100%。

中心城市人口集聚能力逐步提升,2020 年末,城镇化率达到60.1%,比"十二五"末提高 8 个百分点,成功创建为省级文明城市、省级卫生城市、省级园林城市,荣获"河南省百城提质工作先进县"称号。

(四)小区建设面貌日新

2000 年以后,淇县城区兴起小区建设。小区环境优美,各种设施完善,管理规范,楼房宽敞明亮,内部卧室、客厅、卫生间、厨房、阳台等结构合理,水、电、气、宽带、有线电视等生活设施完备,居住舒适方便,许多人选择在小区购买楼房居住,城镇自建房逐渐减少。

截至目前,建成或在建的小区有天天花园、淇水嘉园、朝歌首府、锦绣华庭、新城佳苑、华泰新城、熙城年华、麒麟郡、广厦国际、大河朝晖、鑫祥苑、三利苑、中山花园、名门世家、凯中理想城、御秀园等十六个小区。在农村,尝试新型农民社区建设,位于县城北的阳光社区、朝阳社区一期竣工,2012 年、2013 年,赵沟村、七里堡村、吴寨村、崔庄村、古烟村、泥河村部分村民分别入住两个社区。此外,为改善低收入居民居住条件,淇县还建设了廉租房、公租房,依据相关政策,让符合条件的居民入住。

改革开放以来,淇县的城乡面貌日新月异,其投资之巨、规模之大、变化之快、面貌之新、品位之高,领先于周边区域。

### 三、乡村振兴稳步进展

淇县全面贯彻落实乡镇工作"三结合"，大力推进乡村振兴战略落地生根，乡村人居环境进一步改善。

农村基础设施持续完善，新建、改建农村"四好公路"32条、280公里，完成道路安防工程400公里，所有行政村、自然村实现通硬化路，行政村实现"村村通"客车。

农村生产生活条件显著改善。垃圾处理、污水处理等基础设施健全完善，"三清""三治""三改"等人居环境整治工作强力推进，城乡环卫在全市率先实现一体化运作，成功创建为河南省农村垃圾治理达标县，高村镇成为"省级健康乡镇"，朝歌办、黄洞乡成为"省级卫生乡镇"，高村镇、卫都街道、灵山街道顺利通过国家级卫生乡镇验收。市级以上生态文明村达到48个，农村人居环境达标村占比达到80%以上。西岗、高村、庙口等镇区提升工程加快推进，一批村级文化广场建成投用，农村电网工程改造、农村饮水安全巩固提升工程完工，危房改造完成2258户，整村推进农村改厕2.64万户，"煤改电"工程超额完成上级下达目标，安装天然气1万余户，乡村燃气普及率达到96%。

乡村经济发展迅猛，集体经济"空壳村"全部消灭。以"旅游+"模式打造了西部山区乡村振兴示范区，打造了老家赵庄、灵泉妙境凉水泉、水美纣王殿等一批美丽乡村标杆村，成功创建国家级美丽乡村试点1个、省级试点7个。西岗镇和北阳镇被评为"全国重点镇"，纣王殿等4个村入选中国传统古村落，油城等6个村入选河南省传统古村落。乡村治理积极有效，"一约四会"行政村覆盖率达100%，赵庄被评为全国乡村治理示范村，桥盟街道吴寨村被评为全国民主法治示范村。

### 四、民生福祉持续改善

淇县县委、县政府始终坚持以人民为中心的发展思想，城乡居民可支配收入提前一年实现比2010年翻一番目标，一批重大民生工程建成投用，社会保障扩面提质，公共服务短板加快补齐，民生福祉持续增进,人民群众的获得感、幸福感、安全感全面提升。

城乡收入差距不断缩小,城镇与农村常住居民人均可支配收入比降为1.56∶1。城镇新增就业累计达3.17万人,城镇登记失业率保持在3.9%以内,农村劳动力转移就业达1.39万人,荣获"国家级农村职业教育和成人教育示范县"称号。

义务教育发展均衡县顺利通过省级验收,教育改革项目校舍开工率、竣工率名列全市第一;"十三五"期间,累计新(改)建朝歌幼儿园、卫都路小学等29个教育项目,高考上线人数"十连增",职业中专荣获国家级中职改革发展示范校称号。

文化公共服务体系不断完善。县融媒体中心挂牌成立,乡镇文化站、农村书屋实现全覆盖,鬼谷子高层论坛和世界林氏文化旅游节成果举办。健康淇县建设扎实推进,乡镇卫生院全部升级改造,北阳卫生院被评为国家级"群众满意卫生院",乡村两级家庭医生签约率达83.6%;新妇幼保健院、疾控中心实验大楼建成投用,县人民医院晋升为"二级甲等"医院,顺利完成全省首批县域医疗中心建设任务,被确定为"全国紧密型县域医疗卫生共同体试点县"。初步建成了居家为基础、社区为依托、机构为补充、医养相结合的养老服务体系,建成77个幸福院、8个养老院。多层次社会保障体系加快构建,养老、医疗、失业、工伤、生育保险参保人数持续增加,退休人员养老金水平稳步提高。

**五、法治建设全面推进**

按照"四级联创、三级示范"的要求,县城建有法治公园、法治街区,乡(镇、街道、执法职能单位)建有法治游园,行政村(社区)建有法治憩园,荣获"河南省首批法治县创建活动先进单位"称号。

基层法治基础更加夯实,成功创建省级五星级规范化司法所3所,市级四星级规范化司法所2所。

扎实构建法治、德治、自治"三治一体"的社会治理新模式,县、乡、村三级综治中心规范化运行。全面推进诉调对接多元化解,信访工作呈现"三下降"。

食品药品安监水平提高，被评为"河南省食品安全示范县"。

扫黑除恶专项斗争全面胜利，"雪亮工程"联网运行，新冠肺炎疫情防控取得重大成果，"平安淇县"稳步推进，安全生产扎实有效，2020年命案连续两年"零发生"，社会大局和谐稳定，公众安全感、法治环境满意度、居民幸福感全面提升，荣获"河南省平安建设考评优秀县"称号。

法制平安建设

财政、审计、统计、消防、史志、气象、人防、应急、广播电视、市场监管、民族宗教、退役军人、国防后备力量等工作均取得新的成绩。

"十二五"及"十三五"时期，是淇县筚路蓝缕、攻坚突破的八年，也是波澜壮阔、高歌猛进的八年。这八年取得的显著成就，是习近平新时代中国特色社会主义思想科学指引的结果，是市委、市政府正确领导的结果，是各级党组织和广大党员干部拼搏实干的结果，是全县人民共同奋斗的结果。

## 第四节　从严治党　提升党建科学化水平

十八大以来，淇县深入实施高质量党建七大工程，高标准开展"三严三实""两学一做"和"不忘初心、牢记使命"主题教育，党内学习教育常态化制度化，习近平新时代中国特色社会主义思想深入人心，基层基础更加夯实，干部素质明显提升，党风政风向善向好，在全县营造了风清气正的良好政治生态。

一、党风廉政建设

淇县县委、县纪委牢牢抓住党风廉政建设的"牛鼻子"，大力实施了以"朝歌清风"为载体，健全完善制度24项，构建了权责对等、责任清晰、履责到位、追责有力的责任落实体系。完善责任清单，创新工作思路，强化问责纠错机制，积极推行百分制量化考核，倒逼责任落实。

2012年，全县大力推行"一访两查三到位"工作机制，真正实现了解决问题"心贴心"、服务群众"零距离"。此做法在2012年全省农村基层党风廉政建设工作会议上进行了交流。坚决纠正了教育、医疗、征地拆迁、公路乱收费、环境保护等13个方面侵害群众利益的行为，同时，聚焦教育、环保、食品药品安全等14个重点领域，与16家县直主管部门建立协调联动机制，查处侵害群众利益的不正之风和腐败问题20件31人，党纪政务处分17人，通报曝光10起16人；督促相关部门打击黑作坊、黑窝点3个，取消不符合条件低保对象332户699人，维护了人民群众的根本利益，取得了良好的社会效果。

2013年，在全县全面实行农村全资预警智能监控机制，规范了农村资金操作程序，实现了"零风险"管理。

2016年，为进一步落实基层党风廉政建设两个责任，真正实现广大基层干部规范履责。淇县纪委以财政部门监管全资为抓手，科学设置深入推行"235"基层党政风监督检查问责机制，建立了融管理、监督、公开、查询、评诉和服务六功能于一体的综合服务平台。

2017年以来，全县共下发以案促改通知书64份，开展"一案四讲"等警示教育活动390余场次，受教育人数16000多人次。聚焦扶贫、司法、营商环境等重点领域、重点行业，先后开展中央八项规定精神、行政执法等专题以案促改7次，真正实现以案促建、以案促管、以案促改。重约束，健全不能腐的机制，制定《深入推进以案促改制度化常态化的实施细则》，建立"四个三"工作机制，促使以案促改各个环节无缝衔接、高效规范运行。2017 年以来，全县纪检监察机关共处置问题线索 953 件，立案 413 件，结案 413 件，党纪政务处分 539 人。其中乡科级干部 73 人，移送司法机关 7 人。依纪依法精准运用"四种形态"处理 1232 人次，前两种形态占比 90.91%，"惩处极少数""教育大多数"的效果更加明显。强化不敢腐的震慑，充分发挥反腐败协调小组作用，健全完善了案件查办制度，形成了惩治腐败的整体合力。

2020 年 3 月 26 日，中共淇县第十三届纪律检查委员会第五次全体会议工作报告提出"推进廉洁文化建设，强化阵地作用，实施'一乡一苑一韵味，一村一墙一风景'清廉文化提升工程"。之后迅速推进实施，在 4 个乡镇（街道）打造廉洁文化阵地 15 个。扎实推进"421"工作模式，制定了领导干部定期上廉政党课、任前廉政法规知识测试、典型案例曝光等制度。通过推出廉政动漫形象"纪小宣"，以喜闻乐见的方式宣讲党纪法规，形成了反腐倡廉宣传教育长效机制，党员干部"知廉、守廉、敬廉"意识得到进一步强化。

2020 年 3 月 26 日，中共淇县第十三届纪律检查委员会第五次全体会议工作报告提出"构建监督网络，引入'互联网＋监督'工作理念"，在全市率先建立智慧监督综合平台。将监督责任细化为 5 个方面 22 大项 70 小项，通过平台实施全过程监督、全细节记录，得到省、市纪委充分肯定，兄弟县区纷纷到淇县参观学习。同时，点对点开展线下精准监督，2020 年围绕"四个聚焦""十四个紧盯"，细化梳理监督任务清单 662 项，发现问题 39 个。特别是在开展复工复产专项监督中，积极联系淇县 20 多家上下游企业延链补链、产销对接，降低因新冠肺炎　疫情受到的影响。这一做法被学习强国河南学习平台、大河网、《鹤壁日报》等多家新闻媒体宣传报道。

2020 年 3 月 26 日，中共淇县第十三届纪律检查委员会第五次全体会议工作报告提出"充分利用'智慧监督综合平台'，加强对'小微权力'的制约监督，实现以公开促公正、以透明保廉洁"的方案。迅速推行设立了农村小微权力监管平台，列出村级小微权力清单 21

项，不断加强对"小微权力"的制约监督。同时，以互联网为依托，把与群众密切相关的村级事项 7 个方面 22 大项 28 小项全部通过监管平台以"一村一码"的形式进行公示，让村级党务、村务、财务在阳光下运行，提升群众监督参与度，实现指尖上的监督。

脱贫攻坚战全面开展之前，持续推进扶贫领域监督。深入开展了新农合资金、廉租房补贴、农村低保、农村集体"全资"等民生资金监管专项治理 21 项，切实减轻农民负担。近年来，聚焦脱贫攻坚先后开展扶贫领域腐败和不正之风作风建设年、决战年、决胜年专项治理，共查处扶贫领域腐败和不正之风 38 件 67 人，党纪政务处分 42 人。2018 年 3 月，印发《关于切实做好 2018 年至 2020 年全县扶贫领域腐败和作风问题专项治理工作 全力保障打赢脱贫攻坚战的通知》，2019 年 4 月，印发《全县纪检监察机关扶贫领域腐败和作风问题专项治理决战年行动方案》，2020 年 4 月，印发《全县纪检监察机关 2020 年扶贫领域腐败和作风问题专项治理决胜年行动方案》，以更大决心、更强力度，强化监督执纪问责，为夺取脱贫攻坚战全面胜利提供纪律和作风保障。

2020 年 5 月 9 日，县纪委监委制定了政治监督重点任务清单，发出了《关于落实"三三工作法" 进一步精准做好政治监督工作的通知》（淇纪办〔2020〕14 号）在全县纪检监察系统深入推进"三三工作法"，一体推进三个步骤三个清单，找准政治监督切入点，前移监督关口，主动监督、靠前监督，充分发挥监督保障执行、促进完善发展作用，着力推动政治监督具体化、常态化，确保党中央重大决策部署到哪里，政治监督就跟进到哪里。

2020 年 12 月 7 日，为贯彻落实习近平总书记在企业家座谈会上的重要讲话精神，支持企业健康发展，构建"亲""清"政商关系，营造良好营商环境，确保创建全省新时代民营经济"两个健康"示范县工作顺利推进，出台了《关于印发〈淇县政商交往正负面清单（试行）〉的通知》（淇纪发〔2020〕4 号）。

2021 年 2 月 18 日，为进一步加强对县管干部的监督和管理，深入推进全面从严治党，根据《中国共产党问责条例》《中国共产党纪律检查机关监督执纪工作规则》等党内法规和《中华人民共和国监察法》《中华人民共和国档案法》《中华人民共和国保守国家秘密法》等法律法规，参照市纪委监委《市管干部廉政档案管理办法》，结合淇县工作实际，出台了《关于印发〈县管干部廉政档案管理办法〉的通知》（淇纪办〔2021〕1号）文件。县管干部廉政档案是反映县管干部廉政情况的基础性资料，主要为干部选拔任用、推荐"两代表一委员"、出国（境）等廉政审核及开展日常监督、研判政治生态等提供参考或依据。

2021年5月20日，出台了《关于印发〈开展村（社区）集体"三资"提级监督试点的实施方案〉的通知》（淇纪办〔2021〕8号）。贯彻落实中央、省、市、县纪委全会部署，推动监督下沉、监督落地、监督于问题未发之时，将监督触角延伸至村（社区）基层一线，在全县筛选部分村（社区）集体资源比较富集或债务规模较大的村（社区），列为重点村（社区），由县纪委监委开展"提级监督"。通过"提级监督"新实践，积极探索农村集体"三资"领域监督新方式、新办法，有效解决"三资"领域乱象，有力推动村（社区）集体建立权责明确、经营高效、管理民主、监督到位的管理体制和运行机制，持续提高基层治理效能，为乡村振兴战略全面发展保驾护航。

二、"大学生村官"计划和农村党建工作

2002年，随着社会发展对农村干部的素质和能力提出了新的更高要求。而从现实情况看，一方面农村干部普遍存在着年龄偏大、文化程度较低、思想观念陈旧、工作方法简单的问题；另一方面，大量待业在家的大中专毕业生，他们有一技之长，有振兴家乡的愿望，只是缺乏施展才能的机会和舞台。

基于对农村工作现状的清醒认识，淇县县委果断决策，推出了实现农村干部素质提高和大学生及时就业的双赢之举——"大学生村官"计划，开拓了一条农村干部选配的新路子，找到了一把加强农村基层组织建设促进经济发展的"金钥匙"。

选拔标准，初期规定"年龄在 35 岁以下，具有中专以上文化程度，热爱农村工作，有扎根农村思想"的选拔标准。按照公开选拔的原则，采取个人自愿报名，统一组织笔试、面试，经过考察、公示、确定初步人选后，由乡镇党委讨论研究任命到村。选拔时坚持"六个优先"的原则，即中共党员优先，担任过团干部的优先，在企事业单位工作过的优先，文化层次高的优先，自富和带富能力强的优先，所学专业与本村经济发展优势一致的优先。

一是乡镇党委与其签订目标责任书，同时把自富和带富情况、社会稳定等内容纳入责任目标，年度考核结果存入个人档案，作为调整充实的重要依据。二是实行动态管理。召开季度工作例会，不定期检查，对于成绩突出的通报表扬，工作成效不明显的通报批评，实行末位淘汰。三是强化平时监督。建立述职制度，接受评议与监督，规范"大学生村官"的言行，促进"大学生村官"健康成长。

通过举办培训班、组织参观学习、召开经验交流会、参加党员活动日等方式，突出致富技术、宗旨意识和领导方法三方面的培训，提高其"三带三强"能力。开设"大学生村官学习园地"交流平台。建立县直委局领导、乡镇党政班子成员"一联一"帮扶制度，帮助解决"大学生村官"在工作和自富带富过程中遇到的实际困难和问题。

通过实施"大学生村官"计划，全县农村干部队伍结构得到了优化，村"两委"班子活力明显增强。一批自富能力强、带富能力强的"大学生村官"在经济建设主战场崭露头角，农村面貌大为改善。同时，"大学生村官"计划为行政机关改革分流人员和企事业单位下岗职工也开辟出一条新的就业门路，缓解了就业压力，有力维护和促进了社会稳定。

### 三、"头雁回归创业"计划和乡村振兴战略

2014 年，村级组织"无人可选"，部分农村干部干事创业激情退化，可供农村发展的优势资源大量闲置。与农村本土人才"空洞"相对应的是，许多从农村走出去的、在外就业创业成功人士和退休老同志，都怀有反哺桑梓的一腔热情，但因体制、机制原因缺

少平台和渠道而被搁置。党的十八大以来，中央反复强调：要不断加强农村带头人队伍建设，拓宽选人视野。这为淇县创新实施"头雁回归创业"计划提供了依据和指导。

2014年底，淇县县委组织专人，对全县在外人士进行了细致摸排。经统计，淇县籍在外就业创业人员多达4万余人，占全县当年从业人口的18%，其中仅资产在100万元以上的优秀企业家就达到近50人。立足丰厚的人才资源，淇县按照"政治素质高、带富能力强、奉献精神突出"的标准，筛选出40名成功人士作为"回引"对象，按照示范先行、以点带面的思路，逐步推动"头雁回归创业"计划全面开花。在2021年的村（社区）"两委"换届中，在原有累计回引43人的基础上，再次回引了35名"头雁回归创业"人员，为基层党组织持续补充了高质量的"新鲜血液"。

淇县县委出台了《加大农村带头人队伍建设力度工作指要》，对农村带头人的选、育、管、奖等各个环节提出指导性意见。印发了《淇县加强"头雁回归"第一书记建设的若干规定》，明确回归第一书记在村党支部中的班长位置，落实生活补贴，加大扶持力度。

回引的78名"头雁"中，有县处级退休干部，有大型民营企业的中层负责人，有善于闯市场的个体老板，他们带领党员群众脱贫攻坚，实现跨越发展。灵山街道大石岩村在"回归"支部书记徐光的带领下，坚持以"记工分"的形式，全力推进蜘蛛山、西白流和洞沟景区建设，通过乡村旅游实现村域大跨越、大发展。

淇县县委、县政府针对"头雁回归创业"计划专项设立了"金雁奖"。经过连续五届的

头雁徐光

评选，先后有 5 名村级带头人获得金雁功勋奖，53 人次获得金雁奖，42 人次获得金雁提名奖，18 人次被任命为乡镇（街道）党（工）委副书记。

淇县"头雁"回归创业，不仅形成了以徐光、冯增智、李树祝等为代表的优秀农村带头人群体，更是带动形成了十美鲍庄、艺术东掌、情义石老公、水美纣王殿、红色鱼泉、传奇大石岩、老家赵庄、妙境凉水泉、花海油城、民俗秦街等一批党建示范标杆，无一不展示着振奋人心的蓝图。

黄洞乡东掌村回归第一书记王之玺立足村内的山水资源，带领群众打造"艺术东掌"，形成艺术扶贫独特模式，被《河南日报》等媒体广泛报道。大石岩村、赵庄村、秦街村入选 2018 年"鹤

头雁冯增智

壁市十大最美文明旅游村"；2019 年 7 月，赵庄村被授予"全国乡村旅游重点村"称号。

在淇县，"回归头雁村"已经成为先进村、示范村的代名词。特别是淇县县委将黄洞乡鲍庄村、纣王殿村、庙口镇仙谈岗村、高村镇新乡屯村、北阳镇卧羊湾村、西岗镇秦街村 6 个村确定为"标杆村"后，在全县农村中掀起了比学赶超、竞相发展的热潮。截至 2020 年，淇县正在按照"6 个立标示范村、18 个沿标跟进村、54 个对标提升村""1×3×3"的梯次配备，逐步实现全县农村建设发展的整体跃升。

2014 年以来，淇县县委实施的"头雁回归创业"计划，回应了在外就业创业成功人士回报家乡的内心需求，以"乡情"模式提升了农村发展的质量。2019 年 6 月，中共鹤壁市委发出了"向徐光同

志学习"的号召，2019 年 12 月，徐光、冯增智荣获了全国离退休干部先进个人，徐光还受到了习近平总书记的亲切接见。大石岩、秦街的发展保证了"零负债"。

在 2021 年的村（社区）"两委"换届选举中，78 名"头雁回归"人员，有 27 人成功当选村党支部书记、村委会主任，25 人当选村党支部委员或村委委员，其余 26 人担任第一书记或名誉村委会主任，真正把这些人才引了回来、留了下来。

四、"第一书记"派驻工作和乡村振兴大发展

2015 年以来，按照省市选派工作要求，淇县县委先后向贫困村（脱贫村）、乡村振兴重点村、软弱涣散村等派驻省市县驻村第一书记 114 名，其中省派第一书记 3 名，市派第一书记 41 名，县派第一书记 70 名。截至 2021 年 6 月，现有省市县派驻村第一书记 42 名，其中省派驻村第一书记 1 名，市派第一书记 18 名，县派第一书记 23名。

淇县县委组织部高度重视驻村第一书记工作，坚持严管与厚爱相统一，激励与约束相结合，将激发、调动、挖掘驻村第一书记的内生动力作为首要之责，推动驻村第一书记务实担当，帮扶成效有力彰显。将农村经验丰富、眼界思路开阔的驻村第一书记充实到淇县"乡村振兴智囊团"中，激发他们主动为乡村发展献智出力。鼓励驻村第一书记参加带货直播、99 公益日、全民定向系列赛等活动，

以优良的作风助力驻村工作开展。2020 年，在中原（鹤壁）快餐食品博览交易会上，淇县 4 名驻村第一书记为群众带货达 8.435 万元；1 名驻村第一书记荣获全省定向系列赛（桑园小镇站)特邀组第一名。

驻村第一书记扶贫入户

大力推荐表彰驻村第一书记中涌现出来的先进典型、模范人物。据统计，2016 年 5 月以来，全县先后提拔重用县派驻村第一书记 21 名；在各类评选表彰中驻村第一书记达 60 余人次，其中淇县连续五届"金雁奖"评选活动中，获"金雁奖""金雁提名奖"的第一书记分别达 12 人次和 18 人次；在 2020 年度考核中，淇县分别给予 16 名股级、5 名科级驻村第一书记"优秀"等次，真正以实打实的举措激发驻村第一书记的内生动力，为全面推进乡村振兴提供了有力的人才支撑。

通过这些第一书记的引领带动，辛勤付出，农村基层党组织重新焕发生机，农村各项建设事业较之 2014 年前均实现了翻番发展，乡村振兴战略在淇县开展得如火如荼，淇县农业发展迈向现代化行列，农村建设美丽富饶，农民生活幸福美满。

## 第五节　全面建成小康社会

21 世纪初我国人民生活在总体上达到小康水平后，党中央提出全面建设小康社会的目标，党的十八大进一步提出到 2020 年全面建成小康社会的新要求和新愿景。淇县紧跟全国步伐，历经艰苦奋斗，2020 年全面建成小康社会，主要表现在以下各个方面。

一、全县各项指标均达到或大幅度超过全国平均水平

（一）人均地区生产总值不断迈上新台阶，总体上达到发达地区水平

2000 年以来，淇县经济总量持续保持较快增长，2019 年，地区生产总值接近 244.86 亿元，居全市第二。在经济总量大幅提高的同时，人均生产总值（GDP）提升至 8.78 万元，折合 1.27 万美元，稳居全市第一。2000 年，全县人均 GDP 只有 993 美元；2010 年，全县人均 GDP 达到 6098 美元；2020 年，全县人均 GDP 进一步上升至 13369 美元，突破 1 万美元大关，仍居全市第一。

按世界银行划分，中等发达国家人均国内生产总值（GDP）2015

年在 8113 美元至 12476 美元之间。淇县 2020 年人均 GDP 超过中等发达国家上限的 7%，进入发达地区行列。

淇县人均可支配收入不断攀升，据淇县统计年鉴，2006 年为 8223 元，按当年人民币汇率，折合 935 美元。2010 年人均可支配收入升至 12661 元，折合 1870 美元。2020 年全体居民人均可支配收入达到 25657 元，折合 3719 美元，虽然低于全国居民人均可支配收入 32189 元的 20%，但比之本县 2006 年提高了近 4 倍，群众在县域内消费，幸福感十足。

（二）恩格尔系数明显下降，人民生活水平显著提高

2019 年，淇县居民恩格尔系数为 22.3%，连续十五年下降，已达到联合国 20% ～ 30% 的富足标准。随着小康社会建设不断推进，淇县居民物质生活水平持续改善，主要耐用消费品拥有量明显提高。2019 年，淇县居民每百户洗衣机、电冰箱（柜）、空调拥有量分别达到 114 台、112 台和 174 台，每百户家用汽车拥有量达到 55 辆，分别高出全国平均水平 18%、11%、50%、56%。

（三）农村基础设施大幅改善

2017 年，淇县农村享有基本饮用水服务人口比例和享有基本卫生服务人口比例分别达到 99.3% 和 99.42%，高于 86.2% 和 76.4% 的国家平均水平，也高于 85.6% 和 61.6% 的中等收入国家平均水平。2018 年，农村地区通电率达到 100%，高于 87.2% 的中等收入国家平均水平。

（四）国民身体素质全面增强，主要健康指标优于世界平均水平

党的十八大以来，以习近平同志为核心的党中央把人民身体健康作为全面建成小康社会的重要内涵，加快实施健康中国战略，我国国民身体素质显著增强，主要健康指标优于世界平均水平。

预期寿命大幅度提升。2018 年，我国人均预期寿命达到 76.7 岁，较 2000 年提高 5.3 岁，分别比世界和中等偏上收入国家平均水平高 4.1 岁和 1.4 岁。2019 年河南省人均预期寿命达到 77.5 岁。淇县的人均预期寿命当比全省水平要高。

婴儿死亡率显著降低。2018年,淇县婴儿死亡率为7.4‰,较2000年降低22.7个千分点,分别比世界和中等偏上收入国家平均水平低21.5和3.4个千分点。孕产妇死亡率于2010年以来保持零水平。2017年,国家孕产妇死亡率从2000年的59/10万下降到29/10万,显著低于世界211/10万和中等偏上收入国家57/10万的平均水平。淇县的零水平自然高于国家和世界水平。

普遍签约家庭医生。2020年,淇县成立家庭医生签约团队82个,签约群众25.2万人,占总人口26.2万人的96%,绝大多数群众享受到便捷高效的医疗服务。

(五)国民文化素质持续提升,基础教育普及程度达到世界中上水平

党的十八大以来,我国教育改革向纵深推进,教育事业全面发展,人民对教育获得感不断增强。

中小学教育普及率明显提高。2011年3月实现了义务教育全普及,淇县义务教育阶段入学率、年巩固率、普及率均达到100%,被省政府评为省义务教育均衡发展先进县。九年义务教育巩固率高于全国94.8%的水平5.2个百分点,义务教育普及程度达到世界高收入国家的平均水平。

2020年,淇县图书馆、文化馆乡镇分馆建设全面完工,行政村(社区)农家书屋覆盖率达100%。

(六)信息化生活日趋普及

党的十八大以来,淇县县委、县政府深入贯彻党中央、国务院出台的网络强国、宽带中国、"互联网+"行动等一系列重大战略举措,数

农家书屋

字经济、"三新"经济发展势头强劲，居民在享受信息化发展成果上有了更多获得感。2019年，淇县电子信息设备全面普及，移动电话用户数16.7万户，每百户手机拥有量更是高达314台，高于全国平均水平253.8台的60%，高于世界平均水平106.4部的将近两倍。

网民规模不断壮大。2019年，淇县互联网普及率达到100%，高于54.3%的全国平均水平，高于49.7%的世界平均水平1倍。

服务能力进一步增强。随着互联网在线购物等消费新业态的蓬勃发展，淇县快递行业服务能力不断增强，2019年快递业务量仅邮电包裹就达到6.7万件；年人均快递使用量、年人均快递支出均保持较快增长。

（七）贫困人口大幅减少，淇县贫困发生率已低于高收入国家平均水平

2020年，淇县贫困人口全部脱贫后，脱贫不稳定户53户148人，边缘易致贫户69户203人，合计351人。在2020年全国第七次人口普查中，淇县常住人口262303人，贫困发生率0.13%，大大低于0.5%的全国平均水平，也低于高收入国家平均水平。

二、乡村振兴战略成效显著农村社会全面实现小康

2020年，淇县三次产业结构比为9.7∶62.7∶27.6，农业比重多年维持在10个百分点以下，是典型的工业社会。有鉴于此，淇县结合县情推进《乡村振兴战略规划（2018—2022年）》的实施，乡村产业、人才、文化、生态、组织振兴深入推进，建立功能互促、城乡互补、协调发展、共同繁荣的新型城乡关系，农业农村现代化走在全省前列。

粮食生产再获丰收：粮食产量实现"十七连丰"，为保持经济社会平稳发展发挥了压舱石作用。2020年淇县粮食播种面积589876亩，增长0.2%，粮食总产量29.24万吨，增长4.1%。稳坐全省常规产粮大县。2020年底全县摸底调查，有大型规模养殖场71个，其中5000头以上猪场28个，10万只以上肉鸡场43个，始终保持全省畜牧第一县的位置。

决战脱贫攻坚取得全面胜利，农村绝对贫困问题得到历史性

解决。

农业现代化水平迈上新台阶。淇县农业科技进步贡献率超过80%，建有省、市级工程技术研究中心9家，其中省级4家；省市级农业科技园区2家，其中省级1家。利用国家级"星创天地"平台，民鑫电商孵化园采取"园区＋企业＋电商平台＋合作社＋农户"的产业经营模式，入住及孵化企业220多家。农作物化肥农药施用量连续4年负增长，畜禽粪污综合利用率超过75%，农业绿色发展取得积极进展。

乡村产业加快发展。淇县以"一乡一业""一村一品"建设为目标，做大做强乡镇主导产业。全县拥有无公害基地认证企业共13家，正在使用10家，产品25个。西岗镇发展特色果蔬，灵山街道办建成5G小镇，赵庄村、凉水泉村被评为国家级旅游重点村。全县发展提升乡村旅游村12个，培育特色种植、养殖、光伏等经济村30多个，农村新产业新业态蓬勃发展。

农村生活条件明显改善。基本实现村村通动力电、通硬化路、通5G网，农村人居环境整治三年行动较好完成，农村居民人均可支配收入达到20031元，高于17131元的全国平均水平17%，是2010年7101元的1.8倍，农村基本公共服务水平进一步提升。

农村改革深入推进。农村承包地确权登记颁证全面完成，全县166个村共计确认集体经济组织成员5.95万户、24.16万人，所有村均已成立股份经济合作社，参与股权量化24.16万人，股本总额1.79亿元。实现集体经济收入5万元以下的村清零。新一轮农村宅基地改革试点启动实施，乡村治理效能得到提升，农村发展活力不断增强。乡村振兴战略实施取得成效，全面建成小康社会宏伟目标得到实现。

### 三、凤凰涅槃华丽转身——2021特大洪涝灾情和灾后重建

2021年7月17日至23日，淇县发生历史罕见的持续性强降雨过程，全县平均降水量715毫米，最大降水站点高村镇思德站852毫米，均为淇县有气象记录以来历史极值，最大降雨量达96毫米／小

时。这场降雨范围广、时间长、强度大，导致淇县西部山区山洪暴发、道路塌方；城区思德河、沫水河水位暴涨，部分地区发生内涝；东南部淇河、卫河、共产主义渠全部超过警戒水位，良相坡蓄滞洪区启动分洪，造成西岗镇、北阳镇24个行政村被淹；城市严重内涝，水利工程、交通设施、市政工程、旅游景区设施、供水供电供气、通信工程、工贸企业和在建项目遭到严重毁损，大量的农田被淹、林地受损、大型牲畜和猪羊被淹死、房屋倒塌损毁。此次洪涝灾害致使17.15万人口受灾，4.24万人紧急转移，集中安置4553人。面对严重洪涝灾害，县委、县政府组织全县人民抗洪抢险。采取有力措施，积极应对极端天气。营救被困人员，安置转移群众，设立警示标志、疏通城市交通、排水系统、加固河道堤防，灾害过程中无人员伤亡情况。

受灾程度和范围：根据应急管理部灾情核查评估专家组灾害范围评估意见，确定淇县为极重灾区。淇县9个乡镇街道均不同程度

2021年7月淇县发生洪涝灾害

受灾。截至目前,淇县受灾人口约17.15万人,倒塌受损房屋5826间。农业方面,农作物受灾面积15.54万亩;企业方面,全县161家企业受汛情影响停工停产;水利方面,3座水库溢坝、240千米河道堤防受损;基础设施方面,受损高压电力线路65.25千米、市政管网160千米、通讯基站192个;公路方面,428.78公里省道和县乡公路受损。据初步统计,全县经济损失达47.48亿元。

受灾重点乡镇:淇县受灾直接经济损失2亿元以上的重点乡镇有4个,分别是黄洞乡、西岗镇、高村镇、北阳镇。

(1)黄洞乡受灾情况。截至8月9日23时,全乡受灾人口6457人,无人员伤亡,直接经济损失达4.72亿元,其中:家庭财产损失2529.5万元。受灾农作物3981.75亩;畜禽、饲料及养殖场所、设备、林木、花圃等大量受损。工矿商贸企业受灾7家,经济损失1677.2万元。基础设施毁坏严重,道路受灾68.27千米。

(2)西岗镇受灾情况。西岗镇6.8万亩农作物受灾,其中6.2万亩绝产。倒塌房屋197户622间,严重损坏房屋679户2212间、一般损坏房屋3811户17859间。畜牧业大牲畜死亡1194头,小型牲畜死亡75618只,家禽死亡达545635只。71公里道路被损坏,10.2千米电力线路被损,农田基础设施50%损坏,直接经济损失13.38亿元。

(3)高村镇受灾情况。全镇受灾人口19000人,无人员伤亡,直接经济损失达2.97亿元,其中:家庭财产损失514.38万元。受灾农作物2614.35亩。工矿商贸企业受灾41家,经济损失1656.5万元。基础设施毁坏严重,道路受灾59.26千米。

(4)北阳镇受灾情况。全镇受灾人口19723人,无人员伤亡,直接经济损失达6.16亿元,其中:基础设施损失4.45亿元。受灾农作物41579.25亩。工矿商贸企业受灾28家,经济损失1480.7万元。基础设施毁坏严重,道路受灾118.67千米。

1. 灾害应对和抗洪救险

7月21日险情发生后,淇县立即启动一级应急响应、地质灾害红色预警响应和战时机制，以县委书记为政委、县长为指挥长的指挥部，根据雨情、水情、灾情等具体情况，一小时一汇总、一研判、一会商，统筹调度人员、物资、装备。各级各部门值班人员24小时在岗在位，随时接收指挥部指令。全县5047名党员成立"党员突击队"408个，明确"党员责任堤"149个。1648名党员联系分包1747户，对重点区域29253户92079人、34处地质灾害点、49处低洼地带进行重点看护，严防死守。发挥应急指挥中心、山洪灾害预警防治平台作用，强降雨期间，累计发布预警短信600万条，其中自动预警发布3510条，确保山区安全度汛。台风"烟花"来临前，深入贯彻落实省委书记楼阳生"停、降、关、撤、拆、转"六字诀要求，迅速制定并全面落实河道、山区、城区紧急防汛预案，做好了全面应对准备，确保将损失降到最低。

汛情发生后，县委书记杨建强迅速召开专题会议，亲临一线指挥，组建了214支防汛抢险队伍，4870名党员干部和700名民兵预备役，第一时间集结到位，投入抢险救灾。同时，积极向外求援，紧急联系市里和周边军队、武警官兵、公安干警及民间专业救援队伍，一线参与救灾解放军650名、武警官兵120名、公安干警700名、中原油田救援队、蓝天救援队、斑马救援队等专业救援人员407名。统筹调配人力物力，第一时间出击救援，先后投入抢险冲锋舟26艘、皮划艇15艘、钩机72辆、铲车25辆、渣土车120辆、救生衣500件、救生圈200个，累计解救、转移受灾群众4.24万人，没有出现一例人员死亡情况。7月21日晚10时—22日凌晨3时，西岗镇8个村4000余人5

县委书记杨建强在西岗大李庄村指挥防汛

个小时提前转移到位。22日晚至23日白天，被洪水围困的骑河黄庄村1600余人，一天一夜全部转移。21日晚，南水北调袁庄段西侧因突发山洪，向南排水沟渠行洪不畅，侵蚀南水北调堤防出现22米的缺口，指挥部迅速组织380余人的抢险队伍和25台钩机，奋战2天2夜完成封堵。组织专人，对36公里的淇河淇县段河堤和夺丰、红卫、柳林3个水库堤坝，严防死守，没有出现1处决堤。

2. 灾后恢复重建

在汛情接近尾声时，及时制定《淇县城乡秩序恢复重建工作方案》，下发《关于进一步组织动员基层党组织和广大党员在防汛救灾和灾后重建中充分发挥作用的通知》《淇县关于组建灾后重建党员自救队工作方案》等文件，成立179支"防汛救灾党员自救队"，一手抓防汛救灾，一手抓恢复重建，确保全县生产生活秩序尽快恢复。迅速完成了畜禽打捞和无害化处理工作。全力清积水、清淤泥、清垃圾，累计出动铲车、钩机、渣土车、清洗车2188辆（台）次，发动干部群众3万余人次，清理淤泥杂物垃圾9万余吨，城区道路、涵洞全部恢复正常通行。与中国扶贫基金会对接，将44个受灾村庄列入"河南灾区重振家园行动——灾后以工代赈家园清理项目"，积极帮助受灾村庄清理房屋、村道淤泥，恢复生产生活。组织公路、供电、燃气、水利等部门，累计修复国道、省道、县道、乡道180余公里，受灾严重的灵山街道办赵庄村道路灾后当天抢通，大石岩村灾后2天抢通；日均出动电力抢修人员760人次、车辆350辆（台）次，全县线路59条已全部恢复用电，全县城乡已全部恢复用电；天然气用户已全部恢复用气；涉及129个行政村的138处饮水安全水毁工程，已完成整改70处、涉及71个行政村，累计修复供水管道3500米，安装消毒设备49台套。

3. 重点领域恢复重建

市政设施恢复重建：坚持"先修复、后提升"，加紧修复受灾地区损毁的水、电、路、气、暖、通信和园林绿化、城市桥梁、环保等市政设施，加快清理道路淤堵，抢修交通线路设施，修复道路照明和交通信号设施，改造提升城市交通、变电站等关键设施，增强抵御强风、暴雨等自然灾害能力。统筹城镇防洪与内涝防治、水资源供给与水安全保障，系统推进城市堤防、排水防涝、蓄水空间、污水垃圾处理等设施建设，进一步提升城镇防涝排涝能力和市政设施建设水平。重点实施行泄调蓄、排水管渠、排涝泵站等排水防涝设施工程。开展城市窨井盖等安全隐患专项排查治理，确保群众出行安全。

交通基础设施恢复重建：按照"先通后畅"原则，尽快抢通公路水毁阻断路段，加强灾损道路、桥梁抢修和除险加固，优先修复重建重要干线和对乡村通硬化路、通客车有影响的灾毁公路，尽快全面完成国省干线、农村公路等修复和重建工程。加快公路、公路铁路涵洞等水毁工程抢修，确保灾区交通运输尽快恢复。有序推进交通基础设施改造提升，在充分保障交通运输需求和群众出行需要基础上，提升抗灾能力。重点做好黄洞乡、灵山办、庙口镇、北阳镇毁坏严重的道路修复重建工作，积极争取国家、省、市资金支持。

能源基础设施恢复重建：围绕"保用电、保用油、保用气"，全面开展电网设施受损评估、抢修重建，尽快恢复灾区生产生活用电；密切关注煤电油气供需，加强产销衔接，加强油品、天然气调度，多措并举确保灾区煤电油气稳定供应。对存在隐患的电网、油气管道风险点进行全面评估，按照长期安全稳定运行的要求进行升级改造。

通信基础设施恢复重建：做好受灾地区通信设施排查检修，加快受损通信基站、线路加固、替代、重建，全面恢复灾区信息通信网络，确保满足灾区通信需求。全面提升灾害易发区域信息通信基础设施抗灾毁能力，完善覆盖全县各基础电信运营企业的应急通信网络指挥系统和应急通信保障设备，全面提升应急保障能力。

公共服务设施恢复重建：加强学校、医疗卫生、城乡社区综合服务、养老、儿童福利等公共服务机构设施排查，抓紧抢修相关损毁设施，尽快推动公共服务设施恢复正常运转。以保障秋季开学和灾后无大疫为重点，优先做好水毁学校和医院维修恢复、设备器材抢修补充工作，重点排除学校和医院房屋与围墙安全隐患，确保正常教学和就医秩序。加快谋划实施一批高标准公共服务设施项目，进一步提升灾区公共服务保障能力。

城乡住房恢复重建：坚持"退水一村、鉴定一村、消杀一村"的原则，组织开展倒损房屋核查鉴定和隐患排查，摸底调查因灾倒塌和受损的房屋情况，逐户建档立卡，采取维修加固、原址重建、搬迁安置等方式推进居民住房恢复重建。在科学规划论证、充分尊重群众意愿的基础上，抓紧出台重建和修复方案，结合保障性安居工程建设、蓄滞洪区迁建，积极配合省市指导淇县城乡倒塌房屋住户，综合运用租建结合、发放住房补贴等方式进行妥善安置。争取11月底前，完成村民住房修复重建和城镇损毁房屋修缮加固任务。

农田水利恢复重建：抓紧修复因灾损毁的堤防护岸、灌排渠道、塘坝、机电泵站等设施，加固各类水利设施，确保防汛安全、饮水安全及农业灌溉等用水需求。认真分析现有防洪体系短板弱项，新谋划实施一批水利项目，提升思德河、赵家渠、共产主义渠等重点河道行洪泄洪能力、蓄滞洪区蓄洪滞洪调蓄能力和农田灌溉排涝能力。做好田间积水排除、农田清淤和田块平整工作，尽快修复井、电、路、渠等田间工程，对于损毁严重农田设施实施提升重建工作。恢复重建因灾损毁的养殖圈舍、无害化处理场、粪污处理设施、温室大棚等农业生产设施和粮食仓储设施，因地制宜组织好受灾耕地的补种、改种、抢种工作，加强肥水管理和病虫害防治，做好养殖场所消杀，严防重大动物疫病发生。成立种子、化肥、农药、保险等工作专班，解决物资供应困难和问题，迅速开展农业保险理赔。结合高标准农田建设，加强耕地保护与质量提升，稳步提高全县农业综合生产能力，确保全县基本农田面积，加快恢复粮食产能。

工商业复工复产：深入开展"万人助万企"，进一步优化营商环境，落实纾困惠企政策，强化生产要素保障，充分发挥服务管家等"五位一体"服务专员主力军作用，帮助受灾企业尽快恢复正常生产经营。对于受灾严重的企业和商户，在财税、金融、土地、社保、产业发展等方面给予政策支持，减轻企业、商户负担，帮助渡过难关。推动重点项目复工建设，及时解决项目复工面临的交通运输、电力供应、设施修复等问题，计划开工重点项目要按期开工。恢复重建灾区受损的旅游景区、乡村旅游点旅游基础设施和公共服务设施，大力发展乡村旅游，带动灾区群众致富增收。

生态修复和防灾减灾：加快推进损毁的自然保护地、造林地修复和重建，恢复正常保护管理能力和生态功能。加强流域综合治理和饮用水水源地保护，开展综合整治，消除污染隐患。恢复受灾区水土保持能力，降低土壤侵蚀强度，增强缓滞洪能力。加强死亡畜禽尸体的打捞和无害化处理，全面实施灾后消杀，加快生态环境的恢复。完善综合防灾减灾体系，加强重大自然灾害监测预警预报能力建设，建立健全多部门联动的自然灾害风险研判、隐患治理、监测预警、信息共享和应急处置机制。及时修复受损基层气象台站、水文观测站，实施洪涝、干旱、火灾、地震等自然灾害防御工程和气象基础能力提升工程。以消防产业园为依托，推进综合应急救援能力、应急物资生产保障能力和区域性应急救援保障能力建设，统筹加强综合性消防救援队伍、行业专业救援队伍、社会化救援队伍建设。进一步完善城乡避难场所建设。

在县委、县政府的坚强领导下，各乡（镇、街道），县直各部门科学谋划、周密部署、精准施策、扎实推进，各项工作有序进行，灾区生产生活秩序完全恢复，道路、交通、城市乡村面貌焕然一新，部分基础设施得到了新的提升，企业厂矿复工复产、全域旅游提档升级、项目区工程复建提升、城乡绿化、河道治理、冬小麦抢种等民生工程得到了强有力的保障，灾难后的新家园更加美丽更加美好。

**四、永葆初心薪火相传团结奋进踏入新征程迈进新时代**

党的十九届五中全会科学描绘了2035年基本实现社会主义现代化的远景目标，为中国未来发展擘画了宏伟蓝图。淇县同全国一样，迈入了开启社会主义现代化建设新征程、推进高质量发展的新阶段。

县委、县政府审视自身态势，明辨机遇挑战，坚持以习近平新时代中国特色社会主义思想为指导，立足新发展阶段，贯彻新发展理念，融入新发展格局，全面开启新时代高质量富美朝歌建设新征程。

2016年县十三次党代会以来，面对严峻复杂的宏观形势和艰巨繁重的改革发展任务，县委坚持以习近平新时代中国特色社会主义思想统领全局，团结带领全县广大党员干部群众，全面落实中央、省委、市委各项部署要求，坚持以高质量富美朝歌建设为目标，抢抓机遇、担当作为，攻坚克难、奋勇前进，圆满完成了县十三次党代会确定的目标任务。先后荣获全国平安建设先进县、河南省首批践行县域治理"三起来"示范县、河南省县域工业30强、河南省乡村振兴示范引领县等30多项省级以上荣誉称号。

全县招商引资累计签约项目121个，到位资金254亿元，重点项目投资年均增长25%以上，河南特种尼龙产业园、飞天生物科技产业园、理大真空玻璃、玫德雅昌建筑新材料等一批投资大、前景好的项目先后落地。地区生产总值达到242亿元，年均增长8%，一般公共预算收入突破10亿元，年均增长7.6%，规模以上工业增加值年均增长9.7%，固定资产投资年均增长12.2%，主要经济指标增速稳居全市第一方阵，经济运行保持"稳、进、好"的高质量发展态势。

工业经济提质增效，脱贫攻坚全面胜利，党政群机构改革全面完成。全域旅游、电子商务等19个国家和省级试点示范工作有序推进，形成了一批淇县经验和淇县模式。深入推进科技创新，20多家企业与中科院、铁科院、清华大学等知名院所建立长期合作关系，先后创建国家级企业技术中心2家、省级7家，全县高新技术企业达7家、科技型中小企业达23家。

累计实施百城提质项目204个、完成投资188亿元。沫水河"一河五园"、卫国故城遗址公园等一批项目竣工投用，云梦大道、太行路等一批市政道路得到改造提升，集中供暖、南水北调优质水源进入千家万户，梅园、仁园等一批游园对外开放，城市绿地面积较五年前增加5倍。深入推进乡村振兴战略，大力发展特色种植、乡村旅游，"一乡一业"产业格局初步形成；持续改善农村人居环境，在全市率先实现城乡环卫一体化运作，创建省级以上卫生乡镇7个、卫生村76个，被评为全省农村垃圾治理达标县、"美丽庭院"创建示范县；行政村实现村村通客车，被评为全省万村通客车提质工程示范县、全省四好农村公路示范县；乡村治理积极有效，灵山街道赵庄村被评为全国乡村治理示范村。

每年将70%左右的财力投向民生领域，办好向群众承诺的民生实事，居民人均可支配收入年均增长7.9%。社会保障不断加强，新增城镇就业3.38万人，社会保险基本实现全覆盖。社会事业全面发展，卫都路小学、朝歌幼儿园等29个教育项目竣工投用，通过义务教育发展均衡县省级验收；县医院晋升"二级甲等"医院，妇幼保健院晋升二级妇幼保健院，乡镇卫生院全部升级改造，被确定为全国紧密型县域医疗卫生共同体试点县；建成77个幸福院、8个养老院，初步构建了以居家为基础、社区为依托、机构为补充、医养相结合的养老服务体系；公共文化服务体系不断完善，乡镇文化站、农村书屋实现全覆盖。社会大局和谐稳定，基层法治建设全面加强，扫黑除恶专项斗争取得重大成效，安全生产、食药安全、信访稳定、社会治理等工作稳步推进，被评为全国平安建设先进县、全省首批法治县创建活动先进县、全省无邪教示范县等。

当今世界百年未有之大变局加速演变，国际经济贸易格局持续重构，新冠肺炎疫情影响广泛深远，外部环境的不确定性不稳定性显著加大。淇县需要深化创新驱动，大力发展主导产业，提升发展特色产业，系统构建现代产业体系；主动融入新发展格局，加快乡村振兴，加速城乡一体化发展进程；推进治理体系和治理能力现代化；贯彻新发展理念、构建新发展格局的丰富内涵和实践要求，增强机遇意识，树立底线思维，发扬斗争精神，精准识变、科学应变、主动求变，在危机中育新机、于变局中开新局，全面开启新时代高质量富美朝歌建设新征程。

迈进新时代，砥砺奋进的淇县人时刻听从党和政府召唤，和党中央保持一致，高举习近平新时代中国特色社会主义思想伟大旗帜，深入学习贯彻习近平总书记关于河南工作的重要讲话和指示批示精神，坚持党的全面领导，坚持以人民为中心，坚持新发展理念，坚持深化改革开放，坚持系统观念，牢牢把握稳中求进工作总基调，以县域治理"三起来"重大要求为统领，以推动高质量发展为主题，以深化供给侧结构性改革为主线，以改革创新为根本动力，以满足人民日益增长的美好生活需要为根本目的，统筹发展和安全，以党建高质量推动发展高质量，全方位融入新发展格局，持续唱响"解放思想、勇于担当，务实重干、再创辉煌"的主旋律，坚持"一切工作高标准、高效率、高效益"的基本要求，落实"11356"工作布局，聚力推进工业大提质、城市大建设、旅游大发展、乡村大振兴，以"淇县之干"推动"淇县之变"，争当鹤壁打造黄河流域生态保护和高质量发展样板区的排头兵，谱写高质量富美朝歌建设更加出彩绚丽篇章。

五、淇县 16 家主要企业简介

1. 河南飞天农业开发股份有限公司

河南飞天农业开发股份有限公司成立于 2006 年，注册资本 1.2 亿元，是一家集粮食收储、精深加工、淀粉及淀粉糖生产与销售、产品研发、热力生产与供应为一体的较大型企业。具有年加工玉米 50 万吨、小麦 24 万吨的生产能力，现为河南省规模最大、产业链最长、产品种类最多的粮食深加工企业。主要产品有玉米淀粉、结晶葡萄糖、麦芽糖、麦芽糊精、果葡糖浆、小麦粉、小麦淀粉、谷朊粉、功能性糖、食用酒精 /75% 医用酒精以及各种副产品，广泛应用于食品、饮料、乳制品、啤酒、医药、纺织、化工等行业。

公司先后被授予农业产业化国家重点龙头企业、国家财政参股重点企业、中国淀粉糖行业 20 强企业、国家高新技术企业、国家农产品加工示范企业、 国家绿色工厂、河南好粮油等荣誉称号。并先后通过 SC、ISO9001、ISO22000、ISO14001、OHSAS18001 等管理体系认证。

公司注重科技创新，企业研发中心被评定为河南省企业技术中心、河南省酶法制糖工程技术研究中心，与中国生物发酵产业协会、中国环科院、河南工业大

河南飞天农业开发股份有限公司

学、齐鲁工业大学等10多家高校、科研院所建立长期的产学研合作关系，参与起草制定《淀粉糖分类通则》等7项国家标准，主导制定了2项团体标准，先后获得44项国家专利。

公司主营产品先后荣获"全国农产品博览会优质产品奖""河南省优质产品"和"河南省著名商标"等荣誉称号。除直供可口可乐、百事可乐、联合利华、伊利、蒙牛、统一、康师傅、娃哈哈、青岛啤酒、百威啤酒、华润雪花、双汇等知名大型企业外，还出口到韩国、澳大利亚、俄罗斯、土耳其、巴西、智利等20多个国家及地区，深受用户好评。

2. 鹤壁平安集团

鹤壁平安集团成立于2010年，总部位于鹤壁市淇县，下辖鹤壁平安置业有限公司、河南天天如家酒店管理有限公司、河南安恒园林绿化工程有限公司等6家子公司，主要从事房地产开发、工程施工、商务酒店、园林绿化等业务，现有员工500余人。

2002年，淇县天天房地产开发责任有限公司负责开发本县第一个商业小区——天天花园，建筑面积约10万平方米，揭开了淇县房地产商业开发的序幕。多年来，该集团建设了"三利苑""昌盛佳苑东、西区"等十余个城市社区。2013年以来投资建设了"淇园路中山路北延""中医院综合门诊楼""29个老旧小区改造""文昌

阁南侧改扩建"等市政项目。2020 年之后，投资兴建了"全国美丽乡村"——灵山小镇及商业街项目、"灵山沿线绿化改造""高速高铁县域两侧公路廊道绿化"等；与旅游投资开发集团合作建设了云梦山景区 5A 创

鹤壁平安集团

建提升和旅游产业配套项目；与灵山街道合作，积极投建灵山综合开发项目；参建"马黄线"道路改造工程，助力淇县旅游大开发。

该集团累计缴税超 1 亿元，捐资 500 余万元用于抗洪救灾、帮扶困难家庭、资助贫困学生、支持新农村建设、抗击新冠肺炎疫情等。该集团坚持建设一方、服务一方、造福一方的目标，持续为谱写出彩朝歌绚丽篇章贡献力量。

3. 河南大用实业有限公司

河南大用实业有限公司创建于 1984 年，是一家集饲料加工、屠宰加工、技术研发、疫苗生产、冷链物流等为一体的大型农牧食品企业。公司下设鹤壁、焦作、周口、开封四大产业基地。2021 年公司实现销售收入 22.72 亿元。大用食品先后荣获中国名牌产品、全国肉类工业影响力品牌，大用商标是河南省著名商标。公司先后被认定为农业产业化国家重点龙头企业、全国农产品加工示范企业、中国肉类 50 强企业、全国食品工业百强企业等。

河南大用实业有限公司

其家禽养殖加工

规模居全球 50 大家禽企业第 17 位（源自 2020 年国际家禽数据），国内排名第 4 位，带动周边农户 3 万余户。

公司坚持肉鸡全产业链发展模式，涵盖畜禽良种繁育、肉鸡饲养、饲料生产、屠宰加工等产业链条的各个环节，形成了"从农田到餐桌"严密的食品安全追溯体系。公司已全面通过 HACCP 体系、ISO9001 质量管理体系、ISO14000 环境管理体系、ISO22000 食品安全体系、原产地标记准用证等认证。

公司主要产品种类包括：分割类、整鸡类、副产品类、腌渍类等多个不同规格的产品。公司建立了稳固的销售网络，产品销售覆盖全国 28 个省、市、自治区，曾先后出口日本、韩国、香港等多个国家和地区，大用产品凭借过硬的质量品牌优势，成为德克士、麦当劳、肯德基等国际快餐巨头的优质供应商。

4. 河南永达食业（集团）有限公司

河南永达食业（集团）有限公司成立于 1988 年，是一家集"肉种鸡繁育、饲料生产、商品鸡养殖、屠宰加工、熟制品生产、鸡骨素调味品生产、冷藏配送、商业连锁、国际贸易"为一体的鸡肉全产业链大型农牧清真食品企业，是"农业产业化国家重点龙头企业""国家扶贫龙头企业"，

河南永达食业（集团）有限公司肉鸡屠宰车间

是航天食品战略供应商、肯德基第二大供应商，鸡肉出口连续 8 年排名全国前三、河南肉类出口第一，年出口创汇 5000 万美元、年上缴税收近亿元；企业员工近万人，带动农户过万；永达有淇县、鹤壁开发区、汤阴、滑县四大产业基地。

5. 河南新亚服装有限公司

河南新亚服装有限公司成立于 2004 年 10 月，公司注册资金 4000 万元，占地 130 亩，建筑面积近 10 万平方米，2021 年销售收入 6.23 亿元，上缴财政税收 3170 万元；现有员工 3000 余人，其中大专以上学历各类专业人员 300 余人，高中级科技及管理人员 180 多人，集绣花、裁剪、缝制、水洗、后整理加工于一体的大型服装生产加工基地，主要生产美特斯邦威、森马、以纯、利郎、波司登，

河南新亚服装有限公司

国际品牌的（美国老鹰）AEO、UNIQLO（日本优衣库）等品牌的牛仔裤、休闲裤、夹克衫、羽绒服。下辖 41 个分厂、68 条生产线和一座配套污水处理环保设施，年产各类服装 1800 万件；先后获得"全省五好基层党组织""全国万企帮万村精准扶贫行动先进民营企业""河南省巧媳妇工程产业扶贫推动大奖""河南民营企业现代农业 100 强""河南省科技企业""河南省服装行业劳动关系和谐企业""河南省服装行业三八红旗集体""A 级诚信纳税企业""优秀生产经营企业""民营企业突出贡献奖""河南省劳模助力脱贫攻坚十面红旗单位"等荣誉称号。

6. 河南淇县东方化工有限公司

河南淇县东方化工有限公司始建于 1983 年，位于淇石线解放桥东侧路南，公司占地面积 22500 平方米，拥有职工 100 余人，其中现有中级职称的 16 人，法人代表郝建军，上年实现利税 1000 余万元。

公司产品主要以精细化工产品亚磷酸、三乙酯、硫氰酸铵为主，产品主要用于塑料稳定剂和增塑剂，也用作医药、农药的中间体，用来生产镇痛药莽噻啶、农药杀螟威等，硫氰酸铵主要用于有机工

业聚合的催化剂、医药工业用于抗生素、生产合成和分离工艺、电镀工业用于镀锌、印染工业用作扩散剂等。

公司自成立以来，发展平稳，产销平衡。先后获得河南省质量诚信 AAA 企业、环保工作先进企业、安全生产先进企业、警民共建示范企业、银企等级评定示范单位和慈善工作先进企业等诸多荣誉，深受社会各界好评。

7. 河南欧迪艾铸造有限公司

河南欧迪艾铸造有限公司成立于 2008 年 3 月，占地面积 4 万平方米，总资产 9450 万元。为 IATF16949:2016 质量管理体系、ISO14001 环境管理体系、ISO45001 职业健康安全管理体系认证认可企业。河南省"专精特新"中小企业、高新技术企业、中国等温淬火球墨铸件（支架类）生产基地。

公司专注于高新技术材料——等温淬火球墨铸铁（ADI）的研发、生产和销售，被科技部列入创新基金项目单位。公司冷热加工设备齐全、工艺技术先进、检测手段完善。现具备年产

河南欧迪艾铸造有限公司

25000 吨 ADI 材料的生产能力，拥有国内先进的高压造型线、美国 AFC 全自动温淬火热处理系统、直读光谱仪等可靠先进的制造装备。目前可依据我国 GB/T24733、美国 ASTM A897、SAE、欧洲 EN1564、日本 JIS G5503 等标准生产其中各牌号的 ADI 产品，对外承接 ADI 材料等温淬火处理。

8. 河南恒云食品有限公司

河南恒云食品有限公司始建于 2008 年，是一家集食品研发、生产、销售、冷藏、物流为一体的现代化食品企业。主要经营速冻食品、盐水鸭、火锅丸子等。2013 年在鹤壁市淇县鹤淇产业集聚区新建年

产 6 万吨系列速冻食品生产线，总占地面积约 11 万平方米，现有员工 1500 余人，拥有博士学位的专业研发团队 66 人。产品已形成 6 大系列：丸子类、片类、面点类、肠类、餐饮类、油炸类，共计 280 个品种。目前公司与国内 80 余家大型食品生产企业建立了长期的战略合作伙伴关系，产品已覆盖我国的华北、东北、西北、西南、中南、华东、华南 7 个地区以及国外部分市场。

9. 河南方周瓷业有限公司

河南方周瓷业有限公司成立于 2009 年，位于淇县鹤淇产业集聚区纬四路，占地 100 亩，注册资金 5000 万元。现有职工 46 人，其中技术人员 21 人。公司主要从事无机陶瓷膜产品的研发、生产与销售。核心产品包括大直径管式陶瓷膜和大尺寸平板陶瓷膜。公司产品已远销白俄罗斯、巴西、新加坡等国家。

河南方周瓷业有限公司研发生产的大直径陶瓷膜是继美国康宁、日本 NGK 之后第三家掌握大直径陶瓷膜制造技术的高科技企业，该产品的研制成功一举打破了国际垄断和西方对华技术封锁。属国内首创。公司具有全部自主知识产权的大直径油水分离陶瓷膜，

河南方周瓷业有限公司

产品达到国际先进水平，2016 年通过了河南省科技厅组织的省级科技成果鉴定，已在全国各大油田推广应用。

大尺寸平板陶瓷膜在国内率先实现批量生产，与多家中字头企业签订了战略合作协议。公司先后获得河南省工程实验室、鹤壁市技术研究中心、鹤壁市知识产权先进企业等荣誉称号。

公司长期致力于高集成度高性能陶瓷膜的研制与开发，系河南省唯一一家从事陶瓷膜研发生产的企业。公司多年来与清华大学、

吉林大学、河南省科学院等科研院所建立了较紧密的合作关系。经过 20 余年深耕，培养并拥有一支经验丰富、知识全面的研发队伍。产品在填补国内空白的同时，相关技术性能也达到或超过了国外同类产品水平。

10. 玫德雅昌（鹤壁）管业有限公司

玫德雅昌（鹤壁）管业有限公司成立于 2014 年，是玫德雅昌集团有限公司的全资子公司，公司位于淇县鹤淇产业集聚区，公司精心打造培育建筑新材料抗震支架、盘扣式脚手架、不锈钢管材三大主导产品。业务涵盖水务、燃气、消防、暖通等行业，公司设立有产品研发中心、工艺研究中心、工程

玫德雅昌（鹤壁）管业有限公司车间

技术中心，为客户提供咨询、设计、安装、指导、服务为一体的解决方案。

公司荣获国家高新企业、省级绿色工厂、鹤壁市热镀锌抗震支架工程技术研究中心、淇县优秀企业等荣誉称号。获得专利技术 23 项，参与编制 38 个国家和地方标准，其中主编 9 项。公司产品获得 WRAS、CE、FM、UL、CRN 等认证，符合国内外多种技术标准。

11. 中维化纤股份有限公司

中维化纤股份有限公司成立于 2015 年，由上海摩资投资有限公司投资控股，总部位于上海虹口区，生产基地位于淇县鹤淇产业集聚区，占地面积 430 余亩，主要生产尼龙 66 高强工业丝、尼龙 66 工业短纤、改性工程塑料、特种尼龙切片四个系列产品，产品主要运用于汽车安全气囊、军工服装纺织品、航空航天降落伞、高档造纸毛毯、高铁轨道专用改性工程塑料等领域。公司与中科院化学所共建"河南功能聚酰胺纤维工程技术研究中心"，与东华大学、中

原工学院等建立产学研平台，拥有经认定的省级研发平台3个，取得了武器装备科研生产备案资质，被认定为"河南省智能车间""河南省智能工厂""国家高新技术企业"。

鉴于中维化纤被河南省政府列入《河南省尼龙新材料产业发展行动方案》，公司作为河南省打造千亿级尼龙产业基地鹤壁片区核心企业，鼓励发展特种尼龙系列产品。为落实文件精神，公司在鹤壁市、淇县政府的大力支持下，高标准规划了"河南特种尼龙产业园项目"，项目总投资30亿元，拟占地1000亩，充分利用中维化纤在核心原材料方面的研发生产优势，结合"尼龙新材料产业上下游"，围绕建链、补链、延链、强链，探索"核心企业＋园区＋政府＋产业链"的招商模式，积极引进国

中维化纤股份有限公司车间

内外关联知名企业，力争建设一个集尼龙新材料后加工、研发、仓储于一体的尼龙产业集群。

目前项目一期200亩已基本建成，部分车间已投产，特种纺织品生产基地、高铁轨道尼龙扣配件等4个领军企业项目已入驻；二期300亩正在建设，已与安全防护材料、核防护材料、消防应急装备等6个项目达成合作协议。项目全部建成入驻后，将围绕中维化纤为核心，打造成产值过一百亿的尼龙产业园区，为全省打造千亿级尼龙产业集群提供重要支撑。

12. 鹤壁新歌源丹宁科技有限公司

鹤壁新歌源丹宁科技有限公司成立于2016年3月，注册资本9040万元，位于鹤壁市高新技术开发区鹤淇大道中段，现有职工

400 余人，是一家集牛仔布面料研发、生产、销售和服务于一体的国家高新技术企业，同时还是河南省新型牛仔面料工程技术中心、河南省企业技术中心。

鹤壁新歌源丹宁科技有限公司

鹤壁新歌源丹宁科技有限公司拥有束染和片染两条生产线，涵盖了整经、染色、织造、预缩、检验等牛仔布生产全流程，主要引进意大利意达 R9500 宽幅织机、必佳乐 GT-MAX 织机、XRSR-32 束染色机、GA308-300 浆纱机、XRJR-300 新型高档浆染联合机、LSM501-200 双预缩机、烧毛机、定型机等国内外先进设备。所有设备均采用 PLC 人机界面进行控制，并通过"环思智慧"系统实现设备信息化集成。年生产高档环保牛仔布面料 3000 万米，可以满足广大客户对高、中档牛仔面料的不同需求，是河南省规模最大的牛仔布面料研发制造服务企业。

13. 河南链多多供应链管理有限公司

河南链多多供应链管理有限公司成立于 2018 年 4 月，位于淇县淇园路鹤辉高速北侧 100 米路西。公司致力于鸡肉调理品、中西式菜肴、火锅料、酱卤制品等半成品食材的研发、生产和销售，拥有"链多多""赛福""金甲""七星灶"等知名品牌。

公司占地面积 460 余亩，拥有员工约 840 人。公司下设鹤壁、开封、焦作 3 个生产基地，年加工能力达 5 万吨鸡肉调理品、15 万吨中西式菜肴产品，公司将食品加工进行了标准化、系统化、信息化的深度改造，在保证食品风味口感的同时，打造标准化、智能化生产流程。作为农业产业化龙头企业，公司依托大用集团的无公害肉鸡全产业链，配套自有的 600 亩核心蔬菜试验基地，构建形成完善的原料供应体系；公司建立了科学、完整的质量管理体系，先后通过

河南链多多供应链管理有限公司

ISO9001 与 ISO22000 质量管理体系认证，对所有产品所有批次产品全部取样进行检验，保证出厂产品合格率100%，并实现所有产品可追溯。

链多多产品畅销全国 29 个省、市、自治区，覆盖 300 个地级行政区域，拥有 2000 多个销售网点，年销售量达 2.5 万吨，已形成了遍布全国各省、市、自治区的庞大的销售配送网络，是德克士、美菜网等连锁餐饮的战略供应商，是京、津高校联盟定点采购企业。为餐饮连锁企业、学校和工厂提供一站式餐饮解决方案，同时通过全家便利、天猫、京东等渠道直达销售终端。

2020 年，河南链多多供应链管理有限公司通过"食品工业企业诚信管理体系认证"，同时被河南省食品工业协会评为"河南省优秀社会责任企业"，2021 年被评为"河南省电子商务示范企业""河南省应急产业示范企业"。

14. 淇县恒源矿业有限公司

淇县恒源矿业有限公司成立于 2018 年，注册资金 5 亿元，是鹤壁恒源矿业集团有限公司的下属子公司之一，主要经营范围为粘土及其他土砂石开采、加工、销售；石灰石、石膏开采、加工、销售；废弃资源综合利用（不含危险废物收集经营）。

公司自成立以来，充分发挥国有企业的优势，严格按照国家标准，打造

淇县恒源矿业有限公司

国内现代化、智能化绿色矿山，探索产业链下游发展方向。公司拥有淇县田沟、二道庄共2个砂石骨料生产项目，均位于庙口镇境内。

15. 河南邦维高科新材料科技有限公司

河南邦维高科新材料科技有限公司于2020年1月入驻河南特种尼龙产业园一期，是北京邦维高科的全资子公司，计划总投资8～10个亿，规划建设集研发、生产、科教、交易、仓储物流、检测于一体的特种纺织品战略基地，项目全部建成后销售额将达到30亿元、实现利税3亿元。

公司致力于新材料的研发、生产，以军工、特种纺织作为主要产品，专业生产以锦纶、芳纶、UPE、腈氯纶、粘胶、涤纶为主的各种机织类功能性高强长丝和短纤织物及绳带，制成品主要应用在军队、航空航天、核生化、消防、特警、工业和卫生应急等领域。2021年神舟十二号载人飞船的核心仓、建党100周年空

河南邦维高科新材料科技有限公司

中阅兵的党旗和标语均采用了本公司产品。

未来2～3年内，将把特种尼龙产业园打造成中国首家纯国产自主研发的安全气囊产业链、中国首家军用防护品全产业链生产基地、中国差异化纤维产业园交易中心、国家级标准化检测中心、中国尼龙功能性材料研发基地。

16. 鹤壁理大特种玻璃制造有限公司

鹤壁理大特种玻璃制造有限公司成立于2020年11月4日，由香港理工大学学者创办，聚集了一批具有国际影响力的海内外博士及科研专家，致力于全钢化真空玻璃先进制造技术的研发和产业化。经深圳市政府海外高层次人才"孔雀团队"计划引进落户深圳，公司被认定为国家高新技术企业、深圳市高新技术企业，目前是深圳

鹤壁理大特种玻璃制造有限公司

市龙华区重点企业、百强企业。

理大玻璃研发总部位于深圳市南山区香港理工大学产学研基地和中试基地，位于深圳市龙华区观澜大道 45 号理大玻璃产业园。公司技术力量雄厚，由国务院特殊津贴专家领军，千人计划专家带队，各技术专业领域人才配备齐全，其中具有博士以上学历 6 人，拥有数十项技术专利，涵盖了真空玻璃封装材料、封装工艺、封装设备和封装检测的全部关键环节。近五年，团队作为专家组核心成员参与了北美洲、欧洲、澳洲和国内多项重大科技攻关项目，并多次被列为项目唯一的一级供应商。

理大玻璃生产基地位于淇县鹤淇产业集聚区理大特种玻璃产业园，拥有独立自主研发设计的连续式真空玻璃封装生产设备、整套进口的特种玻璃深加工全产业链生产设备和国内一线超低能耗门窗加工生产设备。产品线包括全钢化真空玻璃、高应力防火玻璃、中空玻璃及配套超低能耗门窗等。

# 附录

# 著名人物简介及名录

## 一、淇县革命老区著名人物简介

吴丹坤（1892～1998），又名吴丽泉，河南省浚县前枋城村。早年毕业于武昌高等师范，曾在淮阳中学、开封两河中学教书，任教务主任。1925年5月，加入中国共产党。1926年秋天，他先后介绍淇县学生介明堂、谭贺庭、浚县学生牛尚文三人加入中国共产党，成立党小组，被委任为党小组组长。同时受党组织的委托，吴丹坤在开封市新知书店建立了党的联络站。是年10月，国民党当局查封了新知书店，吴丹坤受党组织派遣到豫北中共卫辉（汲县）地区执行委员会工作。是年冬，中共卫辉地区执委会书记杨介人派吴丹坤到淇县开展工作，吴丹坤和淇县党员介明堂、谭贺庭共同努力，建立了第一个中共淇县党支部，吴丹坤任支部书记。党组织建立后，发动淇河两岸的知识青年积极开展工作。1927年6月，国共合作破裂，吴丹坤受党组织派遣，先后到淮阳师范和潢川中学任教。1928年春天，吴丹坤参加了潢川县大荒坡农民暴动，暴动中，中共河南省委书记汪厚之等20多人牺牲，吴丹坤遭当局通缉，潜回原籍，改名吴丽泉。后来与党组织失去联系，长期从事教育工作。新中国成立后，曾任河南省镇平县一中校长、县人大常委会常务委员、县政协副主席等职。吴丹坤离休后定居北京。

介明堂（1909～1939），河南省淇县介圪垱村人。1926年，在

开封两河中学读书时，加入了中国共产党。1927年春天，他参加了第一个中共淇县支部的组建工作，并任中共淇县党支部组织委员。1927年6月底，党支部书记吴丹坤调离，党支部也转入地下，介明堂担任了淇县党组织的负责人。是年9月，党组织在汲县召开党的代表会议，介明堂代表淇县党组织参加了会议。1928年5月，由于叛徒出卖，介明堂在开封被捕入狱。在狱中，他遭受敌人的严刑拷打，没有暴露党的秘密。1929年8月被无罪释放。出狱后，他与党组织失去联系，回到本村教书。因家乡遭受水灾，其弟又被地主暗杀，天灾迫使介明堂带上全家去山西逃荒。1938年，介明堂参加八路军，在一一五师六八八团政治处任干事、敌工股长。后来，部队转战到冀鲁豫一带，他曾带领部队回到淇县西岗，收编了马湾的杂牌游击队。介明堂工作积极，作战勇敢，在抗日战争中曾参加了打曲州、威县等战斗，1939年在山东高唐战役对日作战中英勇牺牲，年仅30岁。

**谭贺庭**（1909～1985），河南省淇县西岗乡大李庄村人。1926年秋天，在开封两河中学读书时经教务主任吴丹坤介绍加入了中国共产党。1927年春，谭贺庭参加了第一个中共淇县党支部的组建工作，并担任党支部宣传委员。为了搞好宣传，他从家里拿出留声机宣传群众。1928年5月13日，开封国民党警备司令部大肆逮捕共产党员和进步学生。谭贺庭秘密隐蔽起来，与党失去联系。1941年他又参加了革命，任冀鲁豫四专署参议。从1941年到1942年，谭贺庭的家是中共卫西工委的联络站，很多领导干部在其家吃住。为此，1942年被日本人抄了家，1945年初被汉奸牛英德抄了家，1947年又被国民党淇县还乡团匪首杨富抄了家。其大女儿被抓到日本司令部吓成神经病，其母被杨富用杠子压断了腿。谭家曾为革命损失小麦

120 石、牲口 4 头和大量财物。然而，全家人毫无怨言，谭贺庭也未因敌人的残暴而退缩。新中国成立后，谭贺庭一直从事教育事业，曾任滑县第一中学总务主任、滑县城关高中副校长。1981 年离休。

魏十篇（1911～1946），又名魏克仁，河北省唐河县人。1927 年加入中国共产党，曾在中共保定市育德中学任支部书记并担任保定市委书记。1930 年初，受党的派遣到豫北地区开辟革命工作。他与马五江（又名马建民，著名作家杨沫的爱人）、齐彭育等同学以在浚县赵岗村教书为掩护，开展革命斗争。7 月，经直南特委批准，在淇、浚两县建立了奇（淇）训（浚）区委，魏十篇任书记，马五江、齐彭育分任组织和宣传委员。他们发展党、团组织，兴办平民夜校，广泛进行反帝、反国民党统治的宣传。后被地主武装驱逐出境。离淇后，历任北京大学党支部书记、山西陵川县县长、华北民军一旅和冀鲁豫军区第一、第五分区政治部副主任、冀鲁豫军区豫东纵队政委兼政治部主任。1946 年元月在济宁战役中牺牲，后葬于晋冀鲁豫烈士陵园。

刘耕夫（1913～1982），出生在河南省淇县臧口村一个贫农家庭。初读私塾，后到浚县西枋城读高小，受到校长吴丹坤的影响，开始信仰马克思列宁主义。1927 年到马湾圣人庙任小学教员。1930 年到浚县师范求学。1932 年加入中国共产党，与同乡青年教师王舒苗组织全县"学生教师联合会"，为改善学生上学条件及教师增薪与当局展开斗争。1934 年浚师毕业，1936 年春，随王舒苗到察哈尔投奔吉鸿昌的抗日同盟军。"七七"事变后，刘耕夫被分配到独立二十六旅三十六团当副班长，1937 年 12 月到晋城中共华北军政干校学习，结业后被分配到豫北开展抗日工作。1938 年 6 月，刘耕夫在滑县与中共滑县县委侯相骨等人，联络了他的老师董乐山、王舒苗，浚县名绅孙至诚，以及许多青年学生，在浚县新镇组成"滑、浚、淇三县人民抗日自卫军"，由孙至诚任司令，刘耕夫任副司令。自卫军成立不久就配合八路军六八八团，围歼了土顽王自全、司华生、扈全禄等武装。自卫军迅速发展到 3 个支队 1000 余人。其间，刘耕夫、王舒苗发现孙至诚暗中与国民党濮阳专员丁树本勾结，企图率自卫军并入丁部，他和王舒苗迅速与八路军六八八团副团长谭健联系，挫败了孙至诚的阴谋，将自卫军改编为六八八团豫北抗日游击二支队。刘耕夫任二支队一大队队长、李天军任副大队长、李松林任政委。1939 年初，抗日游击二支队随六八八团在太行山活动，后到山西长治整编为六八八团一营二连，刘耕夫任连长。此后，刘耕夫历任军分区统战科长、县大队副政治委员、团参谋长、高级步校战术教授会教员、总后勤部大同办事处战勤训练处长、总后原平基地兵站副站长。1952 年为副团长，1954 年为团长，1955 年授中校衔，1962 年 11 月升为上校。1982 年在太原逝世，享年 70 岁。

**王舒苗**（1905～1944），原名王鸿裔，河南省淇县良相村人。出身贫寒，十岁时靠借贷和亲友资助勉强求学，以优异的成绩毕业于河南省第五师范学校。1927 年，王舒苗到内黄县楚旺中学任教。1932 年秋，在北京图书馆就职，到北大旁听，受滑县聂真等人的启发，开始信仰马克思列宁主义，并走上革命道路。1933 年，王舒苗回到浚县师范学校任国文教员，宣传抗日救国，组织"读书会""教育研究会"等，成立全县"学生教师联合会"，为改善上学条件和教师增薪而斗争。1935 年，他到天津因散发革命传单被天津市国民党党部以"赤色"罪嫌逮捕，1935 年由亲友营救出狱。后参加国民党宋哲元的二十九军三十八师张自忠部，在该军参谋长李文田处任上尉书记员。当部队奉蒋介石之命采取不抵抗政策后，他只身返回浚县。1938 年夏，

"滑、浚、淇三县人民抗日自卫军"成立，任政治部主任。自卫军后来改编为六八八团豫北抗日游击二支队。1938年冬，到山西长治整训，该支队被编为八路军六八八一营二连。王舒苗调团政治处任宣教股长，1940年先后任一二九师新一旅和军分区敌工科副科长。1943年，中共太行第七军分区成立，王舒苗任敌工科长。是年，王舒苗不顾环境恶劣，经常以老家良相为基地，乔装活动在安阳至新乡平汉铁路两侧，打击日军屡建奇功。1944年10月10日，王舒苗外出执行任务，突遭国民党顽军李昌武部袭击，壮烈牺牲，时年38岁。军分区司令员皮定均得知噩耗，十分悲痛，亲自处理善后事宜。全国解放后，王舒苗遗骸被移葬邯郸市晋冀鲁豫烈士陵园。

　　**牛生堂**（1918～1978），淇县黄洞乡普泉村人。1938年参加革命，从事地下党组织情报工作，在西掌解放之前两次借担水之机潜入国民党新五军一部占据的西掌村散发传单。1943年9月入党。历任淇县县政府财粮科会计，四区区长，县政府财粮科副科长、科长，县政府建设科长、民政科长；1951年调安阳专署民政科工作，历任安阳县五区区长、安阳县财委主任；1954年11月任濮阳县财委主任；1955年2月任濮阳县副县长，后任濮阳县钢铁厂党委书记兼厂长；1962年1月任安阳专署农业局副局长；1962年8月，任淇县县委副书记；1977年冬，兼任夺丰水库副指挥长，吃住在工地，终因积劳成疾，于1978年5月10日病逝。

　　**姚步霄**（1909～1965），浚县新镇乡淇门村人。早年从事教育工作，1937年加入中国共产党。1943年10月至1945年6月任延浚汲淇四县边办事处主任，领导该地区的抗日救亡运动。解放战争时期主要从事战勤工作，先后任随军办事处主任、高陵县副县长、分区战勤指挥部副司令，为豫北战役、淮海战役、东北野战军南下

作出了贡献。新中国成立后，任河南省水利学校校长，病逝后葬入郑州市烈士陵园。

李先贤（1918～1994），又名李建书，化名刘玉峰，河南省濮阳县人。1932年加入共青团，1937年加入中国共产党。历任区委书记、中共卫西、四县边工委书记。1940年底任冀鲁豫卫西工委书记时，到淇县霍街以行医为掩护开辟革命工作。发展中共党员12人，建立多处关系，联络争取了一些上层人物参加抗日民族统一战线，并开辟了冀鲁豫至太行区的地下红色交通线，为淇县和延津县、浚县、汲县的解放，为中国革命作出了很大贡献。后任平原省公安厅处长，河南省石油化工局副局长，省二轻厅厅长，郑州工学院党委书记兼院长。1988年在郑州离休。

刘哲民（1920～2014），原名刘秉宽，河南省淇县稻庄人。1935年在县初中毕业，1936年在洛阳省立第四师范读书，1937年奔赴延安考入抗日大学学习，加入民族解放先锋队（共青团前身）。1938年8月抗大毕业后即参加八路军，任八路军六十六团政治处民运股干事，1938年加入中国共产党。1941年3月化装成商人进入国民党占领的汲县小店河村，以司令员机要秘书的身份，接通了八路军冀鲁豫军区与国民党新五军团长王天祥的联系，为王天祥率部起义打下基础。同时建立东起内黄，经浚县大碾、淇县南关到汲县塔岗村，总长160

余里的中共红色地下交通线。1943年5月调太行军区新一旅，7月12日当选为太行区七专署淇县抗日民主政府首任县长。新中国成立后，曾先后任贵阳专署专员、贵州省城建局局长、贵州省建工厅厅长、贵阳市市长、国家水利部基本建设总局局长、水电部纪律检查委员会负责人等职。离休后享受副部长级医疗待遇。

刘　萍（1920～？），山西省昔阳县人。1937年8月参加工作，9月加入中国共产党，历任区委书记、县委书记。1943年10月任中共淇县县委书记。1944年任淇汤联合县宣传部部长。在淇县、汲县工作三年多，为建立壮大抗日武装，扩大抗日根据地，发展党的组织等作出了很大贡献。调离淇县后，任《新华日报》编辑组长、北京铁路局宣传部副部长、《铁路报》副总编辑、铁道部建设工程局政治部副主任。1988年离休。

赵　滔（1919～？），山西省霍县人。1936年参加工作，1937年5月加入中国共产党，延安抗大毕业后，任中共淇汤县委书记，领导淇汤县人民积极进行抗日斗争，在减租、破路斗争、救灾度荒、政权建设等方面作出了很大贡献。后来历任解放军某部团政委、柳州铁路局党委书记、兰州铁路局党委书记等职。1984年6月离休。

李　泽（1918～2013），山西省昔阳县人。1937年11月参加工作，1938年2月加入中国共产党。历任太南民先总队部民运部长、太南特委巡视团团员、中共林安汤淇中心县委书记、林县县委书记、山西壶关县委书记、太南特委敌工部长、汲县县委书记。1944年12月至1945年4月，在任汲淇县委书记期间，领导全县人民扑灭蝗虫，救灾度荒，特别是在减租减息、锄奸反霸和政权建设等方面作出了很大贡献。后来历任豫北七地委宣传部部长、湖北日报社社长、中共中央华北局工业部副部长、全国总工会石化工会主席等职，1982年离休（副部级待遇）。

赵抱一（1917～1990），河北省临城县人。1937年1月参加工作，同年12月加入中国共产党。历任干事、区委书记、县委书记。1945年4月任中共汲淇县委书记，1947年3月，汲、淇分县后，又任淇县县委书记，直到同年8月奉命南下。在淇工作期间，对巩固汲淇县根据地、扩大解放区、组织与发展人民武装、开展对敌斗争作出了贡献。后历任湖北省恩施地委书记、宜昌地委书记、湖北大学党委书记、华中农学院党委书记，1988年在武汉离休。

巩培基（1905～？），山西省静乐县人。1936年9月加入中国共产党。历任西岚县县长、左权县县长。1945年元月至6月任汲淇县县长、县委委员兼独立营营长，在对敌斗争和根据地建设方面作出了突出贡献。后任林县县长、豫北工委书记、豫西专署副专员。在郑州铁路局和西安铁路局工作期间，历任财务、计划、统计、材料、工程等处处长。1983年离休。

周 泉（1915～？），山东寿光县人。1935年入伍，1938年加入中国共产党。1944年任汲淇县县大队副政委；1945年9月日本投降后，汲淇县县大队升编为太行七分区四十九团，任团长兼副政委，后任政委、团总支书记等职。

**苏贯之**，1945 年 9 月至 1946 年 3 月任汲淇联合县县长。（其他情况不详）

**杨　贵**（1928 ～ 2018），河南省卫辉市（原汲县）人，出身贫苦。1936 年至 1941 年在本村读书。1942 年在中国共产党动员抗日救亡图存的号召下，参加了抗日和反对国民党苛捐杂税的斗争，为此，遭到国民党政府的多次抄家和通缉。1943 年加入中国共产党，任罗圈村党支部书记。1947 年汲、淇县分设，历任淇县五区、二区区长、六区区委书记、淇县县委委员兼二区区委书记、淇县县委办公室主任等职。抗日战争时期，他深入敌后，散发传单、书写标语、串连发动群众积极进行抗日斗争，曾参加过拔除庙口日伪据点等战斗。1947 年 3 月，在葛箭反包围战斗中，他指挥果断，取得了以少胜多的胜利。是年 7 月，在指挥三里屯突围战斗中，英勇负伤。伤未痊愈，又调淇县前方指挥部工作。1950 年调离淇县后，先后任中共汤阴县委宣传部部长、中共安阳地委办公室副主任、中共林县县委书记兼林县人民武装部政委。在林县工作期间，针对林县"缺水"问题，因地制宜，采取了开渠引水、筑库蓄水等十种办法，制定了旱地变水田、秃山变绿林等"十变"措施。从 1960 年到 1969 年，带领林县人民苦战十年，引漳河水入林县，建成了一条长达 1500 公里的人工天河——红旗渠。1969 年以后，先后任洛阳地区革命委员会副主任、中共安阳地委书记兼林县县委第一书记、河南省委常委、中共十届中央候补委员、公安部党的核心小组成员、副部长、国务院三西地区农业建设领导小组办公室副主任、国务院贫困地区领导小组办公室顾问。

霍云桥（1920～1994），山西省左权县人。1938年1月加入中国共产党，同年5月参加革命工作。1945年初，到汲淇县任大石岩区区委书记、汲淇县委组织部部长。1950年至1952年任中共淇县县委书记。对淇县的武装斗争、党政建设、恢复经济、发展农业生产均作出了很大贡献。后任河南省委副秘书长兼档案局局长、省委党史编委会副主任。1988年任省政协常委、省委党史工作委员会顾问。

柳 林（1915～2017），河南省沁阳县人。1937年加入中国共产党，1938年参加工作。历任区长、区委书记、副县长、县长。1947年3月至1948年底，任淇县县长期间，他经常深入斗争前线领导武装斗争和群众运动，为建立基层政权、巩固老区、扩大新区、支援前线作出了重大贡献。后又任副专员、河南省政府办公厅副主任、包头钢铁学院党委书记、武汉钢铁学院党委书记、桂林冶金地质学院党委书记，1983年在桂林离休。

陶国清（1911～1992），原名陶明和，安徽省金寨人。1927年参加农民协会，1929年参加中国工农红军，同年加入中国共产主义青年团。1933年3月转为中国共产党党员。土地革命战争时期，他先后任金寨乡游击队中队长、大队长。红四方面军总医院第三分院政治部组织科科长、党委书记，红四方面军第十二师四连连长、第十师四连连长。参加了长征，三过雪山草地。抗日战争时期，任八路军第一二九师三八五旅七六九团一营营长。1938 年 8 月任八路军第一二九师三八五旅七六九团副团长、团长。1944 年 1 月任太行军区第二团团长。1945 年 7 月任太行军区第三分区司令员。解放战争时期,任太行五分区司令员,1947 年率部在淇县一带执行豫北反击战清除外围据点任务,1947 年 4 月指挥淇县城解放的战斗。后任晋冀豫军区豫北指挥部司令员、太行军区副司令员、华北南下军区司令员。中华人民共和国成立后,任平原军区聊城军分区副司令员、河北军区邯郸军分区司令员、山西省军区副司令员。1955 年被授予少将军衔,荣获二级八一勋章、一级解放勋章。1983 年离职休养。1988 年 7 月被授予中国人民解放军一级红星功勋荣誉奖章。

米志高(1919 ~ 2003),陕西延长人。1936 年参加中国工农红军,1937 年加入中国共产党。土地革命战争和抗日战争时期,历任八路军留守兵团卫生员、通信班长、排长、副指导员、连长、营长、太行军区团参谋长等职。解放战争时期,历任中原野战军副团长、团长、第二野战军师副参谋长、东北航空学校大队长、太原第四航空学校参谋长等职。1947 年 3 月,指挥完成了消灭淇河桥两岸的护桥敌军,摧毁淇河大桥,切断国民党军事物资运输交通线。还参加过平汉、南渡黄河、淮海、渡江等战役。新中国成立后,历任空军第四航空学校副校长、校长,北空司令部副参谋长兼军训部副部长、北空副司令员、北京军区空军顾问等职。荣获二级八一奖章、二级独立自由勋章、二级解放勋章和二级红星功勋荣誉奖章。

常继忠(1916 ~ 1992),河北省内丘县五郭店乡磨湾村人。1938 年参加工作,同年加入中国共产党。历任淇县县委组织部部长、成工部部长、副书记、书记。在 1948 年 7 月至 1949 年 8 月任淇县县委书记期间,经常率领区干队和民兵与顽匪杨富作斗争,在政权建设、武装建设和救灾度荒等方面作出了一定贡献。后历任地直党委书记、地区办事处主任、工会主席、鹤壁市委副书记等职。

汪　洋（1918～？），河南省辉县长春乡北陈马村人。1938年2月齐鲁大学毕业后参加工作。曾任辉县地下区分委书记、新辉汲县工委宣传部部长、新乡县县长，汤阴县县长。1948年11月至1950年6月任淇县县长期间，领导全县人民结束了土地改革工作。在同顽匪斗争中，活捉并处决了匪首扈全禄、杨富，为巩固人民政权作出了一定贡献。后任叶县县长、新乡市文教局长、洛阳市文教局长、平顶山市交通局指挥部副指挥长等职。

赵洪璋（1918～1994），淇县赵沟村人。6岁上小学，12岁到安阳读初中，18岁高中毕业。1936年在"开发大西北"的呼声中，考入国立西北农林专科学校。1937年"七七"事变后，内迁院校中一部分专业于1938年与该校合并成立西北农学院。在家乡沦陷、生活来源中断的情况下，赵洪璋靠"战区学生贷金"修完了学业。1940年大学毕业后，赵洪璋到陕西农业改进所大荔农事试验场工作，负责小麦、谷子、棉花等多项试验。在总结多年圃场试验工作的过程中也深入农村，调查当地农作物品种分布和轮作栽培情况，受到了陕西省农业改进所的嘉奖。当地人们赖以生存的主要农作物小麦，由于品种古老劣质，加上天气原因，在小麦成长后期，很容易造成倒伏减产，小麦产量很低，亩产只有几十公斤。农民的辛勤劳动难以果腹。赵洪璋心里便产生了"改良品种，兴农富国"的愿望。1942年初，赵洪璋被老师沈学年教授调回西北农学院任助教。从此，他便一面进行教学，一面进行小麦杂交育种实验，取得了一个又一个研究成果。赵洪璋是中国科学院院士，先后主持育成并推广了以"碧蚂1号""丰产3号""矮丰3号"和"西农881"为代表的四批优良品种，被誉为小麦育种学界的科学巨匠、农业科教战线的一代宗师，老百姓亲切地称他为"赵劳模"。毛泽东主席亲切称赞他："一个小麦品种挽救了大半个新中国。"

**赵玉芬**（1948～　　），女，淇县马湾村人。1971 年毕业于台湾新竹清华大学化学系，1975 年获美国纽约州立大学石溪分校博士学位，并在原校及纽约大学做博士后。1988 年受聘为清华大学化学系教授、博士生导师，1991 年当选为中国科学院院士。主要研究领域为有机磷化学和化学生物学。发明了合成丙谷二肽的新方法等，并获专利授权，已实现产业化，获得原料药及制剂的新药证书；发明了合成抗癌药三尖杉酯碱母核的新方法；利用质谱技术研究了一系列磷酰化氨基酸、磷酰化小肽的裂解及重排规律，进行了蛋白质的序列分析以及生物大分子和有机小分子之间弱相互作用的研究。已在国内外学术刊物上发表论文 500 多篇，出版专著 8 部，获得 86 项国家发明专利授权，美国、德国、日本专利各 1 项。多次在国内外学术会议上做特邀报告和大会报告。曾获中国青年科学家奖、教育部全国百名优秀博士论文导师奖、第二届新世纪巾帼发明家称号、科技部"十大杰出跨世纪人才"称号、中国科学院和教育部科技进步奖等奖励与荣誉，2015 年获国际阿布佐夫奖——有机磷化学领域、2017 年获卢嘉锡化学奖。兼任《中国科学》等国际国内期刊的编委。

**李钟美**（1889～1980），号葆初，淇县窦街村人。终生致力于中国铁路、桥梁事业，被誉为"铁路桥梁大师"。少时在家务农，读过私塾。1912 年 10 月，考入河南省留欧美预备学校。1915 年 7 月毕业后，因家中拿不出留学费用，于同年 9 月考入北京留美学堂——清华学校（清华大学前身）。1921 年毕业后，因无留学资费，边读书边等待，几经周折，于 1923 年 9 月到美国华盛顿州立大学攻读土木专业。毕业后到澳里根州立大学深造。之后，到地特律顾问工程公司任制图员，继之到罗契斯特胡氏钢铁公司任结构工程师。1930 年元月回国，任河南大学教授。1931 年任省河务局工程科长，同年 9 月任焦作工学院土木工程系主任。1936 年 8 月至 1949 年 10 月，先后任湘黔铁路工程局副工程师、黔桂铁路局工程处任设计科长、副处长、代理处长、广西柳州湘桂黔铁路局总工程师室主任。新中国成立后，调衡阳铁路局柳州分局，先后任秘书室主任、柳州铁路局总工程师等职。1953 年 8 月至 1953 年 11 月，任铁道部第七基建分局、第十二基建分局总工程师。自涉足祖国铁路工程以来，曾修过无数座桥梁、涵洞。在修建武汉长江大桥中，李钟美和其他有关专家进行测量、制图和定线，组织实施桥墩、桥体建设，他们采用"大型管柱钻孔法"代替过去旧式"压气沉箱法"，攻克了一个个技术难关，于 1957 年 10 月 15 日顺利建成，李钟美功绩卓著。武汉长江大桥完工后，李钟美于 1965 年 6 月退休，1980 年 7 月在柳州病逝，享年 91 岁。他一生致力于科技研究，为祖国的铁路建设作出了卓越贡献，是淇县知识界的楷模。

**杨安忠**（1929 ～ 2008），淇县高村镇杨吴村人。1945 年 5 月参加革命，1946 年 5 月加入中国共产党，1988 年被授予少将军衔，1990 年 7 月离职休养。荣获独立自由勋章、解放勋章、独立功勋荣誉奖章。抗日战争和解放战争时期，历任四纵队十三旅五十七团战士、副班长、班长、排长、副连长、连长等职，参加过上党战役、淮海战役、渡江战役、两广战役和进军大西南的战斗，坚决贯彻上级的指示命令，出色完成了各项战斗任务，荣立战功，所带连队被表彰为模范连队。新中国成立后，历任营参谋长、营长、团副参谋长、副团长、炮兵司令部参谋长、团长、师参谋长、副师长、师长、副军长、军长、军区副参谋长等职。在云南剿匪战斗、边境自卫还击作战中，带领部队圆满完成了作战任务。在各级领导岗位上，他注重学习调研，实施科学指导，狠抓战备训练，严格部队管理，为推进军队革命化、现代化、正规化建设倾注了大量心血。

**杨金岭**（1946～　　），淇县高村镇花庄村人。1962 年 4 月参加工作，1964 年 9 月入伍。历任乌鲁木齐军区政治部保卫部副部长；兰州军区政治部保卫部部长；宁夏军区政治部主任；21 集团军副政委；青海省军区政委。宁夏军区政治委员。2003 年 4 月任宁夏区委常委，宁夏军区政治委员。1995 年晋升少将军衔。原宁夏区党委常委，现为宁夏书法家协会名誉主席，宁夏书画艺术发展促进会名誉会长。

**康宏贵**（1954～　　），淇县北阳镇骑河黄庄村人。1974 年 12 月入伍，1976 年 10 月入党。毕业于第二炮兵指挥学院、国防大学。入伍后历任班长、排长、连长、营长、导弹基地侦察处长、作训处长、导弹旅旅长、第二炮兵作战部长、导弹基地参谋长、司令员、第二炮兵副参谋长。曾荣立二等功一次、三等功四次，并多次荣立集体战功和荣誉称号。2007 年 5 月晋升少将军衔。

**任国周**（1938～　　），淇县高村镇鱼坡村人。1964 年毕业于清华大学工程力学数学系热物理专业。先后在炮兵科学院、航天二院、四院和三院工作，历任型号主管设计师，专家级研究员，曾送三个型号导弹上天，为国防现代化作出重要贡献，多次获得国家科技成果奖。2008 年参加北京奥运会火炬设计团队，是祥云地面火炬、祥云珠峰火炬和鸟巢主火炬主要研制者之一，奥运火炬设计团队荣获部级先进集体荣誉奖，任国周荣立个人一等功。在国家科技核心期刊《推进技术》《航天工艺》《上海航天》《固体火箭技术》上发表《固体火箭发动机装药寿命预示方法试验研究》《非自燃推进剂固液火箭发动机点火特性试验研究》等专业技术论文八篇。主要著作有：《环境物理学》（任国周、赵瑞湘译）、《为祖国健康工作五十二年诗词选集》等。

靳月英（1923～　），女，淇县黄洞乡鱼泉村人。中共党员，系冯清海烈士遗孀。年仅24岁时丈夫牺牲，她化悲痛为力量，继承丈夫的遗志，努力为党工作。历任村妇联主任、副大队长、副社长、副乡长和村党支部委员。靳月英是一位老党员、老楷模、老烈属，她长年累月、持之以恒地把一颗共产党员的爱心倾注在家乡建设、教育事业和拥军上，作出了许许多多平凡而又动人的事情，受到群众的称赞。1959年5月和1984年8月，两次到北京参加全国"双拥"先代会，受到党和国家领导人的接见，1984年被省政府和武汉军区命名为"模范烈属"，并先后十七次受到省、地、市、县的嘉奖。2019年10月30日，中央文明办在江西省宜春市举办全国道德模范与身边好人现场交流活动，并发布10月"中国好人榜"，靳月英被评为助人为乐好人。

徐　光（1953～　），淇县灵山街道办事处大石岩村人。1972年4月入党，大专文化，现任大石岩村党支部书记。1969年12月至1996年10月在北京军区装甲兵坦克第七师服役，曾任坦克七师党委常委、装备技术部部长、党委书记(副师级)。1996年10月转业至河南省质量技术监督局，曾任省质量技术监督稽查总队总队长、省标准研究院院长，新乡市质量技术监督局党组书记、局长等职。2013年3月退休。2016年10月响应淇县县委"头雁回归创业"计划号召回村任职，积极发挥党支部政治思想引领作用，在较短时间内扭转了村内不良风气，党支部由弱变强，村子发展由慢变快，大石岩村党员群众人心齐、干劲足，各项工作呈现出了勃勃生机。先后荣获全国质量技术监督打假联合行动先进个人、省优秀党务工作者、全国模范军队转业干部、省质监系统整风行风建设先进个人、省级脱贫攻坚先进个人奖、省第八届优秀复转军人年度人物奖、"出彩河南人2018年度好人榜"敬业奉献奖、"中国好人榜"、省劳动模范、全国模范退役军人、全国离退休干部先进个人、省脱贫攻坚奋进奖等荣誉称号。

　　**冯增智**（1949～　　），淇县黄洞乡鲍庄村人。1986年7月入党，曾任淇县黄洞乡农技站站长、乡长助理、鹤壁市农工委生产科副科长、市农业区划办、综合开发办副主任、农工委副主任、农业区划办主任、农业开发办主任、市农委副主任兼农业局副局长、农业产业化办公室主任、扶贫办主任、农业结构调整办公室主任、小康办副主任、市农业农村局副局长、食品产业办公室主任。曾获省、市重大科技成果18项，被河南省农学会、农业厅推选为"河南省旱地农业专家"。撰写的《鹤壁市旱地农业发展研究》论文，1987年经国家六部委考察推荐出席《国际旱地农业论坛》发表演讲。授予河南省、全国农业区划、农业综合开发、农业产业化先进工作者。评选为市专家组食品工业专家、食品安全管理专家。2014年12月受淇县县委邀请任淇县黄洞乡鲍庄村第一书记，引领干群克难攻坚，解决群众生态生产生活"十大"难题，走上了脱贫、创美、兴游之路。2016年被授予鹤壁市、河南省优秀共产党员，2019年被中共中央组织部授予全国离退休干部先进个人，2020年被鹤壁市委授予鹤壁市高质量发展乡村振兴带头人。

# 二、淇县革命烈士名录

| 朝歌镇 | | | | | | | | | |
|---|---|---|---|---|---|---|---|---|---|
| 姓名 | 性别 | 出生年月 | 籍贯 | 参加革命年月 | 入党年月 | 牺牲年月 | 牺牲地点 | 牺牲单位 | 牺牲时职务 |
| 王明礼 | 男 | 1934 | 下关村 | 1953.6 | | 1960.3 | 西藏自治区昌都下文卡村 | 9623部队一中队二分队 | 副班长 |
| 史希水 | 男 | 1912 | 西街村 | 1948.3 | | 1948.8 | 淇县城关西街 | 淇县西街农会 | 主席 |
| 李国芳 | 男 | 1928 | 南关村 | 1950 | | 1950.6 | | 西南军区60军538团 | 战士 |
| 李连成 | 男 | 1924 | 南门里 | 1945 | | 1947 | 淇县西岗包公庙 | | |
| 李清泉 | 男 | 1919 | 南门里 | 1941 | | 1943 | 大别山 | 刘伯承部队 | 战士 |
| 吴生元 | 男 | 1910 | 中山街 | | | 1948.2 | 淇县城关镇石桥村 | 淇县城关中山街 | 村长 |
| 周玉同 | 男 | | 阁南村 | | | 1948 | 汤阴县上堂村 | 淇县阁南民兵 | 民兵 |
| 郝玉宝 | 男 | 1923 | 西坛村 | 1948 | | 1949.6 | | 解放军11军38师18团3营2连 | 战士 |
| 秦玉水 | 男 | 1905 | 南关村 | | | 1947.3 | 淇县南关 | 淇县南关民兵队 | 民兵 |
| 郭禄堂 | 男 | 1929 | 西街村 | 1946 | | 1952.4 | 朝鲜 | 志愿军 | 战士 |
| 高功然 | 男 | | 南门里 | 1947 | | 1948 | 汲县皇甫村 | 淇县县大队 | 大队长 |
| 刘胡宾 | 男 | 1919 | 稻庄村 | | | 1947 | 淇县稻庄 | 淇县一区区公所 | 工作员 |
| 阎怪妮 | 男 | 1905 | 下关村 | | | 1948 | 淇县下关 | 淇县下关农会 | 主席 |
| 王汝明 | 男 | 1934 | 东街村 | 1954.4 | | 1974.4 | 湖北省麻城县 | 工程兵119团 | 参谋 |
| 马培仁 | 男 | 1927.8 | 阁南村 | 1947 | | 1949.6 | 广东省汕头市 | 4兵团15军44师 | 侦察员 |
| 王士文 | 男 | 1916.2 | 阁南村 | | | 1951.6 | 淇县北关 | 淇县阁南民兵队 | 民兵 |
| 薄建武 | 男 | 1929 | 东街村 | | | 1948.2 | 城关东门里 | 淇县东街民兵队 | 民兵 |
| 郭光志 | 男 | 1927.1 | 下关村 | 1950 | | 1950.10 | 安阳市 | | 班长 |
| 张永礼 | 男 | 1903 | 东关村 | 1941 | | 1943 | 山西省泽南江村 | | 通信员 |
| 王一五 | 男 | 1929 | 南门里 | 1948.2 | | 1953.4 | 朝鲜 | 志愿军 | 战士 |
| 王洪道 | 男 | 1920.2 | 南门里 | 1946.3 | | 1950.5 | | 无线电连 | 台长 |
| 高中然 | 男 | | 付庄村 | 1947.11 | | 1947.11 | 淇县西岗 | | |
| 李明贞 | 男 | 1918 | 阁南村 | 1942 | | 1947 | | 第二野战军 | 战士 |
| 冯清贤 | 男 | 1922.1 | 南关村 | 1947.12 | | 1948.2 | | 8749部队 | 战士 |
| 李锡州 | 男 | 1926 | 南门里 | 1947.5 | | 1948 | | 河南省军区临汝独立团 | 战士 |
| 李 华 | 男 | 1917 | 张近村 | | | 1948.11 | 淇县西岗小车村 | 淇县张近村民兵队 | 民兵 |
| 夏景玉 | 男 | 1916 | 张近村 | 1945 | | 1947 | 淇县七里堡 | 49团 | 指导员 |
| 马玉连 | 男 | 1930 | 张近村 | 1948.12 | | 1953.1 | 朝鲜 | 志愿军 | 侦察员 |
| 齐 平 | 男 | 1921 | 张近村 | | | 1948.2 | 淇县张近村 | 张近村武委会 | 主任 |

| 姓名 | 性别 | 出生年月 | 籍贯 | 参加革命年月 | 入党年月 | 牺牲年月 | 牺牲地点 | 牺牲单位 | 牺牲时职务 |
|---|---|---|---|---|---|---|---|---|---|
| | | | | | 高村镇 | | | | |
| 王济藻 | 男 | 1924 | 大屯村 | 1944 | | 1946 | 山西省太原 | 42团 | 班长 |
| 栗忠信 | 男 | 1917 | 新乡屯村 | 1938 | | 1946.11 | 山西省效益县 | | 连长 |
| 史松岭 | 男 | 1896 | 万古村 | | | 1947.10 | 淇县万古 | 万古村老年队 | 队长 |
| 李志东 | 男 | 1929 | 和尚庙村 | 1946.10 | | 1946 | 山西省洪洞县 | 安济县民兵队 | 战士 |
| 李　春 | 男 | 1944.6 | 文礼庄 | 1964.3 | | 1968.5 | 河北省磁县 | 459部队一机连 | 战士 |
| 郭二信 | 男 | 1925 | 刘河村 | 1944.9 | | 1948.12 | 安徽省堆集寺大桥村 | 六纵队16旅46团1营1连 | 排长 |
| 李玉田 | 男 | 1919 | 二郎庙村 | 1941.3 | | | 新野县 | 六纵队18旅25团 | 班长 |
| 郭水成 | 男 | 1926 | 泥河村 | 1945.4 | | 1945.9 | 辉县 | 太行部队1团2连2排 | 战士 |
| 张计妞 | 男 | 1904 | 石河岸村 | 1947 | | 1948.11 | 淇县石河岸 | 淇县县大队 | 通信员 |
| 栗　荣 | 男 | 1920 | 三里屯村 | 1947.8 | | 1948.7 | 浚县大贵店 | 49团1营2连 | 班长 |
| 王　公 | 男 | 1909 | 二郎庙村 | | | 1948.2 | 淇县二郎庙村 | 二郎庙村民兵队 | 民兵 |
| 任宝生 | 男 | 1920 | 高村村 | | | 1948.3 | 淇县高村 | 高村民兵队 | 民兵 |
| 吕士珍 | 男 | 1918 | 吕庄村 | | | 1948.3 | 淇县吕庄 | 淇县吕庄村 | 村长 |
| 夏软妞 | 男 | 1922 | 吕庄村 | 1947.1 | | 1947 | 汲县皇甫村 | 淇县县大队 | 战士 |
| 郭振清 | 男 | 1907 | 高村村 | | | 1947.6 | 淇县高村 | 高村民兵队 | 民兵 |
| 郭振生 | 男 | 1917 | 冯庄村 | | | 1947.7 | 湖北省浪江村 | 77团 | 战士 |
| 郭计妞 | 男 | 1917 | 花庄村 | | | 1947 | 山西省临汾县 | | 战士 |
| 刘之星 | 男 | 1912 | 新乡屯村 | 1946 | | 1947.6 | 大别山 | | 副连长 |
| 张建开 | 男 | | 小屯村 | | | | | 小屯村民兵队 | 民兵 |
| 张洪荣 | 男 | 1925 | 小屯村 | 1946 | | 1947 | | 0809部队 | |
| 李永富 | 男 | 1921 | 高村村 | | | 1948.6 | 淇县高村 | 高村民兵队 | 民兵 |
| 李廷富 | 男 | 1898 | 高村村 | | | 1948.6 | 淇县高村 | 淇县高村农会 | 主席 |
| 刘哭小 | 男 | | 杨晋庄村 | | | | | 解放军 | 战士 |
| 阎全和 | 男 | 1912 | 高村村 | | | 1947.6 | 淇县高村 | 淇县高村 | 村长 |
| 阎　喜 | 男 | | 高村村 | | | 1947.6 | 淇县高村 | 淇县高村农会 | 主席 |
| 韩五宝 | 男 | | 杨晋庄村 | | | | | 第一野战军 | |
| 韩　田 | 男 | 1916 | 文礼庄 | 1947.7 | | 1948.3 | 汲县塔岗 | 49团 | 战士 |
| 魏生妞 | 男 | 1908 | 王屯村 | 1947.7 | | 1948.8 | 淇县西岗 | 49团 | 战士 |
| 李富贵 | 男 | 1920 | 贯子村 | 1947.8 | | 1948.8 | 洛阳市 | 132团5连 | 战士 |
| 韩荣保 | 男 | 1927 | 冯庄村 | | | | 山西省阳城县十中店 | | 战士 |
| | | | | | 桥盟街道 | | | | |
| 冯太和 | 男 | 1915 | 古烟村 | | | 1948.2 | 淇县前张近 | 古烟村农会 | 主席 |
| 崔树贤 | 男 | | 崔庄村 | 1947.9 | | | | 四野120师6营3连 | 战士 |
| 杜小驴 | 男 | 1924 | 七里堡村 | | | 1947.10 | 淇县 | 淇县东街农会 | 主席 |
| 杜新堂 | 男 | 1919 | 七里堡村 | 1947.2 | | 1948.1 | 黄河南 | 第二野战军 | 战士 |
| 张同志 | 男 | 1926 | 七里堡村 | 1947.2 | | 1948 | 汲县方兰村 | 第二野战军 | 战士 |
| 郭景安 | 男 | 1923 | 古烟村 | | | 1947.7 | 淇县古烟 | 淇县古烟村 | 村长 |
| 郭明派 | 男 | 1923 | 桥盟村 | 1947 | | 1949 | 淇县桥盟 | 桥盟村武委会 | 主任 |
| 王发臣 | 男 | 1926 | 桥盟村 | 1945.4 | | 1945.8 | 获嘉县 | 老一团3营10连3排 | 战士 |

续表

| | | | | | | | | | |
|---|---|---|---|---|---|---|---|---|---|
| 北阳镇 | | | | | | | | | |
| 姓名 | 性别 | 出生年月 | 籍贯 | 参加革命年月 | 入党年月 | 牺牲年月 | 牺牲地点 | 牺牲单位 | 牺牲时职务 |
| 孙小六 | 男 | 1916 | 南阳村 | | | 1948 | 淇县玉女观村 | 南阳村民兵队 | 队长 |
| 杨文炳 | 男 | 1895 | 常屯村 | 1940 | | 1942 | 山东省东明县 | 115师 | 战士 |
| 赵毛群 | 男 | 1933 | 史庄村 | | | 1948.2 | 淇县南阳 | 史庄村民兵队 | 民兵 |
| 赵清泉 | 男 | 1926 | 骑河黄庄 | 1946 | | 1947.12 | 山西省军城 | 68团 | 战士 |
| 阎明连 | 男 | 1925 | | 1946.7 | | 1948.2 | 辉县 | 老一团 | 战士 |
| 靳百学 | 男 | 1915 | 王庄村 | 1947 | | 1948.2 | 淇县 | 王庄村武委会 | 主任 |
| 裴成妞 | 男 | 1932 | 史庄村 | | | 1948.2 | 淇县南阳 | 史庄村民兵队 | 民兵 |
| 郑清林 | 男 | 1906 | 常屯村 | | | 1947.10 | 汲县庄严寺村 | 常屯村民兵队 | 民兵 |
| 高德魁 | 男 | 1927 | 北阳村 | 1947.10 | | 1950 | 朝鲜 | 志愿军 | 战士 |
| 高所群 | 男 | 1926 | 北阳村 | 1949.4 | | 1952.3 | 朝鲜 | 志愿军192师五16团1连 | 班长 |
| 王礼瑞 | 男 | 1903 | 十三里堡 | | | 1947.10 | 汲县庄严寺村 | 十三里堡村民兵队 | 民兵 |
| 王成文 | 男 | 1926 | 上庄村 | | | 1948.6 | 淇县常屯 | 上庄村民兵队 | 队长 |
| 王莫成 | 男 | 1921 | 大水头村 | | | 1948.9 | 淇县北窑 | 大水头村民兵队 | 民兵 |
| 王鸿照 | 男 | 1920 | 良相村 | 1942 | | 1948.8 | 淇县良相 | 淇县武工队 | 队长 |
| 孔凡德 | 男 | 1926 | 杨树底村 | 1946.4 | | 1948.3 | 淇县南阳 | 淇县独立营 | 战士 |
| 申好学 | 男 | 1923.3 | 小屯村 | 1948.3 | | 1948.10 | 汲县车站八里屯 | 49团 | 排长 |
| 史合妞 | 男 | 1927 | 史庄村 | | | 1948.7 | 淇县 | 史庄村民兵队 | 民兵 |
| 李明论 | 男 | 1925.12 | 良相村 | | | 1948 | 淇县黄堆 | 淇县县大队 | 战士 |
| 李四妞 | 男 | 1919 | 北山门口 | 1946 | | 1948 | 汤阴县城 | 淇县县大队 | 战士 |
| 李银修 | 男 | 1924.6 | 南山门口 | 1947.8 | | 1948.9 | 辉县石门口 | 49团炮兵连 | 战士 |
| 刘连勋 | 男 | 1926 | 南阳村 | | | 1948.11 | 淮海战役 | | 战士 |
| 刘金茂 | 男 | 1921 | 黄堆村 | | | 1948.2 | 淇县黄堆 | 黄堆村民兵队 | 民兵 |
| 咸万心 | 男 | 1922 | 衡门村 | | | 1946.6 | 淇县北阳 | 衡门村民兵队 | 民兵 |
| 阎学明 | 男 | 1920 | 南阳村 | 1947.3 | | 1951 | 朝鲜 | 志愿军26军714师 | 战士 |
| 谭六妞 | 男 | 1923 | 大水头村 | | | 1948.9 | 淇县北窑 | 大水头村民兵队 | 民兵 |
| 徐培兰 | 男 | 1906 | 油城村西油城 | | | 1946 | 淇县油城 | 油城村民兵队 | 民兵 |
| 刘义才 | 男 | 1923 | 黄堆村 | 1946 | | 1947 | 山东省东明县 | 第6军 | 战士 |
| 徐万秋 | 男 | 1924 | 油城村 | 1943.9 | | 1947.6 | 林县原康 | 49团7连 | 战士 |
| 高胜春 | 男 | 1925 | 北阳村 | | | 1947.6 | 汲县仁里屯 | 49团7连 | 战士 |
| 李锁 | 男 | 1920 | 上窑村 | | | 1948 | 淇县北阳 | 上窑村民兵队 | 民兵 |
| 咸阴妞 | 男 | 1916 | 卧羊湾村 | 1942 | | 1944.6 | 淇县卧羊湾 | 卧羊湾武委会 | 主任 |
| 咸万江 | 男 | 1910 | 卧羊湾村 | | | 1945.3 | 淇县卧羊湾 | 卧羊湾村 | 村长 |
| 李清贵 | 男 | 1929 | 黄堆村 | | | 1948.7 | 淇县 | 黄堆村民兵队 | 民兵 |
| 石河林 | 男 | 1925 | 卧羊湾村 | 1943 | | 1948 | 淇县宋庄 | 淇县二区区干事 | 助理员 |
| 张明合 | 男 | 1907.3 | 黄堆村 | | | 1948.1 | 汲县西沿村 | 黄堆村农会 | 主席 |
| 宋金岭 | 男 | 1934 | 骑河黄庄 | | | 1951 | 朝鲜 | 志愿军 | 战士 |
| 张家明 | 男 | 1907 | 北阳潘庄 | | | 1948.2 | 淇县小庄 | 潘庄村民兵队 | 民兵 |
| 高兰均 | 男 | 1951 | 北阳村 | 1969.4 | | 1969.12 | 湖北省 | 湖北省军区188部队 | 战士 |
| 崔德文 | 男 | 1916.8 | 枣生村 | | | 1946.2 | 淇县枣生 | 枣生村委会 | 工作人员 |

续表

| 姓名 | 性别 | 出生年月 | 籍贯 | 参加革命年月 | 入党年月 | 牺牲年月 | 牺牲地点 | 牺牲单位 | 牺牲时职务 |
|---|---|---|---|---|---|---|---|---|---|
| | | | | | | | 北阳镇 | | |
| 崔有海 | 男 | 1918 | 玉女观村 | 1947 | | 1948 | 辉县 | 76团3营 | 班长 |
| 张凤伍 | 男 | 1918 | 西裴屯村 | 1935 | | 1938 | 山西省大宁县 | 第二纵队 | 排长 |
| 冯丑妞 | 男 | 1929 | 油城村 | 1947 | | 1947 | 林县 | 49团 | 通信员 |
| 张狗妞 | 男 | 1927 | 十里铺村 | | | 1948.2 | 淇县南阳 | 十里铺村民兵队 | 民兵 |
| 张炉匠 | 男 | 1929 | 史庄村 | 1947 | | | 朝鲜 | 志愿军 | 战士 |
| 张春林 | 男 | 1922.3 | 常屯村 | 1945 | | 1949 | 汝南县 | | 指导员 |
| 张荣林 | 男 | | 王庄村 | 1947 | | 1948.2 | 淇县 | 王庄村武委会 | 主任 |
| 张怀清 | 男 | 1905 | 南阳村 | | | 1948.2 | 淇县南阳 | 南阳村民兵队 | 队长 |
| 李因堂 | 男 | 1919 | 南山门口 | 1947.6 | | 1948.3 | 淇县袁庄 | 淇县二区区干连 | 班长 |
| 李跟年 | 男 | 1928 | 油城村 | 1947 | | | 淇县 | 49团 | 战士 |
| 宋庆希 | 男 | 1921 | 青羊口村 | 1947.3 | | 1950.8 | 云南省镇雄县 | 第二野战军43师128团 | 班长 |
| 胡金鉴 | 男 | 1916.7 | 良相村 | 1937.12 | | 1938.12 | 山东省 | 华北抗日军69团 | 副班长 |
| 高开善 | 男 | 1917.4 | 北阳村 | 1937.10 | | | | | |
| 万九林 | 男 | 1914 | 玉女观村 | | | 1944 | 山西省安泽县 | | 战士 |
| 咸万仁 | 男 | 1922 | 卧羊湾村 | | | 1943.6 | 淇县卧羊湾 | 卧羊湾村武委会 | 队长 |
| 岳朝栋 | 男 | 1923.3 | 常屯村 | | | 1947.7 | 淇县 | 常屯村民兵队 | 民兵 |
| 徐好仁 | 男 | 1915 | 史庄村 | | | 1948.2 | 淇县 | 史庄村农会 | 主席 |
| 高黑小 | 男 | 1916 | 北阳村 | | | 1947.10 | 淇县北阳 | 北阳村民兵队 | 民兵 |
| 高喜妞 | 男 | 1925 | 十里铺村 | | | 1948.2 | 淇县南阳 | 十里铺村民兵队 | 民兵 |
| 李花政 | 男 | 1924 | 北山门口 | 1948.6 | | 1948 | 辉县 | 49团 | 战士 |
| 李国林 | 男 | 1921 | 北山门口 | | | 1948.2 | 淇县 | 北山门口村民兵队 | 民兵 |
| 李三保 | 男 | 1924 | 西裴屯村 | 1947.6 | | | 汲县皇甫村 | 49团 | 战士 |
| 李留妞 | 男 | 1924 | 史庄村 | | | 1948.2 | 淇县 | 史庄村农会 | 主席 |
| 李锁根 | 男 | 1925 | 史庄村 | 1947.4 | | 1950.2 | 四川省重庆 | 第二野战军 | 班长 |
| 李丑妞 | 男 | 1926 | 史庄村 | | | 1948.2 | 淇县 | 史庄村民兵队 | 队长 |
| 李清合 | 男 | 1909 | 北阳村 | | | 1948.2 | 淇县吴村 | 北阳村民兵队 | 民兵 |
| 李金正 | 男 | 1928 | 衡门村 | | | 1946.6 | 淇县北阳 | 衡门村民兵队 | 民兵 |
| 李东生 | 男 | 1923 | 南山门口 | 1947.6 | | 1948 | 汤阴县 | 淇县二区区干连 | 战士 |
| 张德拉 | 男 | 1911 | 南山门口 | 1948 | | 1949 | 林县 | 淇县二区区干连 | 战士 |
| 张小柱 | 男 | 1918 | 南山门口 | | | 1946 | 徐州河成县 | 第二野战军 | 战士 |
| 李顺林 | 男 | 1926.3 | 油城村 | 1944 | | 1947.3 | 淇县南阳 | 49团2连 | 战士 |
| | | | | | | | 西岗镇 | | |
| 王鸿印 | 男 | 1926.7 | 姜庄村 | 1947.8 | | 1948.5 | 辉县石门口 | 太行山区部队 | 战士 |
| 王清义 | 男 | 1918 | 西岗村 | 1951 | | 1951.10 | 汲县医院 | | 战士 |
| 耿太远 | 男 | 1922 | 西岗村 | 1950 | | 1951 | 朝鲜 | 志愿军 | 战士 |
| 冯新春 | 男 | 1916 | 西岗村 | 1947.4 | | 1948.4 | 桃家河 | 三纵队8旅团 | 战士 |
| 冯相林 | 男 | 1910 | 西岗村 | 1945 | | 1951 | 朝鲜 | 志愿军 | 战士 |
| 冯清臣 | 男 | 1918 | 西岗村 | 1952 | | 1958 | 汤阴县 | 汤阴县民警队 | 民警 |
| 杨凤楼 | 男 | 1919 | 藏口村 | | | 1949 | 汲县西沿村 | 淇县三区武工队 | 大队长 |
| 杨玉坡 | 男 | 1913 | 藏口村 | 1943 | | 1945 | 淇县西岗 | 冀鲁豫军区37团 | 副班长 |
| 张希安 | 男 | 1928 | 藏口村 | 1948 | | 1948.10 | 淇县藏口 | 淇县三区武工队 | 队员 |

## 续表

| 姓名 | 性别 | 出生年月 | 籍贯 | 参加革命年月 | 入党年月 | 牺牲年月 | 牺牲地点 | 牺牲单位 | 牺牲时职务 |
|---|---|---|---|---|---|---|---|---|---|
| 马秀林 | 男 | 1923 | 马庄村 | 1947 | | 1949 | 淇县马庄 | 马庄村武委会 | 主任 |
| 刘金科 | 男 | 1925 | 大李庄村 | 1949.4 | | 1951.2 | 朝鲜 | 志愿军 | 战士 |
| 张志香 | 男 | 1924 | 豆街村 | 1956 | | 1959 | 汲县西沿村 | 北阳乡政府 | 干部 |
| 杨香堂 | 男 | 1928 | 豆街村 | | | 1947.6 | 西岗扬拐村 | 豆街村民兵队 | 民兵 |
| 赵福堂 | 男 | 1920 | 大车村 | 1936 | | 1952 | 朝鲜 | 志愿军 | 战士 |
| 郑国才 | 男 | 1921 | 迁民村 | 1947 | | 1951 | 朝鲜 | 志愿军 | 战士 |
| 刘金正 | 男 | 1924 | 枣园村 | 1945 | | 1948.11 | 滑县横营 | 第四游击队 | 战士 |
| 刘饶兴 | 男 | 1922 | 藏口村 | 1944 | | 1945 | 淇县西岗 | 新四军 | 侦察员 |
| 阎习田 | 男 | 1913 | 马庄村 | 1945 | | 1948 | 汤阴县 | 太行山区部队 | 班长 |
| 阎林山 | 男 | 1910 | 秦街村 | 1945 | | 1945 | 兰封县 | 老一团 | 战士 |
| 张金利 | 男 | 1928 | 藏口村 | 1943 | | 1948 | 封丘县 | 新四军 | 班长 |
| 张梅枝 | 男 | 1915 | 藏口村 | 1940 | | 1948 | 山东省朝城县 | 山东朝城交通站 | 站长 |
| 陈家福 | 男 | 1917 | 藏口村小河口 | 1946.3 | | 1946.9 | 淇县西岗 | 淇浚汲滑四区游击队 | 侦察员 |
| 李金喜 | 男 | 1941 | 大李庄村 | 1963.12 | | 1964.8 | 河北省邢台市 | 4601部队 | 战士 |
| 李连成 | 男 | 1920 | 大李庄村 | 1944.7 | | 1945.7 | 山西省长治县 | 四纵队11旅 | 战士 |
| 介明堂 | 男 | 1894 | 阎庄村 | 1937 | | 1938 | 山东省 | 384团 | 干事 |
| 王永恒 | 男 | 1919 | 豆街村 | 1937.10 | | 1945.3 | 滑县上小集 | 滑县上小集区 | 区长 |
| 李希瑞 | 男 | 1922 | 霍街村 | 1942 | | 1946 | 延津县 | 延津县情报站 | 站长 |
| 李锡祥 | 男 | 1927 | 霍街村 | 1943 | | 1948 | 滑县上小集 | 淇浚汲滑四县办事处 | 收发员 |
| 岳黑孩 | 男 | 1914 | 罗元村 | 1942 | | 1947 | 浚县辛店村 | 浚县辛店区公所 | 干部 |
| 岳朝骥 | 男 | 1917 | 罗元村 | 1947 | | 1948 | | 第二野战军 | 战士 |
| 阎玉广 | 男 | 1931 | 阎村村 | 1954.7 | | 1961.12 | 甘肃省清水县 | 0029部队 | 干部 |
| 辛长禄 | 男 | 1916 | 石奶庙村 | 1942 | | 1950 | 伏牛山 | 173师518团3营 | 连长 |
| 蓬学堂 | 男 | 1899 | 小车村 | | | 1948 | 淇县小车村 | | |
| 王老正 | 男 | 1891 | 西岗村 | | | 1946.9 | 淇县西岗 | 西岗村农会 | 主席 |
| 谭修仁 | 男 | 1919 | 大李庄村 | 1938 | | 1942 | 江苏省辛堂村 | 2旅骑兵营 | 班长 |
| 冯德现 | 男 | 1899 | 西岗村 | | | 1947.7 | 淇县西岗 | 淇县西岗村 | 村长 |
| 郭良堂 | 男 | 1923 | 关庄村 | 1945.8 | | 1946.8 | 山西省曲沃县芦顶山 | 11旅57团3营7连 | 战士 |
| 高万景 | 男 | | 皇王庙村 | | | | | 云南昆明大庙 | 司务长 |
| 韩秀保 | 男 | 1901 | 小车村 | 1948 | | 1950 | 淇县小车村 | | |
| 李保全 | 男 | 1925 | 包公庙村 | 1947 | 1948 | 1948 | | 临汝县独立营 | 战士 |
| 冯克芹 | 男 | 1924 | 西岗村 | 1946 | | 1948 | | 黑马团 | 战士 |
| 王在根 | 男 | | 三角屯村 | 1947.2 | | | | 二野12军34师101团3营 | 饲养员 |
| 冯明臣 | 男 | | 西岗村 | 1944 | | | | 四野 | |
| 郝金明 | 男 | | 郝街村 | | | | | 西南军区 | 班长 |
| 庙口镇 | | | | | | | | | |
| 李银 | 男 | 1919 | 土门村 | 1945 | | 1949年失踪 | | 第二野战军 | 机枪班班长 |
| 马庆学 | 男 | 1940.4 | 王洞村郭湾 | 1960.8 | 1961 | 1967.7 | 越南 | 3324部队炮兵师 | 班长 |
| 孟小猎 | 男 | 1922.4 | 山郭庄村 | 1947.6 | | 1949.8 | 浚县 | 淇县四区区公所 | 工作员 |
| 韩五全 | 男 | 1898 | 仙谈岗村 | 1943.2 | | 1946 | | 老一团 | 战士 |

续表

| 姓名 | 性别 | 出生年月 | 籍贯 | 参加革命年月 | 入党年月 | 牺牲年月 | 牺牲地点 | 牺牲单位 | 牺牲时职务 |
|---|---|---|---|---|---|---|---|---|---|
| 王小弄 | 男 | 1919 | 史庄村 | 1944 | | 1946 | 淇县北阳 | 49团 | 战士 |
| 王黑锁 | 男 | 1922 | 史庄村 | 1942.2 | | 1949 | 邺县大寒集 | 太行独立团2连 | 战士 |
| 龙金明 | 男 | 1924.1 | 山郭庄村 | 1947.9 | | 1947.12 | 林县盘石头 | 49团 | 战士 |
| 王银河 | 男 | 1912.8 | 土门村 | | | 1945 | 淇县土门 | 东土门村农会 | 主席 |
| 杨岭 | 男 | 1922.4 | 下曹村 | 1945 | | 1945.10 | 汲县塔岗 | 49团1营1连 | 战士 |
| 王德龙 | 男 | 1923.4 | 下曹村 | 1941.8 | | 1948.10 | 淇县桥孟 | 49团 | 战士 |
| 秦小计 | 男 | 1928.1 | 庙口白寺 | 1949.1 | | 1952.10 | 朝鲜 | 志愿军 | 战士 |
| 邢连生 | 男 | | 上曹王井 | | | 1947 | 汤阴县 | 王井村农会 | 主席 |
| 孟毛纽 | 男 | | 山郭庄村 | | | 1949 | 淇县小河口 | 山郭庄村民兵队 | 民兵 |
| 马连成 | 男 | 1930 | 王洞郭湾 | 1948.5 | | 1948.6 | 淇县黄堆 | 49团独立营 | 战士 |
| 晋玉生 | 男 | | 老庄村 | | | 1948.9 | 淇县石佛寺 | 老庄村民兵队 | 民兵 |
| 姜海 | 男 | 1907.4 | 仙谈岗村赵庄 | 1946.5 | | 1947 | 淇县西岗 | 淇县四区区公所 | 工作员 |
| 冯章林 | 男 | | 上曹王井 | | | 1947.9 | 渭河战斗 | 王井村民兵队 | 民兵 |
| 孙春喜 | 男 | | 土门村 | | | 1946 | 淇县土门 | 土门村民兵队 | 民兵 |
| 孙小弄 | 男 | 1924.4 | 土门村东土门 | | | 1946 | 淇县土门 | 东土门村民兵队 | 民兵 |
| 李成组 | 男 | | 大浮沱村 | | | 1947 | 淇县大滹沱 | 大滹沱农会 | 工作员 |
| 秦福生 | 男 | 1913 | 小岩沟村 | 1946.2 | | 1947.2 | 淇县形盆 | 淇县区干部 | 班长 |
| 葛江河 | 男 | | 葛箭村 | | | 1947.3 | 葛箭村 | 葛箭村 | 村长 |
| 葛银龙 | 男 | | 葛箭村 | | | 1947.1 | 葛箭村 | 葛箭村 | 村长 |
| 贾文堂 | 男 | | 大滹沱村 | 1942 | | 1944.8 | 汤阴铁塔 | 淇县县大队 | 战士 |
| 宋林 | 男 | 1917 | 王洞贺家 | 1947.10 | | 1948.5 | 淇县张近 | 49团4连 | 战士 |
| 龙明妞 | 男 | | 山郭庄村 | 1948.10 | | | 辉县 | | 战士 |
| 苏金合 | 男 | | 大滹沱村 | 1945.9 | | 1948 | 汲县吕庄 | 49团 | 战士 |
| 蒋论 | 男 | 1911.1 | 仙谈岗村 | 1944.8 | | 1946.10 | 汲县塔岗 | 淇县县大队 | 排长 |
| 张弄妞 | 男 | 1921 | 庙口盆窑 | 1944 | | 1949 | 南阳县 | 二野 | 班长 |
| 陈黑小 | 男 | 1925.4 | 庙口村小牛庄 | 1946.8 | | 1948.4 | | 淇县四区区公所 | 工作员 |
| 郭末和 | 男 | 1930.4 | 原本庙村 | 1948.8 | | 1949.4 | 陕汇地 | 14军40师 | 战士 |
| 王文男 | 男 | 1901.7 | 土门村 | | | 1945.1 | 淇县土门村 | 土门村农会 | 主席 |
| 王礼 | 男 | | 东场村 | 1946.5 | | 1947.9 | 淇县西岗 | 淇县四区区公所 | 工作员 |
| 王利 | 男 | | 小岩沟村 | | | 1946.8 | 淇县小岩沟 | 小岩沟村农会 | 主席 |
| 王金生 | 男 | 1924 | 三王庄村 | 1947.10 | | 1948.5 | 淇县张近 | 49团 | 战士 |
| 王德龙 | 男 | 1921 | 鲍屯村 | 1947 | | 1948.10 | 淇县鲍屯 | 49团2连 | 战士 |
| 牛小弄 | 男 | 1918 | 形盆村 | 1948 | | 1949 | | 49团2连 | 战士 |
| 李俊妞 | 男 | | 三王庄村蔡沟 | | | 1942.8 | 路安府 | 49团2连 | 战士 |
| 李明 | 男 | | 大滹沱村 | | | 1946 | 淇县大滹沱 | 大滹沱村委会 | 工作员 |
| 李小山 | 男 | | 大滹沱村 | | | 1948.4 | 淇县大滹沱 | 大滹沱村委会 | 工作员 |
| 李冬金 | 男 | | 三王庄村蔡沟 | | | 1947 | 汤阴县张庄 | 49团 | 战士 |
| 步六群 | 男 | | 三王庄村步庄 | 1947.4 | | 1948.7 | 林县盘石头 | 49团 | 战士 |
| 牛秋成 | 男 | | 东土门 | | | 1945.1 | 淇县东土门 | 东土门村民兵队 | 民兵 |
| 付三丑 | 男 | 1922 | 东土门 | | | 1945.1 | 淇县东土门 | 东土门村民兵队 | 民兵 |
| 李春海 | 男 | 1951.3 | 原本庙村杨铁庄 | 1973.1 | | 1975.11 | 兴安岭 | 铁道兵11团汽车连 | 战士 |

续表

| 姓名 | 性别 | 出生年月 | 籍贯 | 参加革命年月 | 入党年月 | 牺牲年月 | 牺牲地点 | 牺牲单位 | 牺牲时职务 |
|---|---|---|---|---|---|---|---|---|---|
| 陈小亮 | 男 | 1922.3 | 土门村 | | | 1945.1 | 淇县土门 | 土门村民兵队 | 民兵 |
| 孙小三 | 男 | 1925.5 | 土门村 | | | 1945.1 | 淇县土门 | 土门村民兵队 | 民兵 |
| 王李群 | 男 | 1924 | 土门村 | | | 1945.1 | 淇县土门 | 土门村民兵队 | 民兵 |
| 步太和 | 男 | | 三王庄村步庄 | | | 1948.6 | 淇县步庄 | 步庄民兵队 | 民兵 |
| 葛江同 | 男 | 1907 | 葛箭村 | | | 1947.3 | 淇县葛箭 | 淇县葛箭 | 村长 |
| 步 祥 | 男 | | 三王庄村步庄 | | | | 淇县赵沟 | 49团 | 战士 |
| 步东营 | 男 | | 三王庄村 | 1947.10 | | 1948.5 | 淇县张近 | 49团4连 | 战士 |
| 彭有新 | 男 | 1919 | 庙口盆窑 | 1943.10 | 1944 | 1947.8 | 淇县北阳宋庄 | 49团 | 副班长 |
| **黄洞乡** | | | | | | | | | |
| 贾 酞 | 男 | | 鲍庄村 | 1943 | | | | 老一团 | 战士 |
| 姚秀弄 | 男 | | 黄洞村 | 1943 | | 1945 | 辉县 | 老一团 | 战士 |
| 贾根群 | 男 | 1920 | 鲍庄范寨 | | | 1934 | 淇县范寨村 | 范寨村民兵队 | 队长 |
| 贾金堂 | 男 | 1901 | 鲍庄村 | | | 1934 | 淇县朱家 | 鲍庄村民兵队 | 文书 |
| 贾合群 | 男 | 1910 | 鲍庄村 | | | 1934 | 淇县朱家 | 鲍庄村民兵队 | 委员 |
| 贾朴滩 | 男 | 1923 | 鲍庄村 | | | 1945 | 淇县朱家 | 鲍庄村民兵队 | 民兵 |
| 贾二猛 | 男 | 1909 | 鲍庄范寨 | | | 1946.3 | 淇县范寨村 | 范寨村民兵队 | 民兵 |
| 贾小群 | 男 | 1916 | 鲍庄范寨 | | | 1945 | 淇县朱家 | 范寨村委会 | 副主席 |
| 程文福 | 男 | 1912 | 鲍庄范寨 | | | 1943 | 淇县朱家村 | 范寨村委会 | 小组长 |
| 贾桃成 | 男 | 1915 | 鲍庄范寨 | | | 1944.1 | 淇县范寨村 | 范寨村民兵队 | 民兵 |
| 王荣堂 | 男 | 1923 | 东掌村 | 1946.8 | | 1948.6 | 辉县石门口村 | 49团7连 | 班长 |
| 王德合 | 男 | 1913 | 东掌驼泉 | 1945.10 | 1945 | 1947.3 | 淇县仙谈岗 | 淇县四区区公所 | 主任 |
| 苏 彬 | 男 | 1921 | 东掌小寨 | 1943.2 | 1945 | 1947 | 汤阴县张庄 | 老一团 | 班长 |
| 牛三群 | 男 | 1917 | 鱼泉村 | 1941 | | 1947 | 山西省 | 老一团 | 战士 |
| 牛春保 | 男 | 1912 | 鱼泉村 | 1942.3 | | 1946 | 林县鱼村 | 49团 | 战士 |
| 牛兰堂 | 男 | 1918 | 鱼泉村 | 1943.9 | | 1945 | 淇县赵庄 | 淇县四区区公所 | 工作员 |
| 冯清海 | 男 | 1919 | 东鱼泉 | 1943.9 | | 1946.3 | 淇县葛箭村 | 淇县四区区公所 | 工作员 |
| 冯和尚 | 男 | 1917 | 西鱼泉村 | 1939 | | 1949 | 山西省太原 | 八路军19团3连 | 排长 |
| 王里成 | 男 | 1925 | 对寺窑村阎沟 | 1943.3 | | 1947.6 | 河北省 | 老一团 | 战士 |
| 王桂林 | 男 | 1920 | 对寺窑村阎沟 | 1943 | | 1949 | 兰封县 | 老一团 | 班长 |
| 王银锁 | 男 | 1923 | 对寺窑村阎沟 | 1942.10 | | 1949.4 | 汲县塔岗 | 淇县四区区公所 | 工作员 |
| 孟何明 | 男 | 1910 | 对寺窑村 | 1942 | | 1942.10 | 汲县塔岗 | 49团 | 战士 |
| 段关林 | 男 | 1919 | 对寺窑村 | 1945 | | 1948 | 淇县大李庄 | 淇县县大队 | 战士 |
| 段水群 | 男 | 1927 | 对寺窑村 | 1947.8 | | 1948.3 | 淇县古烟 | 淇县独立连 | 民兵 |
| 魏六妞 | 男 | 1923 | 对寺窑村 | | | 1948.6 | 淇县北阳 | 对寺窑民兵队 | 民兵 |
| 魏 汉 | 男 | 1914 | 对寺窑村阎沟 | | | 1949.6 | 淇县石奶庙 | 阎沟村民兵队 | 民兵 |
| 段培仁 | 男 | 1922 | 对寺窑村 | 1947.10 | | 1949.6 | 北京市 | 49团 | 战士 |
| 王忠林 | 男 | 1917 | 对寺窑村 | | | 1946.6 | 淇县北阳 | 对寺窑民兵队 | 民兵 |
| 付炳群 | 男 | 1925 | 全寨村 | 1941.12 | | 1947 | 汤阴潭峪 | 淇县县大队 | 战士 |
| 张黑弄 | 男 | 1915 | 大蜂窝村 | 1945 | | 1946 | 辉县 | 49团 | 战士 |
| 夏黑妞 | 男 | 1929 | 全寨韦泉 | 1948.2 | | 1951.4 | 朝鲜 | 志愿军 | 排长 |
| 夏二小 | 男 | 1905 | 全寨韦泉 | | | 1947 | 淇县赵沟 | 韦泉村武委会 | 主任 |

| 姓名 | 性别 | 出生年月 | 籍贯 | 参加革命年月 | 入党年月 | 牺牲年月 | 牺牲地点 | 牺牲单位 | 牺牲时职务 |
|---|---|---|---|---|---|---|---|---|---|
| 冯长银 | 男 | 1923 | 小蜂窝村 | 1944.10 | | 1953 | 朝鲜 | 志愿军 | 副排长 |
| 冯学才 | 男 | 1918 | 小蜂窝村 | 1947.1 | | 1947.9 | 汲县陈召 | 49团2连 | 排长 |
| 张合臣 | 男 | 1927 | 全寨韦泉 | 1947.1 | | 1948.6 | 淇县 | 淇县独立营 | 战士 |
| 李让 | 男 | 1921 | 全寨村 | 1945.6 | | 1947.9 | 辉县小司马村 | 49团8连 | 战士 |
| 栗福恩 | 男 | | 西马庄 | | | 1948.10 | 浚县巨桥 | 西马庄村民队 | 民兵 |
| 阎小山 | 男 | 1928 | 东马庄 | | | 1947.2 | 淇县东马庄 | 东马庄民兵队 | 民兵 |
| 阎玉生 | 男 | 1909 | 黄洞新庄 | | | 1947 | 淇县西岗 | 新庄村民兵队 | 民兵 |
| 阎玉祥 | 男 | 1914 | 西马庄 | | | 1947.3 | 淇县 | 西马庄村民队 | 民兵 |
| 牛友池 | 男 | 1925 | | 1944.8 | | 1947.8 | | 49团8连 | 战士 |
| 冯丙牛 | 男 | 1925 | 温坡村 | 1943 | | 1947 | | 49团2连 | 班长 |
| 杨金禄 | 男 | 1925 | 西掌村 | 1945.2 | 1945 | 1948.7 | | 49团2连 | 副班长 |
| 杨常宝 | 男 | 1923 | 西掌村 | 1945 | | 1948.7 | 浚县大赉店 | 49团2连 | 班长 |
| 晋里群 | 男 | 1920 | 胡泉沟 | 1945.9 | | 1948 | 淇县良相 | 淇县四区武工队 | 队员 |
| 晋桂林 | 男 | 1924 | 胡泉沟 | 1945.8 | | 1947 | 汲县塔岗 | 49团2连 | 副班长 |
| 杨禄文 | 男 | | 普泉村 | | | | 淇县普泉 | 普泉村民兵队 | 民兵 |
| 张小毛 | 男 | 1912 | 西掌村 | 1946 | | 1946 | 淇县良相 | 淇县四区武工队 | 队员 |
| 李开金 | 男 | 1908 | 和尚滩村 | | | 1945 | 淇县范寨村 | 淇县和尚滩村 | 村长 |
| 栗满仓 | 男 | 1925 | 柳林村 | 1944 | | 1945 | 淇县 | 淇县四区区公所 | 班长 |
| 李楷柱 | 男 | 1919 | 和尚滩村 | 1942.10 | | 1953.9 | 朝鲜 | 志愿军 | 连长 |
| 阎德功 | 男 | 1911 | 阎岭沟村 | | | 1946 | 淇县三里屯 | 阎岭沟村民兵队 | 民兵 |
| 蓬廷荣 | 男 | 1912 | 纣王殿村 | 1940.10 | | 1948.1 | 淇县上曹 | | 班长 |
| 蓬根妞 | 男 | 1924 | 纣王殿村 | 1942.3 | | 1946.7 | 兰封县 | 老三团 | 班长 |
| 蓬灿河 | 男 | 1918 | 纣王殿村 | 1947.9 | | 1948.5 | 淇县西岗 | 独立营1连 | 战士 |
| 王礼 | 男 | 1926 | 阴寨村 | | | | | 老一团 | 战士 |
| 王小巴 | 男 | 1926 | 石老公村 | 1942 | | 1943 | 淇县大漷沱 | | 区干部 |
| 庞桂妞 | 男 | 1927 | 马坡村 | 1947 | 1947 | 1948.3 | 西岗余庄 | 淇县四区区公所 | 战士 |
| 庞五妞 | 男 | 1926 | 石老公村 | | | 1947.10 | 黄洞土岭村 | 石老公村民兵队 | 民兵 |
| 李德民 | 男 | 1928 | 石老公村 | 1942.4 | | 1943.9 | 林县 | 49团 | 战士 |
| 王弄妞 | 男 | 1920 | 石老公村 | 1942 | | 1949 | 汲县皇甫村 | | 战士 |
| 贾六妞 | 男 | 1928 | 羊圈村 | 1946 | | 1948.9 | 汲县塔岗 | 49团3连 | 战士 |
| 王学俭 | 男 | 1922 | 胡泉沟 | 1947.9 | | 1948.3 | 淇县北阳 | 淇县独立营 | 战士 |
| 陈白妞 | 男 | 1916 | 温坡村 | 1942 | | 1944.8 | 林县 | 49团 | 战士 |
| 郭文合 | 男 | 1917 | 胡泉沟 | 1945.7 | 1946 | 1947.12 | 汲县皇甫村 | 49团 | 班长 |
| 牛小锁 | 男 | 1917.6 | 黄洞村 | 1942 | 1945 | 1946 | 淇县桥盟 | 49团2连 | 战士 |
| 牛金宝 | 男 | 1922 | 黄洞村 | 1946 | | 1947 | 辉县 | 49团1连 | 战士 |
| 牛小五 | 男 | 1921 | 黄洞村 | 1945.5 | | 1946.3 | 淇县黄洞村 | 黄洞村武委会 | 主任 |
| 姚廷贵 | 男 | 1916 | 黄洞村 | 1942 | | 1944 | 林县合涧 | 老一团 | 战士 |
| 焦成妞 | 男 | 1907 | 黄洞村 | | | 1946.10 | 桥盟小漷沱 | 黄洞村民兵队 | 民兵 |
| 焦小陆 | 男 | 1926 | 黄洞村 | 1943 | | 1945 | 林县合涧 | 老一团3营 | 班长 |
| 韩驴妞 | 男 | 1923 | 黄洞村 | | | 1945 | 淇县高村 | 黄洞村民兵队 | 民兵 |
| 李黄小 | 男 | 1915 | 黄洞村 | 1943.2 | | 1945.4 | 山东省 | 老一团 | 班长 |
| 李二五 | 男 | 1921 | 黄洞村 | 1944 | | 1946 | 林县原康 | 老一团 | 战士 |
| 牛宋群 | 男 | 1919 | 黄洞村 | 1942 | | 1947 | 安阳水冶 | 老一团 | 战士 |
| 刘水群 | 男 | 1920 | 黄洞村 | | | 1945 | 淇县大石岗 | 黄洞村民兵队 | 民兵 |
| 牛水妞 | 男 | 1919 | 黄洞村 | 1945 | | 1947 | 鹤壁庞村 | 老一团 | 战士 |
| 申永聚 | 男 | 1915 | 大石岩村 | 1946 | | 1946.7 | 汲县吕庄 | 49团 | 战士 |
| 冯俊堂 | 男 | 1919 | 大石岩村 | 1943.4 | 1946 | 1946.8 | 汲县吕庄 | 49团 | 战士 |

## 续表

| 灵山街道 | | | | | | | | | |
|---|---|---|---|---|---|---|---|---|---|
| 姓名 | 性别 | 出生年月 | 籍贯 | 参加革命年月 | 入党年月 | 牺牲年月 | 牺牲地点 | 牺牲单位 | 牺牲时职务 |
| 张保印 | 男 | 1927 | 东窑村 | 1943 | | 1944.11 | 淇县赵庄 | 淇县六区区部 | 通信员 |
| 杨尚庆 | 男 | 1923 | 小春花村 | 1944 | | 1946.1 | 汲县 | 49团 | 战士 |
| 王增喜 | 男 | 1920 | 大春花村 | 1946.4 | | 1947.1 | 淇县宋窑 | 淇县六区区公所 | 工作员 |
| 王增枯 | 男 | 1916 | 大春花村 | 1943.4 | | 1945.11 | 汲县 | 49团 | 文书 |
| 申禄安 | 男 | 1917 | 大石岩村 | 1942.4 | | 1948.1 | 滑县 | 老一团 | 班长 |
| 王满圈 | 男 | 1924 | 大石岩小庄村 | | | 1946 | 汲县狮豹头坟上村 | 小庄村民兵队 | 民兵 |
| 李学文 | 男 | 1928 | 凉水泉村 | 1946 | | 1948 | 汲县 | 49团 | 战士 |
| 王玉贵 | 男 | 1931 | 凉水泉村 | 1945.7 | | 1947.12 | 辉县城 | 49团 | 班长 |
| 陈希妞 | 男 | 1923 | 凉水泉村 | 1945 | | 1948 | 江苏省徐州李家大桥 | 老一团 | 副连长 |
| 冯光瑞 | 男 | 1923 | 赵庄村 | 1943.1 | | 1946.11 | 汲县岗朝 | 49团2连 | 排长 |
| 贾志帮 | 男 | 1917 | 窄狭村 | 1944 | | 1946.8 | 汲县陈召 | 49团2连 | 班长 |
| 贾志安 | 男 | 1913 | 窄狭村 | 1944.5 | | 1944 | 淇县赵庄 | 淇县六区区公所 | 工作员 |
| 王全福 | 男 | 1902 | 赵庄村 | 1943.8 | | 1944.6 | 淇县庙口 | 49团 | 班长 |
| 王全禄 | 男 | 1907 | 赵庄村 | 1946.7 | | 1946.11 | 淇县黑龙庄 | 淇县六区区部 | 炊事员 |
| 王怀安 | 男 | 1917 | 赵庄村 | 1946.4 | | 1946.10 | 淇县黑龙庄 | 淇县六区区部 | 工作员 |
| 申怀安 | 男 | 1927 | 赵庄村 | 1944 | | 1947.1 | 延津县 | 49团 | 班长 |
| 常志全 | 男 | 1918 | 小溇沱村 | 1941 | | 1943 | 林县城 | 老一团 | 班长 |
| 李三成 | 男 | 1925 | 大春花村 | 1946.7 | | 1947.10 | 淇县北阳 | 淇县六区 | 战士 |
| 徐常禄 | 男 | 1924 | 赵庄村 | 1942 | | 1945 | 淇县小溇沱 | 49团 | 司号员 |
| 申占山 | 男 | 1925 | 大石岩村 | 1943 | | 1946 | 汲县 | 49团 | 战士 |
| 李树全 | 男 | 1919 | 赵庄村 | 1945 | | | | 老一团 | 战士 |
| 卫都街道 | | | | | | | | | |
| 关金亮 | 男 | 1917 | 大洼村 | 1945 | | 1947.10 | 河北省定县 | 26军7连 | 战士 |
| 肖士香 | 男 | 1893 | 大洼村 | | | 1948 | 淇县 | 淇县大洼村 | 民工 |
| 朱占淇 | 男 | 1926.7 | 西杨庄村 | 1942.8 | | 1946.4 | 鹤壁集 | 49团 | 战士 |
| 黄新明 | 男 | 1930 | 西杨庄村 | 1946 | 1946 | 1948 | 安徽省 | 解放军 | 排长 |
| 李白小 | 男 | 1924 | 小洼村 | | | 1948.5 | 汲县红窑村 | 小洼村民兵队 | 队长 |
| 张小三 | 男 | 1928 | 小洼村 | 1947.8 | | 1950 | 北京市 | 49团 | 战士 |
| 伊清彬 | 男 | 1925 | 小马庄 | 1947 | | | 山西省祁县 | 太行二分区3营 | 战士 |
| 黄素发 | 男 | 1915 | 黄庄村 | | | 1947 | 淇县关庄 | 黄庄村农会 | 主席 |
| 黄双妞 | 男 | 1922 | 黄庄村 | 1946 | | 1947 | 淇县西岗 | 淇县武工队 | 队员 |
| 关林俊 | 男 | 1930 | 关庄村 | 1949 | | 1951.3 | 朝鲜 | 志愿军 | 排长 |
| 关金雨 | 男 | 1929 | 关庄村 | 1947 | | 1949.4 | 淇县北阳 | 淇县武工队 | 队员 |
| 潘麦生 | 男 | 1927.6 | 关庄村 | 1947.4 | | 1948.5 | 汲县红窑村 | 淇县关庄村农会 | 主席 |
| 阎桂锁 | 男 | 1926 | 小马庄 | 1944 | | 1946.10 | 淇县黄洞东马 | 淇县武工队 | 班长 |
| 宋安福 | 男 | 1918 | 大洼村 | 1947.12 | 1949 | 1953 | 朝鲜 | 志愿军 | 班长 |
| 关美堂 | 男 | 1909 | 关庄村 | | | 1947.8 | 淇县鱼泉 | 关庄村自卫队 | 民兵 |

# 三、淇县历任县委（工委）书记名录

| 姓 名 | 机构名称 | 职 务 | 任 期 |
|---|---|---|---|
| 魏十篇 | 中共奇（淇）训（浚）区委会 | 书记 | 1930.7-1930.12 |
| 宋希儒 | 中共淇县委员会 | 书记 | 1933.10-1934.10 |
| 李先贤 | 中共卫西工作委员会 | 书记 | 1940.10-1941.秋 |
| 孔 森 | 中共卫西工作委员会 | 书记 | 1941.秋-1942.1 |
| 石侠风 | 中共卫西工作委员会 | 书记 | 1942.5-1943.6 |
| 李先贤 | 中共延浚汲淇四县边工作委员会 | 书记 | 1943.6-1945.6 |
| 马瑞华 | 中共卫滨县委员会 | 书记 | 1945.7-1946.4 |
| 刘哲民 | 中共淇县工作委员会 | 书记 | 1943.7-1943.10 |
| 刘 萍 | 中共淇县委员会 | 书记 | 1943.10-1944.3 |
| 赵 滔 | 中共淇汤县委员会 | 书记 | 1944.3-1944.12 |
| 李 泽 | 中共汲淇县委员会 | 书记 | 1944.12-1945.4 |
| 赵抱一 | 中共汲淇县委员会 | 书记 | 1945.4-1947.3 |
| 赵抱一 | 中共淇县委员会 | 书记 | 1947.3-1947.8 |
| 郭庭俊 | 中共淇县委员会 | 书记 | 1947.10-1948.3 |
| 刘 峰 | 中共淇县委员会 | 书记 | 1948.3-1948.7 |
| 常继忠 | 中共淇县委员会 | 书记 | 1948.7-1949.12 |
| 张青山 | 中共淇县委员会 | 书记 | 1949.12-1950.11 |
| 霍云桥 | 中共淇县委员会 | 书记 | 1950.11-1952.12 |
| 1954年9月20日，淇县建制撤销并入汤阴县<br>1962年8月，恢复淇县建制 | | | |
| 张凤岐 | 中共淇县委员会 | 第一<br>代理书记 | 1962.8-1963.10 |
| 张凤岐 | 中共淇县委员会 | 第二书记 | 1963.10-1964.9 |

续表

| 姓 名 | 机构名称 | 职 务 | 任 期 |
|---|---|---|---|
| 周汉民 | 中共淇县委员会 | 书记 | 1963.10～1966.12 |
| 赵怀亮 | 中共淇县委员会 | 第二书记 | 1964.9～1966.12 |
| 李光远 | 中共淇县委员会 | 第一书记 | 1972.12～1975.3 |
| 李德宽 | 中共淇县委员会 | 书记 | 1975.3～1979.1 |
| 郭洪福 | 中共淇县委员会 | 组长 | 1970.2～1970.12 |
| 郭洪福 | 中共淇县委员会 | 书记 | 1971.1～1974.7 |
| 杨恒业 | 中共淇县委员会 | 书记 | 1975.3～1979.1 |
| 崔启发 | 中共淇县委员会 | 第一书记 | 1978.7～1981.3 |
| 王振杰 | 中共淇县委员会 | 书记 | 1984.5～1989.3 |
| 刘贯军 | 中共淇县委员会 | 书记 | 1989.3～1992.11 |
| 刘自印 | 中共淇县委员会 | 书记 | 1992.11～1994.4 |
| 徐 光 | 中共淇县委员会 | 书记 | 1994.4～1997.12 |
| 张民堂 | 中共淇县委员会 | 书记 | 1997.12～2001.9 |
| 冯用全 | 中共淇县委员会 | 书记 | 2001.9～2003.10 |
| 赵中生 | 中共淇县委员会 | 书记 | 2003.10～2008.10 |
| 朱言志 | 中共淇县委员会 | 书记 | 2008.10～2011.12 |
| 李民生 | 中共淇县委员会 | 书记 | 2011.12～2014.3 |
| 王永青 | 中共淇县委员会 | 书记 | 2014.3～2018.11 |
| 王海涛 | 中共淇县委员会 | 书记 | 2018.11～2021.2 |
| 杨建强 | 中共淇县委员会 | 书记 | 2021.2至今 |

# 四、淇县历任县长（主任）名录

| 姓　名 | 机构名称 | 职　务 | 任　期 |
|---|---|---|---|
| 姚步霄 | 延浚汲淇四县边办事处 | 主任 | 1943.10～1945.6 |
| 刘哲民 | 淇县抗日民主政府 | 县长 | 1943.7～1944.3 |
| 张超海 | 淇县抗日民主政府 | 县长 | 1944.3～1944.6 |
| 程西海 | 淇汤县抗日民主政府 | 代县长 | 1944.6～1944.11 |
| 徐建业 | 汲淇县抗日民主政府 | 县长 | 1944.11～1945.1 |
| 巩培基 | 汲淇县抗日民主政府 | 县长 | 1945.1～1945.6 |
| 苏贯之 | 汲淇县抗日民主政府 | 县长 | 1945.8～1946.3 |
| 李自如 | 汲淇县抗日民主政府 | 县长 | 1946.3～1947.3 |
| 张欣如 | 卫滨县政府 | 县长 | 1945.6～1946.4 |
| 柳　林 | 淇县民主政府 | 县长 | 1947.3～1948.12 |
| 汪　洋 | 淇县民主政府 | 县长 | 1948.12～1950.6 |
| 王　震 | 淇县民主政府 | 县长 | 1950.7～1952.8 |
| 张向明 | 淇县民主政府 | 县长 | 1952.10～1953.10 |
| 李桂华 | 淇县民主政府 | 县长 | 1953.10～1954.9 |
| 1954年9月20日，淇县建制撤销并入汤阴县<br>1962年8月，恢复淇县建制 | | | |
| 刘炳恒 | 淇县人民政府 | 县长 | 1962.8～1965.9 |
| 郭实之 | 淇县人民政府 | 县长 | 1965.9～1966.12 |
| 李文彬 | 淇县革命委员会 | 主任 | 1968.5～1969.4 |
| 李广远 | 淇县革命委员会 | 主任 | 1970.1～1970.12 |
| 郭洪福 | 淇县革命委员会 | 主任 | 1970.12～1972.12 |
| 李广远 | 淇县革命委员会 | 主任 | 1972.12～1975.3 |

续表

| 姓 名 | 机构名称 | 职 务 | 任 期 |
|---|---|---|---|
| 李德宽 | 淇县革命委员会 | 主任 | 1975.3～1979.1 |
| 崔启发 | 淇县革命委员会 | 主任 | 1979.1～1981.3 |
| 张永兴 | 淇县人民政府 | 县长 | 1981.5～1982.11 |
| 刘贯军 | 淇县人民政府 | 县长 | 1982.11～1989.3 |
| 刘自印 | 淇县人民政府 | 县长 | 1989.3～1992.12 |
| 徐　光 | 淇县人民政府 | 县长 | 1992.12～1994.4 |
| 孔令晨 | 淇县人民政府 | 县长 | 1994.4～1996.11 |
| 马文生 | 淇县人民政府 | 县长 | 1996.11～1998.8 |
| 陈传光 | 淇县人民政府 | 县长 | 1998.8～2001.9 |
| 陈长路 | 淇县人民政府 | 县长 | 2001.9～2003.9 |
| 朱言志 | 淇县人民政府 | 县长 | 2003.9～2008.12 |
| 李民生 | 淇县人民政府 | 代县长 | 2008.11～2009.3 |
| 李民生 | 淇县人民政府 | 县长 | 2009.3～2011.12 |
| 李海章 | 淇县人民政府 | 代县长 | 2011.12～2012.2 |
| 李海章 | 淇县人民政府 | 县长 | 2012.2～2013.11 |
| 王海涛 | 淇县人民政府 | 县长 | 2013.11～2018.11 |
| 马海澎 | 淇县人民政府 | 县长 | 2018.11～2022.3 |
| 侯明森 | 淇县人民政府 | 县长 | 2022.3至今 |

# 淇县革命旧址遗迹简介

因革命前辈吴丹坤、介明堂、谭贺庭的引领作用，淇县的革命活动早在大革命时期的 1923 年就开始了。历经大革命时期、土地革命时期、全民族抗战时期、解放战争时期、剿匪平乱时期，革命旧址、遗迹多不胜数，在此将主要的部分列举如下。

**一、大革命时期革命旧址遗迹**

（一）抗击匪乱的孙真会旧址

孙真会烈士祠旧址：淇县西岗镇刘拐庄村。

1923 年，淇县境内有土匪 30 多股，刘拐庄先后三次遭土匪抢劫，村民孙同德、王海滨、王海潮、王迎春决定成立一支农民武装，相继动员本村及沙窝村、皇王庙、王庄等 11 个村的农民参加，会友达到 1400 余人。是年冬正式成立"孙真会"，孙同德任会长，王海滨等人任副会长。

1925 年，安阳土匪马恒谷带领黑兵勾结淇县土匪王德福、李玉林等，聚集匪徒 1000 多人攻入淇县。孙同德召集各村会友，于霍街村围歼土匪。此战中，牺牲会友刘金魁、张信栋、冯清淇、王保仁等 24 位烈士，土匪兵损失惨重，一举击败了马恒谷的黑兵。

中共淇县支部于 1927 年 4 月起与孙真会取得联系，支部书记吴丹坤及支部委员介明堂、谭贺庭利用熟人关系，在孙真会做了大量工作，将之团结在党的周围。

1927 年 6 月，北伐军打过黄河，在党的号召下，孙真会协助北伐军截击奉军，击毙不少奉军，缴获了不少武器装备，夺回了群众的财物，处决了一部分土匪奸霸，为群众报了仇，为北伐战争的胜利作出了贡献。

（二）中国共产党淇县支部委员会旧址（1927.4～1928.5）

淇县第一个党支部活动旧址：朝歌街道东街女子小学（位于东街中段路西教学研究室）、西岗镇介圪垱村介明堂家、西岗镇大李庄村谭贺庭家。

1927年4月，当时是第一次国共合作期间，共产党员也是国民党员，具有双重身份。经吴丹坤做国民党淇县县长汪明鉴的工作，成立国民党淇县党部，吴丹坤任县党部书记，介明堂任组织委员，谭贺庭任宣传委员。

与此同时，经中共卫辉地方执行委员会批准，中共淇县支部委员会在淇县东街女子小学秘密成立。支部书记吴丹坤，组织委员介明堂，宣传委员谭贺庭。他们利用国民党县党部的合法身份，开展各项工作。

**二、土地革命时期革命旧址遗迹**

（一）中共地下组织奇训区委员会旧址

活动旧址：浚县卫贤镇赵岗村原赵岗小学阁楼（1930.7～1930.12）。

奇训区委，实为淇浚区委，取谐音。1929年底，直南特委（驻在河北省保定市涿州市码头镇）决定保定市委负责人魏十篇到豫北开展党的工作。1930年2月，魏十篇、保定团市委宣传委员马五江在青年团员、浚县人王存学带领下，到浚县卫贤镇赵岗村担任学校教员。

1930年7月，中共直南特委决定，在赵岗学校建立党的地下组织"中共奇训区委员会"，负责淇县、浚县党的组织建立与发展工作。魏十篇任书记，马五江任农运委员，齐彭育任青年委员。三人同住在学校的大阁楼上。之后，在北京上大学的王存学、北大学生刘芳勋因闹学潮相继回家，两人积极参加了区委工作。

1930年下半年，因不注意隐蔽，引起地主豪绅怀疑，魏十篇离开赵岗学校，中共奇训区委的活动结束，存在半年时间。期间，宣传了党的主张，播下了革命种子，为淇浚两县开展革命活动奠定了思想基础。

（二）中共淇县区委旧址

中共淇县区委活动旧址：西岗镇纪庄村罗济民家（1933.7～1933.10）。

纪庄党支部活动旧址：西岗镇纪庄村罗济民家（1933.2～1934.冬）。

城关党支部活动旧址：朝歌街道旧县衙（现中医院1933.4～1934.冬）。

杨吴村党支部活动旧址：高村镇杨吴村杨国栋家（1933.4～1934.冬）。

黑龙庄村党支部活动旧址：卫都街道黑龙庄赵国贤家（1933.4～1934.冬）。

姜庄党支部活动旧址：西岗镇姜庄村李春日家（1933.4～1934.冬）。

1. 建立中共淇县区委的基础

（1）纪庄党支部的建立

1932年冬，中共安阳县委派王彬到淇县开辟党的工作。1933年1月，王彬介绍伪县政府职员、西岗镇宋庄人宋希儒加入中国共产党。2月，王彬、宋希儒发展西岗镇纪庄药铺青年学徒罗济民为中共党员。紧接着罗济民发展本村青年农民纪东长、丁顺兴为中共党员，建立纪庄党支部，罗济民任支部书记，丁顺兴为组织委员，纪东长为宣传委员。

（2）城关党支部的建立

1933年2月，宋希儒介绍西岗镇宋庄农民宋好信加入中国共产党。1933年4月，宋希儒在城关伪县政府发展同事为中共党员，东街的耿青山（字克秀）、西街的张慎席（字如林）、十三里堡的卢香远（字保全）先后加入，建立了城关党支部。

（3）杨吴村党支部的建立

1933年4月，纪庄党支部书记罗济民到城北边的杨吴村发展其姐夫杨国栋入党，在杨国栋协助下，又发展该村农民杨国平、郭石头为党员，建立杨吴村党支部。

（4）黑龙庄村党支部的建立

1933年4月，纪庄党支部组织委员丁顺兴先后到崔庄、黑龙庄等村开展工作，先后发展赵国贤、张发科等人入党，建立黑龙庄村党支部。

（5）姜庄党支部的建立

1933年4月，纪庄党支部宣传委员纪东长，因长期在姜庄打长工、短工，发展李春日、王履景、韩喜妞三位青年农民加入中国共产党，建立姜庄党支部，李春日任党支部书记。

2. 建立中共淇县区委

到1933年7月，淇县境内已经有6个党支部，23名中共党员，分布在全县十余个村庄和街道。王彬报请上级党组织批准，在纪庄成立了中共淇县区委，罗济民任区委书记，丁顺兴为组织委员，纪东长为宣传委员。

（三）建立中共淇县县委

中共淇县县委活动旧址：西岗镇宋庄村宋好信家（1933.10～1934.冬）。

中共淇县县委联络站遗址：县城北关纪东长烧饼铺（1933.11～1934.冬）。

1. 建立中共淇县县委

1933年10月，王彬在宋庄宋好信家里主持召开了党的会议，宋希儒、罗济民、纪东长、宋好信等党员参加，宣布成立中共淇县县委的决定，宣布宋希儒任县委书记，罗济民任组织委员，纪东长任宣传委员。

2. 建立中共淇县县委联络站

中共淇县县委成立时，决定在县城建立党的联络站，接待从郑州、安阳等地来的地下工作者，责成纪东长具体负责。

纪东长在县城北关租赁一座房子，建起烧饼炉，1933年11月开张。以之为掩护，接待八方来"客"。背起草篓，走街串巷卖烧饼，向党的负责人传递上级文件，向党员传达党的指示，收集各方面情报。在党的上级组织和县委的领导下，淇县的地下工作很有起色，群众工作蓬勃开展。

3. 中共淇县县委被破坏

1934年冬，耿青山、张慎席、卢香远相继被捕叛变，县委书记宋希儒充当了国民党军统特务。

县委组织委员罗济民到郑州拟转赴上海，省委遭到破坏，无法与中共接上关系，返回淇县，逃往外地。

宣传委员纪东长被抓入大牢，审问无果，押送开封第一监狱。经受严刑审讯，拒不交代任何东西。狱中结识中共奇训区委已关押两年多的农民积极分子、浚县赵岗人罗新明。1937年西安事变后，纪东长、罗新明获释，纪东长回到淇县，与党失去联系。

抗日战争时期，罗新明在河东拉起抗日武装，纪东长为之暗中传送情报。解放战争时期，纪东长任村农会主席，参加了攻打汤阴的战斗。

罗济民在抗日战争初期到林县参加八路军工作团，为根据地传送书报等。1947年，罗济民受淇县公安局指示，跟随撤退的敌人到新乡，及时报告敌人的活动情况。

三、全民族抗日战争时期革命旧址遗迹

（一）中共卫西工作委员会旧址

活动旧址：淇县西岗镇霍街村李翰轩家（1940.10～1943.夏）。

卫西工委掩护点三处：西岗镇大李庄村谭贺庭家，桥盟街道思德村王郁亭家，淇县火车站。

地下工作联络点五个：董桥陈桂藩家，大屯村韩国玺家，西袁庄张四妞家，宋窑郭增堂家，南关李焕水家。

1940年10月，中共冀鲁豫二地委书记赵紫阳抽调李先贤、赵良珍、肖国贤三位同志，组成中共卫西工作委员会（简称卫西工委），到卫河以西敌占区工作，李先贤任工委书记，赵良珍任组织委员，肖国贤任宣传委员（未到职）。赵紫阳指示作长期打算，慎重发展党员，做好团结、武装、情报等项工作。卫西工委的工作范围：汤阴县、淇县、汲县东部、浚县西部、滑县西南部、延津县大部，面积4000多平方公里，人口120余万。

1. 卫西工委进驻霍街李翰轩家

李先贤、赵良珍先是打入伪二十路军特务团团长李华德部，副团长李翰轩与李华德是本家兄弟。后因打入伪二十四路军任参谋长的王鹏飞暴露被杀，李先贤、赵良珍随李华德、李翰轩趁着整编的机会，将队伍拉到浚县小河解散。随二李回到淇县霍街村，进驻李翰轩家开始工作。

1940年底，赵良珍离开卫西工委，李先贤一人坚持工作。

1941年秋，地委先后派石侠风、孔森来到卫西工委，重组卫西工委，孔森任书记，李先贤任组织委员，石侠风任宣传委员。1942年初，孔森去地委汇报工作途中被敌人杀害。

5月，地委派朱天德来到卫西工委，石侠风任工委书记，朱天德任组织委员，李先贤任宣传委员。

同年，地委调艾林青到卫西工委任青年委员，后军区敌工部派宋再明打入天门会任参议，并任卫西工委委员。

到1943年建立四县边工委，期间在淇县南关、南门里、前张近、倪街、桥盟、七里堡、留店寺、石奶奶庙等村先后发展李翰轩、靖润生、李清泉、王洪宪、李清源等十几名党员。在浚县、汲县、延津县、汤阴县总计发展党员约200名，建立了较多的村党支部。1943年初建立了汤阴区委、浚县区委。

2. 卫西工委地下掩护点之一：西岗镇大李庄谭贺庭家

淇县大李庄村老党员谭贺庭以其家产和名望，曾掩护李先贤等很多革命同志，谭贺庭之母、之妻为掩护中共地下党的革命活动，三次被捕、抄家，从未暴露任何秘密和革命同志。

3. 卫西工委地下掩护点之二：桥盟街道思德村王郁亭家

淇县思德村第一富户、大学生王郁亭，在共产党抗日民族统一战线影响下，拒不做日伪官员，拿出家中7支长短枪支援抗日，冒险掩护共产党干部过境、住宿。

4. 卫西工委地下掩护点之三：淇县火车站

李清泉发展了很多同情关系，颁发了同情证（黄纸印刷，一面印关羽像，一面印"人在曹营心在汉"，对外称"关帝会"）。淇县火车站副站长李守信、扳道工王宪、电务段工人王露中、行李房工人王玉广均持有同情证，他们经常为共产党提供敌人的兵运情报，护送干部上下火车，为解放区购买紧俏物资。

5. 地下工作联系点有五：董桥陈桂藩家，大屯村韩国玺家，西袁庄张四妞家，宋窑郭增堂家，南关李焕水家。这些人都是我党的同情者，他们家里是我地下工作者的联络点、书报杂志存放处，他们还给解放区送信、送情报。后来，有的入了党，参加了革命。

（二）中共延浚汲淇四县边工委及四县边办事处旧址

工委及办事处驻地：延津县原屯村（1943.夏～1945.6）。

1. 建立中共延浚汲淇四县边工委

1943年夏，冀鲁豫四地委决定，在卫西工委基础上划分为两个工委，浚县铜山以北仍为卫西工委，工委驻地在浚县屯子乡原厚屯村；铜山以南建立中共延浚汲淇四县边区工作委员会，工委驻地在延津县原屯村。李先贤任四县边工委书记，委员有刘耕夫、王伟（新四路政委）。四县边工委对外称八路军工作团。1944年4月，地委派张经任中共四县边工委委员，王伟仍为新四路政委，不再参加工委活动。1945年春，地委又派范泽任四县边工委组织部部长兼抗联主任。

2. 建立延浚汲淇四县边办事处（1943.10.12～1945.6）

1943年夏，四县边工委建立后，工委书记李先贤向地委书记张国华（1955年授中将衔）、专员杨锐（湖北省政协副主席）汇报工作，地委决定成立冀鲁豫行署第四专区延浚汲淇四县边办事处。

李先贤回到延津县原屯村，经筹备，1943年10月12日召开会议，宣布成立延浚汲淇四县边办事处，姚步霄任办事处主任，财务科科长胡文亮，教育科科长李俊峰，武装科科长刘志诚，民政科科长刘模先，司务长刘志得，会计郭玉峰，管理员张召。

四县边办事处成立后，建立了三个区政府，以寇庄为中心划为一区，区长为宋悦众。以班枣为中心划为二区，副区长为席敬轩。以沙河一带为三区，区长为姜超。

1945年，地委先后调来一些干部，变更区划。寇庄、封庄为一区，区长宋悦众，区委书记赵均。王堤、胙城为二区，区长汪子成。马庄、沙河一带为三区，区长姜超，区委书记范泽兼任，副书记关向吾。砦村为四区，无干部，区长、书记由四县边工委组织部部长张经兼任。

到1945年6月撤销四县边办事处，工作人员发展到近百人。期间，配合第四军分区新四路消灭了牛二阎王（牛英德的二哥牛玉生），积极宣传群众，为抗日斗争作出了巨大贡献。

（三）中共卫滨县委及卫滨县抗日民主政府旧址

驻地旧址：延津县原屯村（1945.6～1946.4）。

1945年6月，抗日战争即将进入反攻阶段。冀鲁豫四地委决定撤销四县边工委和四县边办事处，在其南部设延津县，北部设卫滨县。将四县边工委改为卫滨县委，马瑞华任县委书记，范泽任组织部部长，曹从之任宣传部部长。将四县边办事处改为卫滨县抗日民主政府，张欣如任县长，张经任副县长，相继成立了民政科、财政科、公安科、教育科等办事机构。

卫滨县下设七个区。延津境内的寇庄一带为一区，王堤一带为二区，马庄、原庄一带为三区，胙城一带为四区。淇县铁路以东卫河以西为五区。浚县枋城一带为六区，王屯车站一带为七区。部分区建立了人民政权，部分区在敌占区未能建立人民政权，开辟新区工作成为主要任务。

卫滨县五区（淇县境内）的建立（1945.9.20～1945.12）。1945年9月20日，冀鲁豫四分区在淇县西岗村一举歼灭了日伪军牛英德部。当晚，四分区领导张国华、李先贤、李清泉、常文轩等研究了五区建立问题。决定李清泉任书记，李翰轩任区长，常文轩任副区长。将西岗战斗中反正的李玉秀部改编为五区区干队，李翰轩兼队长，李玉秀任副队长。五区配备干部12人，管辖淇县铁路以东，淇河以西，卫河以北，淇县城至卫贤公路以南地区。

五区区委、区政府以马湾、枣园、阎村、西沿等村为根据地，积极发展武装，发展党的组织，搞统战工作，征收公粮。

1946年4月，在卫滨县三区的原屯村宣布卫滨县撤销，将卫滨县与延津县合并，成立了新的延津县。

五区地面在1945年12月成为游击区，五区与四区合并，五区党组织领导党员坚持地下斗争。直到1947年5月，中共冀鲁豫党区委决定将党组织关系移交太行区，九地委城工部派李清泉将党的组织关系移交太行山区中共淇县县委。

卫滨县存在的十个月中，对壮大革命力量，打击伪顽，维护群众利益，连接平原与太行山根据地起到了积极作用。

（四）淇县抗日民主政府旧址

政府驻地：黄洞乡桃胡泉村（1943.7.12～1943.10），对寺窑村（1943.10～1943.11），西掌村（1943.11～1944.3）。

1943年7月3日，八路军新一旅一团攻克老寨山，淇县灵山口内十几个自然村获得解放。1943年7月12日，在桃胡泉东南的打谷场上召开大会，一二九师民运部部长陈孝宣布太行七专署淇县抗日民主政府正式成立。经民主选举，刘哲民当选县长。7月下旬，成立公安队，有20多人组成，老一团留下的张书林任班长，之后扩大为一支强大的人民武装力量。建立了财粮科，油城村民主人士徐现任副科长，上级派连一山任科长。建立民政科，进步人士王增庆任科长，后由程西海任科长。最后建立司法科、总务科等科室。

（五）中共淇县工委和县委旧址

中共淇县工委、淇县抗日民主政府驻地：黄洞乡桃胡泉村（1943.7.12～1943.10），对寺窑村（1943.10～1943.11），西掌村（1943.11～1944.3）。

1. 建立中共淇县工作委员会

1943 年 7 月 12 日，淇县抗日民主政府成立的同时，按照陈孝的指示，建立了中共淇县工作委员会，刘哲民任工委书记，王耀文任委员。不久，和烈来到淇县出任委员。7 月 14 日夜，老一团一个营打败伪国民党新五军一部，沿山一带的西掌、黄洞、驼泉等村解放。淇县抗日民主政府、中共淇县工委决定，将淇县山区划为三个行政区。大石岩、赵庄、油城、对寺窑、纣王殿等村为一区，区委书记刘自浩，区长王增庆，区部设在对寺窑。黄洞、东掌、西掌、鱼泉等村为二区，区委书记王耀文兼，区长王锡庆，区部设在西掌村。北岭后温洞、小柏峪、全寨、柳林等村为三区，因缺干部，只建立了一个区干队维护秩序兼做行政工作。

1943 年 8 月，刘萍受太行七地委派遣，到淇县任工委书记。因敌人封锁，淇县工委与地委中断联系，刘萍的职务未能宣布。经陈孝介绍，刘萍暂时协助刘哲民工作。

2. 成立中共淇县县委

1943 年 10 月，根据太行七地委高扬书记指示，撤销中共淇县工作委员会，成立中共淇县县委，刘萍任县委书记（时称政委），刘哲民、王耀文、和烈、邢真任县委委员。刘萍兼组织部部长，王耀文任宣传部部长。县委机关设在对寺窑村，11 月，迁至西掌村。

中共淇县县委、淇县抗日民主政府宣传发动群众抗日，征收公粮，废除了国民党的地亩银两纳税制度，实行合理的累进税政策。1943 年日军两次大规模扫荡，县委书记刘萍、县长刘哲民组织群众坚壁清野，镇压通敌分子，逮捕枪决汉奸，搜查国民党档案资料。收集国民党零散武装，充实抗日队伍。开展敌伪工作，与杨富会队、日伪军队长赵老福订立互不侵犯协定。积极争取地方土顽武装。建立村政权、农会和群团组织，开展向地主借粮运动。

（六）中共淇汤联合县委、县政府旧址

驻地：淇县黄洞乡西掌村（1944.3 ～ 1944.12.26）。

1944 年 3 月，太行七地委决定淇汤两县合并，成立淇汤联合县。中共淇汤联合县委由 7 人组成，赵滔任县委书记，刘萍任组织部部长，王耀文任宣传部部长，县委委员有张超海、程西海、和烈、邢真。县委驻西掌村。

下辖三个区分委，一区、二区分委在淇县境内，三区分委在汤阴县盘石头一带。一区分委驻对寺窑，书记刘自浩。二区分委驻西掌村，书记王耀文。三区分委驻盘石头，书记王莹。

在中共淇汤县委成立的同时，成立了淇汤联合县抗日民主政府，张超海任县长，程西海任副县长。县政府内设民政科、财粮科、公安局、承审处。程西海兼民政科科长，韩毅任财粮科科长，刘萍兼公安局局长，王镇山任承审处承审员。

下辖三个抗日区公所，驻地与区分委相同。一区区长史荣保，二区区长王锡庆，三区区长王彪。

中共淇汤联合县委、淇汤联合县抗日民主政府实施累进税政策，减轻了贫下中农的负担，赢得了衷心拥护。成立县武装委员会和县大队，各区相继成立区武委会和二、三区区干队，积极开展抗日斗争。在解放区废除保甲制度，各村选举产生村长，成立农会、青年救国会、民兵、儿童团、妇救会。在解放区内肃清匪特，消灭零散敌人。在敌占区，县大队和民兵多次袭击敌人据点，活捉日伪军，缴获武器弹药。

1944 年秋，县委、县政府组织县大队、民兵和青年群众上百人，到县城以北开展破路斗争。在根据地开展剿蝗运动，组织生产自救。

（七）中共汲淇联合县委、县抗日民主政府旧址

驻地：卫辉市狮豹头乡正面村、小店河村（1944.12～1947.3）。

1944 年 12 月 27 日，太行七地委决定淇汤县分设，淇县与汲县联合，成立中共汲淇联合县委员会，李泽任书记，赵滔任副书记兼宣传部部长，刘萍任组织部部长。县委先后驻汲县狮豹头乡正面、小店河等村。

1945 年 4 月，李泽、赵滔同时调离，赵抱一接任书记，先后任汲淇联合县委委员的有 13 人，李泽、赵滔、阎镇、周泉、马芳、李自如、刘萍、刘哲民、巩培基、霍云桥、赵抱一、杨文焕、张敬民。

县委内设秘书、组织部、宣传部，后增设城工部。下辖五个区分委，第一、二、三区在汲县境内，四、五区在淇县境内。1945年6月庙口解放，增设第六区。

一区分委驻狮豹头，书记牛毅，副书记张荣。二区分委驻口头村，书记宣有明。三区分委驻西寺庄，书记阎镇。四区分委驻温坡村，书记刘自浩。五区分委驻和尚滩村，书记王莹。六区分委驻庙口村，开始只有工作人员，未派书记。

在中共汲淇联合县委成立的同时，成立了汲淇联合县抗日民主政府，巩培基任县长，驻地与县委相同。1945年6月，巩培基调离。7月，李子清代理县长。9月，苏贯芝任县长。

县政府内设民政科、财粮科、建设科、承审处、公安局。韩名世任民政科科长，李子清任财粮科科长，王应录任建设科科长，孙冀民任承审处承审员（后改承审科，孙任科长），马芳为公安局局长。

下辖五个区公所，其分布及驻地与区分委相同。1945年6月淇县境内增设第六区。一区区长阎多芳。二区区长阎惠民。三区区长阎多兰，驻西寺庄、贾庄、陈召等村。四区区长陈作刚。五区区长王增庆，副区长赵云霄。六区开始只有干部，之后才配备区长、副区长。

中共汲淇联合县委、县政府建立后，建立了汲淇县武装委员会、县大队两个军事组织，隶属太行军区七分区领导。县武委会主任先后为阎镇、张敬民。县大队大队长由县长巩培基兼任，副大队长段成秀、和烈，政委由县委书记李泽、赵抱一兼任，副政委周泉。相继建立了民兵组织、区干队。县大队最后发展到5个连队，开展了烧炮楼、拔据点、割电线、破铁路等对敌斗争，取得了很多胜利。

（八）抗日战争期间淇县两大事件

1. 牛心岗惨案

1940年8月13日早上，以国民党"淇县抗日自卫团"中队长辛长山为首的一行9人，夜里去山外催捐派款回来，要在牛心岗村吃饭休息。这时，日伪军大队人马正从大洼村方向直奔牛心岗而来。

抗日自卫团吓得慌忙向西逃窜，边跑边向山下的日伪军放枪壮胆。一个日本兵中弹毙命，激怒了日军指挥官，他立刻命令日伪军向灵山口方向疯狂射击。这时，辛长山率队逃进山里。日伪军因不熟悉山里地形，不敢轻易进山，就将愤怒发泄到老百姓身上，他们把牛心岗团团包围，开始法西斯暴行。全村仅有的39间房子烧成灰烬，除1人死里逃生外，31人全部丧生。

2. 土门事件

土门10名民兵及范寨贾根群为革命牺牲。

1945年2月15日，这天是正月初二。正月初一子夜，投靠日军的土匪扈全禄、杨富和步前纠结1000余名匪兵悄悄进山扫荡。村东小房里放哨的两个民兵被惊醒，急忙跑向村北小楼下报告民兵队长孙春喜。

孙春喜接报，立即召唤农会主席王文、副主席王银河，民兵王里群、孙小孬、索有成、孙小山、秦小喜、牛秋成、索善、付三丑等11人，一面阻击一面组织村民转移。黄洞区干队政委刘会听到枪声，立即组织队员撤到山上。扈全禄率队摸到黄洞、鲍庄，搜查无果，乱抓人，抢东西，侮辱妇女。抢完黄洞、鲍庄，一个匪兵连长又带人抢范寨。民兵队长贾根群打死匪兵连长，趁乱冲出。匪兵包抄，贾根群向山上突围时壮烈牺牲。

正月初二凌晨，所有匪兵返回土门村，围攻小楼。民兵付三丑被匪兵打死。其余10名民兵殊死抵抗，弹尽被捕，只有索善逃出。9位被捕民兵誓死不投降，被敌人残忍杀害。

**四、解放战争时期革命旧址遗迹**

赵庄事件发生地。赵庄村位于淇县灵山街道办西部山区。1946年元月，汲淇县委召开参议会后，六区区委书记孙双会和区长赵寿延带领赵庄民兵回村总结工作，进行休整。由于民兵队长杨付生等人的叛变，7日晚被国民党淇县保安团包围，孙双会等7名干部壮烈牺牲，区长赵寿延等2人受伤，成为颇有影响的"赵庄事件"。

### 五、剿匪平乱时期革命旧址遗迹

（一）中共淇县县委、县政府旧址

先后驻黄洞村（1947.3～1947.10）、庙口村（1947.10～1949.3）、县城东街北头旧县衙（今中医院，1949.3起）。

全面内战爆发后，1947年3月中旬，太行区委将四个专署划为五个专署，汲淇县属五专署。3月底，五专署地委决定汲淇县分设，建立淇县县委和汲县县委。

中共淇县县委建立后，赵抱一任书记，霍云桥任组织部部长，张冀凯任宣传部部长，李秀文任武委会主任，范仁杰任救联会主席，石森任妇救会主席。同时成立淇县民主政府，柳林任县长，民政科科长凌云，财粮科科长和云普，建设科科长牛生堂，教育科科长霍维祚，司法科科长赵辅宗，公安局局长马芳，交通邮电局局长陈久静，工商局局长董墨林。县委、县政府先后驻黄洞村（1947.3～1947.10）、庙口村（1947.10～1949.3）。

1947年4月3日，太行军区部队解放淇县城，县委、县政府成立不久即开始剿匪平乱。

下辖六个区，城关一带为一区，区部设在北门里。北阳一带为二区，区部设在北阳村。西岗一带为三区，区部设在郭庄。黄洞一带为四区，区部设在黄洞村。庙口至高村一带为五区，区部设在原本庙。形盆至庞村一带为六区，区部设在朱家村。从此，淇县人民在中共淇县县委、县政府的领导下，开展对敌斗争，为解放淇县，剿匪平乱，支援全国的解放战争作出了巨大贡献。

（二）"九四"大出击发生地

主要战场在西岗镇大李庄。1947年9月4日，中共淇县县委、淇县民主政府组织的一次著名军事行动，主要是打击国民党伪县长李挺、会队大队长杨富。

县委成立了前方指挥部，县委委员崔光华任政委，县长柳林任指挥长，武委会主任李秀文任副指挥长，武巍任参谋长。太行军分区派四十九团到淇县，又调来林县四个民兵连，我二区（北阳）区委书记乔甫、区长阎惠民组织二区区干队和民兵也准备参战。

9月4日晚上8点钟，乔甫、阎惠民率领二区区干队和民兵从卧羊湾出发，经过黄堆、良相、介圪垱，由南路包抄。杨时芳率四十九团从桥盟出发，顺淇河南下，把大李庄包围得水泄不通。从北、西两面向村内敌据点发起进攻。匪兵盘踞的大楼被炸，40余名顽匪，除被当场击毙和摔死的以外，其余全部被俘。

其他出击大军，分头到淇县境内的各个村庄狠狠打击地主富农、土顽等反动势力。有的民兵不畏严寒，横涉淇水，到卫贤、新镇一带追击敌人。

"九四"出击取得了胜利，有力地打击了反动势力，杨富、高永清会队很长时间不敢到解放区偷袭、暗杀，大长了人民的志气，为淇县开展各项工作打开了局面。

（三）淇河战役发生地

主要战场在皇甫村、西岗村及淇河沿岸。1948年12月20日，杨富当上了国民党淇县县长，他领导的原部改编为淇县保安团，自任团长，下设6个连和一个特务连，共计400余人，8挺机枪，150余支步枪，驻守皇甫村一带，以卫河为屏障，与解放区相对抗。

中共淇县县委、淇县民主政府与太行分区四十九团协调一致，决心正规军与淇县民兵联手作战，沿淇河西岸摆下"布袋阵"，打一次淇河"牵羊之战"。

这天午夜，团首长挑选了十几名经验丰富的老战士，化装成民兵，组成引"蛇"突击队，直奔顽匪杨富的老巢——皇甫村。睡梦中的300余名匪兵被突击队员引到西岗村南，四十九团首长下令反击。经过一个多小时的战斗，300余名匪兵有的被击毙，有的被活捉，只有两名匪兵爬到对岸，其中1名又被打伤。

淇河战斗结束，四十九团七连战士和淇县民兵押着俘虏，扛着50多支缴获的步枪，凯旋而归。

（四）形盆口战役发生地

主要战场在形盆口及淇河沿岸。1949年3月19日，王三祝率至少 3000 余匪众窜入淇县形盆口,妄图从这里到山西转投西安的胡宗南。王三祝形盆口夺路之战就此展开。

王匪部遭到太行五分区独立营(营长、政委由汤阴县县长王大海兼任)和林县民兵的迎头痛击。双方激战两天一夜,王匪受到重创,只推进了 2 里地,却死伤 200 余人。遂退出形盆口回窜,又遭到解放军华北十四纵队(司令员韦杰,1955 年授中将衔)和淇县、汤阴的地方民兵武装的南北夹击。同时又被我冀鲁豫军区独立二旅(旅长胡华居,1955 年授少将衔)包抄截击,顿时溃不成军,抢渡淇水争相逃命,有的中弹落水,有的放下武器。至此王三祝经营多年的数千土匪队伍,几遭全歼。走投无路,王匪又率残部逃进安阳城内,苟延残喘,以作垂死挣扎。

此战,淇县民兵武装与独立营及林县民兵一道,拼死抵抗,打死敌人 100 余名,缴获步枪 40 余支,战马 5 匹,自行车 1 辆。

(五)包公庙事件发生地

该旧址位于淇县西岗镇包公庙村,现为"包公纪念馆"。1948 年,淇县三区区委副书记田文智等带领侦察班等一行 18 人,在执行任务以后驻包公庙村,由于叛徒出卖,被国民党杨富会队包围在包公庙内,在突围战斗中,有 4 人当场壮烈牺牲,田文智等 13 人被俘后,大义凛然,宁死不屈,最后英勇就义。

(六)王鸿照烈士纪念碑

淇县王鸿照烈士纪念碑位于北阳镇良相村村委会东屋墙外,保护程度较差。

王鸿照,1920 年出生于淇县良相村,1941 年参加革命,1943 年加入中国共产党,曾历任县大队战士、班长、武工队队长。1948 年 8 月,王鸿照在良相村开展工作时遭到敌人袭击,壮烈牺牲。后村民为纪念烈士的英勇事迹,于 1951 年勒石纪念。

(七)关庄村烈士纪念亭

关庄村烈士纪念亭位于淇县卫都街道办关庄村东头。

1948 年,杨富、高永清等匪首与滑县的国民党土匪头子王三祝相勾结，扫荡淇县，妄图重占淇县城。在反击王三祝扫荡中，淇县军民浴血奋战，作出了巨大的奉献和牺牲。关庄村农会主席潘麦生、李白小由于叛徒出卖，被土匪大卸八块，壮烈牺牲。1970年8月，村民为纪念牺牲的烈士，在村东头修建了烈士碑和烈士亭。

（八）杨凤楼烈士墓

杨凤楼烈士墓位于淇县西岗镇臧口村南地，保存基本完好。

1949年3月10日，杨凤楼等几位同志到淇县臧口、闫村、小河口一带执行任务，与匪首杨富等部遭遇并发生战斗，杨凤楼在战斗中英勇牺牲。1971年4月，为了纪念烈士的英勇事迹，村里为杨凤楼烈士修建了纪念碑。1995年7月，经淇县县委批准，成为县级文物保护单位和县级爱国主义教育基地。

（九）史庄民兵纪念亭

1948年，王三祝、杨富、高永清等制造的"3·20"惨祸中，史庄民兵在队长史培福带领下大战宋窑，与数十倍之敌展开激战。民兵赵毛妞、李贵烈、徐好仁、李中林、裴桂林、史培河、高松然、张荣林、罗少芳9人战至弹尽援绝，被敌人抓去，残忍杀害于淇县县城。

（十）剿匪平乱中没有纪念碑亭的烈士

1. 二区区长阎惠民。1948年2月14日，伪保安旅十二团一部约500人，向淇县二区进犯，包围了骑河黄庄，二区区长阎惠民带领区干连和民兵不足100人的武装阻击敌人，同时派人通知史庄民兵和武工队前去支援。战斗中，为掩护群众，阎惠民带人几次打退敌人的冲锋，后来不幸中弹，壮烈牺牲。县政府曾将骑河黄庄改成阎惠民村。阎惠民牺牲后，杨贵接任二区区长。

2. 1948年"3·20"匪乱中，北阳村民兵李怪妞、张小孩牺牲，卧羊湾民兵李小根被敌人抓去。

3. "3·20"匪乱中，东张近村民兵队长蔺平被残杀。

4. "3·20"匪乱第二天，王三祝派匪兵数百人到大小洼、大小潭沱、南北四井等村庄掠夺。匪兵们在路旁活活打死北下关残废军人李连科。

5. "3·20"匪乱中，北下关农会主席阎文元、村长王水成、自卫队队长宋景珍，南门里村长高恭然、中山街原村长吴生元、农会主席梁道妞之母、民兵许文香之母，西街抗勤史头牛，东街村长黄小山之母等16人惨遭王三祝杀害。

6. 1948年9月，杨富从新乡窜回皇甫村，诬指本村李牧妞私通八路，并残酷处死。

7. 1949年3月19日，杨富派其突击队长葛二合到皇甫村杀害了靖在其。

8. 1949年4月11日，杨富亲带匪徒包围了三区河口、方寨、罗园、纪辛庄等村。在马湾打死了武委会主任，抓走民兵7人（8人姓名无载），在方寨打死了自卫队队长赵希年。

# 淇县革命历史文献摘录

### 一、淇县黄洞减租斗争

杨某是黄洞村的首户，家有一顷六十三亩地，三十五口人，从1920年就当保长，一连当了十几年，中间有几年表面不当，但当家拿事的还是他，大孩子当莲花会会长，抗战前衙门里的科长、县长和抗战后建立在那里的中央军团、营长都是他的好友。淇县城里和汲县李略的老财，也多是他的近亲。

他家的地大部分出租，家留一部分，佃户、长工耕种，全家人谁也不参加劳动。租出的地都是对半儿分，除出租外佃户还得担水、放牲口、打杂，佃户李子光，种他六亩地，共种了二年，第一年就给地主犁耙了十亩地，第二年犁了六亩地耙了十亩地。给地主代放了一个驴，说是二年半给五斗小米的工资，但却没出一点儿小米。他还在麦穗快熟时下佃户的地，二亩地只给了六升犁地工钱，三升种子，佃户一年的辛苦二亩地什么也没有得到。

他曾仗着自己有势，欺压地邻，把别人的地硬据为己有。李希臣与杨某是地邻，1940年时，杨硬说："旧界石不算数，要立新界石。"他把旧界石拔了，李希臣的七分地，就白白地和杨某的并成一块，到了新界石里边了。像这类事，他做的太多了。他凶蛮的足迹踏遍了黄洞村，谁也不敢惹杨家，不仅佃户地邻肚里装满了苦水，受尽了委屈，而且村中很多没能耐的人，也同样忍气吞声地咽下委屈事。

杨某的不法行为，激起了农民对他的不满。但过去因淇县还是旧社会，佃户都怕他，敢怒而不敢言。自从抗日政府农会成立后。

大家有了组织、有了力量，敢说话了。在一次农会小组会上，提出了："谁有冤屈谁就说，不要当屈死鬼""自己受冤屈事该怎么办？"全组十二个人，就有十人对杨某提出了问题。经大家讨论，一致要同杨家按法令说理，要干到底，以后全体农会会员，又对杨家提出十六条问题，大家一致意见，非解决不行，有个佃户叫贾小孬，家有两口人，田地无一块，贾本人是二十四岁青年，是个忠实勤劳的农民，他从小放牛，长大除了放牛、种荒地，就是租种地主的地，没有过过好日子，去年杨某收回了给他的退租，今年又强卖了他种的租地，他找到农会解决时，当着地主面，没有敢说出地主的假言假语。地主走后，民兵指导员问他："听说卖了你种的租地，不再给你地了，是不是这样？"他叹了口气说："该不是我怕人家的大眼睛和怕掉了头，本来想说的话，也就不敢开口了。"接着村干部不断跟他谈，他把心里的顾虑、疑惑都说了出来，村干部又和他一件一件事讲清楚，于是他相信了天不会变，相信了农会和民兵的力量，他不怕了，他觉悟了，他动员了四个佃户，积极参加了黄洞村的减租斗争，在减租会上，他的话像决了口的黄河一样，理由充足，气色也准，黄洞的农民就是像贾小孬这样的觉悟了。

村上为批斗地主杨某减租、退租，共开了两次大会，第一次全村去了二百多人，第二次农会会员去了五十多人，会上发言很热烈，五十多个人，就有三十五个人以上发言，每一个问题虽然不是自己的事情，却都发表意见，地主杨某开初狡辩，但到最后理屈词穷，不能再抵赖，他低了头说："我错了，以前我不愿意实行减租，我想八路军占不久。现在我想开了，以前咱欺压了别人，政府法令得执行。"以后他给佃户退出了多收的麦子和谷子。

（原载 1945 年 2 月 1 日《新华日报》）

## 二、汲淇联防民兵打击抢粮敌寇柳林村李开全光荣牺牲

〔淇县消息〕自五月二十五日以后，汲淇县五区已开始进入保卫麦收的紧张阶段，在五月三十日，特务杨富的全部队伍配独立师

扈全禄三百余人，对我根据地边沿村进行抢麦，此敌一路约两个连，进至范寨东山及新窑北山一带，我联防民兵配合，县大队一队五十余人，与敌激战，当我民兵冲到二里高的敌人的阵地时，即以手榴弹投掷，敌人盲目的乱投手榴弹、黄色炸药，有的投在敌人的自己阵地后边，山顶被手榴弹与黄色炸药燃烧起一片火海，激战到下午五时，敌终于被击退，在这次战斗中打死、打伤敌人八名，我军在冲锋时，柳林村村长李开全因冲击敌人光荣牺牲。同时部队帮助驻地群众进行割麦，各村组织群众帮助抗属抢割麦子，全军区政民，完全卷入紧张的抢割斗争中，该区指挥部于六月三日，召开了各村村长、自卫队长、民兵队长的紧急联合会议，对五月二十五日至六月三日麦收斗争作了具体检讨，规定：一、健全各村战争生产组织，如搬运组、担架、情报、运输等。同时要帮助抗属孤寡收麦子，各村要学习全寨村的战争生产互助合一的经验，组织群众和民兵自愿结成三家或五家一组，有战争时，本组及互助本组民兵、民兵家属、抗属搬运东西，平时即变成互助本组孤寡和帮助抗属，给担任警戒的民兵割麦。二、麦子打一点，就晒一点。三、具体分配各村民兵与联防民兵警戒地带。四、在联防驻村的岗哨安全有民兵担任，自卫队不站岗，全力割麦，但自卫队要按联防民兵的工作进行换工割麦。五、区干部民兵要帮助与掩护边沿村庄抗属与群众抢收。

（原载 1945 年 6 月 23 日《新华日报》第二版）

### 三、淇河铁路两侧蝗蝻出土百里线上万员人围剿老解放区大批援军前往助战

〔汲淇消息〕自新乡至淇县北之淇河铁路两侧，蝗蝻同时大批出土，南起三区接新乡界北至淇县五区，长达 100 里，东从铁路西到山边十几里宽的地区，蝗蝻已一批一批的出土。县指挥部紧急指示：各区要全力领导根据地群众进行打蝗，并负责动员铁路沿线敌占村庄的群众也进行剿蝗，同时指出在剿蝗中要照顾生产，组织互助锄苗。现已在沿山边建立起百里长的封锁线，提出了"不让蝗虫越过封锁

线"的口号，仅四区山外群众已有四千余人参加剿蝗，离铁路一里地的新乡屯也进行剿蝗了。四区根据地群众一千余人出援新解放区庙口一带进行打蝻，黄洞的儿童团也到山外平地新解放区进行援助，他们在庙口一带已经打下了三批出土的蝗蝻，现正继续打第四批，其他区群众打蝻情绪仍然很高涨，二区群众得到一区的援助，两千余人打的更有劲了，三区有两千余人正进行全力打蝻。综观沿百里长十余里宽的蝗蝻区，已组织成了一万多人的剿蝗大军，成群结队的男女老少在铁路边、在西山上，各处都在分头进击，待以最后一举歼灭。

（原载 1945 年 8 月 7 日《新华日报》）

**四、汲淇军民奋战十八天击退进犯蒋伪歼敌三百，三万五千人民重获解放**

进犯我汲淇山区之蒋伪军，经我当地军民十八天苦战，已将进犯军击退。除房兰、庙口等村外，三万五千人的村庄重获解放。上月二十二日，蒋军八十五师三百二十八团一个营，保安四纵队一个营，结合淇县保安团，共三个多团的兵力，分四路向我山地进犯。沿途我军民节节阻击并大摆地雷阵杀伤敌人，致使敌进展缓慢，每天不过十里左右。进犯饮马、胡同之敌，二十六日遭我汲淇独立团阻击，杀伤敌二百多，敌进至塔岗时，又被我杀伤三十余人。向白土进攻之敌三百二十八团，附大炮三门，被我塔岗、秦窑三十余民兵阻击一整天，打退敌人三次冲锋，杀伤敌人十六名，我民兵无一伤亡。四区鱼泉民兵，也与敌在村外格斗一天整，东西掌的民兵，在"不准杨老四（当地群众的公敌）进西掌"的口号下，联合黄洞民兵，积极打击进犯蒋伪，敌虽冒死进至黄洞，很快又被我民兵击杀，该村民兵并联合全寨与汤阴马兰民兵与敌争夺土门、新窑。进入秦窑敌人，陷入我民兵所摆之地雷阵，一次即踏响地雷七个，炸死敌连长等二名，伤三名，敌狼狈退出该村。本月四日我军某部配合民兵，向敌包围进剿，向狮豹头迂回，敌见势不佳，恐遭埋伏，即仓皇东逸，我当即尾追阻击，毙伤伪蒋匪四十余人，得步枪五支，敌受创后，更为惊慌，当日夜即逃退四十里，退至塔岗，我塔岗农会主席率领民兵击退了房山敌人，得机枪一挺，步枪二支，俘保安队三人。截至九日，陈房兰、庙口等村外，其余被蒋伪所占农庄全部为我收复，三万五千余群众，重获解放。十八天战斗中，我共毙伤俘蒋伪三百余，现在房兰之敌正在我当地军民的围攻中。

（原载1946年12月29日《新华日报》第二版）

### 五、晋冀鲁豫野战军关于安（阳）淇（县）间的作战命令（役字第十号）（1947年4月3日）

第一，敌情另告。

第二，本作战目的是消灭敌人分布的有生力量，彻底平毁安新段铁路，相机攻夺汤淇两城，控制沿平汉线卫河以西广大地区，创造战场，诱南敌北进而歼击之。

第三，部署及任务分配。

甲、第二集团（5个旅）主力于3日夜渡卫河到卫贤集以东地区，4日夜到屯子镇以北地区，一个旅先头奔袭五陵集之敌而消灭之，5日夜主力到豆公集西南地区，尔后派部队分别去击灭太保、楚旺、回隆集之敌，另留一个独立旅于沙店、淇门地区分向滑、道、汲县警戒，保护淇门附近浮桥，待一集团接渡时才行归还。

乙、第一集团之骑兵团3日夜到李源屯以南地区，4日夜到卫贤集、新镇地区，5日夜到凌胡寨以北地区，6日夜结合太行部队相机围困汤阴，但须预派先前旅封锁汤阴，该集团之骑兵团应留归王秉璋指挥，捕击各地伏散之敌。

丙、第三集团3日夜分由汲县东西渡河到汲县、淇县间地区，4日夜主力结合太行部队相机围攻淇县，5日夜一部围攻宜沟。

丁、第四集团除以一部向汲新敌人佯攻侦察外，另以有力部队分别配合一、三两集团围攻汤、淇两城，并封锁鹤壁之敌，使其不能窜回汤阴，以便最后歼灭之。此外则应大量组织参战民众，彻底破坏安新段铁路。

第四，后方供应规定三、四两集团由太行负责，一、二两集团由平原负责，凡从冀鲁豫带之大车，如无法渡河，则应于3日夜派专人送到牛市屯西北之丁赵交由四分区副政委王焕如转归后方指挥部遣送之。

第五，此系基本命令，尔后情况如有变化，则另以战斗命令实施之。

（原载河南人民出版社1988年《豫北战役》）

### 六、我克淇县俘敌千余，我军袭击杨村等地歼敌百余

〔邯郸电台九日广播〕冀鲁豫前线电：人民解放军于三日下午六点钟，攻克河南北部平汉路中段重镇淇县县城。十分钟攻上城墙，半点钟结束战斗。刚接防的伪孙殿英部五个连，及其该县保安团全部被歼，活捉伪孙殿英部五纵队二团长郑剑秋以下千余人，缴平射炮一门，迫击炮三门，机枪四十一挺，长短枪八百余支，子弹十五万余发，牲口六十余头，从汤阴以南至新乡（除汲县外）一百三十余里的铁路线，完全为我控制，现战果正扩大中。

（原载1947年4月11日《新华日报》第一版）

### 七、淇县解放情况，淇县战斗中俘敌千余人，我军克水冶、观台

〔俘虏收容所消息〕我军在收复淇县城战斗中，共俘敌伪官兵一千一百一十八人，计有淇县自卫总队三个中队全部，中校总队副李纪明亦被活捉，三十二师四二三团八十余人，团副王勇之被活捉，新五军六纵队二团二营全部，总队副上校副官刘九会，二营营长张云峰均被活捉，共计校级军官六名，尉级军官七十六名，士兵一千零三十六人，县党部三青团主任刘金岳被活捉。

（原载1947年4月12日《新华日报》）

### 八、刘邓关于安（阳）淇（县）间战况向军委的报告（1947 年 4 月 13 日）

（一）3 日 7 时我太行三分区武装经一小时战斗攻克淇县，歼顽伪淇保安团全部及暂三纵孙殿英部第五总队第二团 3 个连，毙敌 100 余，俘团长郑剑秋以下 1000 余人，缴迫击炮 4 门，机枪 60 挺，步枪 800 支，短枪 50 支，子弹 7 万发，电话机 5 部，马 50 匹。

（二）3 日太行野战军一部北唐宋（汤西 10 余里）打由鹤壁返汤阴之敌三纵六总第一团，除团长带少数人逃窜外，大部就歼，计毙伤敌 360 余、俘百人、缴迫击炮 1 门，轻机枪 41 支、步枪 400 支、子弹 5 万发、地雷 450 个、炸弹 1 万个、电台 1 部、马 20 匹。

（三）5 日我三纵一部先后于浚县车站以西庞村、小屯等据点歼灭蒋伪河南第三专署人民自卫第四总队（扈全禄）全部，毙敌 200 人，俘 800 余人，缴迫击炮 3 门，轻重机枪 41 挺，步枪 550 支，子弹 3 万发，粮食 6000 石，兵工厂 1 座。

（四）7 日夜二纵一部攻克汤阴东 40 里之菜园，歼汤阴保安团司炳南全部，毙孙部五总队长司华生以下 200 余人，俘 800 余人，缴轻重机枪 39 挺，长短枪 500 余支，汽车 1 辆。

（五）二纵一部 8 日克太保，10 日夜克楚旺，歼河南人民自卫第一总队程道生部，内黄县保安大队全部，大名、内黄两顽县府共 5000 余人，毙程道生以下 500 余，俘敌队长申玉美以下 4600 余人，缴迫击炮 7 门、重机枪 12 挺、轻机枪 80 余挺、步枪 3000 支、子弹 15 万发、工厂 1 座、汽车 2 辆、粮食 4 石。

（六）6 日王仲廉亲率 66 师全部、32 师两个旅、41 师一个旅及 40 师一团北进，7 日占淇县，10 日其 49 旅与 66 师先头部队攻我宜沟据点。发现我正面顽强抵抗与两侧有伏兵即仓皇南逃，沿途遗弃死尸、资财很多，是役共毙敌 500 余，俘王仲廉部少校参谋以下 50 余，缴机枪 3 挺、步枪 50 支、击毁汽车 1 辆。

（七）上月下旬破坏黄河新乡段，平毁新淇段铁路线后，4 月上旬又将汤阴淇县段彻底破坏。

（原载河南人民出版社 1988 年《豫北战役》）

### 九、我军乘胜追击败敌 收复浚滑两城重克淇县

〔新华社豫北前线 20 日急电〕刘伯承将军所部，在淇县东北地区歼灭蒋军 2 个旅后，蒋军残余部队狼狈溃退到卫河东岸的浚县、滑县、道口等地，豫北人民解放军立即乘胜追击，于 19 日晨收复浚县城。当天，接着又收复滑县城及道口镇。我军另一部在同一时间，沿平汉线南下，逼近淇县城，蒋军闻风逃窜，淇县城重新为我军收复。困守汤阴之伪孙殿英部，已成瓮中之鳖。

（原载 1947 年 4 月晋冀鲁豫《人民日报》）

### 十、淇县东北大战胜利结束，我共歼敌一万三千

〔新华社豫北前线二十日急电〕淇县东北大战已于 18 日下午四时以歼灭蒋军两个旅的辉煌战果胜利结束，此次蒋军以六十六师两个旅、二十七师之四十九旅（即第二快速纵队）、四十师一个团、四十一师一二二旅、四十七师一二七旅之一个团共计五个旅兵力，于十四日于淇县道口一线北犯，并以三十二师全部两个旅，从其左翼巩县、白丰、奶头山一线西犯，图解汤阴之围。刘伯承所部人民解放军于十九日夜（前误为十五日夜）出击，将敌包围于淇县东北道口以北地区，激战至十八日，首将四十九旅（第二快速纵队）旅长李守正、副旅长（姓名待查）及团长以下五千余人全部歼灭。蒋军全线顿呈动摇，解放军乘胜又歼灭六十六师一九九旅之五九六团全部、四十七师一二七旅三七九团全部及四十师三一六团一部。蒋敌不支，狼狈向巩县溃逃。经初步查明，此役共俘蒋军旅长李守正以下九千余人，毙伤四千余人，缴获枪支正清查中。（二十日本报所载《最后消息》以此为准）。

（原载 1947 年 4 月 23 日《新华日报》第一版）

## 十一、晋冀鲁豫军区野战司令部公布淇浚战役辉煌战果
### ——缴获各种炮 150 余门，轻重机枪 500 挺

〔新华社豫北前线 22 日电〕晋冀鲁豫军区野战司令部发布第 4 号公报，公布豫北人民解放军 16 日晚上至 18 日上午淇浚地区反击作战战果如下：

（一）歼灭蒋军第四十九旅（第二快速纵队）全部（只少数汽车、坦克逃跑）及附属该旅之中央士兵第九团第二营全部，四十七师一二七旅之三七九团全部，六十六师一九九旅之工兵连、搜索连各一，及张直部、五九六团团部及 2 个营全部，五九七团一部、十三旅三十八团 4 个连，三十九团一部及三十二师 1 个连，共计毙敌五九六团、一四六团团长以下 4500 余名（据俘虏军官供称三七九团团长罗铸先也被击毙，惟尚未证实）、俘四十九旅旅长（快速纵队长）李守正、副旅长蒋铁雄、一四五团团长邓子英以下 9207 人，共计歼敌 13707 人。

（二）收复滑县、浚县、淇县三城及道口、淇门（汲县东北 50里）、新镇、卫贤集、塔岗车站、高村车站等重要据点数十处及浚县以西汲县以北，纵横百余里之广大地区。

（三）缴获各种口径炮 158 门，轻重机枪 500 余挺，步枪 4562支，各种炮弹 2000 发，子弹 300 余万发，坦克 3 辆（另击毁 5 辆），汽车 5 辆（击毁 10 辆），其他军用品无数。

（原载 1947 年 4 月 25 日《新华日报》）

## 十二、快速纵队的快速覆灭

〔豫北前线 1947 年 4 月 22 日电〕蒋匪第二快速纵队全军覆灭了，覆灭得真是快速得很。只要人民解放军稍微不快速一点，蒋介石的快速纵队就要快速的逃掉了。

4 月上旬，当刘伯承将军麾下六纵队围困汤阴的时候，王匪仲廉奉命率 6 个旅之众，从淇县沿平汉路北上增援。可是他不敢武装大游行，而是贼头贼脑地像老鼠一样。他们刚刚进到离汤阴还有 20 里

的宜沟车站附近，忽然觉得很危险。当天就一溜烟缩回淇县。然而汤阴是个很重要的据点，王仲廉不得不增援。在踌躇了两天之后，又于 13 日重新北犯，仍以四十九旅（即第二快速纵队）担任先锋，从铁路东边浚县、淇县之间的地区，分三路前进，不敢再走铁路。

16 日，快速纵队进到宜沟车站东南 20 里翟村的时候，王仲廉又立即命令快缩，可是他的快速纵队已经来不及了。因为解放军恐怕他们再逃掉，16 号下午，三纵队便以长途急行军，在黄昏时候插到快速纵队的后方，拦住去路，首先消灭了他的后卫部队。蒋介石的军队是不敢夜战的，快速纵队等待着白天，以为白天就会有生路。17 号上午他们连续在退路上发起了几次猛攻，但是一次次都给打了回来，甚至 3 辆坦克车也冲不出去。在东奔西突之后，都给活捉了。更大出蒋军意料的，是人民解放军竟在白天大举进攻，而且极为得手，俘获了整整 1 个营，只付了伤亡 10 多个人的代价。

快速纵队一面招架，一面退走，最后旅部和 4 个团，1 个工兵营都被压缩到淇县东北 40 里大小屯的地方。17 号黄昏，解放军发动总攻，几分钟内就攻进 4 个营。快速纵队的装备毕竟不错，大批照明弹把黑天照耀得如同白昼。可是这有什么用呢？他们是如此的手忙脚乱，完全来不及做工事，只能成堆地拥挤在村子里原有的 7 座大炮楼里。炮楼迅速地被猛烈的大炮摧垮了 3 座，旅长李守正跑上第四座炮楼，又给打垮了，最后他跑上第二座，但是屋顶连着墙壁都被打垮下来。封住了门，他受了伤，就这样做了俘虏。接着他写了这样一封信，给他那些还没有放下武器的部下："我已过来，望立即停止抵抗，以免无谓的牺牲。"

18 号清晨，战斗完全结束。旅、团、营、连的军官和武器，全部俘获，几乎完全符合他们的编制表上的数字。装备是一色的美国造，好看得很。蒋介石这个快速纵队就这样迅速地覆灭了。

关于迅速覆灭的原因，该纵队副指挥官蒋铁雄被俘以后，向解放军某将军说："第一是士气低落，第二是时间太仓促，来不及做工事。"接着他又说；"你们打掉了我们，整个豫北就再没有什么当得起打的了。我们是主力的主力。"

快速纵队的军官们都看不起豫北其他的蒋介石部队，他们对王仲廉的指挥也很不满意。但是换上别的人，难道就会好一点吗？比如拿忽进忽退这一点说，王仲廉从前也长驱直入过，他从前也像一只猛虎，现在他之所以变成老鼠，乃是被解放军打怕了的缘故。难道仅仅是王仲廉如此吗？难道现在还有什么别的蒋介石军官不战战兢兢，像一只惊弓之鸟吗？

（原载 1947 年 4 月 27 日晋冀鲁豫《人民日报》）

### 十三、我军四克淇县

〔新华社豫北前线十八日电〕十三日侵入我淇县城之蒋军六六师一部及当地土顽，经我地方兵团不断袭击，于十五日向南窜去，该城随即再度为人民解放军收复，按此为第四次。

（原载 1947 年 6 月 23 日《新华日报》第一版）

### 十四、汲淇军民反敌抢粮战斗，解放同胞两万多夏粮斗争进入紧张阶段

〔汲淇消息〕本县保卫麦收与反抢粮斗争，在我当地军政民密切配合下，又获得相当成绩。自五月下旬开始以来，敌人多方准备进行掠夺，如汲县方面敌人计划在五月抢 6000 吨小麦，淇县方面敌人每亩按 17 公斤摊派，此外敌人又积极进行军事活动，企图一方面掩护其征粮，一方面打击敌占区人民向我自动交纳公粮。在淇县方面扈全禄派出便衣队，进行调查向我自动交纳公粮的村庄。我为有力打击敌人的军事活动，营兵与区干队及联防民兵，月余来伸展到山外平地，积极进行活动，四次打击出动三百人以上兵力的敌人，并于六月下旬拔除敌人固守七年的淇县西北庙口据点，同时，将大牛庄伪据点也给予拔除，解放人口两万余，村庄三十余个，有力地打击了敌人的抢粮计划，也有力地打击了敌人的抓捕壮丁计划。计：

四次战斗毙伤敌伪三十二名……淇县方面在我军拔除了庙口、大牛庄两个据点后，敌占区人民无不欢喜若狂，纷纷自动交纳"反攻"公粮。现淇汲敌我夏粮斗争，正进入紧张阶段，我军民应发扬再接再厉精神，深入沦陷区给敌人以严重打击。

（原载 1948 年 7 月 17 日《新华日报》）

### 十五、淇县肃匪工作获得成绩匪首杨富扈全禄被我查获

淇县经过月余来大力剿匪，获得不少成绩，计清查出潜藏之伪匪二十余人，捕捉匪淇县保安团军需主任及伪乡长等二十一人，自行登记者七十余人，缴轻机枪一挺，步枪四十七支，短枪二十支，各种子弹三千三百余发，电话机一部，并发现与培养了不少积极分子，改造了九个村政权，新建立了六个村政机构，社会秩序初步安定。在这一段剿匪中，其基本经验是：

（一）首先是使群众明确剿匪政策，分清敌我，说明散匪不肃清便不能安定，启发群众对匪仇恨心，自动起来进行剿匪，如大李庄经我干部深入群众谈心后，发动群众诉苦觉悟提高后，不少群众即自动白天黑夜协同干部清查匪特，皇甫村群众自动到淇河东积极调查捉拿散匪。

（二）结合胜利形式进行广泛宣传，召开伪属座谈会、群众会、缴获武器展览会，解除群众思想顾虑，相信人民力量，展开群众性争取瓦解运动，如马湾村及时经过召开各种会议，特别是伪属会议，讲解了我党政策，宣传了我军胜利消息后，把该村参加会议的人员争取回来了。

（三）发动争取回来的伪匪人员及自动登记了的散匪人员，进行备报侦查，说明政策，让其立功赎罪，如匪员张某某，当我军解放新乡后，积极要求立功赎罪，经我讲明政策后，即在新乡查出匪首淇县匪县长杨富、扈全禄，但在工作中也还存在着不少缺点。

（1）单纯军士剿匪，没有与发动群众相结合，特别是没有把组织群众生产度荒当成开展群众性剿匪运动的领导课题，不了解剿匪

的目的就是为了保护与恢复发展生产，不了解豫北匪特的历史性与顽强性，只有依靠群众把群众发动起来，才能将匪特完全肃清，因而形成干部孤立剿匪，找不着匪苦闷等现象。(2)在登记伪人员方面，是为了登记而登记，缺乏发动群众监督与管理，组织与登记的伪人员在生产中来改造，特别对个别坏分子没有给予应有的处置，只是一登记就算完事，存在着任务观点。（3）领导上不统一，产生了本位主义与相互争交武器的现象，自己了解那里有枪，不敢告诉别人说，唯恐怕别人将枪抢去，形成单纯的抢枪思想，引起很多伪人员对我怀疑，不知该交给谁对，使坏分子钻了我们不统一的空子，抵抗交枪，因此形成了吊打人等违反政策的无组织无纪律的现象产生，以及干部不团结等不良影响。（编者按——这种情况是十分严重的，有何具体事实，有何经验，如何给予纠正？）经过检查检讨，现在结合当前生产，作严格纠正偏向，继续开展群众性肃清运动。

（原载 1949 年 6 月 29 日《新华日报》第一版）

**十六、淇县广泛宣传政策，冬季生产顺利开展结束土改已获成绩**

〔淇县消息〕本县自第一次各界人民代表会议，民主通过全县以生产为中心，结合结束土改工作方针后，经各代表的宣传推动和干部的具体深入领导，一个月来已取得了显著成绩。全县 152 个村，普遍开展了生产运动，已结束土改的 47 个村中，共有 8 个村在生产运动中进行了建党建政，恢复区的 79 个村中，26 个村以生产为中心，进行结束土改，新区西岗村进行了土改，在生产方面，59 个村普遍进行了冬耕，原有的荒地两万七千余亩，就犁了两万两千余亩，积肥方面，据 43 个村统计，积肥 359900 余担，并且有的村还挖了粪池，在割白草砍柴方面，有 41 个村割了白草，三百三十四万八千余斤，10 个村砍柴三百二十万斤，在灭荒和增加牲口上，也有显著成绩，如三个村灭荒 368 亩，25 个村增加牲口 119 头。另外，还结合进行了副业生产，如用石子烧石灰，妇女纺织等，均获得很大成绩，像石灰窑一项一次即赚来三千六百斤；其次在结束土改方面，26 个村已完成结束土改任务，据24个村的材料统计，没收地主（125户）土地4401亩，房子1583间，牲口24头，征收富农（150户）土地2626亩，房子569间，牲口72头。同时将以上土地、房子、牲口，经深入调查和群众民主评比，适当的调配给贫农，补偿了错斗中农以及安置无法生活的地主，大大地扫除了生产障碍，为明年大生产运动打下了有利基础，另外，由于群众觉悟提高，有很多农民中的积极分子，自动要求参加各种群众组织，我党在这段运动中，新建立支部72个，发展党员182名，建立新民主主义青年团支部9个，团员152名，发展民兵47名，之所以取得以上成绩，主要有以下几点经验。

（一）既首先了解政策同时又能利用各种形势（座谈会、群众会、个别谈话等）在群众中充分酝酿，使每个群众了解政策的精神，这是运动开展的重要环节。如一区上北关，开始群众情绪动荡，经大会宣传政策后，情绪安定下来，一个中农怕斗争不安心生产，他的孩子在大会上听到中农不斗后，马上回家告诉他爹，第二天就给他家送粪。凡是不注意宣传，小手小脚在下面议论，结果都造成群众的恐慌，工作上增加了许多困难。

（二）以生产为中心密切结合结束土改的工作方针，是完全适合于群众的要求的，一月来的工作，充分证明了这一点，如六区李河屯组织了农代会，具体分工，首先抓住几个主要生产和结束土改的工作，一并通过冬学进行酝酿，进行结束土改工作，亦未去掉生产，结果很顺利地完成任务，此点干部开始不通，经过这一段实际运动中，不仅打通了思想，同时认为不但能结合，而且必须要结合才行。

（三）结合运动，进行整顿与建立各种组织，不但提高了群众的觉悟，同时也有力地推动了运动的开展，如李河屯成立农代会吸收青、妇代表参加，在参加运动的具体活动中，逐渐提高觉悟，要求建立自己的组织，结果在每个工作中，均起了积极作用。如划阶级，没收地主财产，中青年发言很积极，大胆说出地富分散的财产，妇女则主动监视地主防止分散财产。建党工作，同样也是进村先公开进行宣传，使群众了解党是干啥的？什么人可以入党？同时号召党员在运动中要起到带头作用，这样就可避免孤立的建立组织的偏向（即开始对此不通）克服了干部的经验主义。

（四）生产运动中必须结合整党，只有加强支部对生产的领导，生产工作才能搞好。因此，首先在支部中，提出党员带头领导群众生产，是今后党员的努力的方向，至于其他问题，可结合进行处理，如对寺窑支部去年没领导生产，支部作了检查后，马上帮助整理村合作社，把黄丝高价卖出，又买了牲口，使社员得到好处。群众对支部的认识即有了转变，在党公开时，党员进行彻底检查，一般群众对党员小的错误都有谅解，如一个党员贪污一个皮袄，群众感觉这不算啥，只要以后好好领导生产就行，这更促进党员领导生产的自觉。

（原载 1949 年 8 月 22 日《平原日报》）

# 大事记

## 1919年

五四运动爆发，淇县学生王郁亭作为淇县学生界的代表，参加了河南省的学生运动。

## 1926年

介明堂在开封私立两河中学读书时加入中国共产党。

## 1927年

4月，吴丹坤、介明堂、谭贺庭建立淇县第一个中共支部委员会。由于白色恐怖，6月底，党支部活动转入地下，党支部书记吴丹坤调离，介明堂成为淇县党组织的实际负责人。

9月，汲县县委召开党的代表会议，介明堂代表淇县党组织参加会议。

## 1930年

7月，中共直南特委派共产党员魏十篇等三人深入淇浚两县毗邻地区进行建党工作，中共奇（淇）训（浚）区委成立。

## 1933年

7月，中共淇县区委在纪庄成立，罗济民任区委书记。

10月，中共淇县委员会建立，宋希儒任淇县县委书记，建立6个党支部，发展党员23名。

## 1937年

12月，中共太南特委成立，领导包括淇县在内的山西、河南等地党的工作，与国民党军队积极开展抗日民族统一战线工作。

## 1938年

2月13日，日本侵略军占领淇县。

8月，太南特委林县中心县委成立，负责领导包括淇县在内的豫北抗日工作。

10月，林安汤淇中心县委成立。

## 1939年

10月20日至23日，日伪军三次扫荡田庄、二分庄。

## 1940年

2月7日，日伪军血洗小滹沱村。

8月13日，日伪军制造牛心岗惨案。

# 1943年

夏天，中共延浚汲淇四县边区工作委员会建立，李先贤任四县边工委书记。

7月，淇县东南部建立了冀鲁豫边区延浚汲淇四县边工委淇县区分委，四县边工委书记李先贤兼任淇县区分委书记。

7月12日，中共淇县工作委员会成立，刘哲民任工委书记。同日，淇县抗日民主政府在桃胡泉村成立，刘哲民当选为县长。

10月，中共淇县工作委员会撤销，中共淇县县委成立，刘萍任县委书记（当时称政委）。

# 1944年

3月，中共淇汤联合县委成立，赵滔任县委书记。县委机关驻淇县西掌村。同时成立淇汤联合县抗日民主政府，张超海任淇汤联合县县长。

12月，淇县、汤阴县分设，淇县与汲县合为汲淇县，成立中共汲淇联合县委员会和汲淇联合县抗日民主政府。

# 1945年

6月，卫滨县抗日民主政府成立，下设7个区，淇县铁路以东、卫河以西为五区。

# 1947年

4月3日，淇县城首次获得解放。

## 1949年

3月，中共淇县县委、淇县民主政府机关由庙口迁至县城。5月6日，淇县全境解放，此前两年间淇县城曾六度易主。

8月20日,淇县随安阳专署划归平原省。1952年11月平原省撤销,淇县仍随安阳专署归河南省管辖。

11月，淇县第一届第一次各界人民代表会议召开。

## 1950年

春，全县土地改革工作全面结束。

5月21日至23日，中共淇县委员会第一次代表大会在县城召开。

年底，淇县首次开展征兵工作。经过统一考试，有5名男生、4名女生成为安阳军政干校学员。

## 1951年

6月23日，《人民日报》刊登淇县思德村制定的爱国公约。

## 1954年

6月，淇县第一届人民代表大会召开。

9月，淇县并入汤阴县。

## 1956年

全县基本完成了对私营工商业的社会主义改造。

# 1962年

8月21日，中共安阳地委发出《关于恢复淇县建制的通知》，决定汤阴和淇县分设。

# 1963年

8月，淇县广播站建成。

9月27日，历经一年多的艰苦工作，淇县首次办电试产成功。

11月28日至12月2日，淇县第二届人民代表大会第一次会议召开。

# 1965年

7月18日至22日，中国共产党淇县第二次代表大会召开。

# 1966年

9月，淇县筹建造纸厂，占地5.6万平方米，1967年10月投产。

# 1971年

1月7日，中国共产党淇县第三次代表大会开幕，大会历时4天，出席代表264名。

# 1981年

5月，中国人民政治协商会议淇县第一届委员会成立。

## 1983年

1月，县委、县政府召开首次农村劳动致富先进代表大会。

10月，县委召开历时6天的"太行区老干部座谈会"，来自全国8个省、市、自治区的23名在淇县战斗、工作过的老干部出席会议。

## 1984年

夏，淇县小麦总产量达到13092万斤，单产583斤，创历史最高纪录，大部分乡村实现一季小麦保全年。

## 1985年

2月，县委经济体制改革领导小组成立。

5月，《人民日报》第一版以《深入山区调查，解决群众困难》为题，报道淇县县委为山区人民办好事的典型事迹。5月20日，县委、县政府作出《关于帮助山丘贫困区尽快改变面貌的决定》。

## 1986年

2月18日，河南省人民政府决定，淇县划归鹤壁市管辖。

## 1989年

7月，河南省人民政府下发《关于公布河南省第一批省级历史文化名城的通知》（以下简称《通知》），淇县名列其中。《通知》指出：淇县是古沬乡、古朝歌所在地。

# 1990年

5月,县委、县政府决定修复摘星楼,筹建摘星楼领导小组成立。

据全国第四次人口普查结果显示,截至1990年7月1日零时,全县共有52930户,222158人。

10月,淇县文史资料第三辑《朝歌抗日烽火》编印面世,选录淇县抗日战争时期的历史事件和人物事迹50篇。

# 1991年

11月,《中国共产党河南省淇县组织史资料》由河南人民出版社出版发行。该书详实记载了1925年5月至1987年10月中共淇县党组织的发展壮大及政权、军事、统一战线、群众团体各系统的组织机构沿革、领导人名录和有关资料。

# 1992年

5月3日,淇林公路庙口至黄洞段油路通车仪式在庙口举行。至此,淇县实现了乡乡通柏油路。

# 1993年

1月6日,淇县电视台有线电视开播。

3月1日,全县放开粮食购销价格,粮票停止流通。

8月,淇县实现财政扭补,成为财政自给县。同月,国家民政部授予淇县"全国农村社会养老保险先进县"称号。

# 1994年

8月，中华人民共和国国防部授予淇县武装部"连续14年无退兵荣誉证书"。

10月，全国首届鬼谷子学术研讨会在淇县召开。中共中央原副主席李德生、外交部原副部长符浩等领导和国内著名专家学者114人参加会议。

# 1995年

3月，县委、县政府组织绿化太行大会战，月出劳力10万人（次），投工225万个，植树508万株，淇县成为全省绿化造林先进县。

5月，港台、东南亚林氏宗亲寻根团来淇寻根祭祖，确认淇县朝歌为天下林氏发祥地。

# 1996年

3月24日，时任国务院副总理姜春云在有关部委负责人及省市负责同志陪同下，到淇县察看小麦生产情况和造林绿化情况。

是月，城关、庙口、高村和桥盟四个乡镇卫生院被国家卫生部授予"一级甲等"医院荣誉称号。

4月18日，时任国务院副总理邹家华在有关部委领导和省市负责同志陪同下，参观淇县棉麻纺织厂的生产线。

# 1997年

5月30日，淇县最为偏僻、交通最困难的北阳乡油城村铺通油路。至此，全县176个行政村实现了村村通油路，在全省名列前茅。

5月，淇县被国家爱国卫生运动委员会命名为"全国农村卫生改水先进县"。

## 1998年

7月，淇县被国家科技部授予"全国科技工作先进县"称号。同月，根据河南省民政厅批复，城关镇更名为朝歌镇。

## 1999年

9月，靳月英作为全国50名著名拥军英模和烈士家属代表之一，到北京参加中华人民共和国成立50周年大庆观礼活动，期间受到党和国家领导人的亲切接见。

是年，淇县荣获"全国城市环境综合整治优秀县"称号。

## 2000年

4月，淇县农网改造工作圆满结束。

6月，淇县被国家林业局授予"全国造林先进单位"称号。

## 2001年

4月19日，全国人大常委会副委员长许嘉璐到淇县考察畜牧业。

7月16日，淇县北阳乡撤乡，改为北阳镇。

## 2003年

2月，淇县被河南省对外开放领导小组确定为河南省第一批对外开放重点县（全省共23个）。

7月11日，淇县云梦山风景区顺利通过国家旅游局旅游景区（点）质量等级评定验收，成为国家级4A级景区。

## 2004年

10月，淇县被评为省级卫生县城。

12月8日，中央军委原副主席、国防部原部长迟浩田莅淇指导工作。

## 2005年

8月，淇县天然气公司成功通气。至此，淇县成为豫北地区第一个"西气东输"受益的县级城市。

9月24日，时任全国政协副主席张思卿，带领全国政协南水北调工程文物保护调研组一行36人到淇县调研考察。

## 2006年

4月，新型农村合作医疗制度开始实施，淇县300多户农民首批领到医疗补助金。

6月2日，淇县卫国故城、云梦山摩崖两处文物被列入全国重点文物保护单位，填补了淇县没有"国保"单位的空白。

## 2007年

1月19日，"淇园"牌淇河鲫鱼、缠丝鸭蛋、无核枣三珍产品被评为"中国十大影响力品牌产品"。

4月9日，军事科学院常务副院长葛东升中将到淇县考察旅游业。

4月14日，中国科学院院士、清华大学教授赵玉芬及部分专家教授到淇县新亚、永昌淀粉、朝歌纺织、恒力热电、宏达化工、绿佳公司等企业进行实地调研。

11月3日，永达食业集团顺利通过国家质检总局出口免验审查组现场审核，这标志着永达食业集团已成为全省食品、农产品行业唯一的"出口免验"企业，全国仅有15家企业被列入出口免验审核验收范围，河南省仅永达一家企业入选。

12月，淇县荣获"2005—2006年度全国食品工业强县"称号。

## 2008年

1月26日，省政府农村公路"村村通"工程验收组到淇县检查验收农村公路村村通建设工作。

4月3日，省电力公司到淇县考察淇县国家电网创一流工作开展情况，并确定将淇县列入全国首批20家电气化建设试点县。

同日，淇县职业中等专业学校被确定为国家级重点职业学校。

5月7日，淇县朝歌日光新能源公司成功封装出250W的大型多晶硅太阳能电池板，并顺利通过质量鉴定，成为国内第三家具有此项产能的企业。

是月，四川汶川发生8级特大地震。灾情发生后，淇县县直机关干部职工积极响应县委、县政府的号召，向灾区人民踊跃捐款。

8月10日，高村镇被确定为首批省级新农村建设科技示范乡（镇）试点。

8月12日，淇县被省政府确定为河南省食品安全示范县创建单位。

9月15日，求是杂志社调研组到淇县调研新农村建设工作。

10月16日，西岗乡河口村和北阳镇南小屯村被省建设厅命名为"河南省康居示范村"。

12月14日，淇县新农村电气化建设工作顺利通过河南省考评验收组验收，成为河南省首批新农村电气化示范县。

# 2009年

4月，淇县永达食品有限公司"永达"肉制品商标被国家工商总局商标局认定为中国驰名商标，实现了淇县中国商标零突破。

是月，淇县荣获第二批国家食品安全示范县称号。

9月17日，永昌牧业有限公司荣获国家农业部第四批"国家重点农业产业化龙头企业"，这是鹤壁市继永达、大用后第三家获国家级重点农业产业化龙头企业殊荣的企业。

10月6日，淇县淇鲫鱼苗种繁育公司生产的缠丝鸭蛋、淇河鲫鱼获得国家级和省级颁发的食品生产许可证。

10月17日，电影《靳月英的故事》在淇县完成拍摄，该片以靳月英为原型，由温州市先锋影视文化艺术创作中心投资创作，艺术再现了靳月英抗日支前、植树造林、助学拥军的感人事迹。

是月，河南永达食业集团技术中心被国家发改委、科技部、财政部、海关总署、税务总局五部委联合认定为国家级企业技术中心。

11月11日，淇县北阳镇小屯村、西岗乡河口村顺利通过省市环保局验收，成为淇县首批省级生态文明村。

# 2010年

1月21日，全省旅游工作会议在郑州召开，会上，省旅游局领导为淇县古灵山景区颁发国家AAAA级旅游景区牌匾。

3月，由河南省文物考古研究所主持发掘的淇县宋庄东周贵族墓地项目入选"2009年度全国十大考古新发现"全国60个候选项目。

6月3日，全国人大常委会副委员长司马义·铁力瓦尔地在淇县调研《畜牧法》贯彻落实情况。

10月7日，中国科学院院士何祚麻在淇县考察光伏产业发展情况，并举行光伏产业专题报告会。

12 月 24 日，西岗乡撤乡建镇。

## 2011年

1 月 6 日，淇县朝歌文化广场竣工。

1 月 8 日，省委书记、省人大常委会主任卢展工到淇县调研。

11 月 23 日，省长郭庚茂到鹤淇产业集聚区调研。

12 月 7 日，省委常委、省军区政委周和平少将到淇县人武部调研。

## 2012年

5 月 31 日，省长郭庚茂到鹤淇产业集聚区调研。

6 月 2 日，庙口乡撤乡建镇。

7 月 2 日，淇县阳光新型农民社区等九个重点项目开工。

8 月 18 日，淇县夺丰水库城区供水暨南水北调工程开工。

9 月 19 日，祖籍淇县的中国科学院院士赵玉芬到西岗镇第一初级中学考察。

9 月 26 日，富士康鹤壁科技园区项目动工奠基仪式在鹤淇产业集聚区举行。

11 月 10 日，朝歌街道办事处、桥盟街道办事处、卫都街道办事处、灵山街道办事处挂牌成立。

## 2013年

1 月，淇县被评为河南省首批信息化和工业化融合试验区。

2011 年度河南省十大拥军爱民模范评选揭晓，90 岁的靳月英再次榜上有名。

2 月，靳月英荣获全国绿化委员会表彰的国土绿化突出贡献个人。

3 月 27 日，全国高新技术企业认定管理工作领导小组办公室公布了 2011 年高新技术企业名单，淇县河南永昌飞天淀粉糖有限公司名列其中。

是月，淇县荣获河南省知识产权优势区域（培育）称号。

是月，淇县城市生活垃圾处理场渗滤液处理工程项目正式开工建设。

7 月，淇县恒田牧业生态养殖科普基地被中国科学技术协会表彰为先进科普基地。

9 月，淇县被确定为创建国家级药品安全示范县试点单位。

12 月 22 日，全国农业工作会议在北京召开，淇县西岗镇留店寺村王中奎被农业部授予"全国种粮大户"荣誉称号。

是月，淇县公安局庙口派出所被公安部命名为 2011 年度一级公安派出所。

是月，淇县 2012 年农村安全饮水工程竣工，共涉及西岗、高村、庙口、黄洞 4 个乡镇、8 个行政村和 4 所学校。

## 2014 年

1 月 5 日，淇县以鹤淇产业集聚区为基础创建的省级高新技术产业开发区得到省政府批复，定名为鹤壁高新技术产业开发区。

1 月 14 日，淇县古灵山景区被河南省文明办、省住房和城乡建设厅、省旅游局联合授予"河南省文明风景旅游区"称号。

1 月 15 日，淇县消除疟疾试点工作达到卫生部标准，顺利通过验收。

是月，淇县朝阳山景区被评为国家 3A 级旅游景区。

2 月 26 日，省委常委、常务副省长李克到淇县调研党的群众路线教育实践活动开展情况。

3 月，经过省知识产权局、科技厅、发展改革委等 8 部门联合评审，淇县荣获省第六批知识产权优势区域称号。

5 月 2 日，淇县农业综合开发项目顺利通过省级验收考评组验收。

是月，国务院核定公布了第七批全国重点文物保护单位，淇县宋庄东周贵族墓地、田迈造像2处文保单位入选。加上之前淇县入选的云梦山摩崖、卫国故城2处文保单位，淇县全国重点文物保护单位已达4处。

7月30日，在河南省双拥模范城（县）命名暨双拥模范单位和个人表彰大会上，淇县被省委、省政府、省军区命名表彰为省级双拥模范县。

是月，淇县等13个县（市）被商务部确定为全国农村商务信息服务第二批试点县。

9月1日，淇县人民医院搬迁至新址。

10月21日，淇县中医院新址启用。

11月28日，在省政府召开的义务教育均衡发展工作检查反馈会议上，淇县义务教育均衡发展工作顺利通过国检，淇县跻身全国义务教育均衡发展先进县。

是月，淇县职业中专获人社部、教育部联合发文授予的"全国教育系统先进集体"称号。

12月，淇县荣获2013年全国科技进步先进县称号。

# 2015年

7月29日，全国政协学习和文史委副主任卞晋平一行到淇县考察历史遗迹保护工作。

8月6日，全国人大财经委调研室主任陈继宁率调研组到淇县调研统筹推进城乡社保体系建设工作。

10月16日，国家财政部农业司司长吕书奇到淇县考察美丽乡村建设工作。

10月26日，国家林业局专家组到淇县实地考察云梦山国家级森林公园创建情况。

是月，黄洞乡东掌村、西掌村、鱼泉村，高村镇高村村，北阳镇油城村，灵山街道赵庄村入选第三批河南省传统村落名录。

## 2016年

1月，黄洞乡纣王殿村被评选为河南省13个传统古村落保护发展示范点村之一。

3月17日，九三学社中央新农村建设农业面源污染治理示范点在北阳镇南小屯村挂牌。

4月9日，世界石氏宗亲联谊总会纯臣文化园落成仪式暨中华石氏始祖碏公祭祀大典活动在朝歌文化广场举行。

5月13日，民政部部长李立国到淇县调研关爱留守儿童工作。

10月20日，国家扶贫办原顾问、红旗渠工程总设计师杨贵到卫都街道关庄村革命烈士陵园祭奠先烈。

11月18日，《淇县南太行古村落群保护和美丽乡村旅游带发展总体规划》评审会召开。

## 2017年

6月26日，《淇县城乡总体规划（2015—2030年）》专家评审会召开。

9月30日，淇县在卫都街道关庄村革命烈士纪念亭举行革命烈士公祭仪式。

11月25日，《淇县全域旅游发展总体规划》顺利通过专家评审。

## 2018年

9月17日，省督导组到淇县督导百城建设提质工程工作。

12月19日，省农村人居环境提升督导组到淇县督导检查农村人居环境改善工作。

# 2019年

1月，淇县被命名为省级园林县城。

3月18日，淇县在庙口镇举行100W风电项目开工奠基仪式。

4月4日，淇县在关庄村革命烈士纪念亭举行"不忘初心跟党走，牢记使命再出发"纪念活动。

5月7日，淇县举办世界林氏根亲文化节。

同日，《人民日报》以《眼瞅着石头山绿起来》为题，报道"全国绿化劳动模范"靳月英的先进事迹。

# 2020年

2月1日，淇县在政府多功能会议室以视频直播的形式召开县委常委会（扩大）会议暨县新型冠状病毒感染的肺炎疫情防控指挥部（扩大）会议。

2月13日，国家卫生健康委督导组到淇县督导新冠肺炎疫情防控工作。

5月11日，淇县被省文化和旅游厅认定为"河南省首批省级全域旅游示范区"。

# 2021年

8月19日，中国共产党淇县第十四届委员会第一次全体会议召开。杨建强当选为县委书记，马海澎、陈晓杰当选为县委副书记。

9月30日上午，淇县各界在关庄村革命烈士纪念亭隆重举行向人民英雄敬献花篮仪式，缅怀革命英烈，弘扬英雄精神。

12月15日,平安中国建设表彰大会在北京召开,淇县获评"2017—2020年度平安中国建设示范县"。县委书记杨建强代表淇县接受大会表彰。

12月20日，农业农村部市场与信息化司联合农业农村部信息中心在京发布《2021全国县域农业农村信息化发展水平评价报告》，淇县连续三年获评全国县域农业农村信息化发展先进县。

# 后　记

东临淇水观鱼跃，西依太行闻鹿鸣。太行山东麓淇县老区按照中国老区建设促进会的工作部署安排，在省、市老区建设促进会的指导下，在县委、县政府的直接领导下，在全县乡镇办和有关局委的大力支持下，经全体编纂人员的不懈努力，历酷暑战洪灾抗疫情，《淇县革命老区发展史》即将问世。这是喜迎党的二十大召开之际，淇县老区人民献上的一份厚礼！

《淇县革命老区发展史》是以马克思列宁主义、毛泽东思想、邓小平理论、"三个代表"重要思想、科学发展观和习近平新时代中国特色社会主义思想为指导，以中国共产党领导淇县人民追求光明自由、追求翻身解放，坚持社会主义道路，推进改革开放和社会主义现代化建设，实现中华民族伟大复兴和人民群众过上幸福美好生活为主线，系统全面、客观科学地记述淇县人民的革命斗争历史、艰苦创业历史和新时代中国特色社会主义全面建设小康的历史。

该书注重文体精简图文并茂，力求突出淇县本土特色，旨在使全县党员干部群众进一步了解党领导淇县人民所走过的艰辛以及光辉历程，从而更加坚定信念，不忘初心，激发大家持续唱响"解放思想，勇于担当，务实重干，再创辉煌"的主旋律，自觉地为民族谋复兴、为人民谋幸福而不懈奋斗。

在本书的编写过程中，中共淇县县委、县政府高度重视，及时帮助解决了工作中遇到的困难和问题；省、市老促会给予全面指导，省老促会副秘书长白廷斌亲自面授技艺、视频传授、书面指导；鹤壁市老促会于 2021 年 7 月 13 日在淇县召开《革命老区发展史》编纂工作现场会；县委、县政府的主管领导、相关部门和乡镇办的领导和同志、县史志部门的老同志，在百忙中对书稿编纂提出了许多宝贵意见，淇县第一个党支部创始人之一谭贺庭的后人谭新梅等老同志提供了珍贵资料，在此一并深表谢意。

本书编著主要参考了《淇县志》《中国共产党淇县历史》（一、二卷）、《中共淇县历史大事记》《红色足迹》《红色记忆》《淇县军事志》《淇县土地志》《淇县粮食志》《淇县地名志》《淇县文史资料》等书目。

本书资料由县委办公室、县人大办公室、县政府办公室、县政协办公室、县纪委监委、县委组织部、县委宣传部、县委统战部、县委政法委、县人武部、县总工会、团县委、县妇联、县发展改革委、县教育体育局、县工业和信息化局、县民政局、县财政局、县人力资源和社会保障局、县自然资源局、县交通运输局、县水利局、县农业农村局、县文化广电和旅游局、县卫生健康委、县退役军人局、县统计局、县乡村振兴局、县委党校、县委党史研究室、县档案馆、县地方史志研究室、县老促会、各乡镇（街道）、县摄影家协会等单位提供，谨表感谢。

由于编者水平有限，时间仓促，不足之处敬请读者提出宝贵意见。

编 者

2022 年 4 月

# 淇县革命老区建设促进会简介

　　淇县是河南省重要的革命老区，有着悠久的光荣革命历史，在土地革命战争、抗日战争和解放战争中发挥了重要作用。2008 年，淇县黄洞乡、高村镇、庙口镇、北阳镇、西岗镇、桥盟乡 6 个乡镇被省民政厅确定为革命老区；2021 年，淇县全域被国家发改委确定为太行山革命老区。

左起：郝秀彪　李平安　蒋宗军　李林海　王东安　刘国华

　　2020 年 8 月 14 日，淇县革命老区建设促进会成立大会召开，大会通过了《淇县老区建设促进会章程》，选举产生了淇县老区建设促进会第一届理事会理事、会长、副会长、秘书长。蒋宗军同志任第一届理事会会长，王东安、李林海、李平安任副会长，郝秀彪任秘书长，共有理事 24 人，会员 52 人。淇县老促会自成立以来，在县委、县政府的坚强领导下，在县直各部门的大力支持下，以促进老区建设发展为己任，以为老区人民谋福祉为宗旨，充分利用自身优势，发挥职能作用，大力宣传和弘扬老区精神，组织动员社会力量参与和支持老区建设，为老区高质量发展作出了积极贡献。